50 | 계명한국학총서

한국 사상사의 사회학적 조명

— 계명대학교 한국학연구원 편 —

계명대학교 출판부

머리말

최근 세계 다양한 지역의 사회학자들이 기존 사회학의 서구중심주의를 지양하고 극복해보려는 과감한 시도를 함으로써 사회학의 탈식민화 혹은 탈식민주의의 사회학화 경향을 뚜렷하게 드러내고 있다. 2007년 사회이론의 고전을 해체하려고 시도한 코넬(Connell), 2007년 근대성의 패러다임에 빠져 있는 기존 사회학을 지양하고 연결된 역사(connected histories)란 시각에서 역사사회학의 새로운 시각을 개척한 밤브라(Bhambra), 2013년 사회학과 제국주의의 관계를 파헤친 스타인메츠(Steinmetz), 2013년 사회학의 인식론적 전제들에 근본적인 의문을 제기하고 포스트식민주의 사회학의 가능성을 탐색한 줄리언 고(Go) 등은 그 대표적인 예이다.

그렇다면 왜 이러한 시도들이 이루어지고 있는가? 그 까닭은 무엇보다도 서구의 근대적 지식이론으로 무장한 기존의 사회학이 배제하고 있거나 설명할 수 없는 삶의 영역이 존재함을 자각했을 뿐만 아니라 기존의 서구사회학만으로는 불평등, 차별과 배제, 환경 및 생태문제, 소외문제 등과 같은 사회문제를 결코 해결할 수 없다는 사실을 깨달았기 때문일 것이다. 게다가 굳이 루만(N. Luhmann)을 언급하지 않더라도, 사회학이 서구의 지역학을 넘어서서 보편성을 확보하기 위해서는 존재론적·인식론적 전환이 필요하다는 목소리가, 이제는 이른바 세 세계(Three World)인 아시아, 아프리카, 남아메리카를 넘어 서구 내부에서도 나오기 시작했기 때문이다. 이는 서구중심주의 사회학의 제국주의적 성격을 탈각시킬 수 있는 새로운 학문적 시도가 절실히 요청됨을 의미함에 다름 아니며, 나아가 세계화의 진전에 따라 근대와의 시간적 단절과 서구와의 공간적 격차를 가진 무수한 삶의 이야기가 점점 더 적실한 설명을 요청하고 있음에 다름 아니다.

동양사회사상학회는 이러한 세계사적 흐름보다 10여 년 이상 앞선 1997년부터 서구 중심주의 사회학을 넘어서고자 하는 노력을 경주해 왔다. 여기에서 그간의 학문적 성과와 그 구체적인 내용을 일일이 나열할 수 없지만, 2001년에 출간된 이영찬의 『유교사회학』을 필두로 한 유교연구 성과들, 홍승표의 『깨들음의 사회학』을 필두로 한 각종 탈현대 연구들, 김재범의 『주역사회학』, 유승무의 『불교사회학』을 비롯한 마음사회학 연구들, 우실하의 『삼수분화의 세계관』을 비롯한 전통문화연구들, 최석만 외의 『유교적 질서와 문화, 민주주의』, 정학섭 외의 『사회학적 관심의 동양사상적 지평』 및 정학섭 외의 『현대사회의 위기와 동양사회사상』 등 동양사상에 기초한 새로운 사회학적 성과들이 속속 발표되기 시작하였고, 지금까지 약 400여 편 이상의 논문이 동양사상학회의 학술지에 게재되는 성과를 올렸다. 이렇듯 지금까지 20년 이상 축적된 동양사회사상학회의 연구 성과는 실제로 한국인의 실존적 삶과 그것을 둘러싸고 있는 '사회적인 것'을 분석하고 체계화함으로써 향후 학문 세계가 서구 중심적 편향을 지양하고 보편을 향해 나아가는 데 크게 기여할 수 있을 것으로 생각된다. 특히 이러한 성과들은 2007년부터 본격화되어 2014년에 꽃피기 시작한 세계 사회학계의 탈식민주의화 흐름보다 훨씬 앞선 것이었고, 그러한 점에서 동양사회사상학회의 혜안과 학문적 열정은 매우 값진 것이라 아니할 수 없다.

계명대학교 한국학연구원은 바로 그 혜안과 열정의 가치를 정확하게 간파하고 5년간 연속적 연찬을 통하여 그 학문적 성과들의 고갱이를 엮어 세상에 내놓으려고 기획하고 있는 바, 이는 인류의 미래를 지적으로 선도하고자 하는 대학 본연의 사명을 다하려는 값진 노력이라 아니할 수 없다. 이 책은 이러한 노력의 일부이다. 보다 구체적으로 말하면 이 책은 계명대학교 한국학연구원의 5개년 연속 프로젝트 대주제인 《한국전통사상의 사회과학적 복원》이란 주제의 〈사상가〉 편에 해당하는 연구 성과를 따로 뽑아 묶은 것이다. 그렇기 때문에 이 책에는 최치원, 원효, 득통, 퇴계, 율곡, 정제두, 다산, 성호, 최제우, 박중빈, 최한기, 정인보, 김항 등 한국전통사상사를 빛낸 사상가들을 최초로 사회과학적 시각에서 조명한 주옥같은 글들이 모두 담겨 있다. 또한 혹은 바로 그렇기 때문에 이 책에는 신라까지 우리사회를 지배했던 선도사상, 삼국시대부터 려말선초까지의 불교사상, 조선의 유교(실학 포함)사상, 구한말 이후의 각종 신흥종교사상 및 새로운 정치사회사상 등이 망라되어 있다. 따라서 이 책은 독자들로 하여금 한편으로는 한국전통사상을 빛낸 개별사상가에 대한 사회과학적 이해를 증진시키도록 도울 수 있을 뿐만 아니라 다른 한편으로는 사회과학적 시각에서 한국전통사상의 통시적 변화를 총체적으로 조망할 수 있는 시야를 자연스럽게 확보하도록 돕는 역할을 넉넉히 수행할 것으로 생각된다.

물론 이 책의 한계도 명확함을 자백하지 않을 수 없다. 첫술에 배부를 수 없듯이, 한국을 빛낸 사상가들을 최초로 사회과학적으로 조망한 이 책 또한 독자들의 갈증을 충분히 해소시키기에는 턱 없이 모자랄 수밖에 없다. 무엇보다도 대大사상가를 한편의 논문으로 도저히 소화할 수 없다는 본질적인 한계 이외에도 학술연구의 특성상 연구자 개인의 시각과 취향에 따른 보이지 않은 연구의 편향성도 통제하기란 불가능했기 때문이다. 게다가 시대구분에 대한 논의는 물론 특정한 사상 및 사상가 선별의 기준조차도 오늘날 한국학계의 현 단계의 일반적인 합의수준에 따랐기 때문에 본의 아니게도 특정한 사상이나 사상가를 다루지 못하기도 하였다.

두말할 나위도 없이 이러한 한계는 언젠가는 그 누구에 의해서 모두 극복되어야 할 것이다. 그러나 그것은 동양사회사상학회의 노력만으로는 충분히 해결될 리도 없거니와 거기에는 매우 길고 긴 인고의 시간도 요구될 것이다. 그렇기 때문에 지금 여기에서 우리는 이 책이 세상에 빛을 보게 될 수 있게 된 것만으로도 충분히 감사한 마음을 감출 수 없다.

무엇보다도 순수한 학회로서 동양사회사상학회와 계명대학교 한국학연구원이 의기투합하여 무려 5년 동안 《한국전통사상의 사회과학적 복원》이란 연찬회를 가질 수 있는 조건을 만든 일등공신이신 이영찬 선생님께 감사의 마음을 전하지 않을 수 없다. 특히 이 학술연찬이 동양사회사상학회 2대 회장을 역임하신 선생님의 학문적 열정 및 사랑과 계명대학교 한국학연구원장을 역임하신 선생님의 리더십이 절묘하게 만나 만들어진 결실이라 생각하면, 선생님의 숨은 노고에 저절로 머리가 숙여진다. 그리고 그 이후로 이 사업이 지속되도록 물심양면으로 도와주신 동양사회사상학회 전 회장님이셨던 정학섭 교수님 및 현 회장님이신 이재룡 교수님 그리고 이영찬 선생님의 후임으로 지금까지 계명대학교 한국학연구원장직을 담당하고 계시는 이윤갑 원장님께도 심심한 감사의 인사를 드리지 않을 수 없다. 특히 이윤갑 원장님께서는 동양사회사상학회의 회원이 아님에도 불구하고 기꺼이 한국학의 탈식민지화에 동의하시면서 이 연찬회를 묵묵히 지원해 주시는 점에 대해서는 무어라 형용하기 어려운 고마움을 가슴에 담아 둘 수밖에 없다. 끝으로 이 책의 내용을 빛나게 해 주신 모든 필자의 보이지 않은 숱한 땀방울들에 대해서도 숭고한 고마움을 표하지 않을 수 없다.

2020년 1월
모든 필자들의 뜻을 모아
유승무 씀

• 차례

고운 최치원

김보경

고운 최치원

—

김 보 경

1. 소통가로서의 최치원

오늘날의 사회를 융합사회, 위험사회, 복합사회라고 한다. 이들이 지칭하는 바는 다르지만 과학기술의 발전과 사회문화의 변화가 공진화하는 과정에서 드러나는 현상이라는 점에서는 같은 맥락 속에서 이해할 수 있다. 그 중 쌍방향이 소통하고 있음을 의미하는 융합사회는 개별 주체들에게 개방적, 유동적, 호환적 섞임을 강제한다. 이러한 강제된 기술의 소통 양식의 기반 이면에는 권력의 감시와 통제가 강하게 자리하며, 진정성의 위기를 겪으며 심화되어가는 소외된 인간이 있다. 개별 주체들은 정체성을 상실한 채 혼돈의 길 위에 서 있게 된 것이다.

복잡성이 증대된 혼돈의 사회에서 인간의 진정성 회복을 위해 우리는 인간의 본성을 깨워 그것을 바탕으로 관계하는 대상들과 소통하는 새로운 길을 찾아야만 한다. 일찍이 기술사회가 토대를 둔 근대성에 대한 반성과 자성의 목소리는 인간의 근대적 이성을 감성과 직관, 본성에 눈을 돌리게 했다.[01] 근대적 이성중심의 합리성이 갖는 한계는 자연과 인

---

01 이성에 대한 반성은 베버의 근대 이성을 바탕한 합리성이 이성의 도착현상倒錯現象이라고 한데서 살펴볼 수 있고(배동인, 1997), 이는 호르크하이머와 아도르노 '계몽의 변증법'으로 계승된다. 이어 푸코, 데리다, 라캉과 같은 후기구조주의 사상가들

간의 본성을 하나로 보면서 행위의 도덕성을 중시하는 이성理性을 재발견하게 했다.[02] 따라서 인간의 본성과 감성, 직관을 아우르는 이성은 오늘날 직면한 기술시대에도 인간과 관계하는 것들과의 융합과 소통을 가져올 것이다.

인간의 보편적 본성과 직관, 감성을 아우르는 이성을 토대로 전개되어 온 동양의 전통사상들은 현재 우리 세계에 지혜를 제공할 곳간과 같다. 유기체적, 통일체적 세계관을 토대로 전개된 유교, 불교, 도교의 사상과 한국의 전통사상이라고 불리는 '풍류도' 역시 새롭게 재편되는 사회에 인문학적 융합과 소통을 꾀할 수 있는 사상으로 충분한 가치가 있다. 특히 한국의 역사는 우주의 원리를 내재한 인간 본성과 이성을 사회문화, 정치적 이념에 녹여왔다. 따라서 유, 불, 도 삼교와 한국고유의 사상에 기반한 전통사상가들에 대한 조명은 새로운 사회학적 기틀을 세우고 다지기 위해 반드시 거쳐야 하는 과정이 아닐 수 없다.

'고운 최치원(857년~?)'은 이러한 맥락에서 반드시 주목해야만 하는 인물이다. 따라서 필자는 지금으로부터 1200여 년 전 신라말기의 한 거장과 마주하기 위해 그의 저술과 연구서, 유적을 찾아보았다. 이를 통해 고운이 가졌던 시대적 문제의식과 사상, 혼란했던 신라말기의 사상 조류와 그 시대 지식인들의 분투, 또 6두품 지식인의 신분적 한계에 대한 도전과 좌절을 읽어갈 수 있었다. 고운에 대해 수십 년을 연구한 어느 연구자는 최치원 관련 서적의 서문에 고운은 베일에 가려진 사상가라고 말한다.[03] 필자 역시 그와 조우하지 못한 채 그저 한 시대를 살았던 인물의 사상을 곁눈질 하는 수준으로 그칠까 걱정이 앞섰다.

과 포스트모더니즘 이론가들은 근대적 이성의 종식을 선언하기에 이르렀다(전경갑, 1993).

02 자연과 인간의 합일, 인간의 도덕적 행위론이 전제된 이성과 합리성에 대해 이영찬(2001)은 유교적 이성에 바탕한 유교적 합리성이라고 정의한다.

03 장일규(2008)의 『최치원의 사상연구』의 서문.

하지만 시론적이라도 그의 사상이 한국사회사상에 현대적 의미가 있음을 밝혀보고자 한다. 최치원의 사상은 오늘날 절실히 필요한 소통과 화해, 공생의 사회사상 정립에 반드시 조명되어야 하는 인물이기 때문이다. 특히 '삼교(유,불,도)융합'사상과 '풍류'사상은 오늘날 유효한 함의를 제공하는 소통의 사상으로 자리할 수 있다.

기존의 고운에 대한 연구는 사료 고증을 통한 역사적 접근과 문학사상과 시문학을 대상으로 한 문학적 접근연구가 주류였고, 최근에는 고운의 철학사상이 주목되고 있다.[04] 본 연구는 이들의 연구업적들을 토대삼고 고운이 살던 시대적 상황과 그가 저술한 전기·비문·원문願文, 찬문讚文을 함께 고찰하여 그의 사상 전개가 오늘날의 사회사상적 의미, 그 중에서도 소통론으로 자리할 수 있는 사상을 살펴보고자 한다.[05]

요컨대 본 연구의 목적은 사회사상가로서의 최치원에 주목하여, 그의 삶과 저술들을 통해 복원할 수 있는 사회 소통론적 함의를 시론적으로 밝히는 데 있다. 혼란했던 신라 말의 유학 지식인의 보편적 관점과 사상적 조류들을 함께 읽어냄으로써 최치원의 사회사상적 측면을 살피고자 한 것이다. 그 중에서도 개인의 본성적 측면과 제도적 측면에서의 소통을 중시한 '삼교융합'사상과 정치와 사회를 포섭하여 문화 소통가능성을 열어준 '풍류'사상에 주목하고자 한다.

---

04 지금까지의 최치원에 대한 연구업적은 장일규(2008)의 『최치원의 사회사상연구』의 제1장 최치원 연구의 성과와 전망에 잘 정리되어 있다. 그 이후에도 그가 정리한 수준의 역사, 문학, 철학에서 주제별 확산연구가 이어지고 있다.

05 현재 전하는 최치원의 글들은 『계원필경』과 문집에 나오는 시를 제외하고는 자신의 생각을 담은 글이 적고 대개 요청으로 지어진 글과 전기, 비문, 원문, 찬문이 주를 이루고 있다. 따라서 그의 고유한 사상을 추적하기는 쉬운 일이 아니다. 그럼에도 불구하고 본 글은 사회소통론적 함의를 찾는 시론적 성격의 연구이므로 기존의 연구업적을 토대로 글을 전개하고자 한다.

2. 고운 최치원의 삶과 사상형성의 배경

(1) 시대적 배경

고운 최치원의 사상은 그가 살았던 시대의 정치, 경제, 사회, 문화를 함께 이해해야 한다. 더불어 그의 학문성장에 토대가 되었던 당나라의 정세와 사상조류에 대한 이해도 마찬가지이다.

신라는 통일 후 왕권의 강화와 사회적 안정을 도모하기 위해 사회계층을 엄격히 구분하여 지배하였다. 왕권과 진골 세력의 강화를 목적으로 중앙귀족의 진골, 지식인층의 육두품, 지방 호족 계층의 오두품과 사두품 그리고 평민으로 계층을 나눴다. 그러나 사회계층의 엄격한 구분은 신라 후기로 오면서 왕권과 중앙권력을 약하게 하는 원인 중의 하나가 된다.

육두품 귀족들은 출세의 길을 모색하기 위해 유교를 받아들이며 새로운 관료층으로 자리하지만, 대아찬 이상의 관직을 얻지 못하는 한계가 있었다. 신분적 한계를 인식한 이들은 골품체제의 모순을 인지하고 진골 신분을 비판하는 입장을 지닌다. 또한 육두품의 많은 당 유학생들은 귀국 후 당 문화를 전래함과 동시에 신라문화를 선도해 가는 새로운 지식층으로 성장하여 후에는 신라의 기존체제와 골품제가 지닌 모순을 비판하고 극복하려는 세력이 된다.[06]

지방 호족세력은 군사력과 경제력을 갖춘 세력으로 성장하여 중앙권력에 대항했으며, 후에는 후삼국에 이어 고려를 건설하는 주도 세력으로 성장한다. 최치원이 고국으로 귀국했을 당시는 왕권과 호족세력

---

06 『삼국사기』 권10, 元聖王條.

들의 갈등관계가 심화된 격변기였다. 신라 말의 사회변동을 주도한 호족 세력들은 힘을 강화시켜나가면서 지방 곳곳의 백성들을 지배하기에 이르렀던 반면에 중앙정부는 힘을 잃어 사회 통제력이 약화되어 있었다. 뿐만 아니라 백성들은 중앙정권과 호족들의 이중수탈로 극심한 생활고에 직면하였으며 따라서 국가에 대한 반발이 날이 갈수록 커져만 갔고 급기야 도적이 되거나 반란을 일으키기까지에 이르렀다.

이와 같이 진골귀족의 부패와 국정 문란, 왕위권력 쟁탈을 위한 왕권 약화, 신분제도의 혼란, 지방 호족들의 봉기, 진성여왕 3년에 일어난 농민반란 및 지방사회의 분열 등으로 신라는 체제를 유지하기 힘들어 멸망의 길에 접어들고, 후삼국의 성립과 고려의 건국에까지 이르게 된다(이재운, 1999, p, 59).

이런 정치적, 경제적, 사회적 변화와 혼란은 사회사상적 흐름에도 영향을 미쳤다. 5교(교종)의 권위가 상실되면서 9산(선종)과 궁예의 미륵사상이 발생하고, 특히 진골세력에서 강등된 육두품 세력과 호족들은 선禪을 그들의 사상 축으로 삼고 풍수지리설을 받아들이면서 그들의 세력을 키워나갔다.[07]

정치이념으로서는 유교가 자리를 잡아갔고, 종교와 사상적 측면에서는 불교와 도교의 사상이 자리하여 유, 불, 도 삼교는 무리 없이 혼재하며 사상적 발전을 이어갔다. 더욱이 신라의 도교는 노·장의 도교

---

07 교종은 신라 사회의 정치적 지도 이념이자 사회의 지배 이데올로기라고 할 수 있다. 따라서 권력층들은 교종을 관학적 종교 및 학문으로 이해했고 사원을 자신들의 이권과 결탁하여 형성시킨다. 따라서 사원의 경제는 비대해질 수밖에 없었다. 이러한 일련의 과정에서 백성들의 불만은 증가하였다. 이에 대한 반발로 선종은 자연스럽게 등장하였고, 새로운 사상으로 자리하게 된다. 선종은 '不立文字', '見性吾道'를 주장하면서 교종이 강조했던 경전이나 불타의 보편적 권위를 부정하고 누구나 부처가 될 수 있다는 '불성-여래장'을 강조한다. 이러한 선종의 개인주의적 성격이 중앙집권적 지배체제에 반항하여 일어나는 호족들에게 그들이 독립할 수 있는 사상적 근거를 제공하였다고 할 수 있다(김두진, 1986, 77쪽).

와는 다른 신선사상이 담겨 있었는데, 신라의 고유신앙이라고 할 수 있는 선풍仙風이 그것이다. 이는 도교가 전래될 때 성격이 유사한 토착 신선사상으로 어떤 갈등과 대립의 형태도 띠지 않았다(송항룡, 1987). 따라서 당시의 신라사상의 조류는 삼교융합의 흐름이라 할 수 있다. 당시 당나라 학풍에 삼교교섭 공존의 사상조류가 있었던 것으로 보아 신라도 역시 이 영향을 받은 것으로 추측된다. 따라서 최치원이 유학했던 당나라 학풍의 선행 이해는 그의 글들에서 보이는 삼교융합사상을 더 잘 이해할 수 있는 토대가 된다.

고운이 유학하던 당나라는 신라 말의 혼란한 정세와 버금가는 정치적 혼란기였다. 고운의 재당시기(874~884)는 당 희종(僖宗: 873~888)이 재위 하던 기간으로서, 당 희종은 열네 살의 어린 나이에 환관의 세력으로 왕위를 얻었으며 정사에는 관심이 없었다(최영성, 2008, p, 24). 안으로는 환관이 국정과 권력을 장악하고, 밖으로는 번진藩鎭이 횡포를 부려 주씨朱氏의 후량後梁이 새로운 정권을 도모하고 있었다. 특히 10년에 걸친 황소의 난(875~884), 끊임없는 절도사들의 횡포, 환관과 방진方鎭의 국정농락은 황제의 권위를 땅에 떨어뜨렸다. 이러한 상황에서 율령은 제대로 시행되지 않았으며 민생고의 피폐는 극심할 수밖에 없었다. 이처럼 국정의 혼란과 불안함은 문교文敎와 학술에게도 영향을 미친다.

이러한 혼란한 정세임에도 불구하고 사상적 동향에서는 당 초기부터 발전하기 시작했던 유, 불, 도 삼교가 상호교섭 공존의 성격을 띠면서 진전되었다. 당시 당나라의 유학사상은 사회질서와 제도를 위한 정치원리로서의 기능을 담당했으며(임선영 외, 1999), 사상적 측면에서는 유가 경전의 주석을 위주로 하는 훈고학이 발달하여 학자들 사이에서 오경정의五經正義만을 암송하는 학풍이 있었다. 이로써 당나라말의 유학은 사장학詞章學의 성격을 띠고 있었다고 할 수 있다(하갑룡, 1989).

불교사상은 대승불교의 진수를 완전히 수립하여 중국적 선종이 민간과 지식인 사이에 널리 펴져 성대를 이룬 시기였다(임선영 외, 1999). 인도불교의 형식적인 측면을 벗어나 중국적 불교의 정체성을 성립한 시기가 당 말로서 불교 역사상 큰 발전 시기라 평가할 수 있다. 더욱이 불교 조직이 완비되었으며, 육조 이래의 사상을 주도할 만큼 왕성한 시기였다. 한때, 폐불(회창5년, 845년)사건과 연속된 전란으로 불교는 심한 타격을 받기도 했지만, 천태와 화엄은 사상적 절정을 이루었으며, 불립문자를 표방한 선종과 정토교는 민중들의 삶에 깊이 파고들어 그 세의 입지를 공고히 해 나갔다.

도교사상은 당에 이르러 전성기를 이룬다. 태종은 노자를 석가 위에 두었고, 고종은 노자를 「태상현원황제太上玄元皇帝」로 추존하기도 하는 등 지배층에서부터 서민에 이르기까지 도교는 크게 펴져나갔다. 전국 각지에 도관道觀설립과 도장道藏편집이 이루어졌으며, 유명한 위탁서 노자호화경委託書老子胡化經도 이 시대에 이루어졌다. 혜종 때는 도관의 수가 전국에 1800여개에 달했고, 현종 때는 집집마다 도덕경 1부씩 갖추게 하며 관리를 채용하는 시험문제도 도덕경에서 내는 등 성세가 불교에 대적할 만했다(김능근, 1971). 또한 당의 황제들의 불로장생을 위한 단약丹藥 복용이 유행하였으며, 단약을 특기로 했던 도사道士들이 세력을 크게 갖기도 했다. 특히 최치원이 모셨던 회남절도사 고변 역시 금단도로써 득선을 꾀했으며, 서천절도사로 재임하던 당시에는 도교 경전 소유는 물론이거니와 방술方術을 행사하여 역명과 귀신의 화를 구제하는 것과 금단제조에 깊은 흥미를 가지고 있었다(장일규, 2008, p, 330).

이러한 유교와 불교, 도교의 융화와 조화를 꾀하고자 한 당나라의 사상적인 분위기는 당나라에서 유학한 최치원의 사상에 지대한 영향을 미쳤을 것이며, 신라로 돌아와 전개한 삼교융합사상에도 깊은 영향을 주었을 것으로 추측된다.

(2) 최치원의 삶과 사상: 재당시기와 귀국 후 시기

최치원의 삶은 크게 재당시기와 귀국 후 신라에서의 삶으로 나눠 살펴볼 수 있다. 12세 어린 나이에 유학을 가 약 16여 년 동안 머문 당나라에서의 생활은 그의 문학, 정치적 삶에 절대적 영향을 미친 것으로 추정되며, 귀국 후 그의 행보는 그의 의지를 삶의 전반에 녹인 시기로 이해될 수 있다. 『삼국사기』의 기록에 따르면 최치원은 신라 문성왕 19년 정축년(서기857년)에 경주 사량부沙梁部에서 탄생했으며, 자는 고운孤雲 또는 해운海雲이다. 그의 가문인 최씨는 신라 6성六性 중에 하나로 6두품[08]이었다. 그의 아버지는 경문왕 때 대숭복사大崇福寺[09]를 중창하는 일에 종사하던 인물로서[10], 이는 최치원이 경문왕족계열에서 깊이 일하게 되는 배경이기도 하다. 경주최씨 집안은 대표적인 6두품 집안이었으며 유학과 불법을 중시하면서 도당유학생을 등용하여 왕권을 강화하려는 경문왕계 왕실과 친밀하였다(장일규, 2006). 때문에 최치원은 868년(신라 경문왕 8, 당 의종 함통咸通 9)에 유학생으로 입당入唐하여 낙양의 국자감 태학太學에 입학하게 된다. 그는 경문왕 8년(868년)에 12세라는 어린나이에도 불구하고 당나라로의 유학길에 올랐다. 당시 귀족계층이 당나라로 유학하는 것이 하나의 사회풍조로 있었으며, 특히 6두품 층에서는 자신들의 신분적 한계를 극복하고자 하는 열망이

---

08 당시 신라사회는 세습적인 성격과 엄격한 규정의 골품제도의 신분적인 체계를 갖췄다. 6세기 초에 법제화가 되었으며 삼국통일을 거쳐 멸망에 이를 때까지 약 400여 년간 거의 변함없이 신라사회를 규제하는 중요한 근본으로 기능했다. 6두품 신분은 신라국을 구성한 여러 씨족장의 후예와 신라에 정복된 작은 나라들의 지배층 후손들이었음도 불구하고 골품제도에 따른 관직제의 규정상 6두품 신분은 주요관청이나 장관, 주요직에 오를 수 없었다. 그로 인해 학자, 종교가, 사상가 등의 일을 맡았다.

09 대숭복사는 경문왕이 원성왕의 명복을 위해 지은 절이다.

10 『최문창후전집』, 고운선생문집 권 3권, 「대숭복사비명」, 1972, 161쪽. 성균관대학교 대동문화연구원.

더해져 당으로의 유학은 더욱 널리 퍼져있었다.

최치원은 유학길에 오른 지 6년 만(874년, 나이 18세)에 예부시강 배찬裵瓚의 검시 하에서 주관하는 과거의 진사과에 급제하였고, 급제 후 관직이 없던 2년 동안 많은 시를 남겼다.[11] 과거 급제 2년 후 당나라의 율수현위라는 관직에 임명된다. 현위는 지방의 행정관으로서 경찰, 사법, 행형行刑이 주된 임무이며, 종9품에 해당하는 말단 공무원이라 할 수 있다. 지금은 전해지지 않지만 『중산복궤집中山復軌集』이 이때 지어졌다.

이후 빈공과 급제 동기인 고운顧雲의 소개로 회남의 절도사 고변 휘하에서 일을 하게 된다. 고변은 고운의 절대적인 후견인이 되는데, 그는 고운의 문장력을 알아보고 문필을 관장하는 종사관으로 발탁하여 관직동안 글솜씨를 펴 활동할 수 있도록 도왔다. 고운의 천재성이 알려지게 되는 결정적인 계기가 황소의 난을 토벌하는 임무를 받은 고변아래서 고운이 작성한 「격황소서檄黃巢書」가 난을 제압하는 데 큰 몫을 하면서이다. 고운은 종사관이 되어 표表, 장狀, 서書, 계啓, 격서檄書를 짓게 된다. 「장계長啓」를 지어 고변에게 올렸으며, 「계원필경」도 이 시기에 완성된 것으로 추정된다(엄원대, 1997). 고운이 29세(885년, 헌강왕 11년, 당 희종 4년) 신라로 돌아올 때까지 고변의 종사관으로서 중요한 국사에서 많은 대필을 하였다. 당나라의 혼란과 고변의 관직 박탈의 상황에 이르러 고운은 아버지의 소망이기도 한 귀국 길을 선택하게 되고, 신라국입회남사新羅國入淮南使 김인규와 함께 고국으로 돌아온다.

최치원은 귀국한 뒤 헌강왕으로부터 한림학사翰林學士 겸 수병부시랑守兵部侍郎 지서서감知瑞書監에 임명(885년)된다. 그러나 곧 헌강왕은 세상을 떠나고 정강왕도 잇달아 세상을 떠나, 그는 주로 진성여왕 때 활

---

11 이 때 작품이 사시영체부私試令體賦 5수 1권, 오언칠언伍言七言 금체시今體詩 100수 1권, 잡시부雜詩賦 30수 1권이었다.(『문창후전집』, 계원필경집서, 「行狀」, 1972, 287쪽 "私試令體賦 五首一券 五言七言今體詩 白首一券 雜詩賦共 三白首一券")

동하였다. 활동시기동안 최치원은 임금으로부터 상당한 예를 받으며 국왕의 측근문사인 시독侍讀과 함께 왕명을 출납하는 서서원瑞書院의 문한직에 종사한다.

자신의 집안이 경문왕계 왕실과 긴밀한 관계를 맺고 있었던 만큼 최치원 역시 경문왕계의 왕권 강화와 왕실의 위상을 높이고 신라 국가를 재건하려는 존왕적 정치이념을 제시하는 활동을 전개하게 된다. 경문왕계 왕실을 중심으로 풍류風流를 내세우면서 당시 사상계의 융합도 꾀한다. 또한 신라의 사회적 혼란이 지속되자 최치원은 894년 왕에게 시무 10여조를 진상한다.[12] 시무책은 귀족세력과 호족세력을 견제하면서 왕실과 국가를 보전하려는 존왕적 정치이념이 강했다. 그러나 호족세력들의 반발로 그의 개혁정책은 받아들여지지 않았다. 이후에도 지방 각지에서 반란이 일어나고 신라 왕실의 권위가 추락하면서 최치원의 이념과 사상도 '난세亂世를 만났다'라는 그의 말처럼 받아들여지지 않았다. 이후 그는 최치원은 가족들을 이끌고 해인사로 들어가 해인사 창건重創 불사의 기문記文과 화엄승전華嚴僧傳을 찬술하며 신라를 재건하기 위한 호국 의지를 글로 표현하다 908년 이후 어느 시기에 홀연히 사라져 버린다.

최치원 사후 고려가 후삼국을 하나의 국가로 흡수할 때 즈음 최치원의 사상은 영향을 미치기 시작했다. 최치원과 함께 6두품 신분으로서 함께 유학했던 최언위, 최승우 등은 신라에 머물지 않고 변화하는 정세에 따라 궁예, 견훤, 왕건 아래서 활동하게 된다. 특히 최언위의 '호법護法에 의한 왕도정치王道政治'와 '군왕자질론君王資質論'의 강조는 최치원의 이념과 사상을 그대로 계승한 것이라 할 수 있는데, 이 왕건이 국가

---

12 『삼국사기』 권 11, 진성왕8년조, "春二月, 崔致遠進時務一十餘, 王嘉納之, 拜致遠爲阿飡"

경영의 원칙으로 작성한 '훈요訓要 10조'에 고스란히 반영되었고 고려의 국가 체제 정비 과정에 바탕이 된다. 그 뒤에도 최승로崔承老를 비롯한 신라 출신 유학자들은 고려 사회 속에서 최치원의 이념과 사상을 꾸준히 강조한다. 최치원의 이러한 영향으로 1020년(고려 현종 11) 8월에 국왕은 최치원에게 내사령內史令을 추증追贈하면서 문묘에 배향하도록 하였으며, 1023년 2월에는 문창후文昌侯로 추봉追封하였다. 이렇듯 사후에도 최치원의 사상은 국가의 경영이념, 민족주체의식에 큰 영향을 끼치며 후대에까지 학문과 종교에 전승된다.

3. 최치원 삼교융합사상의 사회 소통론

(1) 최치원 삼교융합사상의 특징

세계도처에서 발생하는 종교적, 인종적, 이념적 갈등과 그로 인한 폭력과 전쟁은 역사가 시작된 이래 끊임없이 지속되어왔다. 이 속에서 갈등과 대립을 종식시킬 수 있는 소통 담론의 연구와 그것을 현실세계에 적용하는 방법론적 고민은 지속적으로 이루어져야 한다.

역사의 끊임없는 변동으로 소통의 방법 역시 역사의 상황적 맥락에 따라 달리 제시되어야 하지만, 인간의 본연적 심성을 바탕을 한 소통의 원리는 근본 원리로서 작동되어야 한다. 지금으로부터 1200년 전 최치원의 삼교융합사상에서도 시대를 초월한 보편적 원리와 역사의 변동에서 달리 적용되어야 할 방법론적 지혜가 내재해 있다. 바로 신라시대 최치원의 삼교융합 사상[13]이 그것이다.

최치원의 삼교융합 사상은 위로는 원효의 화쟁사상인 회통사상으로부터 영향을 받고, 후대에는 이규보李奎報, 김시습金時習, 휴정休靜, 유일有一, 이서구(李書九, 1754~1825), 최제우崔濟愚, 김항金恒 등 삼교회통을 주장하는 학자·종교인에게 직·간접적으로 적지 않은 영향을 끼친다(최영성, 2008, p. 70). 조선에 이르러 삼교를 서로 달리 구분하여 이해하려는 흐름이 있기 전까지는[14] 삼교융합의 사상은 전승되어져 왔다.

최치원의 사상 역시 당시 신라의 유, 불, 도의 삼교융합 사상에서 직접적으로 영향 받고 있으며,[15] 삼교융합 사상에 대한 추론 근거들은 그의 저술 곳곳에서 찾아볼 수 있다. 사산비문四山碑文[16]과 현수국사전, 그리고 그 밖의 몇 개의 기記 찬문贊文 등의 불교관련 저술 속에서도 삼교사상에 대한 언급들이 제시되어 있다. 유, 불, 도교 사상에 대한 각각의 전문적인 저술이 없음에도 불구하고 경전들을 두루 인용하여 삼교를 넘나들고 있는 것은 그의 사상 전변에 삼교라는 것이 분리되어 있지 않기 때문이다. 삼교에 대한 내용들이 비록 편린들일지라도 삼교를 하

---

13 삼교융합사상은 고운 최치원의 독창적인 사상이라기보다는 신라말의 시대적 배경과 상황에서 자연스럽게 형성된 보편적인 지적조류라고 할 수 있다. 이러한 점은 〈사산비문〉을 통해 그 당시의 국왕이나 識者, 승려들이 삼교융합적 사유를 했음을 엿볼 수 있다(하갑룡, 1989, p. 21~23).

14 조선에 이르러 정치적 이데올로기로서의 '성리학'을 강조하기 위해서는 불교와 도교 및 다른 사상들에 대한 뚜렷한 구분과 배타성이 필요했다. 이는 鄭三峯, 權陽村이 성리학의 기치를 높이는 데부터 시작되었다고 본다.

15 앞서 시대적 배경에서도 언급했던 것과 같이 당나라와 신라는 삼교융합사상의 조류를 지니고 있었다. 따라서 삼교융합의 사상이 최치원 개인의 고유사상이 아니라 신라 일반이 가지는 사상적 경향임을 이해할 필요가 있다. 단지 최치원의 삼교융합사상은 사산비문을 통해 그 당시 사상적 경향을 구체화시켰다는 점과 더불어 최치원 개인의 학문적 관점이 투영되어 있음을 짐작했을 때 그의 철학사상 역시 유추해 볼 수 있을 것으로 여겨진다.

16 사사비문 또는 사산비명四山碑銘은 낭혜화상朗慧和尙, 진감선사眞鑑禪師, 지증대사智證大師에 대한 비문과 대숭복사大崇福寺 비문을 합하여 최치원이 지은 4개의 대표적인 금석문을 말한다.

나로 꿰고 있는 것은 자명하다.

> 공자는 인에 의지 덕에 의지하였으며　麟聖依人乃據德
> 노자는 백을 알면서도 흑을 지켰네.　鹿仙知白能守黑
> 두 교만이 천하의 법식을 일컬으니　二敎從稱天下式
> 석가의 가르침은 힘겨루기 어려웠네.　螺髻眞人難硏力
> 십만 리 밖 서역의 거울이 되었고,　十萬理外鏡西域
> 일천 년 후 동쪽의 등불이 되었다네.　一天年後燭東國

「지증화상비명」에 기록되어 있는 위 내용은 유교와 도교의 사상이 불교와 융화되어 삼교 융합의 사상이 후대에 정신적인 등불이 되었음을 표현하고 있다. 최치원에게 있어서 삼교는 서로 갈등의 관계가 아닌 하나로, 세계관 안에서 각각의 특징을 지닌 사상으로 언급되고 있을 뿐이다.

> 학자가 혹 말하기를 인도佛와 궐리(闕理: 유)의 교는 그 교를 설시設施하는 데서 유파가 갈라졌고 그 형태가 달라졌으니, 그것은 마치 둥근 구멍에 모난자루 같아 서로가 모순되며 각각 한 쪽만을 고집하는데 머물고 있다라고 하였다. 그러나 이제 가만히 생각해 본다면 시를 짓는 사람은 글로써 말을 해치지 않고 말로써 뜻을 해치지 않는다했으며 예기禮記에서는 이르기를 말이 어찌 한 갈래뿐이랴 제각기 옳은 바가 있다라고 하였다. 그러므로 여산廬山의 혜원慧遠이 말하기를 여래와 주공·공자가 비록 그 학문의 발치發致는 다르나 귀법歸法은 하나이다. 지극한 도를 체득함에 있어 그 방법이 동일하지 않음은 물物이 본래 동일하게 받아 태어날 수 없기 때문이다라고 했고, 심약(沈約, 441~513)은 이르기를 공자가 그 단서를 들어 밝혔고 여

래는 그 이치를 파고들어 밝혔다라고 했으니 실로 이들은 모두 유·불에 대하여 그 대체를 안 사람이라 할 수 있으니 실로 함께 지도至道를 말할 수 있겠다. 부처가 말한 심법心法은 참으로 현묘하고도 또 현묘하여 이름을 지어 부르려 해도 이름 지을 수 없고, 말로 설명하려해도 설명할 말이 없다. 비록 달 얻음을 말한다 하더라도 가리키는 손指마저 잊어버리는 좌망坐忘에 들어 따라가 그림자조차 잡을 길이 없다. 그러나 먼 곳을 가려면 가까운 데서부터 떠나야 하는 것이니 비유를 들어 말한다해서 무엇이 잘못이 있겠는가, 일찍이 공자가 제자에게 이르기를 "내 말하지 않으련다. 하늘이 무슨 말을 하던가? 라고 하더니만 바로 저 정명(淨名, 유마고維摩詁)은 문수文殊에게 묵언으로 응대했고 선서(善逝, 釋迦)는 석엽釋葉에게 현묘를 전할 적에 말로써 하지 않고 마음으로 찍게 했다. 하늘도 말이 없었으니 이 길을 두고 어디로가 얻으랴.[17]

다른 여러 비문과 저술에서 삼교경서들을 넘나들며 전고를 운용하는 최치원의 모습에서도 유, 불, 도에 대해 그가 어떤 생각을 가지고 있었는지 추측하게 한다. 위에 제시된 「진감국사비서문」의 내용은 유, 불, 도 삼교에 대한 최치원의 결론에 해당하는 내용이라고 할 수 있는데(송항룡, 2010, p.72) 삼교가 그 발현한 출발점은 다르나 귀결은 하나로 머문다는 것이다. 이러한 삼교의 접합점은 각각이 교리와 의식에는 차이가 있으나 그 근원인 '도道'는 같다고 보고 있기 때문이다. 특히 중국 불교사의 거장인 여산 혜원(334~417)의 말을 인용한 것은 유교와 불교가 그 접근 방법은 다르지만 귀착점이 한 가지라는 점을 강조

17 〈진감선사비문〉, 『(역주) 최치원전집』(최영성, 1998).

하여 자신의 '진리관'을 드러내 보이기 위함일 것이다. 혜원은 각 종교가 자신의 존귀만을 앞세워 서로 소통하지 못한 이유를 "사물을 차별 없이 받아들이지 못하는 태도 때문이다(物不能兼受故也)"라고 지적하고 있는데, 최치원인 자신의 생각을 혜원의 말을 통해 드러내고 있으며, 이러한 상태를 극복할 수 있는 방법으로 '화극和極'[18]을 내세웠다(최영성, 2008).

최영성(2008)은 삼교를 융합하는 근거로서 제시할 수 있는 것이 '인간주체'의 문제라고도 본다. 〈진감선사비문〉 서문에 "도는 사람에게서 멀리 있지 않고, 사람에게는 나라에 다른 사이가 없다(夫道不遠人, 人無異國)"라고 한 것과 같이 인간주체의 보편성에 대한 생각을 드러내고 있다는 것이다. 그의 주장과 같이 최치원은 유, 불, 도 삼교가 지닌 진리관은 결국 인간을 떠나 초월적인 것에 있는 것이 아니라 '사회적 인간'에 있음을 강조한 것으로도 볼 수 있을 듯하다. 삼교가 인간 본성을 중시하고 인간의 가능성에 대해 신뢰한다는 점에서 공통성을 지닌다. 따라서 인간의 본성心性과 관련한 문제와 사회적 인간의 행위는 '도'라는 형이상학적 진리관과 다른 영역이 아님을 말하고자 한 것이다. 그가 인간본성에 기초하여 문화의 보편성과 독자성을 아울러 추구하고자 한 것은, 삼교의 원융회통을 '화和'에 기반하고 있음인데, 이는 소통을 통해 조화와 화해를 위한 각각의 실천적 이념과 덕목으로 자리할 수 있는 부분이라 여겨진다. 더욱이 최치원이 삼교 각각에서 주장한 내용은 당시 혼란했던 신라를 바로 잡아갈수 있는 이념으로서 제시한 것이라 할 수 있다.

---

18 『계원필경집』 권4, 「사허홍정충승정상謝許弘鼎充僧正狀」

(2) 삼교융합사상의 사회 소통론적 함의

최치원은 삼교 회통의 진리관을 토대로 유교를 경세적經世的 관점에서, 불교를 개혁과 호국護國의 관점에서, 도선 사상을 제세적濟世的 관점에서 강조했다(최영성, 2008, p53). 이는 『난랑비서』에서 '유교는 충효를 바탕으로 접화군생接化群生해 나가는 사상이고, 불교는 복화를 문제삼으면서 중생을 선행으로 인도하는 사상이며, 도교는 무위에 처하고 불언의 가르침을 행사는 사상이다'[19]라고 한데에서도 잘 이해할 수 있다.

이러한 최치원의 삼교융합사상이 사회학의 소통론에서 갖는 함의는 인간의 본성에 바탕한 인간 행위와 사회적 제도가 불가분의 관계로 이해되어져야 한다는 점이다. 역사적으로 최치원이 살던 신라말과 오늘날의 모습이 다르지만 갈등과 대립의 모습들로 나타나는 사회적 상황들은 그리 크게 변화지 않았다. 갈등과 대립의 역사 발전 과정 속에서 서로 다른 사상의 '융합'을 통해서만 시대모순을 극복할 수 있다는 점을 최치원은 꿰뚫고 있었는지 모른다. 기술과 정신세계의 괴리가 깊어가는 오늘날에서도 최치원의 인간본성의 문제와 제도적 측면의 '융합' 사상에 대한 혜안이 오늘날의 '소통위기담론'에 사회학적 시사점을 던져준다.

최치원이 인간을 '근원적 본성', '도', '주체'의 모습으로 상정하고, 삼교를 통해 이를 원융하고 있다는 점, 나아가 유교의 정치제도로서의 입장, 불교와 도교의 심성론적 측면을 강조한 점은 최치원이 사회의 모습을 인간의 심성과 제도가 한데 묶인 체계로 보고 있다는 것을 알 수 있게 한다. 이는 인간의 본성과 사회제도를 통일체적 관점에서 파악하

19 『文昌侯全集』, 孤雲先生續集序, 「鸞郎碑序」, 1972, 212쪽.

고 있는 동양의 세계관이다. 인간의 본성을 바탕으로 한 행위가 사회제도로 실현되고, 사회제도 역시 인간의 본성이 발현되는 수단으로 본 점은 인간 이성을 넘어선 본성에 대한 논의가 사회체계와 소통되어야 한다는 사유의 방향을 제시하고 있다.

현재 소통에 관해 제기되는 사회학적 관심은 이상적인 사회적 소통의 구조 논의에 초점이 맞춰져 있다. 대표적인 소통이론가로 불리는 하버마스와 루만의 이론을 통해서 이러한 특징들이 잘 드러난다. 물론 니콜라스 루만의 체계이론에서의 소통은 닫힌 체계간의 갈등관계로 나타나는 소통이라는 역설적 수사법의 전개가 있지만 소통 구조를 논하고 있다는 측면에서는 같은 맥락에서 이해될 수 있을 것이다. 보통 이상적인 소통구조는 "양적인 차원에서 사회적 소통이 활성화되어 전체적인 소통 구조의 크기가 확대되고 질적인 차원에서 모든 소통 영역들이 균형을 이르는 상태이다. 이는 개인, 집단, 그리고 사회적 삶의 영역 그 무엇도 과도하게 활성화되거나 위축됨이 없이 조화롭게 공존하는 상태."(윤석민, 2007, 292쪽)라고 보는 것과 같이 소통에 대한 담론들은 사회구조적인 측면의 분석에 주안점을 두고 논의되고 있다.

하버마스의 '공론장'개념과 루만의 '커뮤니케이션'이라는 개념들은 행위와 구조의 갈등을 해소하기 위한 개념들로 재정의되어 있지만, 인간의 본성적 측면과 사회구조 관계의 간극을 해소할 수 있는 이론을 제시하지는 못하고 있다. 다만 인간 본성의 영역에서 인간의 이성이 작동하는 방향과 구조 간의 접합점을 이들 이론들이 제시하고 있다는 점에서 소통론의 의미가 있다.

비판이론가인 하버마스의 이상적인 소통상태는 이성을 통한 의사소통의 활성화가 이뤄지도록 돕는 공론장이 있다는 것이 전제될 때 가능하다. 가족영역·시장영역·사적영역·국가영역으로부터 자유로운 공적영역인 '공론장'을 통해 소통의 가능성이 열리며, 그 특징을 공중성

(publikum), 공개성(publiztat), 공표성(publizierien), 자유와 평등의 원칙성이라고 강조한다(하버마스, 2001, 62~63쪽). 이러한 이론들의 밑바탕에는 자본주의와 민주주와의 소통관계를 정립하고자 하는 하버마스의 의지가 있으며, 이 둘의 소통을 위해서는 인간의 이성을 통한 '이상적인 담화 상황'이 전제되어야 있다.

하버마스를 이론을 비판했던 루만의 체계이론 역시 소통 담론이다. 루만은 그가 제시한 체계이론의 핵심개념인 '커뮤니케이션'을 기존의 의사소통 개념이 아닌 그 자체로 '사회적인 것'으로 선언한다. 커뮤니케이션은 의식체계(Bewusstseinssystem)와 연동되어 있지만 그것과 동일한 것이 아니다(천선영, 2014, 84쪽). 이러한 커뮤니케이션은 그 자체가 지속적인 자기생산을 가진 존재이며 사회를 지탱시켜가는 힘이다(Luhmann, 1984). 이러한 커뮤니케이션에 바탕한 소단위의 각 체계[20]들은 사회적 체계(Soziales System)로 포괄될 수 있으며, 각 체계들의 '구분' 또는 '닫힌 체계'로서의 상황이 커뮤니케이션을 유발시키는 원동력이 된다.

루만의 '커뮤니케이션'개념과 체계이론은 사회변동의 과정이 '불통'의 과정을 통해 소통되었음을 의미하는 것이다. 사회 행위를 분석하는 단위를 '인간'으로 보지 않고 '커뮤니케이션'이라는 의식체계도 아닌 영역으로 규정하는 루만의 이론은 삼교사상에서 언급하는 '인간본성'의 문제와 접점을 찾을 수 있을지도 모른다. 그러나 그의 소통이론은 구조간의 소통이론에 초점을 두고 있어 하버마스의 이성의 합리성을 통한 소통과 큰 맥락에서 다르지 않다고 할 수 있을 것이다.

베르베르의 소설 『개미』에 등장하는 특정한 조건하에서 서로의 촉

---

20 루만은 사회적 체계가 기계체계, 유기체체계, 신경체계, 의식체계 등과는 구분되는 자기재생산적(autopoietisch) 체계와 상호작용체계, 조직체계 그리고 사회체계(Gesellschaftssystem)로 다시 나누고 있다(Luhmann, 1984: 16).

수의 접촉을 통해 상대의 생각을 '복사'하는 개미들에 대한 상상과, 영화 「아바타」의 등장인물로 나오는 나비족들의 생활방식에서 나비족들이 지닌 촉수를 통한 '샤하일루'라는 상대와의 일치장면은 '완전 소통'의 상태를 의미한다. 이러한 상황은 시간과 공간의 제약을 받으며 물질세계를 살아가는 우리 인간들의 현실세계에서는 불가능하다. 따라서 인간의 본성에 근원을 둔 행위와 이를 해석하고 반영할 사회제도간의 소통관은 좀 더 자유롭고 인간다운 삶을 위한 사회를 위해 끊임없이 연구되어져야 하는 부분이 아닐 수 없다.

최치원의 삼교융합사상이 한 단계 높은 차원에서 서로 회통하고 있는 것은 인간 본성에 내재한 '도'라는 진리의 보편성을 전제하고 있기 때문으로 유, 불, 도 각각의 특수성이 서로 대립과 갈등의 관계가 아니라는 것을 파악하고 있기 때문이다. 이러한 측면에서 개인의 본성적 측면과 제도적 측면의 소통에 대한 사상은 1200년의 시간을 뛰어넘은 지금 이 시점에도 새로운 사회학적 지평의 소통론으로서 의미가 크다 하겠다.

(3) 삼교융합사상의 사회 실천적 소통론

「들불野燒」
바라보니 깃발같이 갑자기 펄럭이니
변방으로 출정하는 군사인가 의심 했네.
거센 화염이 하늘을 치솟으나 지는 해가 무색하고
미친 듯한 연기는 들판을 뻗어 길을 막았네.
마, 소 방목에 온통 방해 된다 싫어마소.
모름지기 여우 이리가 소굴 잃어 좋아하네.

다만 두려운 건 바람이 산 위까지 몰아가서
헛되이 옥과 돌 한꺼번에 타는구나.[21]

위 '들불'이라는 시는 최치원의 사회의 개혁에 대한 내면의지가 잘 표현된 것이라 볼 수 있다. 당시 혼란한 신라의 상황이 새로운 시대로의 전환을 위해서 '거센 화염'이라는 진통을 겪을 수밖에 없음을 표현하고 있다. 새로운 시대에 대한 탄식과 개혁의지는 비단 문장으로만 끝나지 않았다. 타락해간 왕족의 모습 안에서 지식인으로 가진 사회문제 의식을 그는 침묵으로만 일관하지는 않은 것이다. 많은 연구에서는 그의 정치적 태도가 소극적이라고 진단하지만[22], 그의 태도가 소극적이지만 않았음을 그의 저술과 정치적 행보를 통해 충분히 유추할 수 있다. 비록 처한 신분적 한계가 최치원의 천재성을 옭아매고 있었지만, '정치'를 통한 변화는 그에게 하나의 가치를 창출하고 그 가치의 척도를 창출하는 것으로 생각하였기에 변화의 기대는 버리지 않았다.[23]

---

21 『文昌侯全集』, 桂苑筆耕集 권20, 「野燒」, 1972.

22 최치원과 비슷한 시기에 당나라로 유학 갔다가 빈공과에 급제했던 문인들이 신라로 돌아왔을 때에 부딪친 상황은 마찬가지였다. 그 중 최치원을 비롯하여 신라 3최라 불리는 최승우崔承祐와 최언위崔彦撝가 있다. 최승우는 당시 한창 힘을 키우고 있던 후백제의 견훤을 선택했고, 그의 휘하에서 자신의 재주를 펴고자 했다. 후백제의 입장에서는 강력한 군사력과 더불어 유학지식인이자 문장가인 최승우까지 얻어 문무를 아울러, 통일의 능력까지 갖춘다. 이후 왕건에게 항복을 충고하는 편지까지 최승우가 지어 보낸다. 그러나 후에 후백제는 견훤 집안의 다툼으로 깨어진다. 한편, 최언휘도 당나라 빈공과에 급제하여 신라로 돌아와 벼슬을 얻는다. 그러나 곧 그는 신라의 상황을 파악하고 고려의 왕건의 신하가 된다. 그는 왕건 아래에서 견훤의 횡포를 꾸짖는 글까지 지어 보내는 등, 후에 고려의 최고관직까지 오르게 된다. 고려는 골품제를 없앤 나라였기에 신라 육두품 출신의 문인들도 자신의 재주와 포부를 펼 수 있었다(허경진, 1993).

23 최치원이 결코 隱士型 학자가 아님을 「대낭혜상화상비명」의 무염국사와 관련한 내용에서 알 수 있다. 무염국사가 임금의 요청으로 궁중에 들어가 임금의 諮問에 응했던 사실에 대하여 "대사가 물을 넘은 것은 소보로 비루하게 여겼기 때문이다.(渡水恢巢父)"고 한데서 간접적으로 엿볼 수 있다. 즉 현실을 외면하고 도피·운둔을 일삼는 이들을 비판하는 것이라 유추할 수 있다(최영성, 2001, p137).

혼란한 상황의 타개는 '정치'를 통한 제도개혁임을 그의 개혁의지가 집약된 시무책을 통해 유추할 수 있다. 그가 헌강왕에서 올렸던 『계원필경』과 사산비명을 비롯한 글들 속의 내용, 진성왕 때 올린 시무 10조는 그가 '경세가가 아니라 문학가'[24]일뿐이라는 비판을 무색하게 한다. 비록 그의 개혁의지가 당대에는 받아들여지지 않았지만 고려의 정치적 기틀을 세우는데 큰 역할을 담당하게 된 것이다. 비록 현재 최치원의 시무10조는 전해지지 않지만, 고려의 시무28조를 통해 그 내용을 추측할 수 있다. 시무책은 최치원의 유교사상이 정치라는 제도를 통해 드러난 실천적 결정체요 개혁사상이라 할 수 있다. 고운이 시무책을 올렸을 당시 신라는 진성여왕의 향락과 무능으로 인해 안으로는 폐신嬖臣들의 국정 농락이 극으로 치달았고, 밖으로는 호족들과 반군세력이 왕권에 대항하여 왕명을 제대로 실현하지 못하는 상황이었다. 변화의 시급을 요하는 신라의 상황에서 비슷한 경험을 겪고 있었던 당나라의 개혁의지에 영향 받고, 지방관을 역임하면서 파악한 지방사회의 양태를 종합하여 최치원은 시무책을 올리게 된다(최영성, 2001, 158쪽; 김기웅, 2005, 131쪽).

시무책의 내용은 당시의 시대적 상황과 6두품 지식인들의 정치적 입장들을 고려했을 때, 진성여왕 8년 당시에 신라가 직면한 위기상황에 대한 대비방안이었을 것으로 추정된다. 국정문란, 폐신들의 실정과 지방세력의 반발과 이탈에 대한 해결이 모색되었을 것이다. 이기백(1986)은 시무책이 반진골적 과거제의 실시, 전제왕권에 대한 지지, 중앙집권정책의 강화, 지방의 호족세력에 대한 비판을 담고 있을 것으로 추정하고 있다. 이렇듯 대체로 혼란을 타개해 나갈 새로운 정치운용의 원리, 전제왕권의 강화, 과거제의 실시에 대한 내용이 주를 이루었을 것이다.

---

24 『海東雜錄』 권6, "~崔致遠文章名世, 亦非經世之學也.", 『大東野乘』.

이러한 시무책은 신분제가 가로막고 있던 6두품 신지식인들의 입장을 대변함과 동시에 새로운 변화만이 혼란한 정국을 벗어날 수 있는 방법이라는 것이라는 최치원의 확신이 담겨 있었을 것이다. 비록 그의 역사의식과 사회인식이 담긴 시무책이 당시의 정세로 인해 받아들여지진 않았지만, 신분적 한계를 지닌 지식인으로서 할 수 있었던 최대의 노력이었을 것이다.

뿐만 아니라 사회의 변화를 위한 개혁의 의지가 정치적 부분에만 국한 되었던 것이 아니다. 적극적이지 않았지만 그의 삶의 행적과 남긴 저작을 통해 우리는 변화를 위해서 필요한 내용들을 간접적으로 강조해 왔던 그의 의지를 느낄 수 있다. 그가 바라봤던 이상사회의 조건이 결국 그가 제시했던 개혁의지와 다른 방향이 아니었을 것이다. 그가 제시한 이상사회의 조건은 '심학心學'과 '구학口學'을 병행한 교육, 도의 평등원리에 입각한 모든 사람들의 평등한 사회, 전통정신을 계승한 풍류사회, 권농을 통한 풍속순화를 들 수 있다. 그 중에서 인간의 심성수련과 관련한 심학의 강조와 현실에서 구체화 될 수 있는 구학의 교육방법 제시는 그의 사회실천의식과 깊은 관련이 있다.

최치원 역시 다른 지식인들과 같이 사회의 변화를 위한 조건에서 교육의 중요성을 강조한다. 개인의 심성을 개발하고 사회에 영향을 미칠 수 있는 방법 중 교육이 으뜸임을 알고 있었던 것이다. 특히 그는 '심학'과 '구학'을 통해 교육이 병행되어야 함을 언급한다(송항룡, 1982, 315쪽). 물론 '심학'과 '구학'의 논의가 불교의 선종禪宗과 관련에서 나온 말이지만 수학修學의 길은 심덕을 쌓아가는 '심학'과 언어와 문자를 통해 추구하는 '구학'이 교육방법에서 반드시 함께 추구되어야 한다는 점을 강조한다.

그는 '심학'을 수양을 통해 마음의 티끌을 잠재워 고유함을 보전하는 수심修心[25]과 외물에 사로잡히는 마음을 삼가면서 간직하는 조심操心,[26] 마음이 삐뚤어져 왜곡됨을 막고 곧음을 유지하는 직심直心으로 나누고 있다. 또한 언행·문자를 통해 추구해 나가는 '구학'의 방법 역시 중요시했다. 당시의 유교는 사장학중심의 공부방법이고 불교는 선종의 불립문자 중심의 공부방법이 유행이었지만, 최치원은 이들을 극복한 중용中庸적 공부방법으로 구학을 중요시한 것이다(최일범, 1983, 305쪽). 따라서 최치원의 심학과 구학은 필요불가결한 관계로서 서로 조화롭게 추구되어야할 교육 방법이었다. 이러한 교육을 통해 "도는 사람에게 멀리 떨어져 있지 않으므로 누구에게나 도가 있으며 따라서 이방인이 따로 없는 것이다."라는 도에 근원한 존재로서의 평등한 인간의 강조를 알 수 있으며, 나아가 심학을 통한 마음 수양이 현실적인 문제와 깊은 관련이 있음을 최치원은 알고 있었던 것이다.

이와 같이 최치원은 신분적 한계를 안고 있었지만, 역사의식과 시대의식 속에서 전통사상과 삼교사상을 읽어내는 시중적 태도를 보이고 있고, 사회의 개혁을 통한 변화가 있어야 함을 강조하고 있다. 따라서 그가 남긴 문헌에서는 사회개혁의 방향과 이를 위해 인간이 토대삼아야 하는 본성의 문제인 '진리관'을 삼교융합사상을 통해 드러내고 있는 것이다. 사회개혁이 있기 전에 개인의 수행을 통한 '성인'됨이 우선이며, 이를 통해 정치 제도의 개혁이 있어야 한다는 그의 생각을 엿볼 수 있다.

비록 최치원의 개혁의지는 좌절되었지만, 인간에 대한 존재론적 고민을 시대정신의 연속성 속에서 승화시킨 그의 사상과 개혁내용은 육두품 지식인들에게 계승되어 고려사회를 안정적으로 정착시키는 데 일조

25 『문창후전집』, 「계원필경집」 권 15, 「上元黃籙齋詞」.
26 『문창후전집』, 詩, 「古意」, 24, 〈變化向非艱 操心良獨難〉.

를 했다고 평가받고 있다. 더불어 인간의 본성적인 측면과 사회제도적인 측면을 함께 소통시키고자 한 실천성과 인간의 본성을 밝히는 교육의 강조와 정치적 개혁방안을 함께 제시하고 있다는 측면에서 사회소통론적 함의가 크다고 할 수 있다.

4. 최치원 '풍류' 사상의 소통론적 함의

> 나라에 현묘한 도가 있으니(玄妙之道) 이름하여 풍류라고 한다. 그 가르침을 세운 내력은 선사仙史에 자세히 실려 나타나 있으니, 이는 실로 삼교三敎를 포함하고 뭇 생명을 맞이하여 서로 화化하여 더불어 생生하는 것이다. 이는 또 다음과 같아서, 들어와서는 집안에 효도하고 나아가서 나라에 충성하는 것은 노나라 공자司寇의 취지와 같고, 무위無爲로 일을 처리하고 말없이 가르침을 행함은 주나라 노자周士의 종지와 같으며, 여러 악한 일을 짓지 않고 여러 선한 일을 받들어 행하는 것은 석가모니竺乾太子의 교화와 같은 것이다.[27]

위 내용은 「난랑비서」에 적힌 글로서, 최치원의 사상을 언급할 때 빠지지 않고 인용되는 구문이다. 한국 고유의 주체사상이라고 불리는 '풍류'가 삼교를 모두 포함하여 뭇 생명을 조화와 균형을 통해 생명을

27 『文昌侯全集』, 孤雲先生續集序, 「鸞郎碑序」, 1972, 212쪽; 『삼국사기』 권4, 新羅本紀 眞興王條.

유지한다는 내용이 핵심이다. 유교의 효와 충의 가르침, 도교의 무위의 가르침, 불교의 선행의 실천에 대한 가르침이 '풍류도'라는 한국 전통 고유사상에 모두 녹아있어서 삼교는 서로 상이한 사상으로서의 대립관계가 아니라 조화와 상생의 관계로 그려져 있다.

최치원이 제시한 '풍류'는 한국 고유의 전통사상 연구에서 그 가치의 중요성이 매우 크다. 그럼에도 불구하고 한국의 사회 사상적 흐름에서 유교와 불교, 도교에 대한 연구는 심화되어 왔지만, 상대적으로 '풍류'사상에 대한 연구는 그 역사가 깊지가 않다. '풍류'사상은 주체적인 전통사상을 강조하기 위한 측면에서 민족사학자를 축으로 전개된 사상 전개와 민족종교에서 그 내용이 깊이 다루어져왔다. 19세기 후반에 외세에 대항한 국권회복을 위한 운동과 관련하여 '풍류'는 민족의 정체성과 고유성을 위한 사상으로 본격적으로 언급되기 시작한다. 동학의 창시자로 알려져 있는 수운 최제우의 경우, 호에서도 짐작할 수 있듯이 최치원의 사상적 맥락을 이어받고 있음을 알 수 있다. 최제우가 가장 이상적인 종교로 생각했던 동학은 고운이 '현묘지도'로 규정했던 '풍류도' 속의 동인의식에서 연원한 것으로 많은 학자들은 입을 모은다(최영성, 2008, 75쪽).

최치원이 말하고자 했던 '풍류'개념은 다의적으로 해석되기도 하는데,[28] 그 개념을 이해하기 위해서는 신라의 '화랑제도'를 살펴볼 필요

28 현재 통용되는 '풍류'개념을 정리해 보면, 1) 자연을 가까이 하는 멋의 세계, 2) 멋있는 삶, 3) 음악에 대한 이칭, 4) 예술성, 5) 자유분방함, 6) 현실을 초극한 여유로운 삶 등 다양한 의미로 사용되고 있다. 육당은 화랑도를 설명하면서 화랑이란 말은 '부루'란 말에서 나온 것으로서 그것은 '밝은 뉘(光明理世)'의 뜻으로 후에 '부루'라는 말로 바뀌었고, 그것을 한자음으로 표기할 때 風流로 적게 되었는데 이 말에 연원하여 풍월도, 풍류교, 화랑도 같은 말이 발생했다고 주장한다. 또한 풍월도, 풍류도란 말은 배달길, 발달길로 풀이하는데 한자 '풍'은 바람, 배람으로 읽는 것이고 한자 '월'을 달로, '류'를 달아날 류의 뜻으로 읽어 '달'로 읽는 것이다(양언석, 2006, 562쪽).

가 있다. 최치원이 작성한 비문들에서 '화랑'에 대한 언급이 많다. 그는 풍류의 사상이 '화랑'에 집약되어 있다고 보고 있으며, '화랑정신'을 통해 신라의 주체성을 찾고 혼란했던 신라를 바로 잡을 수 있다고 생각했다. 후에 단재 신채호(1880~1936)의 『조선상고사』에서도 이러한 사상을 이어 받아 화랑을 조선 고대의 고유 신앙 사상이라고 평가하기도 한다. 단재에 따르면, 화랑은 본래 상고 시대 소도 제단의 무사, 곧 그 때의 선비를 말하는데 이를 신라에서는 화랑이라고 하였고, 화랑은 국선國仙, 선랑仙郞, 풍월도風月道, 풍류도風流道 등을 칭한다[29]고 하였다. 육당 최남선(1890~1957) 역시 1927년에 발표한 '불함문화론不咸文化論'에서 전통 선仙의 내용이 우리 민족 속에서 단절되지 않고 이어졌다고 주장한 논의가 있다. 이렇듯 일제시대에 민족정신을 고취시키기 위한 목적으로 이 부분이 강조되었지만, 이제는 우리 사상을 통한 철학함과 사회사상 복원을 위해 깊이 연구되어져야 한다.

그러한 측면에서 최치원의 '풍류'에 대한 사료는 아주 중요한 의미를 가지며, 한국 고유사상에 대한 문헌사적 고찰은 최치원이 그 출발이 되어야 한다. '삼교융합'사상에 대한 강조 이면에 한국고유의 전통사상을 토대로 삼교가 융합된다는 '포함삼교包含三教'라는 표현과 '풍류' 개념의 제시는 최치원의 『난랑비문』에서 최초로 사용되고 있기 때문이다. 그러나 최치원의 '풍류'에 대한 개념파악은 삼교융합의 사상을 통해 유추할 뿐, 구체적인 의미에 대해서는 저술들에서 보이지 않는다. 이후 『삼국사기』와 『삼국유사』를 통해 '풍류'용어의 사용이 보이지만[30] 그 의미의 정확한 뜻을 사료를 통해서는 정확하게 정의내리기 힘들다. 다

29 『단재신채호전집』 하권, 1972, 101쪽.

30 『삼국유사』에서 화랑단의 명부를 '풍류황권'이라 했고, 『삼국사기』에서 화랑단을 '풍월의 뜰'이라 했던 적도 있다. 이러한 측면에 '화랑단'의 설립근거를 풍류에 대한 것이라 할 수 있다(서철원, 2015, 132쪽)

만 최치원의 삼교융합사상을 통해서 또 당시 풍류의 사상이 담긴 화랑제도를 통해서 그 의미를 유추할 수 있을 뿐이다. 따라서 '화랑'을 통해 '풍류'개념을 이해하고, 이 바탕에서 사회소통론의 함의를 찾아야 한다.

지금까지 풍류에 대한 의미 해석은 매우 다양하게 진행되어 왔다. 식민사관에 의해 전개된 '풍류'의 개념이 잘못 오도되어 '놀기 문화'로 해석되기까지 했지만, 대부분 민족주체사상과 관련한 논의가 주류를 이룬다. 그 역시 사상사적 의미에서 전개된 '풍류'개념에 대한 합의된 개념이 없으니, 각 영역에서 다의적으로 그 의미가 해석되어져 왔을 뿐이다. 학문의 사상적 다양성이라는 측면에서는 충분히 긍정할 수 있지만, 풍류개념을 정의할 때 '신선사상'의 '선仙'과 함께 이해되어야 하며,[31] 특히 풍류를 '포함삼교 접화군생'이라고 최치원이 정의내린 것과 같이 그가 강조했던 '유. 불, 도 사상'과 '민중들과의 교화 및 조화'와 연결하여 정의하는 것이 바람직하다. 더하여 풍류도의 실천공동체를 '화랑'으로 볼 수 있는 만큼 화랑의 행적을 통해 그 의미를 더듬어야 한다.

화랑은 『삼국사기』에 따르면 진흥왕 37년에 설치한 것으로 기록되어 있다.[32] 신라의 화랑은 신분제도, 군사제도, 고유의 종교적 신앙을 말해주는 대표적인 사회제도로서 삼국통일에 크게 기여하기도 하였다. 나라의 정치를 맡을 인재를 양성하는 기간으로 대표되는데, 화랑 안에서의 교육과정은 유, 불, 도에서 각기 강조되는 내용들을 체득해 가는 과정으로 이뤄져 있다. 『난랑비문』의 내용에서 볼 수 있듯이 효와 충을

---

31 『삼국유사』 권3, 彌勒仙化 未尸郎 眞慈師, 天性風味 多向神仙, 진흥왕의 풍류도 창설의 근본동기는 '천성이 멋이 있어 크게 신선신앙을 숭상했음'에 있다고 했다.

32 물론 이 부분에 대한 이견은 많다. 『삼국사기』(1145년)에서는 진흥왕 37년인 576년에 원화를 폐지하고 화랑을 설치하였다고 기술하고 있으나, 『동국통감』(1458년), 『삼국사절요』(1476년)에서는 진흥왕원년인 540년에 풍월주를 설치하였다고 기술하였다. 위서의 논쟁이 있지만 『화랑세기』에서는 진흥왕의 어머니인 지소태후가 원화를 폐지하고 화랑을 두어 나라 사람들로 하여금 받들게 하였다고 기술하고 있다(조정호, 2009, 379쪽).

강조하는 유교적 측면, 무위無爲와 말없음을 강조하는 도교적 측면, 여러 권선 실행을 강조하는 불교적 측면 등 각 교의 강조되는 바가 다르다. 이는 '풍류'사상 또는 민족고유의 '선'사상을 간접적으로 드러내는 특징이라고도 할 수 있는데, 오랫동안 전해 내려오던 고유문화를 드러낼 수 있는 내용이었을 것이다. 물론 최치원의 '선'이해가 자신의 정치적 입장과 함께 하던 경문왕계 왕실의 존위를 강화시키고자 한 의도를 가지기도 했지만(장일규. 2013, 95~126쪽), 우리의 전통사상의 민족적 성격을 확립시켜놨다는 측면에서 그 의미가 크지 않을 수 없다.

최치원은 전국의 산천으로 다니며 수련하던[유오산수游娛山水] 화랑을 강조한 바 있다. 화랑들의 '유오산수'는 국토와 풍속에 대한 지리적 관심과 지식을 얻게 하는 도교적 측면의 가르침과, 유교 윤리 및 불교 윤리의 실천을 위한 매개로서 적극적으로 활용되었던 교육방법이다. 나아가 이러한 일련의 과정 속에서 화랑들이 만나는 모든 민중들이 교화해 나가는, 즉 '접화군생'의 결과를 얻는 실천 활동이었던 것이다.[33] 따라서 '풍류'는 화랑의 활동들을 통해 인간과 인간이, 인간과 사회가, 인간과 자연이 소통하는 내용을 담고 있다. 인간과 인간, 인간과 사회간의 소통을 통해 인간다운 삶으로 나아가고, 자연과의 교감과 친화를 통해 자연과의 합일을 이루는 삶으로서의 '풍류'가 간접적으로 드러나고 있는 것이다. 따라서 고유의 전통문화 속에서 이어져 오던 풍류사상은 삼교에서 강조되는 각기 다른 실천 내용들을 통해 인간이 맺는 모든 관계들이 하나로 연결되어 있음을 구체화 시켜놓은 것이라 할 수있다.

다음으로 '풍류'개념을 이해할 수 있는 측면은 인간의 심미적 측면을 예술적, 미학적 관점과 연결시킨 부분이다. 최치원의 직접적인 서술

33 '유오수오'와 관련된 예시로 『삼국유사』 효선 제9의 '빈녀양모'와 『삼국유사』 기이 제2, 48대 경문대왕'편, 『삼국유사』 제4 탑상, '미륵선화 미시랑 진자사'등이 근거 자료 등이 제시된다(서철원, 2015, 138쪽).

내용에서는 찾아보기 힘들지만, 『삼국유사』와 『삼국사기』를 통해 '풍류'의 개념이 예술과의 접합점이 있음을 유추할 수 있다. '만파식적'과 관련한 기록은 성왕이 소리로써 천하를 평화롭게 다스린다는 유가의 예악사상과 관련된다(김상현, 1989). 이러한 주장은 풍류를 예술적인 문화의 내용과 연결하여 생각해 볼 수 있는 근거가 되기도 하는데, 문화를 통해 현실세계의 모든 것들이 소통될 수 있음을 말하고 있다고 할 수 있다. 풍류도를 "원시 무교적 이념에 근거하여 삼교를 받아들여 무교의 기복적 신앙을 도의에 의한 인격적 가치의 세계로 승화시키고 신령과의 만남의 수단이었던 음주가무의 종교의례를 인생과 예술과 자연으로 융합하였다."[34]라고 정의된 것과 같이 종교의례로서 사용된 가무가 삶의 가치와 천지자연의 소통의 매개체로 언급되고 있는 측면은, 우주적 원리와 현실의 물질 세계를 연결해주는 것이 '풍류문화'가 될 수 있음을 주목하게 한다. 그 '문화'가 바로 최치원에게서는 '풍류'로 표현된 것이라 할 수 있을 것이다. 최근 '풍류'와 관련한 연구가 한국의 문화예술, 한류 바람으로 연결(권상우, 2007; 김일환, 2013; 서대석, 2012)되고 있는데, 한국정신의 내면과 외면의 일치를 담은 '멋'과 '한'으로서의 풍류문화가 한국의 예술과 문학에서 정통성과 고유성으로 자리한다는 내용이 주를 이룬다. 따라서 천天과 지地의 우주적 원리가 인人이라는 현실세계와 서로 소통하도록 하는 매개체가 '풍류문화'인 것이다.

이상과 같이 '도'를 현실에서 승화시켜가는 실천적 측면과 제도와 사회를 포섭하는 문화적 측면의 '풍류'사상이 사회 소통론으로 자리할 수 있는 함의는 무엇일까?

그것은 바로 초월적, 내재적 세계와 현실세계가 하나라고 보는 통

34 한국정신문화연구원, 1991, 『한국민족대백과사전』 23권, 「풍류」편, 628쪽.

일체적 세계관에서의 인식을 토대로 소통의 방향성을 제시하고 있다는 점과 그 소통의 매개체가 문화를 통해서 이뤄진다는 점이다. 통일체적 세계관 안에서 민족의 고유성과 정체성을 근간으로 하여 낯선 것들을 수용하고 융섭함으로써 심미적, 예술적 형태의 '문화'로 탄생시킨 것이 '풍류'문화인 것이다. 혼융되어 있는 것들을 '풍류'로 녹아내게 한 최치원은 '풍류문화'가 시대와 역사성을 섞어내는 소통창고였음을 알고 있은 듯하다.

문화는 계층, 인종, 국가, 민족의 모든 영역을 아우르는 교화의 매개체이다. '삼교를 포함하고 대중을 교화하는 바람'이라고 최치원이 말한 것처럼 어떤 경계도 없이 서로 심정적 감응과 공감, 정서적 반응까지도 영향을 미칠 수 있는 것이 문화인 것이다. 따라서 풍류는 '문화'라는 옷을 입고 한국의 기층문화에까지 깊이 파고들어 전승되어온 것이다. 이러한 측면은 최근 이슈가 되는 '한류문화'와 관련하여 논의가 되기도 한다.[35]

최근 인간행위의 출발이 되는 내적 요인과 외재적 요인들의 조합으로써 사회적 행위를 설명하고, 이를 통해 현재 주어진 사회적 문제들을 해결하기 위한 방법을 제시하는 사회학자들의 노력이 학계 일선에선 진행되고 있다. 1970년대부터 발전해오고는 있는 문화사회학의 영역에서 새로운 패러다임으로 자리하고 있는 영역이 '의미의 문제'에 천착하고 있는 것이다. 특히 문화사회학에서는 인간의 사회적 행위를 도구적, 제도적 차원에서의 접근뿐만 아니라 상징적, 실존적, 자발적 차원까지의 접근을 중시한다(신지은, 2016, 398쪽). 이러한 문화에 대한 방법론의 접근은 오늘날 문제시 되고 있는 '다문화사회'로 나타나는 여러 문제들

---

35 권상우(2008)은 한류의 뿌리는 무속에 바탕한 '풍류사상'에 있다고 보며, 자신의 고유한 정체성을 유지한 채 새로운 것들을 만들어 창조해 내는 능력, 멋을 추구하는 미학적 요소, 현실의 문제를 간파하는 특징들이 '한류'를 만든 배경이라고 본다.

을 해결할 수 있는 구체적인 방안들을 제시하기까지 한다.

최종렬(2016)은 "다문화주의는 바로 우리가 사용해서 새로운 삶의 의미를 구성해야 할 공적 상징체계다. 이를 사용하면 새로운 미래가 보인다....다문화주의의 사용! 아무쪼록 많은 사람이 다문화주의를 사용하여 좁은 국민국가 프레임 안에 안주하지 말고 더 나은 삶을 만드는 데 나서기를 희망한다. 사용하려면 우선 깊게 읽고 내면을 성찰하고 연단해야 한다. 이를 통해 각자 더 좋은 삶에 대한 독자적인 이야기를 만들어내고 서로 주고받아야 하고 그런 뒤얽힌 이야기 덩굴을 타고 '우리 모두'더 나은 세상으로 올라가야 한다", '인간의 조건은 "다른 자유인들 앞에서 자유인으로 현상하기 위해 태어나, 자유인이 되기 위해 문화적 역량을 쌓다가, 그 역량을 바탕으로 새로운 이야기를 전하고 사라지는 것"'이라고 했다. 이와 같이 현재 한국사회에서 문제 되는 사회현상을 조화와 상생을 위해 나아갈 수 있는 하나의 진화 '문화코드'로 인식하여, 대상의 수용과 소통의 개념으로 제시하고 있다.

최치원은 한국전통의 고유성과 정체성을 토대로 삼으면서도 외세라고도 할 수 있는 당나라의 여러 사상과 제도들을 수용하고 포섭하여 서로가 소통할 수 있는 '풍류문화'를 탄생시켰고, 그것을 신라가 혼란한 정국을 타개할 수 있는 정신이자 실천방법으로 제시하고 있다. 이러한 점은 최치원은 다름을 혼융하여 새로운 '상징과 의미'로 재구성한 사회학자의 면모를 지니고 있었다고 할 수 있을 것이다.

따라서 인간 행위의 '상징과 의미'를 통한 한국문화 소통 연구의 출발은 오늘날의 문화를 형성시킨 '풍류'문화를 그 출발로 삼아야 할 것이다. 특히 유, 불, 도라는 외래문화의 포섭과 고유문화의 정체성을 담고 있는 '풍류사상'은 그 자체로 과거와 현재, 권력층과 기층민, 외래문화와 전통문화를 소통시키는 역할을 담당해온 우리 문화의 '소통코드'라고 할 수 있을 것이다. 과학기술의 급격한 발전은 모든 문화의 급속한 혼융을 강제하는데, 이 속에서도 내면과 외면의 소통을 근간으로 하고 있는 '풍류사상'은 문화사회학적 관점에서 소통론적 함의를 내재하고 있다고 하겠다.

요컨대, 하늘天과 땅地과 인간人의 일치를 인간의 본성으로 삼는 정체성과 고유성을 토대로 다름을 차별과 대립보다는 차이와 혼융으로 태어나게 한 '풍류문화'는 세계가 섞여 '다문화'되는 역사적 흐름에서 또 인간과 기계가 섞여가는 새로운 세계에서 소통을 위해 사회학이 나아갈 바를 제시한다고 할 수 있다.

5. 나가며

지금까지 최치원의 '삼교융합사상'과 '풍류사상'이 사회 소통론에서 어떠한 함의를 가질 수 있을지에 대해 시론적으로 개괄해 보았다.

최치원은 신라말 당시 각기 다른 내용과 문화로 정착하고 있던 유, 불, 도 삼교 사상을 융합하여 혼란한 사회를 타파할 수 있는 소통사상을 제시했다. 물론 당나라와 신라의 사상조류가 삼교융합의 흐름이었지만, 최치원은 이를 한층 더 끌어올려 삼교융합을 통해 신라 말의 혼란한 현실을 타개해 나갈 수 있는 방법으로 제시한다. 더하여 '풍류'라는 민족의 고유한 정체성을 토대로 새로운 사상과 문화들이 혼융하고 회통하여 통섭된 새로운 사상을 제시한다. 한국문화의 원형인 고유성과 정체성을 토대로 삼으면서 외세라고도 할 수 있는 당나라의 여러 사상과 제도들을 우리 고유의 문화인 '풍류'로 포용·융섭하여 신라가 나아갈 바를 제시하였다는 점에서 최치원은 사회사상가와 사회실천가의 면모를 보여주었다.

최치원은 당시 각기 다른 내용의 삼교를 '도道'와 '주체적 인간'이라는 공통된 진리관으로 묶어내고, 유교의 경세적인 측면, 불교의 선행 실천을 통한 개혁과 호국의 측면, 도교의 제세적 측면을 각각 강조한다. 즉 유교에서 강조하는 교육을 통한 인재양성, 왕도정치의 실현과 불교에서 내면적 수양을 통한 '선한 행위'의 실천, 그리고 도교의 자연과 합일되는 삶의 실천 등을 사회개혁방안으로 제시한 것이다. 이러한 측면은 삼교가 각기 독립적인 특수성을 지니지만, 그것을 넘어선 '도' 및 '인간주체의 평등성'이라는 진리의 보편성을 토대로 삼고 있기 때문에 서로 융합할 수 있다는 최치원의 통일체적 세계관에서 기인한 것이라 할 수 있다.

이러한 최치원의 사상은 다음과 같은 사회 소통론의 특징들로 요약될 수 있을 듯하다.

첫째, 삼교융합사상의 통해서 초월적, 내재적 세계와 현실 세계를 소통시키고 있다는 점이다. 삼교의 토대를 '도'의 진리관과 모든 인간의 '주체성'에 있고, 이들을 현실사회에서 실현시키는 방법으로 유,불,도의 각기 다른 내용들을 강조하고 있는 점이다. 지금까지 사회현상을 분석함에 있어 인간의 행위와 구조를 이원화하여 사회현상을 분석했던 사회사상의 흐름을 비판하고 나아가 새로운 관점을 제시할 수 있는 토대를 마련한 것이다.

둘째, 갈등과 대립의 관계가 형성될 수 있는 사상들을 '풍류'를 통해 화해시키고 새로운 단위로 거듭나게 한 점이다. '서로 다른 요소 또는 이론들이 한데 모여 새로운 단위로 거듭나게'(심광현, 2009)하는 것이 '통섭'이다. 최치원은 이질적이고 대립될 수 있는 요소들을 한데 모아 새로운 단위로 재탄생시켰을 뿐만 아니라 전혀 새로운 것이 아닌 그 속에 내재된 한국 고유의 정신과 정체성을 밝혀내고 있다. 이러한 점을 통해 자신의 고유성과 정체성을 유지하면서 새로운 사상들을 통해 한 단계 진일보한 새로운 소통사상을 탄생시켰다.

셋째, 기술과 인간의 복잡성이 증대되는 융복합사회에서 '통섭'의 방향성을 제시한다. 새로운 기술적 기반으로 등장하는 사회의 구조와 현상이 인간과 어떻게 융합하여 새로운 단위를 형성하는가에 대해서 인간의 '주체성'과 '도'라는 보편적 진리관에 토대하여 일정한 방향성을 가져야 함을 알려준다. 또한 과거와 현재, 권력층과 기층민, 사상과 현실의 소통이 '통섭'의 방향성임을 시사해 준다.

본인이 처한 신분적 한계로 인해 그의 천재성이 당대에는 받아들여지지 않는 처지였지만, 그가 고민하여 제시했던 시대의 방향과 구체적인 사회실천 방안들은 소통과 화해가 절실히 필요한 1200년이 지난 지금도 유효한 정신으로 자리한다. 특히 혼란한 정국 속에서도 자신의 입신양면을 좇기보다는 '불사이군不事二君'의 지조를 지킨 채 유자의 삶을 선택하여 자신의 처지 속에서 개혁을 꿈꾸고자 했던 사상가의 모습은 이 시대의 학문을 하는 사람들에게 하나의 귀감이 된다. 변화하는 시대에 민감하게 분석하여 나아갈 바를 '인간 근원'의 문제에 토대 삼아 삼교을 통한 시중적時中的인 방법들을 제시한 고운의 모습은 그 자체만으로도 오늘날의 소통을 꿈꾸는 지식인들에게 본本이 될 뿐만 아니라 학문의 내용과 방법의 소통을 위해서도 현대적 의미를 지닌다고 할 수 있을 것이다.

참고문헌

곽만연. 2006.「유불도 삼교관 연구」.『불교연구』24. 9-62쪽.

권상우. 2007.「한류의 정체성과 풍류정신」.『동서철학연구』제43호. 327-345쪽.

김기웅. 2005.「신라말 개혁과 최치원」.『신라사학보』(5). 신라사학회. 119-147쪽.

김능근. 1971.『한국철학사』. 서울: 자영사.

김두진. 1986.『통일신라의 역사와 사상』.『전통과 사상』Ⅱ. 경기: 한국정신문화연구원.

김부식(저), 1977.『삼국사기』. 이병도(역). 서울: 을유문화사.

김상현. 1989.「고려시대의 화랑 인식」.『신라문화제학술발표회논문집』제10집. 217-242쪽.

김일환. 2013.「한민족 전통문화의 사상적 원류와 창조적 계승방안」.『동양문화연구』13. 169-205쪽.

김충렬. 1985.『고려유학사』. 고려대출판부.

단재신채호전집편찬위원회 편. 1972.『단재 신채호 전집』하권. 을유문화사.

류승태. 1989.『고운 최치원』. 김인종 외. 민음사.

민족문화추진회. 2008.『(신편 국역) 패관서 대동야승』. 한국학술정보.

배동인. 1997.『인간해방의 사회이론』. 전예원.

베르나르 베르베르. 1991.『개미』. 열린책들.

서대석. 2012.「한류와 한국어문학: 한류의 학문적 전환과 창조적 모색」.『겨레어문학』49. 7~27쪽.

서철원. 2015.「최치원의 풍류 관념과 그 문화사적 맥락」.『한국고전연구』 32집. 123~152쪽.

성균관대학교 대동문화연구원 편, 1972. 『최문창후전집』(최치원 著). 서울: 성균관대학교대동문화연구원.

송항룡. 1982. 「최치원사상연구」. 『연구논총』 82(2). 한국정신문화연구원.

______. 1987. 「한국고대의 도교사상」. 『도교의 한국사상』. 서울: 한국도교사상연구회. 40쪽.

신지은. 2016. 「한 문화사회학자의 다문화주의 사용 레시피」. 『문화와 사회』. 389-402쪽.

신형식. 1985. 『신라사』. 이화여자대학교 출판부. 224-225쪽.

심광현. 2009. 「유비쿼터스 시대의 지식생산과 문화적 정치: 예술-학문-사회의 수평적 통섭을 위하여」. 서울: 문화과학사.

양언석. 2006. 「화랑도의 풍류세계 고찰」. 『새국어교육』 72. 559-593쪽.

엄원대. 1997. 「최치원 연구사에 대한 분석」. 『고운의 사상과 문학』. 신지서원.

이근용. 2016. 「풍류사상이 융복학시대의 소통에 주는 함의」 15(2). 222-248쪽.

이기백. 1986. 『신라사상사연구』. 서울: 일조각.

이영찬. 2001. 『유교사회학』. 예문서원.

이재운. 1999. 『최치원 연구』. 서울: 백산자료원.

일연(저), 2007. 『삼국유사』. 민음사.

임선영 외. 1999. 『한국철학, 화두로 읽는다』. 서울: 동녘.

장일규. 2006. 「숭복사비명과 경문왕계 왕실」, 『역사학보』 192. 46-62쪽.

______. 2008. 『최치원의 사회사상연구』. 신서원.

______. 2013.「최치원의 선이해」.『한국고대사탐구학회』 15. 95-126쪽.

전경갑. 1993.『현대와 탈현대의 사회사상』. 한길사.

조정호. 2009.「신라 仙의 고유성에 대한 고찰」.『민족문화논총』 42. 363-387쪽.

천선영. 2014.「소통의 시대에 생각하는 불통(不通)의 사회학」.『사회와이론』 25, 73-110쪽.

최영성. 1998.『역주 최치원전집』. 서울: 아세아문화사.

______. 2008.『고운사상의 맥』. 심산.

최일범. 1983.「고운 최치원의 사상연구」.『동방사상논총』, 도원유승국박사화갑기념논문집발행위원회.

최종렬. 2016.『다문화주의의 사용, 문화사회학의 관점』. 한국문화사.

하갑룡. 1989.『최치원의 삼교융화사상 연구』. 부산대학교.

하버마스. 2001.『공론장의 구조 변동: 부르주아 사회의 한 범주에 관한 연구』. 나남출판.

한국사회학회·동국대학교 신라문화연구소 편. 2001.『신라 최고의 사상가 최치원 탐구』. 도서출판 주류성.

한국정신문화연구원. 1991.『한국민족대백과사전』.

허경진. 1993.『고운 최치원 시선』. 평민사.

Luhmann, Niklas. 1984. Soziale Systeme. Grundriss einer allgemeinen Theorie, Frankfurt a.M.: Suhrkamp(『사회체계이론』1,2, 2007, 한길사).

제임스 카메론 감독. 2009. 영화『아바타』. 미국.

원효

유문무

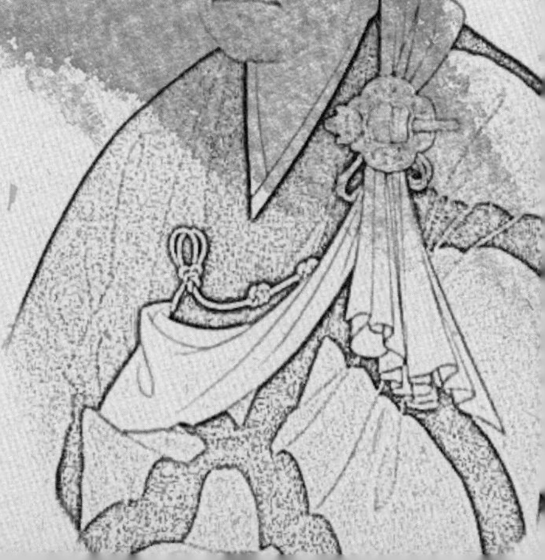

원효

—

유 문 무

Ⅰ. 머리말

현재 우리를 둘러싸고 일어나는 국내적, 국제적 상황들은 대단히 빠른 속도와 복잡성을 지닌 채 우리의 대처를 기다리고 있다. 계층 간 격차, 세대 간 갈등, 남북한 대치, 강대국 간 대결, 강대국들과의 이해충돌 등은 우리 사회구성원 모두가 공유하고 있는 시대적 문제의식이다. 통합이나 화합, 조화보다는 갈등과 대립의 양상이 너무나 뚜렷하여, 불안과 불확실성의 그림자가 우리의 어깨를 내리 누르고 있는 상황은 자명한 사실이다. 그러나 이러한 문제의 돌파구는 쉽게 찾을 수가 없고, 적극적으로 해결책을 마련하려는 공공의 합의적 노력 역시 찾아보기 어려운 실정이다. 사실 올바른 방향을 찾고 문제에 대한 대안을 마련하기 위해서는 구성원들 간의 활발한 소통이 우선되어야 하지만, 한국사회 내에서 이런 모습과 자세를 만나보기란 참으로 어려운 실정임에 틀림없다. 바로 이런 지점에서 1,300여 년전 역시 혼돈과 갈등의 시대를 겪으면서, 진리의 깨달음을 설파하고, 대립과 대결의 국면에서 소통의 중요성을 강조하고, 사회의 통합과 나아가 궁극적으로는 평화로운 세상을 이루기 위해 일생을 바친 원효의 사상이 우리에게 올바른 방향모색에 그 단초를 제공할 수 있으리라는 생각을 해보는 것이다.

원효는 갈등과 대립에 처한 사회를 치유하고 불안과 고통에 빠진 중생을 구제하려고 하였다. 원효가 활동하던 시대 신라 불교에서 가장 심각했던 문제는 종파불교 간의 교리적 대립, 특히 공空의 실상을 강조한 삼론종과 식識에서 만법이 있음을 강조한 유식종간의 이론적 대립이었다. 원효는 대립적 이설의 극복과 조화에 누구보다 탁월한 이론과 실천을 보여주었는데, 우리는 이것을 원효의 화쟁사상和諍思想이라고 부른다. 원효의 행적은 삼국의 통일전쟁으로 피폐해진 중생의 마음을 어루만져 줌으로써, 통일된 이후의 사회 내 갈등 해소에 앞장 선 것이며, 중생에게 마음의 평안을 가져다 주기 위한 것이었다. 원효의 화쟁和諍, 원융무애圓融無礙의 사상은 한국 불교를 너머 한국의 정신문화의 중요한 특질로 정착된다. 고려 의천(1055~1328)의 교관겸수敎觀兼修, 지눌(1158~1210)의 정혜쌍수定慧雙修, 태고보우(1301~1382)의 원융불교圓融佛敎의 실천운동으로 이어졌으며, 휴정(1520~1604)에 와서는 당시 조선조의 지배사상인 유교와 조화를 모색하여 유불도儒佛道 삼교의 조화를 모색하였다. 즉 원효의 화쟁사상은 불교교리에서 뿐 아니라, 대중들에 대한 실천적 행보를 통하여 화해와 화합, 통합의 지혜를 담고 있는 화수분인 것이다.

본 연구는 첫째, 원효당대의 시대적 상황과 이것이 그의 삶에 끼친 영향이 어떠한 것인지를 살펴봄으로써 원효사상의 전개와 성장과정을 알아보고, 둘째, 『대승기신론소大乘起信論疏』과 『화엄경소華嚴經疏』 그리고 『금강삼매경론金剛三昧經論』에 나타난 원효의 화쟁사상이 무엇인지를 정리하고, 셋째, 이 화쟁사상이 오늘날 우리에게 어떤 의미로 다가오고 있는지를 사회과학의 입장에서 살펴보고자 한다.

Ⅱ. 원효사상의 배경

우선 당시의 시대적 상황을 통해 원효의 사상적 궤적을 살펴보자. 원효가 살았던 시대는 새로운 통일국가를 잉태하기 위한 진통기였다. 삼국 모두 급격한 사회변화를 겪고 삼국의 민중들의 고통도 극심하였다. 이러한 통일 전후의 진통과 격동의 시기는 그 때까지의 왕족불교 내지 귀족불교 대신에 민중불교를 요청하였으며 불교의 교학적인 이론에 있어서도 여러 사상의 융합내지 통합이 요구되어 원융圓融사상 또는 화회和會사상이 대두하게 되었다(정원용, 2007:34).

원효는 삼국이 통일된 668년 이후 686년까지 18년간을 통일신라 시대에 살았다. 원효의 생애 전체가 삼국의 통일을 위한 준비기간과 그 이후 통일의 후유증을 치유하는 시기에 걸쳐져 있다. 이러한 시대상황은 원효의 사상형성에 절대적인 영향을 주었다고 보여 진다. 삼국유사에 "일찍이 두드리는 박을 가지고 수많은 마을에서 노래하고 춤추면서 교화시키니 이로써 가난하고 몽매한 무리들도 모두 부처의 이름을 알고, 나무아미타불을 부르게 하였으니 원효의 교화야 말로 참으로 컸다"(일연, 2003:117)고 전해지는 것으로 보아, 원효의 행적은 보살행으로서, 그가 이론에만 그치지 않고 실천면에서도 중생구제에 힘썼음을 알 수 있다.

원효는 불교교학에 있어서 인도와 중국의 불교사상의 도입 모방에 그치지 않고 그것을 소화하여 모든 교리教理의 융합融合을 도모하였다. 당시 삼국은 중국불교를 받아들이면서도 중국에서 번역된 여러 종류의 경전이 한꺼번에 도입되었다. 중국이나 우리 모두 경전의 체계적인 정리가 이루어지지 않았기에 교설과 교설이 모순되고 상충하는 상황이 빈번하였다. 불교의 교리는 원래 난해한 것이 특징인 바, 이에 경전의 해석이

다르게 됨에 따라 혼란이 가중하였고 원효의 문제의식은 이러한 점에서 시작되었다. 이런 점을 해소하기 위해 원효는 대략 90종 200여권에 달하는 방대한 양의 저술을 남겼다(이기영, 2001:20). 불교철학의 거의 전 분야에 관심을 보이고 있는 것이다. 다양한 분야에 관심을 갖은 것은 당시 불교계의 문제점을 해결하려는 생각이 아마 일차적 목적이었을 것으로 보인다. 불교의 모든 경전을 섭렵한 원효는 경전들이 때때로 모순되는 것에 대한 문제점을 해결하고자 불교사상간의 상호관계를 밝히는 교상판석敎相判釋을 저술하였다. 교설의 옳고 그름을 단정하기 보다는 화쟁和諍을 통해 어느 특정종파에도 치우침 없이 교설과 교설이 서로 상충되는 부분을, 경전을 근거로 하여 교차반복하여 관점의 차이를 좁혀나가고 있는 것이다. 결국 이설들 간의 불필요한 대립을 소멸시키고 소통의 방향으로 이끌어 간다.

원효의 깨달음은 그 유명한 해골물과 연결된다. 34세 되던 해에 실패한 중국 유학의 꿈을 문무왕 원년인 661년, 45세 나이로 다시 중국에 가기 위해 항구로 가는 도중 비를 피해 인가를 찾아 헤매다가 결국 무덤에서 잠을 자게 되었다. 여기서 해골물을 먹고 크게 깨달은 바가 있었다고 전해지는 것이다. "즉 마음이 일어나므로 갖가지 현상이 일어나고, 마음이 없어지므로 땅막과 무덤이 둘이 아니다. 삼계는 오직 마음이요 만법은 오직 識이다. 마음 밖에 아무 것도 없는데 무엇을 따로 구하겠는가?"(『宋高僧傳』『大正藏』 50:729) 하는 깨달음을 얻고 중국 유학을 포기하고 되돌아 왔다. 이후 원효는 유有/무無, 생生/사死, 도道/속俗, 중생衆生/부처가 둘이 아니라 하나이며, 단지 우리의 식이 그 구별을 낳을 뿐이라는 것을 깨닫고, 신분의 귀천을 가리지 않고 상대의 근기에 맞는 교파방법으로 무애행無碍行을 실천하였다.

원효의 궁극적인 관심은 전 불교사상의 화회和會를 통한 모든 중생의 구제에 있었다. 이를 위해 원효는 이론의 탐구에만 머물지 않고 중생

구제를 위해 전국 방방곡곡을 다니면서 교화활동을 하며 보살행을 몸소 실천하였다. 술집에도 거리낌 없이 들어가 놀았고, 사당 안에서 거문고나 가야금을 타기도 하며, 여염집에 예사로 드나들며 시정사람들과 어울리고 무애가를 지어 부르며 둥실 둥실 춤을 추며 다니는 꼴이 미친 사람 같기도 했다 한다(이기영, 2001).

요석공주와의 인연으로 환속한 이후 소성거사小姓居士로 자처하며, 더욱 학문에 정진했고 도道/속俗의 구별을 벗어나 자유롭게 교화하다가 55세에 입적했다. 원효는 출가와 재가의 어느 한쪽에만 치우치지 않아야 한다고 주장만 한 것이 아니라 실제 그렇게 살았다. 실천적 수행인으로서의 원효는 형식과 격식을 뛰어 넘어 무애박을 쥐고 전국을 떠돌며 노래하고 춤을 추면서 대중불교에 앞장섰다. 당시 왕실과 귀족 중심이었던 신라불교는, 원효의 노력으로 신분의 차별없이 온 국민이 신봉하고 이해할 수 있는 믿음의 대상으로 자리하게 되었던 것이다. 귀족과 서민의 구별없이, 중생과 붓다의 구별없이 모두 해탈할 수 있음을 무애박과 무애가無碍歌, 무애무無碍舞로 깨우치고 보여준 것이다. 원효의 이런 모습은 당시 불교의 귀족화와 형식화에 대한 경종을 울리고 대중교화의 기반을 닦았다는 점에서 그의 학문적 성과 못지않게 중요한 의미를 지니고 있다.

당시 신라의 불교사회는 갈등과 대립의 파벌사회였다. 이는 교단에서도 마찬가지였다. 인도에서 발흥한 불교가 중국으로 전래되어 일차의 번역단계를 지난 다음 불경에 대한 해설서인 논論과 소疏를 기초로 하여 삼론종과 유식종이 등장하였다. 삼론종은 중관학파라고도 하는데, 나가르쥬나〔龍樹〕의 논서를 바탕으로 반야공 사상을 강조하였다. 나가르쥬나는 "생성되는 것도 아니요, 소멸되는 것도 아니다. 끊어지는 것도 아니요, 항상 이어지는 것도 아니다. 같은 것도 아니요, 다른 것도 아니다. 가는 것도 아니요, 오는 것도 아니다(不生不滅 不斷不常

不一不異 不去不來)"라고 하면서 이 세상의 모든 것들은 일시적으로 여러가지 연緣이 한데 모여 성립하고 있음을 밝히고 있다(정상봉, 2012: 205-206). 이는 그 무엇도 어떤 불변의 자성自性을 스스로 지닌 것이 없으므로 모든 것이 공空하다는 것이다. 생生과 멸滅, 일一과 이二, 단斷과 상常, 거去와 래來 양단의 어느 한쪽에도 치우침 없이 일체의 참모습을 깨닫는 것이 중도中道이며 중관中觀이다.

이에 비해 유식종은 만법유식 즉 모든 것이 식識에 의해 이루어진다고 본다. 요가체험을 통해 구체화된 이 형이상학적 유심론을 수용한 중국에서는 당의 삼장법사에 의해 해석이 종합되면서 유식종이 성립하게 되었다. 여기서 식識은 우선 안이비설신眼耳鼻舌身의 전오식前五識이 있는데, 이는 다섯가지 감각기관에 의한 지각 곧 시각, 청각, 후각, 미각, 촉각인 것이다. 이 다섯 가지 지각내용을 종합하는 것이 제6식인 의식意識이다. 제7식은 생각하고 판단하는 의식으로 사량식思量識이라 하는데, 이것은 어리석음, 자아에 대한 잘못된 견해, 자만심, 자기애착의 네 가지 번뇌를 지니고 있다. 그리고 8식은 이들 7가지 식이 작용한 결과를 축적하고 또 그러한 식들을 산출하는 종자를 성숙시키는 아라야식(alaya vijnana)이다.

삼론종과 유식종의 이렇게 상이한 교리로 인해 중관학파와 유식학파 사이에 이론적 충돌이 일어난 것은 자연스러운 일이다(정상봉, 2012:207). 중관학파의 경우 모든 것은 자성自性이 없으므로 공空하다고 하지만, 유식학파의 입장에서는 대상이 비록 공空하나 인식 그 자체까지 없다고는 할 수 없다고 보기 때문이다. 바로 이러한 교리적 대립을 해결하기 위해 원효는 화쟁의 길을 제시하고 있는 것이다. 원효는 이러한 대립과 투쟁을 근본적으로 종식시켜 인간사회에 영원한 평안과 행복을 가져올 수 있는 사상원리를 찾고자 하였고, 그 이론적 토대를 『대승기신론』에서 발견하였다(고익진, 1989: 180-185).

사실 원효의 저술은 대부분 소실되어 온전히 전하는 것이 20부 29권 가량인데, 그가 주석을 남긴 경전들은 대부분 대승경전이다. 당시 중국 불교에서 연구되고 있던 불교 가운데 선종과 밀교를 제외한 거의 모든 대승사상을 망라하고 있으며, 대승경전 가운데에서도 저술의 종류와 분량을 볼 때 『대승기신론』과 『화엄경』 관련 저술이 가장 많다. 원효는 화엄경을 교학연구만이 아니라 대중교화활동의 경전적 배경으로 주목하였다. 원효의 교판론敎判論에서 최고의 가르침은 일승만교一乘滿敎이며 여기에 해당된 경전이 바로 화엄경이다. 곧 원효는 심리학적 바탕은 유식학과 여래사상 및 『대승기신론』에 두고, 화엄을 정점으로 하는 일승불교주의를 천명하면서 인간의 심성과 인식능력을 철저히 규명하였던 것이다(윤용섭, 2006:113-114).

따라서 원효는 『대승기신론』을 통해 개인적 깨달음을 성취하였고, 『화엄경』을 통해 사회적 깨달음을 성취하였다는 주장도 가능해진다. 개인적이든 사회적이든 이 두 저술은 모두 그의 깨달음에 결정적 계기를 제공했다는 점에서 원효 사상의 철학적 기반이 된다는 것이다. 이러한 시각은 원효사상의 기반인 『대승기신론』 사상이 화엄사상과 깊은 연관 속에서 구축된 것임을 알 수 있게 한다(고익진, 1982:71). 『화엄경』의 주요 담론은 연기緣起와 성기性起, 즉 이기二起의 기호 중 특히 여래성의 출현이자 연기의 구극인 성기性起에 집중되어 있는 바, 원효에게 있어 모든 것의 근거이자 인식의 근원인 일심一心은 여래성의 출현이자 연기의 구극인 성기性起와 같은 것임은 그의 저술 여러 곳에서 확인되기 때문이다.

특히 현존의 60권본 『화엄경』의 총 34품 가운데에서 보살이 취해야 할 열 가지 회향의 내용에 대해 설하고 있는 「십회향품」은 원효의 절필을 있게 한 품명이다. 아울러 요석공주와의 인연 역시 원효의 개인적 깨달음을 성취한(661년) 뒤의 것으로 추정되지만, 그의 사회적 깨달음을 통한 원효의 무애행은 특히 『화엄경』 「보살명난품」의 "일체에 걸림 없는 사람이 한 길로 삶과 죽음을 벗어났느니"(『大正藏』 제9책, 429중)라는 구절에 근거한 것으로 보인다. 이런 맥락에서 볼 때 '무애無碍'는 『대승기신론』에도 보이지만 특히 화엄 보살행의 전용어라 할 수 있다. 왜냐하면 이는 연기에 대한 사무친 통찰을 통해 새롭게 태어난 보살의 원행願行에 기초하는 술어이기 때문이다. 따라서 원효의 사회적 깨달음은 화엄의 사유에 근거하고 있음을 의미한다 할 것이다.

원효의 삶과 생각은 일심一心과 화쟁和諍과 무애無碍의 축으로 전개된다. 여기서 무애는 화쟁에 의해 일심의 근원으로 돌아가게 함으로써〔歸一心源〕 중생들을 풍요롭고 이익되게 하는〔饒益衆生〕 보살행의 핵심 코드이므로 화쟁은 결국 일심과 무애를 가능케 하는 방법론이며, 깨달음과 중생교화를 가능케하는 매개항인 것이다. 원효는 『대승기신론소』의 서두에서 이 논서의 특징을 다음과 같이 언표하고 있다.

> 이 논서의 뜻은 이미 이와 같아서, 펼치면 헬 수 없고 가없는 뜻(無邊之義)을 근본으로 삼고, 합치면 두 문(二門) 한 마음(一心)의 법을 요체로 삼으니 두 문의 안에 만 가지 뜻을 받아들이면서도 어지러움이 없고, 가 없는 뜻이 한 마음과 같아서 혼융되어 있다. 그러므로 펼침과 합침이 자재하고(開合自在) 세움과 깨뜨림에 걸림이 없어서(立破無碍) 펼쳐도 번거롭지 않고, 합쳐도 협소하지 않으며, 세워도 얻음이 없고 깨뜨려도 잃음이 없다(『韓佛全』 제1책, 698하).

원효 사상의 특징과 핵심인 『대승기신론』의 이문二門 일심一心사상 안에는 전개와 통합에 자재自在하고, 수립과 타파에 무애無碍하다는 이 논서의 논지를 자기의 것으로 승화시키는 모습이 드러나 있다. 이 '무애'와 '자재'는 바로 그의 평생의 화두인 '일심의 근원으로 돌아가게 함으로써'〔歸一心源〕과 '중생들을 풍요롭고 이익되게 한다'〔饒益衆生〕는 명제의 다른 표현이다(정영근, 1999:179~180).

『대승기신론』의 핵심어인 일심一心과 『화엄경』의 핵심어인 일승一乘은 원효 사상의 철학적 기반임과 동시에 화엄철학의 기반이다. 모든 것의 근거이자 우리 마음의 근원인 이문二門 일심一心과 여래성의 출현이자 연기의 구극인 성기性起 일승一乘은 원효 사상 속에서 행복하게 만나고 있다. 『기신론』에서 일심一心은 여래장 혹은 아라야식으로도 표현되고, 『화엄경』에서의 일승一乘은 여래성의 출현인 성기性起로도 해명된다.

『대승기신론』과 『화엄경』의 궁극적 지향은 무차별 혹은 무분별의 관점에서 있는 그대로의 모습인 진여眞如로 나아가는 것이다. 이것을 진여의 관점에서 보면 '한 법이 곧 모든 법'〔一法卽一切法〕이요, '모든 법이 곧 한 법'〔一切法卽一法〕이며, '하나가 곧 여럿'〔一卽多〕이요, '여럿이 곧 하나'〔多卽一〕라는 담론이 된다. 즉 부분은 전체의 일부분이 아니라 이미 전체를 포괄한 하나의 부분이 되는 것이다. 동시에 전체는 부분의 종합이 아니라 이미 부분을 포괄한 하나의 전체가 되는 것이다. 따라서 『화엄경』과 『대승기신론』은 모든 것의 근거이자 인식의 근원인 일심一心과 연기의 구극이자 여래성의 현현인 성기性起〔一乘〕가 둘이 아님을 보여준다. 불교의 궁극적 지향은 미혹의 세계를 전환시켜 깨달음의 세계를 여는 것〔轉迷開悟〕이며, 번뇌의 의식을 전환시켜 지혜를 얻는 것〔轉識得智〕이다. 때문에 "唯識의 일심이 妄心이고 여래장심이 眞妄和合心이라면, 화엄일심은 眞心이니 如來性起心이다. 원효의 일심이 진망화합의 여래장심에서 여래성기의 화엄일심으로 전환되었다고 하겠으니, 그것은 원효의 화엄과의 관계를 통하여 짐작할 수 있다"(전해주, 1988:163).

Ⅲ. 원효의 사유와 화쟁사상

원효는 대승기신론을 중관학파와 유식학파의 지양 및 종합을 한 문헌으로 보았다. 대승기신론은 유식의 8식을 수용하고, 아라야식에 대하여 본밭이 맑고 깨끗하지만 무명의 습기 때문에 더럽게 물든다고 보았다. 여기서 맑고 깨끗한 마음을 진여문眞如門이라 이름하고, 더럽게 물든 마음을 무명의 바람에 의해 생멸이 있다는 측면에서 생멸문生滅門이라 한다. 진여문과 생멸문은 일심의 두 측면으로, 일심은 곧 여래장如來藏이다. 여래장은 모든 중생이 여래가 될 수 있는 가능성을 간직하고 있다는 뜻이다. 이에 대해 『대승기신론소』에서는 이렇게 적고 있다.

> 무엇을 一心이라 하는가? 더러움(染)과 깨끗함(淨)의 모든 법은 그 성품이 둘이 아니고, 참됨과 거짓됨의 두 문은 다름이 없으므로 하나라 이름한다. 이 둘이 아닌 곳에서 모든 법은 가장 진실되어(中實) 허공과 같지 않으며, 그 성품은 스스로 신령스레 알아차리므로(神解) 마음이라 이름한다. 이미 둘이 없는데 어떻게 하나가 있으며, 하나도 있지 않거늘 무엇을 두고 마음이라 하겠는가. 이 도리는 언설을 떠나고 사려를 끊었으므로 무엇이라 지목할지 몰라 억지로 一心이라 부른다(『韓佛全』 제1책, 705상).

그러하기에 진여문〔淨〕과 생멸문〔染〕은 두 문이 아니고, 진식〔眞〕과 망식〔妄〕의 두 문은 다름이 없다는 것이다. 이는 이문二門의 근거가 일심一心이고, 일심은 모든 것의 근거이자 이문의 근거이며 언설을 떠나고 사려를 끊은 것이기 때문이다. 그런데 이 일심 속의 진여문에도 염染과 정淨이 있고 생멸문에도 진眞과 망妄이 있다. 하지만 진여문은 염染과 정淨

을 통섭한 모습〔通相〕이고 생멸문은 염染과 정淨을 별도로 드러내므로〔別顯〕 차별이 있는 것이다(고영섭, 2013:12). 그래서 원효는 다음과 같이 말한다.

> 진여문은 더러움(染)과 깨끗함(淨)을 통틀은 모습(通相)이다. 통틀은 모습 밖에 따로 더러움과 깨끗함이 있는 것이 아니다. 그러므로 더러움과 깨끗함의 모든 법을 총섭할 수 있는 것이다. 생멸문은 더러움과 깨끗함을 별도로 드러낸 것(別顯)이다. 더러움과 깨끗함의 법은 포괄되지(該) 않는 것이 없다. 그러므로 또한 모든 법을 총섭하는 것이다. 통틀은 모습과 별도의 모습은 비록 다르지만 서로 배척하는 것이 없다. 이 때문에 두 문은 서로 분리되지 않는다고 말한다 (『韓佛全』 제1책, 705상).

이제 진여문과 생멸문에 대한 모습이 명확해진다. 진여문은 우리들 마음의 염분染分과 정분淨分을 통틀어 보는 측면이다. 이 말은 진여문 안에 이미 염染과 정淨의 두 측면이 내재해 있음을 말하는 것이다. 반면에 생멸문은 염분染分과 정분淨分을 분리해서 보는 측면이다. 이것은 더러움과 깨끗함을 포괄하고 있으면서도 그것을 별도로 드러내기 때문에 생멸문인 것이다. 하지만 원효는 생멸문 역시 진여문과 함께 하므로 두 문은 분리되지 않는 것이라고 말한다(윤용섭, 2006:146).

더 나아가 원효는 이 두 문이 일심을 각기 나누어서 본 일심의 부분이 아님을 강조한다. 즉 진여문은 이미 일심의 통상通相으로 자리하는 것이고, 생멸문은 일심의 별상別相으로 자리하는 것이므로 각기 하나의 전체를 이루는 것이지 일심의 한 부분으로 자리함이 아니라는 것이다.

> 설사 두 문이 비록 별개의 몸체는 아닐지라도, 두 문이 서

> 로 어긋하고 통하지 않는 것은 곧 진여문 속에 理만 포섭하고 事는 포섭하지 않고, 생멸문 안에 事만 포섭하고 理는 포섭하지 않는 것에 따른 것이다. 하지만 지금의 두 문은 상호 융통하여 제한을 둘 수 없다. 그러므로 각기 모든 理法과 事法을 두루 포섭하고 있기 때문에 이 문이 서로 떨어지지 않는다고 말한다(『韓佛全』 제1책, 679하).

진여문 속에도 염染과 정淨, 리理와 사事가 있고 생멸문 속에도 리理와 사事, 염染과 정淨이 있는데, 이 두 문이 서로 어긋나고 통하지 않는 것은 우리들의 차별심 때문이다. 즉 우리의 분별심에 의해 진여문 속에다 리理 혹은 정淨 하나만 포섭하고, 생멸문 속에다 염染 혹은 사事 하나만 포섭하기 때문에 어긋남과 막힘이 생겨나는 것이다. 이러한 차별은 부분과 전체, 하나와 여럿을 통합하지 못하고 생멸生滅의 관점에서 구분하여 바라보기 때문에 생겨나는 것이다. 이렇게 원효는 『대승기신론소』를 지어 일심의 지평안에서 중관과 유식의 대립이 극복되고 출세간적 진리〔眞〕와 세간적 이해〔俗〕의 구분이 대승적으로 융합되고 있음을 보여주고 있다.

원효는 『금강삼매경』 역시 중관학파와 유식학파의 이론을 다 담고 있으면서도 그 이론적 대립을 융화하고 있다고 보고, 『금강삼매경론』을 지어 여기서도 일심一心, 이문二門, 진체眞諦와 속체俗諦의 융합을 상론하였다. "무릇 일심의 원천은 有無를 떠나 홀로 청정하며 삼공의 바다는 진속을 융화하여 담연하도다. 담연함은 둘을 융화했으나 하나인 것은 아니요, 홀로 청정함은 양극을 떠났다고 해서 중간도 아니고, 중간이 아니지만 양극을 떠나 있는 것이다. 그러므로 자성이 있는 것이 아니라고 해서 곧바로 완전히 없다고 여기지도 않고, 완전히 없는 것은 아니하고 해서 곧바로 자성이 있는 것으로 여기지도 않는다.---둘을 융합하였지만 하나는 아니므로 진과 속이 세워지지 아니한 바가 없고 염과 정의 모습이 갖추어지지 않은 것이 없다——그리하여 깨트림이 없으되 깨트리지 아니함도 없고, 세움이 없으되 세우지 아니함도 없다. 가히 무리지지리無理之至理요 불연지대연不然之大然이라고 할 수 있다." 유무有無의 양쪽 끝을 떠났다고 해서 산술적 의미의 중간이 아닌 것이고 진속眞俗을 융화했다 해서 질적으로 완전히 하나인 것은 아니다. 존재와 현상들이 일시적으로 있음을 긍정하나, 어느 하나 고정불변의 실체성이 없음을 밝히고 있으며, 또한 존재와 현상들은 여러 다른 요소들의 결합에 의해 생겨나는 것이므로 자성自性이 있다고 모든 것을 부정함으로써 모든 것이 공空하다는 실상이 드러나게 된다(정삼봉, 2012:214).

한편 원효는 『십문화쟁론十門和諍論』을 지어 종파불교 간의 교리적 대립의 세부주제에 대하여 화쟁의 노력을 기울이고 있다. 존재를 보는 인간의 시선은 크게 두 유형의 전통으로 대별된다. 하나는 실체 혹은 본질에 의거하여 존재를 이해하는 전통이다. 이는 불변의 속성을 배타적으로 소유하는 독자적 존재가 실재한다고 생각하는 실체론實體論이나 본질주의本質主義로, 존재를 보는 인간의 시선을 압도적으로 지배해 왔다. 다른 하나는 본질이나 실체를 설정하지 않고 존재를 파악하려는 일련의 통찰들이다. 불교나 노장사상이 이에 대한 오래된 뿌리라면, 본질주의를 해체하려는 포스트모더니즘 계열의 통찰은 최근의 논의들이다(박태원, 2013:108). 이 중 비본질주의 무실체론의 통찰을 전면에 내세운 지혜의 전통으로서, 면밀한 체계적 이론과 수행론으로 그 통찰을 뒷받침했던 가장 오래되고 성공적인 전통은 바로 불교에서 찾아진다. 불교는 불변의 본질이나 실체가 '근거없는 존재환각'이라는 점을 밝혀내고 있다. 원효의 화쟁논의는 '있음〔有〕'과 '없음〔無〕'의 의미에 대한 오해를 치유해 가려는 목표 하에 '실체없이 존재하는 세계'를 포착해내는 불교적 혜안의 통찰과 그 언어계보의 핵심을 정확하게 짚어내고 있는 것이다.

세계를 포착하는 인간의 인지는 '있음〔有〕'과 '없음〔無〕'이라는 상반된 두 개념항에 의존하며, 이 '있음〔有〕' 과 '없음〔無〕'에 관한 관점이 두 가지로 갈린다. 하나는 '불변의 무조건적 실체나 본질'의 실재를 전제로 '있음〔有〕'과 '없음〔無〕'을 상호배제적으로 읽는 실체론적實體論的 관점觀點이며, 다른 하나는 실체나 본질을 전제하지 않고 '가변적인 조건적 발생'이라는 연기의 통찰에 입각하여 '있음〔有〕'과 '없음〔無〕'을 동일한 연기성의 두 양상으로 읽는 연기론적緣起論的 관점觀點이다. 연기론적 관점은 '있음〔有〕'과 '없음〔無〕'의 양자를 상호 포섭, 등가적 상호치환의 관계로 본다. 그런데 인지의 광범위한 통념적 관행은 실체론적 관점을 취하고 있지만 그 전제가 허구이고, 연기론적 관점은 실재에 부합하나 인지의 관행에서 소외되고 있다(박태원, 2013: 111-112).

여기서 '있음〔有〕'과 '없음〔無〕'을 동일한 존재 법칙의 두 양상으로 파악하게 하는 연기성緣起性을 공空 혹은 공성空性이라 부르는데, 이는 '있음〔有〕'과 '없음〔無〕'이라는 상반된 현상을 동일한 존재법칙의 두 양상으로 포섭케 하는 상위의 관점이다. 연기의 통찰이나 공성을 제대로 파악하면, '있음〔有〕'과 '없음〔無〕'은 같기도 하고 다르기도 하다. '있음〔有〕'과 '없음〔無〕'은 모두 연기적 발생인데 연기적이라는 측면에서는 '있음〔有〕'과 '없음〔無〕'이 같다고 할 수 있지만 '발생'의 측면에서는 상이한 양상이므로 '다르다'고 할 수 있다.

사실 연기緣起나 무無/공空의 통찰을 왜곡하거나 가로막는 최대의 장애물은, 실체관념에 의거한 '있음〔有〕'과 '없음〔無〕'의 개념범주와 그에 대한 정신적 습관이다. 그런데 '불변의 실체'라는 존재 환각과 그에 의거한 허구적 통념의 관습을 생성, 유지, 발전시키는 강력한 매개이자 통로는 언어言語이다. 인간이 세계를 읽고 구성하며 반응하는 모든 경험물들은 모두 언어적이다. 언어가 없다면 사유 그 자체는 내용없는 질료이며 흐름에 불과하다. 인간의 인식과 체험은 언어를 통해서야 비로소 어떤 모습으로 규정되며 객관적으로 공유가능한 것이 된다. 언어는 개념의 집이자 틀이며, 언어기호는 사유의 궤도이기에 사유는 언어에 의존하고 있다. 언어와 사유는 상호의존적인데 굳이 양자의 선후관계를 따진다면 언어가 사유에 우선적이거나 동시적이라 할 수 있다. 인간의 사유와 인식이 개념을 토대로 구축된다면, 그리고 이 개념의 내용을 부여하는 틀이 언어기호라면 언어의존적일수록 언어환각言語幻覺은 견고해 진다(박태원, 2013:127-128). 곧 언어의 규정적 구성력은 세계 생성의 힘인 동시에, 존재환각의 원천이기도 하다. 언어에 의한 개념적 사유와 인식이 존재환각을 생성하여 삶을 공격하여 우리의 삶이 오염된다는 점을 가장 일찍 그리고 가장 깊게 통찰한 선각자가 바로 붓다이며, 원효의 화쟁이론은 언어와 사유 존재환각과 삶의 오염이 맺고 있는 상관성에 관한 이러한 통찰을 잘 꿰뚫고 있는 것이다.

언어적 존재환각에서 완전히 자유로울 수 있는 '궁극적 이해력〔解脫知見〕'을 성취하는 방법론으로 붓다가 제시한 방법론은 계戒·정定·혜慧의 삼학三學과 팔정도八正道이다. 환각적 언어구성력에 길든 행위영역을 단속하는 것이 계학戒學이라면, 환각적 지배력에서 빠져나오게 하는 것이 정학定學이고, 존재와 세계 및 삶에 대한 관점을 오염시키고 있는 언어의 환각성을 이지적으로 해체시키려는 것이 혜학慧學이라 하겠다. 원효는 붓다가 제시한 이 체계적 방법론을 '망상분별 헤어나기'에 기초한 대승불교의 언어로 계승하고 있다(박태원, 2013:135-136).

이에 대한 원효의 견해는 『금강삼매경론』에서 관행觀行으로 펼쳐지고 있다. 그는 관행觀行을 금강삼매경 수행의 핵심으로 파악한 후, 특히 일미관행一味觀行을 역설한다. 언어해체와 구성이 환각없이 역동적으로 펼쳐지면서 진眞/속俗, 유有/무無의 개념도 설 자리를 잡게 하는 국면인 일심一心에 들어서려면 관觀수행을 해야 하는데, 이 관 수행의 특징은 일미一味에 있다. 서로 막혀 갈라지고 달라져서 서로 부정하던 세계가 서로에게 열려 껴안는 세계로 되어 한 몸처럼 만나는 관觀의 국면이 일미관행一味觀行으로, 이는 존재의 참모습을 직면하는 세계와 참되게 관계맺는 과정이다. 궁극적 진리에 도달하면 모든 것은 분별을 잃어버려 집착이 없다. 이치와 가르침이 한 맛〔一味〕이 되는 분별이 없는 경지가 나타난다. 결국 무분별〔一味〕의 경지가 화쟁을 가능하게 한다는 것이다. 무분별〔一味〕로 돌아간다는 것은 곧 일심의 원천으로 돌아간다는 것이므로 일미一味는 일심一心의 다른 표현인 것이다. 그러므로 일심의 원천인 한맛으로 돌아가면 분별이 없으므로 소통 즉 화쟁이 가능하다는 것이다. 즉 화쟁의 근거는 일심이고, 이는 집착에서 벗어 난 상태이며 번뇌가 소멸한 일심의 경지는 곧 부처의 경지이다.

원효의 화쟁은 차별적인 인식을 부정하면서 동시에 차별적이고 대립하는 존재들의 고유한 존재의의를 인정하는 인식체계를 수립하는 것으로, 모든 것을 긍정하면서 동시에 부정하고, 모든 것을 부정하면서 동시에 인정하는, 긍정과 부정이 모순되지 않는 새로운 차원의 사유체계思惟體系였던 것이다(최연식, 2006:439). 즉 그의 화쟁은 모든 집착을 부정하면서 동시에 모든 집착에서 벗어난 견해를 긍정하면서, 온갖 편견에 의한 집착에서 벗어나는 것이 쟁론으로부터 벗어나는 것이며 이것이 곧 해탈의 경지에 이르는 방법이라는 것이다. 그리고 일변一邊을 고집하지 않고 상대의 부분적 타당성〔一理〕에 대한 식별능력을 향상시키면서 집착에서 벗어날 수 있는 방법으로써, '연기적으로 생각하기'라는 것을 강조하고 있다. 즉 어떤 견해나 이론도 '조건적으로 수립된 것'으로 파악하는 사유 즉 연기적 사고력을 계발하여 세상을 파악하라고 하는 붓다의 교훈에서 시작되어야 한다는 것이다. 연기는 그 언어적 의미처럼 '조건 의존적 발생'을 지시한다. 연기법緣起法은 일체의 현상과 존재, 그 생성과 소멸을 '조건에 의지하는 것'으로 파악하는 '조건적 독해'의 사고방식을 그 핵심으로 한다(박태원, 2013a:114-115). 세상에서 통용되는 언어들은 그 어떤 주장이나 판단도 항상 조건적이다. 합리적 통찰, 진실에 상응하는 견해 주장은 명증하고 정밀하게 조건적이어야 한다. 혹여나 놓쳐버린 조건들을 포착하고 수용하여 자기보완과 수정에 개방될 수 있는 견해주장, 열림과 포섭의 상호작용이 작동하는 소통 담론이 되려면 자기견해의 수립조건들을 포착하여 밝히는 연기적 언어진술이어야 한다. 일체를 조건의존적으로 파악하라는 연기법의 통찰은 이런 점에서 근원적 쟁론 치유력을 지닌다.

그런데 원효의 『십문화쟁론』에 나타나듯이, 부분적 타당성〔一理〕의 변별과 수용이라는 화쟁원리는 견해계열〔門〕의 구분에 의거하고 있다. 문門은 어떤 견해나 현상을 성립하게 하는 조건들의 인과적 연쇄로 구성된 계열系列이나 맥락脈絡으로 볼 수 있다. 즉 어떤 관점이나 현상의 성립을 유효하게 하는 조건관계의 범주나 계열이 문門이다. 원효의 화쟁논법 가운데 이론적 완결성을 지닌 방식은 대부분 이러한 문을 구분한 후, 각 문에서의 타당성〔一理〕을 포착하여 통섭적으로 수용하는 형태를 취하고 있다. 이렇게 보면 원효의 화쟁논법은 견해를 조건문으로 읽는 연기적 사유를 충실히 계승하여 문門구분에 의한 화쟁으로 재현하고 있는 바, 부분적 타당성의 변별과 수용이라는 화쟁원리는 연기적 사유의 원효적 계승이라 할 수 있다(박태원, 2013a:127-128). 그러므로 연기적 사유가 배타적 견해 주장의 불통과 불화를 치유할 수 있고, 원효의 화쟁논법이 그러한 연기적 사유의 재현이라면 원효의 화쟁사상은 견해의 배타적 주장에 수반되는 병리현상들을 치유해주는 보편적 쟁론 치유력을 지니는 것이라 평가할 수 있다. 바로 이런 점에서 원효의 화쟁사상은 불교이론 이외의 일반 쟁론에 대해서도 현실적이고 보편적인 타당성과 실효성을 지닐 수 있게 된다.

Ⅳ. 화쟁사상의 현대적 가치

1. 소통疏通

원효의 화쟁사상을 커뮤니케이션 관점에서 보면, 자신의 의견만을 고집하지 말고 집착에서 벗어나 이견을 소통시키는 것이라 볼 수 있다. 쟁론의 원인은 집착執着이다. 모든 종파의 이론이 경전에 근거하고 있기에 옳지만 그렇다 하더라도 그 견해만이 옳다거나 모든 견해를 대표한다고 주장하면 옳지 못하다는 것이다. 이는 곧 일심에 근거한 의사소통意思疏通인 것이다. 얼음과 물의 관계처럼 형태가 무엇으로 변한다 하더라도 물의 성분을 똑같이 갖고 있듯이 얼음과 물의 성분은 하나이지 둘이 아닌 것이다. 따라서 사람들이 서로 자신의 견해만 옳다고 하여 다툼이 일어나는데, 그 원인은 언어에 의해 생겨난 분별로 인해 궁극적 실체가 아닌 단지 허상에 집착하기 때문이다. 그러므로 이러한 다툼을 없애고 불교적 진리에 도달하기 위해서는 일심으로 돌아가 이분법적인 주장만을 할 것이 아니라 원융무애圓融無礙하게 융섭融攝을 하여야 한다는 것이다. 이를 의사소통의 관점에서 본다면 일방적 전달과정이 아닌 진정으로 '소통'할 수 있는 방편이 곧 일심一心에 근거해야 한다는 것이다. 『대승기신론소』에서 원효는 일심관을 이렇게 밝히고 있다.

> 열면 무량무변한 듯이 대종으로 되고 이문일심의 법이 그 요체로 되어 있다. 그 이문 속에 만가지 뜻이 포용되어 조금도 혼란됨이 없으며 무궁한 뜻이 일심과 하나가 되어 혼융된다. 이런 까닭에 개합이 자재하고 입파가 걸림이 없다. 연다고 번거로운 것도 아니요, 합친다고 좁아지는 것도 아

니다. 그리하여 입(입)하되 얻음이 없고 파하되 잃음이 없다(『韓佛全』 제1책, 733하).

열 때 나타나는 무한한 뜻이 합칠 때 이문일심二門一心속에 완전히 포용되어 조금도 혼란없이 융섭한다. 따라서 일심의 경지에서는 열고 닫힘에 있어서 걸림이 없기 때문에 화쟁이 가능하다는 것이다. 그런데 사람들은 이를 알지 못하고 서로 자기의 견해만 옳다고 다툰다. 그러므로 집착은 궁극적 진리에 도달하는데 장애가 되므로 집착執着없이 소통疏通하여야만 화쟁이 가능하다. 즉 원효는 집착을 버리고 의사소통을 하면 진리를 터득할 수 있다고 보아 의사소통의 방법을 제시한 바, 이것이 곧 화쟁和諍인 것이다.

원효의 사유체계를 의사소통의 관점에서 정리해 보면 다음과 같다(이경열, 2007:114-130).

첫째, 원효는 불교의 경전들이 다른 것은, 중생들의 근기根基가 서로 다르기 때문에, 중생들을 깨닫게 하려는 붓다의 가르침도 상황에 따라 다양할 수 밖에 없다는 전제하에, 경전을 근거로 제시된 내용에 대해서는 이들을 모두 진리로서 인정하는 절대적 긍정의 입장을 취하고 있다.

삼세에 걸쳐 5온의 법이 실제로 존재한다고 집착하는 소승의 사람들에 대하여는 오직 하나의 참된 내가 있을 뿐 오온이 없다고 이야기하며---깊은 가르침을 문자대로만 받아들여 모든 것이 존재하지 않는다고 생각하는 대승의 사람들에게는 나와 대상이 모두 실제로 존재한다고 이야기하며---존재의 차별상을 이야기하는 경전의 가르침을 문자대로만 이해하여서 모든 것이 존재한다고 생각하는 대승의 사람들에게는 사람과 대상이 모두 존재하지 않는다고 이야기한다(『韓佛全』 제1책, 814상).

모든 경전들은 중생들을 깨달음으로 인도한다는 동일한 목적을 가지고 있기 때문에 내용상 모순되거나 대립되는 것이 아니라 차이差異일 뿐이라는 것이다. 그리고 바로 이러한 다양한 차이를 인정하고 상대의 관점에 따라 다양한 가르침을 제시한 것을 알게 함이 곧 화쟁의 목표인 것이다. 원효는 어떤 견해이던 틀리다고 보기보다는 경전에 근거가 있으면 옳다고 하여 모든 경전에 근거한 견해들을 긍정적으로 이끌어 나간다. 이러한 긍정의 논리를 원효는 코끼리와 장님들에 대한 비유를 이용하여 표현하고 있다. 결국 사람들은 무명無明에 의해 눈이 멀어 궁극적 진리 전체를 보지 못하고 일부분만을 보고 이렇다 저렇다 주장한다. 그들의 견해가 진리의 일부분이라면 모두 옳지만 그들이 파악한 것이 궁극적 진리 자체라고 주장한다면 옳지 못한 것이다. 그러므로 하나의 경전만이 아니라 모든 경전의 내용을 다 아우를 때에만 비로소 붓다의 가르침이 온전히 드러날 수 있는 것이다. 곧 원효는 코끼리와 장님이 상징하듯 쟁론들의 소통을 위하여 보충과 대리를 강조하는 대긍정大肯定의 접근법을 화쟁론에서 사용하고 있다.

둘째, 원효는 자기의견에 대한 집착에서 벗어나 다른 견해들과의 소통을 가능하게 하는 것이 근본적인 화쟁의 방법으로 보았다. 일례로 유무有無의 의견대립에 있어, 일체법은 있는 것도 없는 것도 아니며 중간도 아니다. 그런데도 사람들은 있는 것이 아니면 없는 것이고, 없는 것이 아니면 있는 것이라고 생각한다. 이러한 생각이 집착이라고 하면 다시 그 중간을 택한다. 그러나 이것 또한 집착이다. 그러므로 있는 것이 아니면 없는 것도 아니고, 없는 것이 아니면 있는 것도 아니다. 모든 것은 끊임없이 유기적으로 변화하고 상호의존적이기 때문이다. 원효는 모든 집착에서 벗어난 견해만이 절대적 진리를 견지하는 옳은 견해로 보았다. 다툼이 있는 것은 여러 가지 학설들이 진리의 일부분에만 집착하기 때문으로 보았다. 그 견해들이 모두 집착에 의한 편견임이 드러나게 되면 비로소 다툼이 사라지게 된다고 그 견해들을 모두 소통시키기 위하여 화쟁을 제시하였다. 이런 점에서 원효의 화쟁론은 붓다의 가르침 곧 진리를 온전하게 드러내기 위한 의사소통의 방법이라 할 수 있다.

셋째, 원효는 어느 한쪽에 치우치지 말고 진여에 상응하여 설법을 해야함을 강조하고 있다. 즉 어느 한쪽으로 치우치거나 편들지 않는 순불순順不順을 강조한다. 그러나 진리를 전달하기 위한 수단으로서의 언어는 한계가 있기 마련이다. 따라서 진여眞如에 입각해서만 설한다면 그 뜻이 너무 커서 사람들은 제대로 이해하지 못할 것이며, 그렇다고 진여에서 너무 멀리 근거하여 설한다면 그 뜻이 너무 작기에 진리를 온전하게 전달하지 못하게 된다. 그러므로 진여에 근거하되 상황의 맥락이나 수신자의 근기에 맞게 순불순順不順의 논법을 통하여 전하면 진여에 이를 수 있는 것이다.

넷째, 비일비이非一非二의 특성을 보이는 원효의 사유체계는, 유有와 무無, 진眞과 속俗, 이상理想과 현실現實, 이理와 사事, 공空과 색色을 둘로 보지 않으면서 하나를 고집하지도 않고 중간적 절충이 아닌 서로의 차이를 통해 소통됨을 보여준다. 원효에게 있어 궁극적 실재를 인식하지 못하는 삶들은 세계를 둘로 나누어서 보게 되지만, 궁극적 실재는 본래 둘도 아니고 하나도 아니다. 다만 진리는 언어로 표현됨이 제한적이기 때문에, 제한적으로나마 이해하기 위한 방편으로 둘로 구분한 것뿐이다. 원효는 씨와 열매, 파도와 바다, 질그릇과 흙의 관계를 예로 들어 세계의 궁극적 실재는 분별이 없으며 다만 사람들이 무명에 의해 집착하여 이항대립적二項對立的으로 관계를 보고 있음을 지적하고 있다(이경열, 2007:126-127). 이렇게 모든 대립을 소통시키는 정신을 바탕으로 이론적 화쟁에 그치지 않고 만년에 환속하여 승속불이僧俗不二의 사상을 몸소 실천하였던 것이다. 곧 붓다와 중생의 구별은 원래 없고, 중생도 무명을 걷고 원래 자연의 상태로 돌아가면 붓다가 된다는 것이다.

커뮤니케이션을 다루는 학문적 관점에서 볼 때, 화쟁사상은 언어세계의 이항대립적 차별성을 해소하여 대립과 갈등의 교착상태를 의사소통意思疏通의 통로로 안내하여 소통의 상태로 이끄는 방법론方法論인 것이다. 그러하기에 화쟁은 대립과 갈등의 해소가 아니라 의사소통의 통로이다. 주목할 것은 의사소통을 하였다고 해서 화해나 화합 또는 조화를 이루는 것이 아니라, 차이를 좁혀나갈 뿐 이라는 것이다. 이런 점에서 화쟁은 매우 독특한 견해이며 또한 문제를 해결하기 위한 의사소통의 실천적 대안을 제시하고 있다. 즉 중요한 것은 견해의 차이를 좁혀나가는 방법이다. 원효는 어느 종파에도 치우침이 없이 누구보다도 일관되게 그의 전 저서를 통해 종횡무진하며 견해의 차이를 좁혀나가기 위한 의사소통의 실천적 대안을 마련하고 있는 것이다. 사실 분석적이며 논리적이며 체계적인 서양의 세계관이나 문제틀은 인류문명의 발전에 커다란 기여를 한 것이 사실이다. 그러나 오늘날 서양중심의 사회과학社會科學이 위기危機에 처했다는 평가를 받고 있는 현실을 살펴 볼 때, 사회현상에 대한 새로운 해석과 대안마련에 대한 모색이 절실하다는 점에서, 화쟁은 심오한 불교철학이나 사상에 국한된 것이 아니라 서구식 언어관과 세계관에서 비롯된 의사소통의 문제에 새로운 방향을 제시할 수 있을 것이다.

2. 통합統合

원효는 대중 속에서 다양한 방법으로 직접 많은 실천을 하여 사회통합社會統合의 실현을 위해 노력한다. 민중 속에서의 원효의 활동은 사회통합의 실현이라는 측면에서 파악할 수 있다. 민중 속으로 파고들어 정토신앙淨土信仰을 널리 전파하고 또 어려운 불교이론을 민중들이 쉽게 받아들일 수 있도록 노래를 지어 전파하는 등 불교의 대중화를 위해 노력하였다. 이는 소외된 사람들을 포섭하는 사회통합의 활동으로 파악할 수 있다(최유진, 2015:101).

사회통합이란 비통합적인 상태에 있는 사회 내 집단이나 개인이 서로 적응함으로써 단일의 집합체로서 통합되어 가는 과정을 말한다. 이 과정에서 사회는 분산적인 상태에서보다 결합적結合的이고 단결적團結的인 상태로 전화하여 간다. 그런데 사회에서 통합을 이루기 어려운 이유를, 원효식으로 표현한다면, 인간이 갖가지 망상妄想으로 유전하고 있는 상태에서 궁극적인 본원의 마음을 잃어버리고 있기 때문이라고 설명할 수 있다. 모든 망상이 무시無始로부터 흘러 다니게 된 것은 상相에 집착하여 분별하는 병 때문인데, 오늘날 우리 사회 문제들이 바로 상에 집착하고 분별하는 잘못에서 시작되고 있는 것이다. 전쟁, 종교분쟁, 범죄, 이데올로기 분쟁 그리고 각종의 차별 등은 서로의 다름을 지나치게 강조하거나 혹은 인정하지 못할 때 그리고 어느 한쪽의 우월을 주장할 때 발생한다.

이어서 원효는 사회통합의 방법으로 일심으로 돌아갈 것을 요청한다. 즉 한마음을 깨닫는 귀일심원歸一心願이야 말로 사회통합의 요체인데, 원효는 귀일심원의 구체적 과정을 무상관無相觀과 무생행無生行으로 설명하고 있다(이기영, 1994:652). 무상관은 모든 법의 겉으로 드러난 상을 보지 말고 실상을 보는데서 일심의 근원이 시작된다고 가르치는 것이다. 실상이란 모든 중생이 여래장이라는 사실을 깨닫는 것이다. 무생행은 중생의 오염된 의식을 극복할 것을 강조하는 대목이다. 결국 귀일심원은, 나와 너라는 구별이 분열과 대립을 만들어내기 때문에 하나의 통합된 사회체계인 대동사회大同社會로 나아가기 위해서는, 구태의연한 이분법적 사고방식을 벗어나 서로 소통하는 화쟁정신을 가르치는 사상이라 할 것이다.

한편 사회통합의 기초가 되는 또 하나의 원효의 사상은 요익중생饒益衆生을 통한 평등의식平等意識의 강조에 있다 할 것이다. 불평등은 계층간, 집단간, 국가간 갈등을 증폭시키고, 심지어 생존의 문제에까지 영향을 미치는 심각한 사회문제의 출발점이고, 이는 고금을 막론하고 여전히 진행 중인 통합의 장애물이다. 원효는 모든 중생들에게도 불성佛性이 있음을 강조하며, 일반 민중들이 이를 깨닫고 불교를 받아들여 집착을 버리고 걸림이 없는 상태를 만듦으로써, 폭력과 갈등에서 벗어나고 종국에 소외된 상태에서 벗어날 수 있음을 설파한 것이다. 사실 이는 화쟁을 통해 당시 귀족불교에 대해 원효가 주는 따끔한 일침인 것이다. 지배와 피지배, 귀족과 중생이라는 이항대립적인 사고체계에 성찰을 촉구하는 것이다. 화쟁의 근본원리는 불이不二이다. 불이 사상은 이우주 속에 있는 모든 것의 관계에 대한 근원적인 통찰이다. 불이 사상은 이것과 저것, 하나와 여럿, 있음과 없음, 우주와 나, 자연과 나, 사회와 나, 너와 나, 삶과 죽음 등 이 세상 모든 것이 둘이 아니라는 통찰에 기초해서 공생과 상생의 문명을 건설해 나가기 위한 새로운 패러다임을 제공해 준다(이찬훈, 2003:159).

소외된 사회적 약자에 관심을 갖고 사회통합의 가치를 중시하는 사회복지부문에서 볼 때, 원효의 불이사상은 대립되어 있는 집단과 가치들을 일심의 구조 속에 포섭하여 원융무애圓融無礙한 소통으로 공생共生하게 만드는 틀을 갖고 있다. 오늘날 사회복지는 현대 산업문명이 낳은 환경파괴, 인간소외, 빈부격차, 핵무기의 위협 등이 만연한 사회에 바람직한 방향을 제시해야 하는 책무를 지니고 있다. 이에 대한 이상적인 방향은 결국 타인과 분리되어 경쟁의식에 기초한 인간관계가 아니라, 너와 내가 둘이 아니라는 의식에 기초한 인간관계만이 새로운 공생共生과 상생相生의 공동체적 삶을 가능하게 한다는 깨달음에서 시작된다. 이는 중생은 본래 깨달은 자로서 여래가 될 싹을 지니고 있다는 일심본각여래장一心本覺如來藏의 인간관에 기초한다. 즉 인간은 깨달음과 수행을 통해 일심의 회복이 가능하다는 것이다. 그리고 진리를 추구하는 주체적 인간으로서 귀일심원歸一心願과 요익중생饒益衆生의 실천적 자세가 뒷받침되어야 할 것이다. 일심一心은 현실적 인간의 삶의 총화인 일체의 근거이다. 작은 이익에 얽매이지 않고 넓은 마음을 통해 전체의 이익에 동참하면서, 나눔의 가치를 실현할 때, 보살의 존재이유가 발생하게 된다(김정희, 2003:58). 이것이 원효의 화쟁론이 담고 있는 공생의 사회복지 사상인 것이다.

3. 평화平和

원효가 설한 불교교설의 목적은 중생을 고통과 불안으로부터 구제하여 안락과 평화의 세계로 인도함에 있다. 즉 보살정신에 입각하여 중생의 고통의 원인을 분석하고 그 고통을 제거할 수 있는 길을 중생에게 열어 보이기 위한 것으로, 이는 그의 평화사상의 핵심인 중생의 업생業生에서 보살의 원생願生으로의 길을 유도하기 위한 것이다. 즉 불교의 여러 교리 간의 상충과 모순점을 화쟁시켜, 중생이 자기마음의 근원에 돌아감에 있어 혼란없이 길을 잘 찾아가게 하기 위함인데, 이는 결국 세간의 평화를 가져오는 길이기도 한다. 그런데 대립과 다툼의 상태로는 평화平和는 오지 않는다. 따라서 평화의 저해요인인 번뇌煩惱를 제거하는 것이 평화를 가져오는 방안이다.

평화의 저해요인은 크게 인아견人我見과 법아견法我見에 대한 집착을 들 수 있다. 『대승기신론소』에서 원효는 인아견人我見과 법아견法我見의 두 가지 그릇된 집착을 없애는 방법에 대해 자세히 설명하고 있다. 인아견은 총상주재자總相主宰者〔創造主 혹은 自我〕가 있다고 계도計度하는 것이고〔人我執〕, 법아견은 일체법이 각기 본질〔自性〕이 있다고 계도計度하는 것〔法執〕이라고 설명한다(『韓佛全』 제1책, 773하). 이러한 인아집의 원인은 연기법에 대한 무지無知이며, 무명無明의 바람이 진여를 훈습하는 염법훈습染法薰習에 의해 생기게 된다. 즉 그는 인아견과 법아견에 대한 집착이 평화에 근본적인 저해요인이라고 보고 있다. 특히 원효는 법아에 대한 집착 즉 자기 주장에만 집착하는 법집에 대한 경계를 강조하였다. 법집은 자기 이외 다른 사물에 대한 잘못된 견해에서 발생하며, 이런 잘못된 견해가 서로 충돌하여 세간의 평화에 저해요인으로 작용하고 있다고 보기 때문이다(윤용섭, 2006:138-140).

원효의 평화실현논리는 화쟁을 방법으로 삼아 시작되며, 평화사상의 실천논리는 그릇된 집착을 버리고 육바라밀六波羅密을 실천하는 것이다. 원효의 평화논리의 목표는 여래의 일미一味의 가르침에 의해 중생의 본래자리인 일심一心의 근원에 돌아감이며, 이는 무장무애無障無礙의 법계에 들어가는 것으로 묘각妙覺과 불지佛地의 경지이다. 그리고 평화사상의 목적은 중생에의 회향廻向인 요익중생饒益衆生 곧 중생 모두가 평화롭고 행복하게 사는 것이다.

원효가 지향하는 평화는 개인에 있어서 적정寂靜 또는 열반涅槃이며, 중생세간에 있어서는 전쟁, 분쟁과 갈등없이 중생이 안락하게 살 수 있는 이상세계인 정토淨土가 평화세계라고 말할 수 있다. 이런 세계는 다른 중생과 더불어 사는 공생共生의 사회이며, 무명과 무지가 사라진 바른 삶 곧 정생正生의 세계이다. 원효는 "모든 보살이 행하는 것은 항상 중생들로 하여금 고통을 여의고 궁극적인 즐거움을 얻도록 하는 것이다"라고 하였는데 여기서 말하는 궁극적인 즐거움이 바로 평화의 세계이며 열반의 세계인 것이다(『韓佛全』 제1책, 739상). 불교에서의 자유 즉 열반은 번뇌로부터의 해탈인 점에서 소극적 자유이나, 자기 자신의 욕망이나 아집, 법집을 다 극복하여 자신의 삶을 통제할 수 있기 때문에 적극적 자유이며, 가장 넓은 의미에서의 자유이다. 대자유의 경지가 되어야 개인에 있어서 궁극적인 평화는 달성되며, 세간의 평화도 개개인의 평화상태가 모여 세간 전체의 평화에 다가 갈 수 있다.

참된 평화세계를 건설하기 위해서는 이 세간이 혼자만의 세계가 아니라 모든 중생의 공업共業에 의해 형성된 것이며 중생의 행복이 나의 행복이 된다는 원생사회願生社會를 지향하여야 한다. 공업이란 일반적으로 타인과 공유할 수 있는 결과를 가져오는 행위로, 연기법의 다른 표현이다. 연기법은 누구나 혼자서는 살 수 없으므로 남과 더불어 살라는 가르침으로, 너와 내가 밀접하게 상의상관법相依相關法에 의해 연결되어 있음을 의미한다(권기종, 2004:308-309).

공업의 이치를 깨달은 후에는 보살이념에 의거 육바라밀을 실천하여야 한다. 육바라밀중에서 평화와 관련이 깊은 것은 포사布施, 지계持戒와 인욕忍辱이라 할 수 있다. 보시바라밀은 남의 고통을 해소시키고 남에게 자비慈悲를 베푸는 것이다. 자비는 다른 사람을 이롭게 하는 이차적 사상이다. 특히 '비悲'는 남의 고통을 나의 고통으로 공유하는 입장으로서 다른 사람의 위치에서 나를 돌아보는 관점을 말하는 것이다. 나아가 자비는 미움에 대한 극복에서 그치는 것이 아니라 생명에 대한 무조건적인 존경을 나타내는 것으로 살생금지와 비폭력의 사상이 이와 맥락을 같이 한다(이서행, 2004:15). 보시행은 불법의 업설業說로 보나, 인과법칙으로 보나 공덕이 커서 해탈解脫과 열반涅槃의 증득證得으로 나아갈 수 있다(『금강삼매경론』, 『韓佛全』 제1책, 621 하). 지계바라밀에 대하여는 재가신자에게 오계五戒와 십선도十善道를 설하고 있다. 육바라밀중 평화와 가장 관련이 깊은 것은 인욕忍辱이라고 할 수 있다. 인욕은 어떠한 침해도 참고 견디는 절대 이해와 비폭력주의이다. 인욕이 되어야 남의 의견에 귀를 기울이고, 남의 입장을 존중할 수 있게 된다. 또한 인욕이 되어야 남과의 갈등을 대화로 해결하여 화합을 도모할 수 있기 때문이다. 이렇게 육바라밀이 실천되면 요익중생饒益衆生의 공동체주의共同體主義 세계가 이룩될 수 있다는 것이다(권기종, 2004:64).

요약하면 이 세상의 모든 모순과 대립은 무명無明과 부각不覺에 의해 발생하므로, 무명의 성질과 그 퇴치방법을 이해시켜 각覺에 나아가게 해야 조화와 통일, 상생과 평화의 길로 갈 수 있다. 화쟁과 일심一心과 원융圓融을 강조하는 원효사상이 공업共業사상에 의해 널리 받아들여 질 때, 다 같이 잘사는 원생願生의 공동체가 실현될 수 있으며, 이때 비로소 전 세계의 평화가 이룩될 수 있는 것이다. 결국 평화로 가는 것은 자기만 생각하는 이기적利己的 욕심慾心을 버리고 남도 생각하는 이타적利他的 원심願心을 가지는 사람이 많을수록 그들의 공동서원共同誓願에 의해 평화에 가까워질 것이다. 이는 범부凡夫의 수동적인 업생業生이 아니라 보살의 능동적인 원생願生을 사는 것이요, 욕망사회에서 소망사회로 가는 것이다.

1차 세계대전이후 싹이 트기 시작한 평화학平和學의 관점에서 볼 때, 원효의 화쟁사유에 나타난 평화사상은 오늘날 지구사회의 공존공영共存共榮을 위한 평화연구平和研究와 평화실천平和實踐에 중요한 원천으로 자리한다. 고전적 의미의 평화, 즉 전쟁의 부존재만으로는 평화가 보장될 수 없고 생존권·환경권·인격권 등을 포함한 기본적 권리가 보호, 신장되어야 비로소 모든 사람이 평화로운 삶을 누릴 수 있게 된 현금現今에 들어서는 그 의미가 더 크다고 할 것이다. 세계체제를 공존공영의 틀로 만들기 위해서는 먼저 인간의 정신혁명情神革命이 요구되기에, 원효가 지향하는 평화세계의 목표와 방법 그리고 실천논리에 대한 평화교육平和教育이 더욱 절실하게 다가올 수밖에 없다. 평화제도도 평화기구도 평화전략도 인간의 머리와 손으로 만들어지게 되므로 평화사상과 공동체의식이 투철한 사람들을 많이 양성하기 위해서는 평화사상교육의 콘텐츠 확보와 정립이 장기적 안목에서 볼 때 대단히 중요하다. 인간정신人間精

神이 바뀌지 않고서는 세계는 바뀔 수 없기 때문이다. 따라서 제도적, 기구적 물리적 장치를 발전시켜나가는 노력과 함께 도덕적道德的 혁명革命이 같이 경주되어야 할 것이다.

결국 평화추구는 개인으로부터 시작되어야 한다. 평화에 대한 추구가 개인의 평화로부터 출발하지 않는다면 결국에는 가정, 사회, 국가의 평화도 실패할 수밖에 없다. 개인의 평화는 곧 깨달음에 기초하여 나 이외의 대상을 사랑하고 포용하는 실천의 출발점이기 때문이다. 따라서 개인의 일심정립이 통합의 전제조건이 되고, 평화는 다시 이 통합의 터전위에서만 달성 가능한 것이다. 이런 점에서 원효가 지향하는 평화 곧 개인에 있어서 적정寂靜 또는 열반涅槃이며, 중생세간에 있어서는 정토淨土인 원생사회 구현에 대한 원효의 평화논리야말로 평화학의 중요한 사상적 원천이라 할 수 있는 것이다.

Ⅴ. 맺음말

원효는 그의 전 생애를 통해 방대한 저술을 통하여 당시 불교계의 최대과제인 대소승大小僧의 대립을 화해하고 회통會通시키는 독자적이고 획기적인 사상체계를 확립하였다. 즉 신라 불교의 성립뿐만 아니라 나아가 동북아불교의 발전 및 세계정신사에 커다란 기여를 하였다. 아울러 그는 일반민의 종교욕구를 자신의 사상체계로 수렵하고 이를 다시 일반민에게 환원하고자 하였으니 그것은 불교신앙을 매개로 한 대중교화大衆敎化활동으로 나타났다. 곧 원효는 인간본성과 세계존재의 원리탐구라는 보편적 가치를 추구하는 한편 구세제민의 선각자적 역사의식을 갖추고 조국과 민족을 위한 많은 염원을 촉발시켰던 것이다. 그의 학자적 진리탐구 자세와 정치가적 경세제민정신, 교육자적 계몽의식, 예술가적 창조능력은 심오광대深奧廣大한 철학과 교육실천체계를 갖춘 당대 최신의 학문인 불교에 경도하게 만들었다. 이처럼 그는 자신의 타고난 소질과 소망을 성취하기 위한 해답을 불교에서 찾았고 그의 불타는 학구열과 탁월한 재능과 창의성은 후일 대오득도大悟得道한 이후 더욱 그를 대성시켜 감동적이고 학문적 성취와 기이한 구세행적을 가능하게 한 것이라 여겨진다.

원효의 화쟁和諍은 서로 다른 주장들을 화해 혹은 소통시킨다는 의미이다. 원효는 특정종파를 수용하지도 배척하지도 않고 화쟁으로 소통시켰다. 원효는 대소승의 경전을 다 버리지 않고, 가치질서를 매기며 회통적으로 이해하는 일승의 중요성을 알고 끝까지 종파적 편협성을 배격했다. 이것이 원효화쟁의 발로이다. 화쟁의 목적은 일심의 도달이다. 이는 귀일심원歸一心願과 요익중생饒益衆生의 두 측면으로 나타난다. 화쟁은 평등의 관점에서만 취하거나 버리지 않고, 또 차별의 관점에서 어느 하나를 전적으로 고수하지 않는 불이불일不二不一의 논리이다.

화쟁은 무엇보다 오늘날 인간사회의 조화로운 관계모색을 위해 매우 필요한 사유체계이다. 인간은 여래장如來藏이라는 긍정적인 인간관을 갖고 있는 원효의 화쟁사상은, 이론적 측면 뿐 아니라 중생을 제도하는 일에 나아가야 한다는 일심본각여래장一心本覺如來藏의 실천윤리로 나타나기도 한다. 더 나아가 걸림이 없는 무차별한 마음을 견지함으로써 사람들 간의 조화로운 통합을 일구어내는 일심의 참다운 실천행實踐行을 촉구하고 있는 것이다. 높은 인격과 학식이 수반되는 귀족불교적 불교를 지양하여 일반민의 관점에서 해석하고 이를 실천하는 대중교화활동에 전념하였다는 점에서도 역사적 의의를 갖는다.

인간은 모두 일심을 갖고 있으며 자각과 수행에 의해 누구나 성불

할 수 있다는 점이 강조되는 원효의 만법일심관에는 생태주의적 세계관, 만민평등의 인간관 그리고 관용과 이해에 바탕한 공동체적 인간관계가 내포되어 있다. 원효 화쟁사상의 이런 측면들이 현대 여러 사회문제에 대해 진단하고 논리적으로 설명하며 그 대책과 방향을 마련하려는 사회과학에 커다란 사상적 근원지로 대두되고 있음을 발견할 수 있게 된다.

우선 커뮤니케이션학에서 볼 때, 화쟁사상은 대립과 갈등의 교착상태를 의사소통意思疏通의 통로로 안내하여 소통의 상태로 이끄는 방법론方法論인 것이다. 즉 화쟁은 대립과 갈등의 해소가 아니라 의사소통의 통로이다. 대립된 견해의 차이를 긍정적으로 좁혀나가게 한다는 점에서, 화쟁은 매우 독특한 의사소통의 실천적 대안을 제시하고 있다. 분석적인 서양의 세계관이 현대문명의 발전에 커다란 기여를 한 것이 사실이지만, 서양중심의 사회과학社會科學이 위기危機에 처했다는 평가를 받고 있는 현재, 사회현상에 대한 새로운 대안마련에 대한 모색이 절실하다. 이런 점에서 화쟁은 심오한 불교철학이나 사상에만 국한된 것이 아니라는 점이 더 널리 이해되고 확산되어, 서구식 언어관과 세계관에서 비롯된 의사소통의 문제에 새로운 방향을 제시함에 중요한 원천이 될 수 있을 것으로 기대된다.

한편 사회통합의 가치를 중시하는 사회복지부문에서 볼 때, 원효의 불이사상은 대립적 집단과 가치들을 원융무애圓融無礙한 소통으로 공생하게 만드는 틀을 갖고 있다. 오늘날 사회복지는 현대 산업문명이 낳은 사회문제에 바람직한 방향을 제시해야 하는 책무를 지니고 있는 바, 그 이상적인 방향은 너와 내가 둘이 아니라는 의식에 기초한 共生과 相生의 공동체적 삶이 가능한 사회의 건설이다. 이는 일체중생一切衆生 개유불성皆有佛性의 일심본각여래장一心本覺如來藏의 인간관과, 이렇게 진리를 추구하는 주체적 인간으로서 귀일심원歸一心願과 요익중생饒益衆生의 실천적 자세에 근거를 둔다. 즉 넓은 마음을 통해 전체의 이익에 동참하면서, 나눔의 가치를 실현할 때, 보살의 존재이유가 발생하게 된다는 것이, 원효의 화쟁론이 담고 있는 공생의 사회복지사상이다. 결국 원효의 화쟁론은 시대를 초월하여 공생과 통합이라는 패러다임을 제공하는 논리로서 충분한 가치를 지니고 있는 것이다.

그리고 평화학의 관점에서 볼 때, 원효의 평화사상은 지구사회의 공존공영共存共榮을 위한 평화실천平和實踐에 중요한 원천으로 자리한다. 공생共生의 패러다임은 너와 내가 하나라는 불이不二의 논리를 강조하는 상호연관성의 통합적 세계관이다. 이런 논리에서 보면 개인과 개인, 사회와 개인, 인간과 자연의 대립은 극복될 수 있다. 현대적 의미의 평화가 전쟁의 부존재라는 고전적 의미의 평화개념만으로는 해결될 수 없는 대단히 복잡하고 다층적인 측면을 안고 있기에 오늘날 그 의미는 더 크다고 할 것이다. 즉 세계의 공존공영을 위해서는 먼저 인간의 정신혁명情神革命이 요구되는 바, 이는 화쟁과 일심一心과 원융圓融을 강조하는 원효의 공업共業사상에 기초하여 널리 받아들여 질 때 그 실현가능성이 높아지기에, 원효가 지향하는 평화세계에 대한 평화교육平和教育이 더욱 절실하게 다가올 수밖에 없다. 인간정신人間精神이 바뀌지 않고서는 세계가 바뀔 수 없기 때문에 제도적 장치의 마련과 함께 도덕적道德的 혁명革命 노력 역시 병행되어야 할 것이다.

결국 한 사회의 통합과 평화의 실현은 개인으로부터 시작되어야 한다. 그 출발점인 개인에게서 실패한다면 결국에는 가정, 사회, 국가의 통합과 평화도 실패할 수밖에 없다. 개인의 평화는 곧 깨달음에 기초하여 나 이외의 대상을 사랑하고 포용하는 실천의 출발점이기 때문이다. 곧 개인의 일심一心정립이 통합統合의 전제조건이 되고, 평화平和는 다시 이 통합의 터전위에서만 달성 가능한 것이다. 이런 점에서 1,300여년의 시간차가 있음에도 불구하고, 원효의 화쟁은 심오한 불교철학이나 사상으로만 국한되어 존재하는 것이 아니라, 현재 우리가 안고 있는 소통의 부재, 갈등과 분열, 대립과 불안의 시대상황에 대해 적극적이며 긍정적으로 새로운 전략과 방향을 모색할 수 있는 사유의 광맥으로 그 의의가 충분하다 할 것이다.

참고문헌

고영섭. 2013. 원효의 화엄학. 『원효학연구』 제18집.

고익진. 1989. 『한국고대불교사상사』. 서울: 동국대출판부.

______. 1982. 『韓國華嚴思想硏究』. 서울: 동국대출판부.

권기종. 2004. 대승불교의 이상적 인간과 사회. 『불교사상사연구』. 서울: 한국불교연구원.

김정희. 2003. 원효의 화쟁론에서 본 사회복지사상과 사회복지의 전개방향. 부산대학교 석사학위논문.

박태원. 2013. 『십문화쟁론』. 서울: 세창출판사.

______. 2013a. 원효의 화쟁논법과 쟁론 치유. 『불교학연구』 제35호.

윤용섭. 2006. 『원효의 심식전변이론과 그 교육적 의의』. 경북대학교 박사학위논문.

이경열. 2007. 『원효의 의사소통관』. 성균관대학교 박사학위논문.

이기영. 1994. 하나의 찬미. 하나의 실현; 한국적 전통의 건전한 발전을 위하여. 『원효사상연구』. 한국불교연구원.

______. 2001. 『원효사상연구』. 서울: 한국불교연구원.

이서행. 2004. 한국사상의 평화이념 고찰. 『평화학연구』.

이찬훈. 2003. 화엄의 불이사상과 과정 형이상학. 『大同哲學』 Vol.23 No.2.

일 연.강인구·김두진·김상현·장충식·황패강 역주. 2003. 『三國遺事』 권4. 이회문화사.

전해주. 1988. 元曉의 和諍과 華嚴思想. 『韓國佛教學』 제24집. 한국불교학회.

정상봉. 2012. 원효 화쟁사상과 그 현대적 의의. 『통일인문학논총』 제53집.

정영근. 1999. 元曉의 사상과 실천의 통일적 이해: 起信論의 二門一心사상을 중심으로. 『철학연구』 제47집.

정원용. 2007. 『원효의 평화사상과 그 실현방안 연구』. 동국대학교 박사학위논문.

최연식. 2006. 원효의 화쟁사상의 논의 방식과 사상사적 의미. 『보조사상』 25집. 405-460.

최유진. 2015. 원효의 화쟁과 사회통합. 『한국교수불자연합학회지』 제21권 제3호.

贊寧 編. 『宋高僧傳』 (『大正藏』 제50책).

『華嚴經』 권5 (『大正藏』 제9책).

元曉. 『大乘起信論疏』 (『韓佛全』 제1책).

元曉. 『華嚴經蔬』 (『韓佛全』 제1책).

元曉. 『金剛三昧經論』 (『韓佛全』 제1책).

득통

유승무

득통

유 승 무

1. 왜 득통인가?

주지하듯이 고도의 형이상학적 사상체계를 내장한 불교가 한반도에 전래되어 지배적인 사상체계를 형성한 이래 한국사상사의 물줄기를 가장 크게 요동치게 한 사건은 단연 조선의 개국과 함께 전면에 등장한 유교의 지배이데올로기화였다. 실제로 유교는 고려후기부터 세력을 형성하기 시작한 사대부들에 의해 조선의 통치이데올로기 혹은 국가종교로 공인되면서 고려시대 불교의 위상과 역할을 대체해 나가기 시작했다. 이른바 숭유억불정책은 그 추동력이었다. 굳이 베버의 '전철수'비유를 언급하지 않더라도, 이러한 유교의 지배이데올로기화 과정은 이후 한국사상사는 물론 당시 조선사회 전체의 흐름을 바꾸는 데 결정적인 역할을 하였다. 그러나 혹은 바로 그렇기 때문에 유교의 지배이데올로기화란 거대한 사상적 지각 변동은 또 다른 사상사적 자산인 불교 유산의 위축 혹은 상실을 수반하였다. 이렇듯 지배이데올로기로서의 유교가 지배적인 이데올로기로 바뀌어 갈 때 그래서 불교가 위축을 거듭할 때, 오랜 세월 농축된 지적 자산인 불교사상을 계승하고 있던 당대의 대표적인 사상가라면 마치 모천회귀의 운명을 짊어지고 역류하는 연어처럼 시대의 조류를 거스를 수밖에 없는 운명에 처하기 십상이다.

여말선초를 살았던 함허당 기화 득통(1376~1433)은 그 전형적 사례다. 실제로 득통은 나옹(혜근)-자초(무학)-득통(기화)으로 이어지는 조선 초 선문법통의 핵심적 인물[01]일 뿐만 아니라(서정문, 1992), 한국불교의 대표 선승으로 평가받고 있는 인물이다.[02] 또한 득통은 『金剛般若波羅蜜經五家解說誼』, 『金剛般若波羅蜜經綸貫』, 『大方廣圓覺修多羅了義經說誼』, 『禪宗永嘉集科註說誼』, 『顯正論』 등과 같은 주옥같은 마음사상적 문헌을 남긴 조선 초를 대표하는 불교학자(혹은 사상가)였다.[03] 특히 득통은 당시 성리학자들의 불교비판에 맞서서 일종의 대론 형식으로 호불론을 펼쳤는데, 그 구체적인 내용을 담고 있는 득통의 저술이 바로 저 유명한 『현정론』이다.[04] 당시의 숭유억불의 정세를 감안할 때 호불론의 성격을 내포하고 있는 『현정론』은 이론적 차원의 사회비판서로 읽히지만, 사회의 기능체계로서 종교 특히 불교에 대한 사회적 기대 즉 구성원들의 심성을 선하게 만들어 줌으로써 사회통제 효과 및 사회질서 유지의 기능을 수행할 수 있다는 내용을 담고 있다는 점에서는 종교사회학적 저술 내지 마음사회학적 저술로도 읽힌다. 이렇게 볼 때 득통과 그의 『현정론』은 불교학자는 물론 사회과학자의 시선을 끌기에도 충분하다.[05]

---

01 물론 득통이 자초의 상수 제자인지 여부는 학자들 사이에 이견이 존재한다(황인규, 2001).

02 예컨대 중앙승가대학교 승가학연구원에서 발행하고 있는 '승가학자료집 법어편'시리즈에는 신라 이후 조선말까지 한국불교를 대표하는 선승 9인의 법어집이 수록되어 있는데 득통의 법어집도 그 중 하나다. 이는 득통이 조선초는 물론 한국불교를 대표하는 선승임을 상징적으로 보여준다.

03 이 글의 제 3장에서 밝히고 있듯이 1421년 세종의 청에 의하여 개성 대자사大慈寺에 머물면서 왕의 어머니를 위해 명복을 빌고, 왕과 신하들을 위해 설법하였다."라는 기록은 이를 잘 증거한다.

04 일부 학자들은 『유석질의론』을 득통의 유불대론의 또 하나의 대표적 업적으로 간주하고 있기도 하다. 그러나 그것이 득통의 저술인지의 여부가 불교학계의 논란이 되고 있어(박해당, 1996), 여기에서는 일단 제외하였음을 밝혀 둔다.

05 물론 득통의 마음 사상에 대한 정치한 철학적 논의는 오히려 그의 저서 중 "說誼"로

그럼에도 불구하고 지금까지 득통에 대한 학문적 관심은, 특히 원효나 지눌과 비교하면, 현저히 낮다. 그 결과 그에 대한 학문적 성과도, 일단 양적인 차원에서만 보더라도, 절대적으로 적다. 비록 실증적인 통계조사를 한 것은 아니지만 실감적 차원에서 보더라도, 일반인은 물론 학자들 사이에서조차도 득통에 대한 인지도는 원효나 지눌은 물론 당대의 유학자인 삼봉 등에 비해서도 현격히 낮다. 또한 득통에 대한 학문적 연구의 폭과 깊이도, 특히 당대의 사상적 지각변동과 그에 역류했던 그의 삶을 고려할 때, 매우 부족하다는 감을 지울 수 없다.

지금까지 득통에 대한 연구는 주로 호불론과 관련된 소논문을 중심으로 이루어져 왔다(박해당, 1996). 유일하게 박해당(1996)과 그의 일련의 후속연구가 예외적인데, 필자가 검토한 바에 따르면 그의 연구가 지금까지의 득통 연구사에서 가장 방대하고 체계적인 연구 성과로 생각된다. 특히 박해당(1996)은 제1부에서 기화[06]의 불교관을 심성론적 측면, 수행론적 측면, 그리고 교학적인 측면으로 나누어 고찰하고 제2부에서는 호불론과 유불관계론을 논의함으로써 기화사상을 가장 포괄적으로 다루고 있다.[07] 그러나 이 연구에서조차도 제 1 부의 내용과 제 2 부의 내용이 서로 어떻게 연관되어 있는지 -바로 이점이 마음사회학적 이해를 요하는 측면이다- 에 대한 이론적 논거나 실증적 근거를 제시하지 않음으로써 당대의 정치사회적 변동 및 사상적 지형변화와 기화의 불교관(혹은 기화의 사상과 실천) 사이의 관계를 이해하는 데 직접적인 도움이 되지 못한다. 특히 득통이 마음의 결정적인 위상을 전제하

표현된 저서들이 더 적합한 자료이지만, 이러한 저술들은 『현정론』에 비해 상대적으로 사회학적 함의가 부족하다. 따라서 이러한 자료는 득통의 마음 개념을 파악하기 위한 용도로만 활용하고자 한다.

06 박해당이 득통이라 하지 않고 기화라고 표기하고 있기에 그대로 따랐다.

07 이후에도 박해당은 기화의 저술들을 번역하는 등 후속 연구를 발표한 바 있다. 박해당(1996;2001; 2013) 등을 보라.

는 선사이면서도 동시에 정치사회적 실천의 흔적을 남긴 사상가란 점을 고려하면, 득통의 마음 개념과 그의 정치사회적 실천 사이의 관계를 탐구해야 하는 과제는 그 누군가에 의해서 반드시 탐구되어야 할 매우 중요한 연구대상이라 아니할 수 없다.

이상과 같은 이유 때문에, 한국의 대표적인 사회사상가를 발굴하여 그 사회학적 의미를 도출하고자 하는 이 글에서는, 이에 부합하는 조선 초의 대표적인 사상가로 득통을 선택하였다. 물론 이외에도 득통을 연구대상으로 설정한 직접적인 이유는 또 있다. 무엇보다도 그가 한국의 마음사상적 특성을 가장 잘 반영하고 있는 사상가였기 때문이다. 실제로 득통은 나옹과 자초를 이어 조선에 법통을 이은 선사였음에도 불구하고, 원효나 지눌 못지않게 교학도 중시하였고 나아가 당시 지배이데올로기로 부상하고 있던 유교에도 정통하여 유불선 삼교의 회통을 주장하였다. 또한 득통은 성균관 유생 출신의 정통 유자에서 불교로 개종했을 뿐만 아니라 호불론의 내용을 담고 있는 『현정론』을 지어 숭유억불의 기조에 대항하는 등 레짐체인지에 역류한 것으로 유명하다.[08] 이렇게 볼 때 득통이야말로 한국사상을 대표하는 불교와 유교의 핵심사상(특히 마음사상)과 정치사회적 쟁론 사이의 관계를 입증하기에 가장 적합한 사상가일 것으로 생각된다.

08 득통의 생애와 사상에 대한 보다 자세한 논의는 성암도(1990)를 참고하기 바란다.

2. 왜 '마음사회학적 이해'인가?

이 글의 목적은 득통이란 사상가를 마음사회학적으로 이해하는 데 있다. 그렇다면 왜 하필 '마음사회학적 이해'인가?

무엇보다도 먼저, 필자가 보기에, 한국의 (사회)사상가를 이해하기 위해서는 천년 이상 마음문화를 온축하고 있는 마음 사상을 그가 어떻게 개념화하고 있는지에 대한 이해가 필수적이라고 생각한다.[09] 본론에서 자세하게 언급하겠지만 득통도 예외가 아님은 두말할 나위가 없다. 특히 연구대상이 불교사상가일 경우, 그의 마음사상에 대한 이해는 결정적인 요소이다.[10] 왜 그런가?

주지하듯이, 절대자인 신神에 대한 맹신을 전제하는 아브라함의 종교나 힌두교와는 달리, 불교는 행위자 스스로가 지금 여기에서 발생하는 사태를 바로 보고 바로 이해하여 깨달을 것을 가장 중요시한다. 그런데 '지금 여기에서 발생하는 사태'는, 붓다에 따르면, 그 사태에 관계되는 요소들의 상호의존적 관계에 의해 발생하는 일종의 사건(event), 즉 연기의 산물이다. ≪열반경≫이나 "깔라마 사람들에 대한 가르침"등이 명시적으로 증거하고 있듯이 붓다는 제자들에게 그것 즉 법을 유일한 의지처이자 진리의 기준으로 삼을 것을 가르쳤다. 그렇기 때문에 불교에서는 붓다의 가르침은 말할 것도 없고 붓다조차도 도그마나 맹신의 대상이 아니라 오히려 '뗏목'이거나 '한웅큼의 나뭇잎'일 수밖에 없다. 바로 이 지점에서 '지금 여기에서 발생하는 사태에 작동하는 연緣

---

09 실제로 필자 등의 근간(한울)에서는 원효, 퇴계, 율곡, 성호 등의 사상을 마음사회학적 시각으로 이해한 실증적 연구성과를 이미 제출하기도 하였다.

10 조선초 숭유억불정책의 사상적 기초를 제공한 것으로 알려진 정도전의 『불씨잡변』이 불교비판의 사상적 근거를 유교의 이기론에 기초한 불교의 마음 개념 비판에서 시작한다는 사실은 이를 방증하기에 충분하다.

과 기起를 관찰(바로 보고 바로 이해)하는 한 물건〔一物〕 혹은 반야, 즉 『금강경』의 응무소주이생기심應無所住而生其心과 같은 공적영지空寂靈知의 마음이 필수불가결한 요소로 등장한다. 실제로 불교의 궁극적 지향점인 니르바나에 이르기 위해서는, 붓다가 증거하고 있듯이, 이러한 상태의 마음에 이르기 위한 수행이 필수적이다. 사성제, 팔정도와 같은 기본교리가 모두 마음의 근본적인 개심改心과 관련되어 있는 것도, 그리고 대승불교 그 중에서도 특히 선불교가 마음의 본래성을 추구하는 것도, 그 이유 때문이다. 요컨대 연기와 마음은 불교의 알파요 오메가다.

그러나 문제는 '뗏목'이나 '한 움큼의 나뭇잎' 비유가 암시하듯이 연기와 마음이 붓다의 가르침이기 때문에 진리의 기준이 되는 것은 아니라는 사실이다. 오히려 그 까닭은 보편성의 내장에서 찾을 수밖에 없다. 그렇다면 연기와 마음 혹은 그 관계는 어떤 점에서 보편성을 내장하고 있는 것일까? 이와 관련하여 필자는 삶의 여정에서 부딪히는 모든 만남 즉 "맞(迎, 待)[11] + 남(生)"을 이해하는 것이야말로 인류의 삶의 보편적 요구였기 때문이었을 것으로 추론한다. 바로 이 지점에서 '맞(迎, 待對)'혹은 '만남'을 아는 놈(者), 즉 "맞(迎, 待對) + 앎(知)"의 체體가 무엇인가를 밝혀야 하는 요구가 발생한다. 그렇다면 그 놈(者) 혹은 그 체體는 무엇일까? 이와 관련하여 필자는 마음의 고어 'ᄆᆞᅀᆞᆷ'에 주목한다. 만약 그 고어가 '맞아서 알다'는 의미에서 유래하였다면[12] '마음'이란 말이 이미 연기 혹은 연생의 요소들의 만남 혹은 연기(혹은 연생) 그 자체를 그 만남과 동시에 즉시 아는 자者[13]였음을 지시하고 있는

---

11 일본어 '待(ま)つ'도 '맞이하다'란 뜻을 가지고 있으며, 일본의 고유한 제천의식 '마쯔리'나 한국 부여의 영고迎鼓도 모두 '맞이하다'와 연관된다.

12 이에 대한 자세한 논의는 유승무 · 박수호 · 신종화(2016)를 참고하기 바란다.

13 사회학자인 니클라스 루만(N. Luhmann)은 이를 '지각(wahrnehmung)'으로 해석하고 그것에 의존하는 상호작용을 사회적 체계와 구분하여 논의하는 바(Luhmann, 1984), 이는 이론적 차원에서 보면, 연기와 마음의 관계라는 구도와

셈이다. 바로 그렇기 때문에, 차이와 그 반복을 통해 만나는 대상들과의 관계성을 알게 된 마음에는 호불호와 같은 일종의 '마음의 습속(the habit of the heart)'- 불교에서는 이를 망상 또는 집착이라 부르고 루만은 반복에 의한 형식으로 명명한다 -이 생겨나게 될 뿐만 아니라 동시에 바로 그 마음의 작동을 관찰하여 전변시키는 것이야말로 자신의 삶을 일신시킬 수 있는 유일한 가능성(혹은 잠재성)일 수밖에 없다. 굳이 일체유심조一切唯心造를 언급하지 않더라도 불교가 마음을 만물의 주재자主宰者로 간주한 까닭이 여기에 있다.

이렇게 볼 때 연기를 통찰하고 그에 기초하여 자신의 망상의 마음을 개심하는 것이야말로 생의 보편타당한 요구일 수밖에 없다. 마찬가지 이유에서, 붓다가 발견한 연기와 그가 깨달음으로 실증한 사제四諦와 그것을 관통하는 마음 수행이 보편성의 위상을 흔들림 없이 유지하고 있고 붓다 역시도 시공간의 한계를 넘어 누구나 보편적으로 인정하는 인류의 위대한 스승 즉 성인聖人으로 여전히 남아 있다. 이렇듯 연기와 마음의 연관을 보편성의 차원에서 이해하는 순간 화엄사상가인 원효의 '일심' 개념, 선불교를 지향한 보조국사 지눌의 '공적영지' 개념, 나아가 나옹-자초-득통으로 이어지는 간화선의 마음 개념조차 연기와 마음이란 공통분모 즉 보편성의 공유 위에 터하고 있음을 쉽게 알 수 있다.[14] 그러나 이렇듯 인류의 보편적 가르침으로서 불교적 유전자를 공유하고 있는 연기 및 마음 개념들조차도 당대 사상가가 처한 사회적 조건이나 시대정신을 반영할 수밖에 없는 것 또한 사실이다. 바로 이러한 사실은 마음과 사회의 관계에 대한 논의 즉 마음사회학적 이해가 요구됨을 의미한다.

유사한 이론틀로 보인다.

14 선불교 혹은 선사상사에 대한 보다 자세한 논의로는 오가와 다카시(2018)를 참고하기 바란다.

그런데 문제는, 이론적 차원에서 볼 때, 마음사회학을 논의하기 위해서는 최소한 세 가지 범주의 개념 즉 사회, 마음, 그리고 그 관계 사이의 개념적 구별과 그 연관성을 논의해야 한다. 그러나 여기에서는 이를 정치하게 논의하기 보다는, 인간의 의지와 무관하게 연기의 이치에 따라 구성되는 것을 사회 혹은 '사회적인 것'으로 전제하고-사회학주의의 위험이 없는 것은 아니지만- 나아가 마음 개념과 그 관련성을 앞서 논의한 것으로 대신하고자 한다. 따라서 여기에서는 그 관계 설정문제를 이론적 차원에서 논의해 둠으로써, 득통에 대한 마음사회학적 이해의 프레임으로 삼고자 한다.

굳이 맑스나 만하임의 존재구속성을 언급하지 않더라도, 의식과 사회의 관계에 대한 논의는 사회과학의 매우 고전적 주제이다. 그런 점에서, 매우 유감스럽게도 마음과 사회의 관계에 대한 연구가 거의 진행되고 있지는 못하지만, 필자가 보기에 마음과 사회의 관계를 어떻게 설정할 것인가라는 과제 역시도 마음사회학의 과제이자 사회과학일반의 과제이기도 하다. 바로 이 문제와 관련하여 이 글이 이론적 징검다리로 삼을 수 있는 사회학자가 바로 니클라스 루만(N. Luhmann)이다. 루만은 소통으로서 사회와 심리체계의 관계를 체계와 환경의 관계로 설정하고 그것을 불이성 혹은 일여성(Einheit)로 관찰할 것을 주장함으로써, 한편으로는 마음과 사회의 상호의존성을 드러낼 수 있는 이론적 기반을 제공해주고 있지만 다른 한편으로는 체계 내부로의 상호침투 불가능성을 전제함으로써 마음과 사회의 상입 가능성을 부정하고 있기 때문이다. 그런데 앞서 언급한 불교의 마음 개념은 이 부정성을 반증하기에 가장 보편타당한 근거를 제공해 주고 있다.[15]

15 불교의 일체유심조一切唯心造는 그 대표적 경구이다. 최근 들뢰즈의 『차이와 반복』 및 '행위자 연결망 이론(ANT)'으로 유명한 라투르로 인해 새롭게 주목받고 있는 사회학자 타르드(Gabriel Tarde, 1843-1904)도 심일원론을 주장함으로써 이와 유사

이에 이 글에서는 루만의 전자의 측면을 수용하되 후자의 측면 즉 상호침투의 부정을 비판함으로써 이 글의 이론적 입지를 마련하고자 하였다. 단도직입적으로 말하면 이 글에서 우리는 마음과 사회의 상호작용 관계를 상호의존성과 상호침투성의 관계(혹은 상즉상입의 관계)로 설정하려고 한다. 여기에서 자세하게 논의할 여유는 없지만[16] 마음 개념(혹은 마음사상)이야 말로 한국사상의 핵인 동시에 맥이기 때문이다. 다시 말하면 구성원의 마음에 대한 사회적 기대와 마음의 사회적 기능 사이의 함수관계와 같은 '마음과 사회의 상호침투'를 이해하는 것이야 말로 한국의 사상가와 그의 사회적 실천 사이의 역동적 관계를 이해함에 있어서 필수적이기 때문이다. 그러나 이러한 프레임에 따를 때 사회에게는 마음이, 마음에게는 사회가 구조로서 제한성을 가지지만 그러한 구조적 제약 속에서도 각각은 자신의 자율성을 갖는 것으로 전제된다. 바로 이 지점에 이를 때 중중무진의 구조와 행위자의 자율적 선택 사이의 길항관계가 비로소 설명 가능하다는 것이 필자의 판단이다.[17] 이 글에서 우리가 득통을 사례로 설정하여 마음과 사회의 상호작용 관계를 마음사회학적 시각에서 이해하려는 까닭이 여기에 있다.

이러한 목적을 달성하기 위해 이 글에서는 우선 득통의 역류의 생애사를 당대의 사회적 맥락과 연관성 속에서 이해해 볼 것이다. 다음으로는 득통의 마음 개념 즉 반야로서의 마음 개념을 득통 자신의 저술에

한 주장을 한다. 이에 대한 자세한 논의는 가브리엘 타르드, 이상률 옮김(2015)을 참고하기 바란다.

16 이에 대한 자세한 논의는 유승무·박수호·신종화(2016)를 참고하기 바란다.

17 물론 이러한 점을 최초로 탐구한 사회학자는 가브리엘 타르드(Gabriel Tarde, 1843-1904)다. 그는 독자적 고유성을 간주 있는 무한소 즉 모나드들의 결합을 사회 혹은 사회적인 것으로 간주하면서 '모든 사물이 사회이며 모든 현상이 사회적 사실'(가브리엘 타르드, 이상률 옮김, 2015: 58)이라고 주장하고 있다. 이는 모든 현상을 연기법으로 관찰하기를, 그래서 모든 사물을 무아와 무상으로 인식할 것을 가르치는 불교의 사회관과 유사하다.

기초하여 실증해 본 다음 그것이 갖는 불이성(Einheit)을 밝혀보고자 한다. 그런 다음 이러한 논의에 기초하여 득통의 마음개념이 그의 인정투쟁과정에 어떻게 연결되어 있는지를 밝혀 봄으로써 득통의 사상, 특히 사회사상을 마음사회학적 시각에서 총체적으로 드러내 보고자 한다.

3. 레짐체인지, 역류의 생애 그리고 선사 득통의 견실심堅實心

통상의 인물사관에 따르면, 고려의 멸망과 조선의 건국에 사이에는 결정적인 인물 즉 조선의 태조인 이성계가 등장한다. 실제로 이성계는 위화도 회군을 감행하여 고려의 공민왕 정권을 무너뜨린 것으로 알려지고 있고, 필자 역시도 그것을 역사적 사실로 믿고 있다. 그러나 환경의 변화에 따른 사회체계의 분화와 진화(안정화-변이-선택-재안정화)로 역사의 변동을 설명하는 루만(Luhmann)의 주장을 원용하면, 고려의 멸망과 조선의 성립이라는 변이는 새롭게 등장하는 환경 변화와 그에 따른 사회적 체계들의 분화 압력에도 불구하고 특정한 기능체계의 과잉기능화로 인하여 전체 사회를 구성하는 기능체계들 사이의 수행 성과들의 극심한 불균형의 발생 즉 소통으로서 사회적 체계의 실패로 설명해 볼 수도 있을 것이다. 이 때 관찰자의 시선은 과잉기능체계에 놓이게 되는데, 고려 멸망의 경우 불교가 그 대표적인 과잉기능체계의 하나로 지목되어 온 것도 사실이다.

실제로 고려 말부터 이미 불교는 최승로는 물론 이색이나 정몽주와 같은 성리학자들로부터 많은 비판의 표적이 되었고 조선의 개국과 함께 성리학적 신진사대부들에 의한 숭유억불 정책의 흐름이 관철되기 시작했다는 사실은 이를 방증한다. 게다가 여기에는 정도전을 비롯한 조선의 개국 공신들이 유교이념에 투철한 사대부士大夫였기 때문이란 사실 이외에도 당시 불교계의 반동(Anti-movement) 역량 혹은 저항 잠재성의 상실도 함께 고려해 볼 수 있기 때문이다. 그렇다면 당시 불교계는 왜 저항하거나 반동의 흐름을 만들어내지 못했는가? 붓다의 가르침과는 멀어진 고려불교의 정치적 커넥션, 장원처럼 운영된 사원경제, 그로 인한 불교계의 풍요 및 승려들의 타락과 부패 등이 그 원인으로 지목되곤 한다(성암도, 1990).[18] 그리고 이 점에 대해서는 득통 역시도 동의하고 있다.

그러나 문제는 숭유억불과 함께 정도전의 『불씨잡변』의 내용처럼 불교의 교리 즉 붓다의 가르침 자체를 비난하거나 부인하는 이른바 척불론斥佛論의 분위기나 여론이 형성되기 시작했다는 사실이다(송창한, 1978; 이봉춘, 1990). 그러나 불교에 대한 비판이 여기에까지 이르는 순간 비판자 역시도 비판에 직면할 가능성이 크다. 왜냐하면 고려 말 불교계의 문제점은 부처님의 가르침이나 교리의 문제라기보다는 당시 불교 체계의 작동방식의 문제에서 발생한 것이었기 때문이다. 이런 이유 때문에 득통은 자신의 저서 『현정론』을 통해 당시 유학자들이 주도한 불교 교리 비판에 대해 날카로운 반비판을 수행하였다.[19] 이에 여기에서는 득통의 반비판 즉 호불론護佛論을 본격적으로 살펴보기 전에, 왜 하필 득통이 역류의 선구자가 되었는지에 대한 궁금증을 그의 생애사적 맥락을 통해 풀어두고자 한다.

한국의 대표적인 득통 연구자로 알려진 박해당은 그의 생애사를

18 손홍철(2013)은 이에 대한 《高麗史》의 근거를 구체적으로 제시하고 있다.
19 이에 대해서는 다음 장에서 자세하게 논의할 것이다.

다음과 같이 간략하게 요약하고 있다.-

> : "전체적으로 보아 「행장」에 보이는 기화의 생애에 관한 정보는 기화의 행적에 관한 것들이 대부분이다. 그렇기 때문에 기화가 어떠한 사상적 변화의 과정을 겪으면서 그의 사상체계를 형성해갔는가 하는 것을 알기에는 자료가 충분하지 않다. 분명한 것은 기화가 성리학을 공부하는 유생이었으며, 인仁의 실천에 관한 고민을 계기로 불교를 새롭게 발견하게 되었고, 마침내 친구의 사망이라는 계기를 통하여 출가하게 되었다는 것과 출가한 이후 회암사에서 무학 자초의 제자로서 수행하였으며, 그곳에서 어떤 선적체험禪的體驗을 하였다. 또한 그가 어떤 경로를 통하여 교학을 익혔는가 하는 것은 분명하지 않지만, 경전에 대한 강설을 하고 이에 대한 저술을 남기고, ... 자신의 깨달음을 불법의 홍포를 통해 중생 구제를 위하여 노력하는 삶을 살았을 것으로 미루어 짐작할 수 있다(박해당, 1996:15)."

위의 인용문을 보면, 분명한 것은 '분명한 것은'으로 시작되는 세 번째 문장의 내용뿐이다. 실제로 선행연구에서도 대부분 득통의 생애에서 가장 중요한 일종의 개종사건을 성균관 시절 친구의 죽음으로 인한 인생무상 때문인 것으로 기술하고 있으며(한국민족문화대백과사전), 박해당은 여기에 인仁의 실천에 관한 고민을 새롭게 추가하고 있다. 그러나 이러한 기술은 모두 득통의 사후 제자들이나 문인들에 의해 기록된 「행장」에 근거한 기록일 뿐이다. 그렇기 때문에 인용문의 두 번째 문장에서 박해당이 주장하고 있는 것처럼 그의 개심 과정이나 개종 이후의 사상적 착근 과정에 대한 자료는 충분하지 않은 것으로 보이며, 따라서 지금 현재로서는 이에 대한 설득력 있는 추론에 의존할 수밖에 없다.

이 지점에서 우리는 득통의 마음 사상에 주목한다. 두 가지 이유 때문이다. 첫 번째 이유는 득통의 개심 계기로 이미 언급된 두 가지 즉 친구의 죽음 사건이 암시하는 생로병사와 같은 생의 근원적인 문제나 인仁의 실천에 대한 유교적 설명의 불충분성 등은 모두 유교의 한계이자 불교의 강점과 관련된다는 점에서 설득력을 갖지만 그것은 동시에, 사성제와 같은 불교교리를 염두에 둔다면, 결국 마음의 문제로 회귀되는 것이기도 하기 때문이다. 그러나 이러한 이유만으로는 불충분하다. 이러한 이유만으로는 숭유억불의 추세를 너무나 잘 알 고 있었던 득통이 왜 역류의 삶을 변함없이 지속할 수 있었는지를 설명하기에 역부족이기 때문이다. 이러한 판단은 우리를 두 번째 추론으로 이끈다.

이에 대한 우리의 가설은 이렇다: 불교의 마음 사상에 대한 득통의 체험이 워낙 강했고 이것이 선불교를 통해 지속적으로 강화되었기 때문에 그 어떤 유혹에도 흔들리지 않을 수 있었다. 이 가설을 인정하는 순간, 우리는 득통에게 직접적으로 영향을 미친 여말선초 간화선의 마음 사상이야말로 득통의 생애에 결정적인 영향을 미친 요인이었다고 주장할 수 있는 근거가 확보된다. 이는 득통의 출가 이후 생애사를 통해서도 잘 방증된다.

> 1396년(태조 5) 관산 의상암義湘庵으로 출가하였으며, 1397년에 회암사檜巖寺로 가서 무학왕사無學王師에게 법요法要를 들은 뒤 여러 곳을 다니다가, 1404년(태종 4) 다시 회암사에 가서 수도에 정진하였다. 1406년 공덕산功德山 대승사大乘寺에서 4년 동안 『반야경』을 설했고, 1410년 개성의 천마산 관음굴觀音窟에서 선을 크게 진작하였다. ... 1414년 황해도 평산平山의 자모산慈母山 연봉사烟峯寺의 작은 방을 함허당涵虛堂이라 명명하고, 『금강경오가해설의金剛

> 經五家解說誼』를 강의하였다. 1420년(세종 2) 오대산에 들어가 오대의 여러 성인들에게 공양하고, 영감암靈鑑庵에 있는 나옹懶翁의 진영眞影에 제사한 뒤 잘 때, 꿈에 어떤 신승神僧이 나타나 이름은 기화, 호는 득통으로 지어 주어 이후 그것을 사용하였다. 1421년 세종의 청에 의하여 개성 대자사大慈寺에 머물면서 왕의 어머니를 위해 명복을 빌고, 왕과 신하들을 위해 설법하였다. 1424년 길상산吉祥山·공덕산功德山·운악산雲岳山 등을 편력하면서 일승一乘의 진리를 설파하였다. 1431년 문경의 희양산曦陽山 봉암사鳳巖寺를 중수하고 그곳에서 머물다가, 1433년 입적하였다."(한국민족문화대백과사전; 성암도, 1990)

위의 인용문을 보면, 득통은 출가 이후 줄곧 선사의 삶을 살았다. 여기에서 선禪이라 함은 원나라 지공의 선이 보우, 나옹, 자초 그리고 득통을 거치면서 여말선초에 크게 유행하여 지금까지 한국불교의 선맥을 형성하고 있는 간화선을 말하는 바, 위 인용문에는 그러한 선맥의 흔적이 뚜렷하게 드러나 있다. 그런데 '교외별전敎外別傳 불립문자不立文字 직지인심直指人心 견성성불見性成佛'이란 간화선의 실천적 특징이 암시하듯이, 간화선에 따르면 자신의 불성이나 마음자리를 깨닫는 것이 곧 법을 깨닫는 것과 같다. '심즉불'을 강조한 보우선이나 마음의 이해에 기초를 둔 나옹선이 모두 간화선의 실참을 위한 화두에만 오매불망 집중하도록 가르치고 있는 까닭도 그 마음사상의 위상 때문인 것이다. 득통의 마음사상도 이러한 간화선의 흐름과 동일 선상에 놓여 있음은 두말할 나위가 없다. 이렇듯 간화선이 실천성과 일상성을 그 특징으로 하고 있다는 점을 고려할 때, 불교를 '허무적멸지도虛無寂滅之道'로 비판한 유자들은 이미 득통의 반비판으로부터 자유로울 수 없었다. 그리고 그것이 득통으로 하여금 역류의 삶을 실천하게 한 것이다.

요컨대 득통의 생애사를 관통하는 것은 선사로서의 삶이었고 바로 그렇기 때문에 득통의 불교사상의 요체는 선불교적 마음사상이었을 것이다. 그리고 이러한 선불교적 마음사상이 그로 하여금 레짐체인지와 같은 시대적 상황 속에서도 역류의 삶을 살도록 한 에너지 원源이었을 것이다. 특히 선불교가 추구하는 본래의 마음자리는, 득통 자신이 견실심堅實心이라 명명한 바 있듯이, 외부의 그 누구로부터의 침투, 간섭, 정복으로부터도 자유로운 자기준거적 존재이다. 이는 동시에 득통의 마음사상이 '대對 유교 인정투쟁'의 궁극적 원천이었음을 의미하기도 한다.

4. 득통의 마음 사상과 대對 유교 인정투쟁

4.1 득통의 마음 사상

주지하듯이 불교는 신이나 그 어떤 외적인 절대 권력에 의한 은총 혹은 은총의 대리자가 아니라 오로지 진리(法; 다르마)에 대한 행위자 스스로의 깨달음을 통하여 둑카(dukkha) 즉 고苦로부터의 자유를 추구한다는 점에서 그 존재 근거의 정당성을 확보하고 있고(walpola Rahula, 1994:2), 모든 불교는 외적 다양성에도 불구하고 그것이 불교인 한 바로 이 점을 공통분모로 공유한다. 선불교도 '행위자 자신의 본래의 마음자리를 깨닫는 것'을 깨달음으로 간주하고 있기 때문에 욕망에 집착하는 마음의 습속을 떠나 자신의 본래 마음자리를 깨닫기 위한 마음 수행을 강조하고 있다. 고려시대 이후 오매불망 화두에만 집중할 것을 강조해온 한국불교의 간화선 수행은 그 전형적 사례이다. 이렇듯 본래의 마음자리를 관찰할 것을 강조하는 간화선의 특징을 고려하면 자신의 마음을 깨닫는 것은 간화선의 전부라 할 수도 있다. 바로 그렇기 때문에 간화선의 경우 심지어 자신의 마음의 경계 밖에 그 어떤 것도 별도의 존재로 설정하지 않는다. 또한 그렇기 때문에 간화선은 부처님이나 조사의 가르침뿐만 아니라 깨닫고자 하는 마음조차도 그것이 수행자의 마음을 미혹하게 한다면 그것을 버릴 것을 강조하고 있다. 바로 이 지점에 이른바 살불살조殺佛殺祖의 급진성이 내포되어 있다.[20]

한국 간화선의 법맥을 이어 온 대표적 선승으로서 득통은 바로 이러한 선불교적 마음사상을 가지고 있었다. 득통은 부처의 깨달음을 반야라고 명명하는 바, 여기에서 반야란 실체가 아닌 일종의 작동(혹은 작용)의 법칙이다.

> "반야영원般若靈源은 툭 튀어나와 모양이 없고 휑하니 머무는 바가 없다. 공空하여 있지 않고 맑아서 앎이 없다. 지금 이 경(금강경)은 이로써 종宗을 삼고 체體를 삼으니 앎이 없으면서 알지 못함이 없고 있지 않으면서도 있지 않음이 없으며, 머뭄이 없으면서도 머물지 않는 바가 없으며, 모양이 없으면서도 여러 모양에 장애가 되지 않는다. 이것이 묘유妙有이자 용用인 까닭이다. 여러 부처가 증득한 바는 이것을 증득한 것이며, 여러 조사가 전하는 것도 이것을 전하는 것이다. 그들이 사람에게 열어 보이는 것 또한 이것으로 한다."

20 물론 불교의 이러한 급진성은 열반경의 '자등명 법등명'의 가르침이나 앙굿따라 니카야 깔라마 경의 '깔라마 인들에 대한 가르침'의 그것과 동일선상에 놓여 있기 때문에 간화선 유일의 독특한 선풍에서 기인하는 것은 결코 아니다. 오히려 간화선이 불교 본래의 급진성을 공유하고 있다는 편이 훨씬 더 정직한 것처럼 보인다.

이 인용문을 보면 반야라는 영원한 근원은 상호 모순적인 두 가지 특성이 상호 의존적으로 작동하면서 서로서로를 성립시키는 묘유이며 공이다.[21] 그러나 혹은 바로 그렇기 때문에 반야 즉 득통이 억지로 일물一物이라고 부른 것(般若一物之强稱)은 동시에 선사뿐만 아니라 심지어 모든 중생의 마음자리다. 또한 그것은 득통 자신이 체험을 통해 확신하였던 마음자리, 즉 견실심의 자리임에 틀림없다.

그러나 고려시대 왕사에 비견될 정도로 당대의 최고 지식인이었던 득통의 마음 사상은 그것으로 그칠 만큼 그렇게 단순하지 않았을 것이다. 무엇보다도 '교외별전'을 추구했음직한 선사였음에도 불구하고 득통은 당대의 교학에도 두루 정통하였던 것으로 알려지고 있는 바, 이는 불교의 다양한 교학에서 발전된 마음 개념을 충분히 소화하고 있었음을 지시한다. 또한 '만나서 발생하는 현상을 아는 자(者)'즉 마음에는 득통의 용어를 굳이 대입해 본다면 견실심만이 아니라 육단심도 포함되어 있기 때문에 득통의 마음 역시도 당대의 수많은 다른 마음을 만났고 따라서 알고 있었을 것이다. 실제로 한 때 촉망받던 성균관 유생이었던 득통은 그 누구보다도 당대의 레짐체인지에 따른 유교이데올로기화와도 만났고 또 이기심성론으로 특징지워지는 성리학적 마음 개념도 잘 알고 있었을 것이다. 『현정론』의 결론을 삼교회통으로 마무리하였다는 사실을 고려하면, 노장사상에 대해서도 어느 정도의 식견을 가지고 있었던 것으로 보인다.

이렇게 볼 때 득통의 마음은 자신의 본래의 마음자리를 뛰쳐나와 다른 대상에 침투해 들어갔음이 분명하다. 그러나 침투함의 과정은 동시에 침투당함의 과정이다. 게다가, 제 2 장에서 제시한 이론 틀에 따

21 제4장에서 자세하게 논의하겠지만 이는 루만의 불이성(Einheit) 개념과도 유사하다.

르면, '마음의 침투함'과 '사회로부터 마음의 침투당함'의 관계는 상호 의존적 관계를 갖는다. 이는 득통의 마음 개념이 하나가 아니라 여럿임을 의미하며 동시에 득통의 마음사상이 본래의 마음자리에 대한 유일한 집중 이외에도 당대의 다양한 마음 사상에도 열려 있었음을 의미한다. 『현정론』에서 분명하게 드러난 득통의 삼교회통 테제는 이러한 마음사상의 산물로 보인다. 그리고 이러한 득통의 마음 사상은 당시 유자들의 배타주의적인 유교이데올로기화에 대한 효과적인 비판의 무기가 될 수 있었을 것이다.[22]

바로 이 지점에서 우리는 다음과 같은 의문을 가질 법하다: 그렇다면 득통의 마음사상이 이렇듯 열린 마음 사상으로 발전할 수 있었던 까닭은 무엇인가? 숭유배불 정책과 같은 마음 사상 외적 측면을 제외하고 마음 내적 논의에 한정한다면, 그것은 득통이 마음을 반야 혹은 공의 관점에서 사유했기 때문으로 보인다. 실제로 득통은 자신의 저서 『금강반야바라밀경오가해석의』에서 마음을 다음과 같이 규정하고 있다.

> "靈源은 맑고 고요하여 본래 생겨남이 없지만 한 생각의 물결이 일어나매 여러 妄念들이 다투어 일어난다. 물결은 물의 성질이 아니며 망념은 참된 것이 아니니 이것은 허망한 뜬 마음이라 할 수 있다. 또 과거의 한 생각, 현재의 생각, 미래의 생각이 순간순간 한량없는 선한 일을 생각하고 한량이 없는 악한 일을 생각하여 순간순간 흘러 일어나고

22 물론 필자가 보기에 그 비판만으로는 충분하지 않다. 정도전의 『불씨잡변』의 내용과 그 파급효과를 고려하면 선불교의 입장에서 성리학의 본질적 한계를 드러내는 것도 가능하다는 것이 필자의 판단이다. 필자는 바로 이 점이 득통의 한계이자 『현정론』의 한계라고 생각하는 바, 이에 대해서는 다음 장에서 좀더 자세하게 논의해 보고자 한다.

> 사그러짐이 그침이 없다. 이것을 여러 마음이라고 한다. 그러나 이 여러 마음은 찰라적이어서 생겨나는 모습이 없으며 찰라적이어서 사라지는 모습도 없다. 다시 滅할 生滅이 없으니 이를 마음이 아니라고 한다. 이미 滅할 生滅이 없으니 오직 하나의 오묘하고 원만한 참된 마음이 常住하여 滅하지 않나니 이를 마음이라 한다."[23]

위 인용문에서 잘 알 수 있듯이 득통은 마음을 생生과 멸滅의 이분법적 대립구도가 아니라 '불생不生과 불멸不滅의 불이성(Einheit)'를 통하여 중도 연기의 관점에서 오묘한 공의 세계로 드러내고 있다. 나아가 득통은 자신의 또 다른 저서 『선종염가집요주설의禪宗永嘉集科註說誼』에서 불교의 진리성 즉 깨달음을 그러한 중도공관적 시각의 마음상태로 규정하기도 한다.

> "범부는 색色을 보고 색 그대로 공空임을 알지 못하며, 공을 보고 공 그대로 색임을 알지 못한다. 깨달은 사람은 색 그대로 공임을 보고 상견常見을 내지 않고, 공 그대로 색임을 보고 단견斷見을 일으키지 않는다. 색 그대로 공임을 보고 있으므로 색을 보고도 집착이 없으며, 공 그대로 색임을 보고 있으므로 공을 깨닫고서 〔공에〕막힘이 없다. 이러한 색과 공이 한 몸인 경지에 이르러 주관과 객관을 둘 다 잊어버린다."(한불전7:191 중;이병욱, 2001:192에서 재인용).

---

23 靈源湛寂 本自無生 一念波興 諸妄競作 波非水性 妄非眞源 是可名爲虛妄浮心 (又)前念今念後念 念念思無量善事 思無量惡事 念念遷流 起滅不停 如是等心 是名諸心 而此諸心 刹那無有生相 刹那無有滅相 更無生滅可滅 是名非心 旣無生滅可滅 唯一妙圓眞心 常住不滅 是名爲心(한불전, 7:82 중;박해당, 1996:34에서 재인용).

이렇듯 선사로서 득통은 마음을 깨달음의 경지로까지 승화시켜 이해하고 있음에도 불구하고 (혹은 바로 그렇게 이해하고 있기 때문에 오히려) 전략적으로는 마음의 다양한 층차를 인정하고 그것을 열반으로 이끌고자 하는 실천지향적 태도를 취할 수밖에 없음을 스스로 인정(혹은 고백)하고 있다.

> "스스로 증득한 경계에는 미혹함과 깨달음도 그 자취가 없고, 범부와 성인[이라는 구분]도 모두 사라진다. 다만 중생이 본래의 밝음을 어기고 [윤회의 세계에] 헤매는 것이 끝 없음을 보고서, 이와 같은 중생을 건져주어서 열반의 언덕에 오르도록 하고자 한다. 그래서 큰 자비를 일으켜서 여러 몸을 나타낸다. 혹 큰 모습과 작은 모습을 나타내기도 하고, 혹 원교와 점교를 말하여 대승과 소승이라는 고정됨이 없고, 돈교와 점교에 구애됨이 없다. 이와 같이 나타남에 일정한 법칙이 없다"(한불전7:172 중;이병욱 2001:193에서 재인용).

이러한 관점에서 볼 때, 득통이 『현정론』에서 다분히 전략적 차원에서 인간의 마음을 육단심肉團心과 견실심堅實心으로 나누고, 견실심을 불성이나 여래장처럼 육체의 소멸과 관계없이 사후에도 존재하는 것으로 설정함으로써 그것이 유교가 설정하는 본성으로서 마음 개념은 물론 각종 육단심보다 우위를 점한다는 위상학적 근거로 활용한 것으로 보인다. 역시 전략적으로 득통은 당대의 교학에서 제시하고 있는 위상학 즉 삼승三乘이나 오승五乘 개념을 수용하여 불교의 수월성을 방증하는 데 활용하기도 하였다. 심지어 득통은 당대의 대표적인 선사였음에도 불구하고 대표적인 타력신앙인 정토신앙의 긍정적인 사회적 기능을 적극적으로 부각시킴으로써 당대의 사회질서 유지에 이해관심을 가진 지배층은 물론 궁극적 의지처를 요구하는 피지배층의 민심에도 부합하려는 방법도 구사하였다. 그렇다면 득통의 이러한 마음 개념이 대對 유교 인정투쟁에서 어떻게 작용하고 있는지를 보다 구체적으로 실증해 보자.

4.2 득통의 대對 유교 인정투쟁

앞에서도 언급했듯이 득통은 성균관 유생출신이면서도 숭유억불의 분위기가 팽배해 가던 시기에 불교로 개종하여 선사의 삶을 살았다. 역류의 삶을 산 것이다. 그리고 그러한 역류의 삶을 가능케 한 에너지의 원천은 무엇보다도 불교가 자신을 포함한 모든 사람을 부처로 만들어 줄 수 있다는 확신을 가졌기 때문일 것이다. 이렇듯 불교적 사유체계의 작동을 확신한 득통이 볼 때, 당시 유교를 신봉하던 사대부들의 불교 비판과 탄압은 불교에 대한 몰이해 혹은 오해에서 비롯된 것으로 보였음에 틀림없다. 필자가 보기에 이는 득통으로 하여금 대對 유교 인정투쟁에 나서게 한 동기를 제공하기에 충분하다.

실제로 득통의 『현정론』은 유자들의 비판에 대한 반비판이나 유자들의 오해를 교정하는 내용으로 구성되어 있다. 보다 구체적으로 말하면 『현정론』의 내용은 다음과 같다: ① 불교는 악의 근원인 미정迷情을 다스려 진성眞性이 나타나게 하는 종교이며, 수선修善으로써 사회에 봉사한다. ② 불교는 효도할 줄 모르는 종교라고 비판하는 유자儒者들에 대하여 부처님은 효를 위배하기는커녕 오히려 대효大孝를 하였다고 주장한다. ③ 불교에도 군왕君王에게 계戒를 갖게 하여 맑고 깨끗한 심신으로 정사를 다스리게 하는 일이 있고, 출가자는 아침저녁으로 군왕과 국가를 위하여 기원하며, 또 선악과보善惡果報를 가르쳐 국가에 선을 행하는 경사를 가져오게 하므로 불교는 불충不忠이 아니다. ④ 불살생과 단육斷肉은 진정한 인의 실천이다. ⑤ 술은 정신을 산란하게 하고 덕을 손상시키는 근원이며 도를 해치므로 불교에서는 계율로써 금한다. ⑥ 불교에서 보시布施를 권장하는 것은 승려의 이익 때문이 아니고, 보시 또한 물질만을 말하는 것이 아니며, 보시하는 마음으로 영원의 복을 부르려는 것이다. ⑦ 천당과 지옥설은 악을 그치고 선을 닦게 하여 백성을 교화하는 데 이익이 크거늘 배척하여 망妄이라 할 수 있겠는가? ⑧ 시체는 어떠한 방법으로 처리하든 걸림이 없는 것인데 화장하는 일을 애석해할 필요는 없다. ⑨ 불교의 삼세설三世說은 낮과 밤의 반복 속에 삼세가 있는 것과 같아 허황한 설이 아니다. ⑩ 불교를 오랑캐의 도라 함은 정당한 것이 아니다. ⑪ 승려가 진리를 설하여 사람을 이롭게 한다면 사람들의 봉양을 부끄러워 할 필요가 없다. ⑫ 수도인의 과실 때문에 법을 폐하는 것은 옳지 않다. ⑬ 불교의 경전은 현실에서 벗어나 깨달음만을 추구하는 허원적멸虛遠寂滅만을 설한 것이 아니다. ⑭ 유불도 삼교의 본지本旨는 동일한 것이다.

그렇다면 득통으로 하여금 이러한 인정투쟁을 가능케 했던 불교사상적 근거는 무엇인가? 그것은 두말나위도 없이 득통의 마음사상이었다. 실제로 선사이자 교학자로서 득통이 보기에 불교의 사성제, 팔정도를 관통하는 '마음의 전변을 경유하는 니르바나로의 길' 이야말로 유교가 아닌 불교만이 인간의 삶의 문제를 보다 근원적으로 해결할 수 있는 처방전으로 보였을 것이다. 실제로 득통은 다음과 같이 쓰고 있다.

> "갠지스강의 모래와 같이 많은 세계의 중생들의 차별적인 마음의 작용은 바로 여래의 묘하고 원만한 眞心이어서 중생은 부처와 다르지 않다. ... 갠지스강의 모래와 같이 많은 세계의 중생들의 갖가지 마음은 常住하는 眞心이 아니라 모두 허망한 浮心이다."

이 인용문에서 알 수 있듯이 망상에 물든 중생이든 깨달은 부처이든 모든 인간의 마음 작동은 동일하지만 -그래서 모든 중생은 누구나 붓다가 실증했듯이 부처가 될 수 있지만(혹은 될 수 있는 잠재성 즉 불성을 갖고 있지만)- 현상학적으로 관찰할 때 중생들이 갖고 있는 마음의 실재는 차이와 그 반복에 의해 형성된 망상이고 집착 그리고 일종의 마음의 습속이다. 그렇다면 중생은 어떻게 부처의 마음을 가질 수 있게 되는가? 수행을 통한 마음의 전변, 즉 부심浮心이 깨끗하고 평온한 마음으로 바뀌어야 한다. 그리고 이러한 마음의 전변의 효과는 그 수행자와 그의 소속 집단으로 하여금 행복의 나라로 인도할 뿐만 아니라 궁극적으로는 니르바나에 이르게 하여 더 이상은 악행에 물들지 않게 한다. 다음의 인용문을 보자.

> "만일 사람마다 이것(불교)에 의거하여 이를 닦게 한다면 마음이 바르게 될 수 있고 몸이 닦일 수 있으며, 집안을 다스릴 수 있고 나라를 다스릴 수 있으며, 천하를 태평하게 할 수 있을 것이다. 根機가 날카로운 이는 菩薩이 될 수 있고 聲聞이 될 수 있으며 緣覺도 될 수 있고, 根機가 낮은 이는 천상에 태어날 수 있고 착한 사람이 될 수 있다. 진실로 이와 같으면서도 세상이 다스려지지 않은 경우는 없다. 왜 그런가? 죄의 과보를 싫어한다면 마땅히 여러 惡을 끊을 것이니, 비록 모든 악을 다 끊어 없애지는 못할지라도 하나의 악은 충분히 없앨 수 있다. 하나의 악이 사라지면 하나의 형벌이 그칠 것이며, 하나의 형벌이 집안에서 그치면 만 가지 형벌이 나라에서 그칠 것이다. 福의 인연을 좋아한다면 마땅히 여러 善을 닦을 것이니, 모든 선을 다 닦지는 못할지라도 하나의 선은 충분히 행할 수 있다. 하나의 선을 행하면 하나의 경사를 얻게 된다. 하나의 경사

가 집안에서 일어나면 만 가지 경사가 나라에서 일어날 것이다. 저 五戒와 十善은 가르침 가운데서도 가장 낮은 수준의 것으로 본래 根機가 가장 낮은 이를 위하여 시설한 것이다. 그러나 이를 진실로 행하면 자신에게 성실하게 되고 남에게 이익을 준다. 하물며 四諦, 緣起이겠는가? 하물며 六波羅蜜이겠는가?"(『현정론』, 한불전7:217중; 박해당 1996에서 재인용).

게다가 득통이 보기에 이러한 효과는 개인적 차원을 넘어 사회적 효과로 현상하기도 한다. 다음의 인용문을 보자.

"그러나 유교가 사람을 가르치는 바는 德行으로 하지 않으면 政刑으로 한다. 그러므로 '政으로써 이끌고 刑으로써 다스리면 백성들은 면하고자 하기만 할 뿐 부끄러움을 모른다. 德으로써 이끌고 禮로써 다스리면 백성들은 부끄러움도 있게 되고 올바르게 된다.'고 말한다. 저 덕으로 이끌고 예로써 다스리는 것은 성인이 아니면 할 수 없다. 그러므로 '침묵하되 이루고 말하지 않아도 믿음이 있게 되는 것은 덕행에 달려 있다.'고 말한다. 政으로써 이끌고 刑으로써 다스리면 상과 벌이 있게 되는 것을 면할 수 없다. 그러므로 '상과 벌은 나라의 大柄이다'라고 말한다. '침묵하되 이루고 말하지 않아도 믿음이 있는 것'은 진실로 우리 부처의 교화이다. 그런데 겸하여 因果로써 보여준다. 상벌로써 보여주면 혹 다만 面從에 지나지 않을 따름이지만 인과로써 보여줄 경우 복종하면 곧 心服하는 것이다."(『현정론』, 한불전, 7:217하~218상; 박해당, 1996에서 재인용).

위의 인용문을 보면, 불교의 사회적 기능이 잘 드러난다. 특히 득통은 사회문제에 대한 불교적 해법과 그 특수성, 즉 인간의 심복心服 가능성을 잘 드러내고 있는 바, 필자는 이것이야말로 마음의 종교가 갖는 사회적 기능이자 역할이라고 생각한다.[24]

이상의 논의에 근거할 때, 득통의 대對 유교인정투쟁의 사상적 근거는 자신이 파악한 불교의 마음사상과 그 개인적·집단적·사회적 효과였음이 분명하게 드러난다. 이는 득통과 그의 『현정론』을 마음사회학적 차원에서 이해할 때 즉 당대의 숭유배불의 분위기와 마음의 침투가능성을 주장하는 마음사상적 인정투쟁의 길항관계 속에서 이해할 때 보다 잘 이해될 수 있음을 의미한다.

5. 나가며

지금까지 여말선초 한국의 대표적 사상가였던 득통을 마음사회학적 차원에서 이해해 보았다. 그중에서도 특히 숭유억불의 흐름에 저항하는 호불론적 내용을 담고 있는 『현정론』의 내용을 검토함으로써 그 마음사회학적 함의를 도출할 수 있었다. 한마디로 이 글에서는 득통과 그의 『현정론』을 통하여 불교의, 특히 간화선의 특징을 갖고 있는 한국 선불교의 핵이자 전부라 할 수 있는 마음 사상(마음을 통한 개인의 전변 가능성)과 그 사회적 효과(마음의 사회적 침투 가능성) 사이의 관계를 확인할 수 있었다. 그리고 비록 이 글에서는 연구범위의 한정성 때문에 충분히 논의하지 못했지만, 조선조 호불론의 효시로서 득통과 그의

24 이에 대한 자세한 논의는 유승무(2016)를 참고하기 바란다.

『현정론』은 그 이후의 호불론에도 영향을 미쳤고 그것이 또한 지속되는 숭유억불과 유교의 지배이데올로기화 과정 속에서도 불교의 명맥을 이어가는데 큰 기여를 한 것으로 알려지고 있다.

그럼에도 불구하고 역시 마음사회학적 시각에서 볼 때 득통의 대응 즉 유교등가적 불교해석에 기반한 삼교회통적 대응과 같은 수세적 호불론은 약간의 아쉬움을 남기는 것도 사실이다. 비록 당시의 정치사회적 상황이 숭유억불의 분위기가 팽배해 있었다고는 하지만 오히려 그렇기 때문에 불교의 유교등가적 해석 보다는 불교의 사상적 수월성을 보다 분명하게 드러냄으로써 사상적으로 성리학과 그에 기초한 불교 교리 비판을 사상적으로 제압하는 것이 바람직했을 것으로 생각되기 때문이다. 한마디로 '현정'의 전술보다는 '파사현정'의 전략과 전술을 모두 동원하는 것이 더 효율적이었을 것으로 생각된다.

실제로 현실적 조건이 가능했는지는 잘 모르겠으나, 득통이 이미 최소한 교리적으로는 당시 성리학자들의 불교 교리 비판을 반비판할 수 있는 마음사상적 근거를 확보하고 있었다는 점을 고려하면, 『현정론』의 수세적 방어전략은 많은 아쉬움을 남긴다. 특히 불교 교리 비판을 담고 있는 정도전의 『불씨잡변』이 당대 숭유억불정책의 사상적 기초를 제공하고 있었다는 점을 고려하면, 득통이 왜 『불씨잡변』 류의 불교 교리 비판에 사상적으로 정면 승부를 하지 않았는지 그 까닭을 이해할 수 없다. 불교의 연기(즉 작용 혹은 작동)을 성리학의 기氣로 해석함으로써 옳고 그름과 같은 윤리적 이치(理)가 결여되어 있다는 식의 비판은 단순히 다르마에 대한 성리학자 몰이해에 기인한 것이거나 혹은 의도적인 왜곡일 가능성이 매우 높은 것으로 생각되기 때문이다.

더욱이 아쉬운 점은 그러한 곡해와 배불정책으로 말미암아 그 이후 한국불교의 사상적 발전이 지체되고 말았으며 바로 그만큼 다르마 발견의 문명사적 의미를 축소시키는 결과를 초래했다는 점이다. 굳이 이미 낡은 포스트모더니즘을 다시 언급하지 않더라도 최근 서구의 형식논리학에 내재된 이분법적 프레임의 한계를 극복하려는 새로운 패러다임이 다양하게 시도되면서, 일체의 실체적 사고를 거부하고 그 대신 연기중도의 이치를 활용하는 이론 틀이 새롭게 주목받고 있다. 예컨대 파슨스 이래 가장 독창적인 사회이론가로 알려진 루만의 체계이론은 사회과학계의 대표적인 시도다. 그러나 선불교적 인식론과 유사성을 갖고 있는 것으로 알려진 루만의 사회적 체계이론마저도 불교의 마음사상의 침투성이란 차원을 담아내지 못하고 있다. 이러한 지성사적 흐름을 고려할 때 숭유억불의 관철, 성리학적 유교 이데올로기의 지배이데올로기화, 그에 대한 적절한 사상적 대응의 부족, 그리고 그 모든 요인들의 궁극적 결과인 불교의 사상적 저발전은 필자에게 아쉬움을 더해주고 있다.

참고문헌

한국민족문화대백과사전.

가브리엘 타르드. 2015. 『모나돌로지와 사회학』. 이상률 옮김. 이책.

김상영. 2007. 『고려시대 선문 연구』. 동국대학교 대학원 사학과 박사학위논문.

김영태. 1986. 『한국불교사개설』. 경서원.

박해당. 1996. 『기화의 불교사상연구』. 서울대학교 대학원 철학과 박사학위논문.

______. 2001.「기화의 수행론」.『삼대화상연구논문집』Ⅲ. 도서출판 불천.
______. 2012.「기화: 마음의 본질로서의 반야」.『마음과 철학』. 서울대학교출판문화원.
서정문. 1992.「조선시대 선문법통설에 대한 고찰」.『논문집』1. 중앙승가대학교.
성암도. 1990.「함허화상」.『한국불교인물사상사』. 불교신문사.
손홍철. 2013.「함허 득통의 유불회통론천석」.『동서철학연구』제69호. 한국동서철학회.
송창한. 1978.「정도전의 철불론에 대하여: 불씨잡변을 중심으로」.『대구사학』제15·16집. 대구사학회.
승가학연구원. 2015.『得通』. 중앙승가대학교 출판부.
오가와 다카시. 2018.『선사상사강의』. 이승연 옮김. 예문서원.
유승무. 2016.「사회문제를 보는 불교적 시각」.『위기의 사회와 동양사상』. 다산.
유승무·박수호·신종화. 2016.「마음사회학의 이론적 정초」.『사회와 이론』. 한국이론사회학회.
이규정. 2013.『조선초기 관료들의 성리학적 정치이념과 함허선사의『현정론』에 관한 연구』. 한양대학교 대학원 행정학과 박사학위 논문.
이병욱. 2001.「함허득통 불교사상연구」.『삼대화상연구논문집』Ⅲ. 도서출판 불천.
이봉춘. 1990.「조선 개국초의 배불추진과 그 실제」.『한국불교학』제15집. 한국불교학회.
황인규. 2001.「무학자초의 문도와 그 대표적 계승자」.『삼대화상연구논문집』Ⅲ. 도서출판 불천.

Luhmann, N.. 1995. *Social Systems*. Stanford University Press.

Walpola Rahula. 1994. What the Buddha taught. Grove Press(New York).

퇴계 이황

유승무, 박수호, 신종화

퇴계 이황[01]

—

유승무 · 신종화 · 박수호

1. 왜 퇴계의 심학인가

원효와 퇴계는 당대에 이미 중국과 일본 등 동아시아 지성계에 널리 알려졌을 뿐만 아니라 오늘날에도 세계 각국의 학자들이 이들의 사상을 연구하고 있을만큼 한국을 대표하는 세계적인 사상가이다. 특히 주자 이후 최고의 성리학자라는 칭송을 받고 있는 퇴계가 후대에 끼친 학문적 영향은 그 넓이와 깊이를 헤아리기 쉽지 않다.

그런 퇴계의 사상을 현대의 사회학적 관점에서 되짚어보는 이 글에서 퇴계의 심학을 주목하는 이유는 무엇일까?

우선 심학에 관심을 갖는 이유는 이렇다. 성철이 팔만대장경 중 딱 한자만을 고르라면 심心자를 고를 수 있다고 주장할 만큼 마음은 한국불교의 핵심적 키워드이다(유승무·신종화·박수호, 2017b: 30-31). 그런데 심학은 퇴계의 사상뿐만 아니라 퇴계 이후 한국 유학에서도 중핵적 위치를 차지하고 있다. 이렇게 볼 때, 심학이야말로 불교사상 및 유교사상과 불가분의 관계를 갖는 한국지성사의 주맥이다. 신

---

01 이 글은 『사회사상과 문화』 제20권 3호(2017)에 게재된 저자들의 논문 "퇴계의 심학心學과 한국 사회의 마음 문화"를 책의 기획 의도를 고려하여 일부 수정한 것이다.

라의 사상가인 원효가 한국불교의 마음사상을 정초했고, 퇴계에 의해 한국유교의 마음사상이 기틀을 잡았다면 심학의 영향은 무려 1,000년 이상의 역사 속에 켜켜이 쌓여 있는 셈이다. 이시다 바이간(石田梅岩, 1685~1744)이 주창한 석문심학石門心學이 당대 일본 사회는 물론 그 이후 약 100여 년간 일본 근대화에 끼친 영향과는 비교가 되지 않을 만큼, 심학이 한국사회에 미친 지대한 영향력을 가늠하는 것은 가벼운 일이 아니다.[02]

그렇다면 한국의 수많은 유학자들 중에서 굳이 퇴계를 연구대상으로 설정한 것은 무슨 까닭일까? 이 질문에 답을 하려면 퇴계가 한국유학의 마음사상의 초석을 쌓았다는 사실 이외에도 몇 가지 사실을 추가적으로 언급하지 않을 수 없다.

첫째, 퇴계는 유교의 한국판 사상체계라 할 수 있는 성리학적 사유체계의 기틀을 마련함으로써 고도의 형이상학적 체계를 가진 불교의 마음사상에 버금가는 성리학적 마음 이론을 제시했다. 이와 관련하여 이광호(2013: 288)는 "조선 유학의 심학적 경향에 가장 큰 영향을 미친 유학자는 퇴계 이황이다."라고 잘라 말한 바 있다. 결국 퇴계의 마음 이론은 불교의 마음 사상을 대신하여 조선후기 한국사회를 지탱하는 사상적 기반으로 작용하였다고 볼 수 있다.

둘째, 퇴계는 맹자와 주자 등 중국의 유학사상을 철저하게 소화한 후, 한국 고유의 성리학적 전통을 새롭게 창시하는 사상적 계기를 열어주었다. 의상과 달리 토착적 불교사상을 정립했던 원효처럼 퇴계도 「심통성정도心統性情圖」에서 볼 수 있듯이 자신의 독창적인 심학을 완성하였

---

02 벨라는 저 유명한 자신의 박사학위논문 『Tokugawa Religion』에서 일본의 종교가 일본의 근대화에 미친 영향을 실증하기 위한 사례로 이시다 바이간의 심학의 사회적 영향을 자세하게 다루고 있다. 그러나 매우 불행하게도, 아직까지도 한국 사회학계에서는 정작 1,000 년 이상 한국지성사의 주맥을 형성해 온 한국의 심학이 한국사회에 미친 영향에 대한 사회학적 탐구를 하고 있지 않다.

다. 한국사회의 마음 이야기를 통해 보편이론을 구성하고자 하는 사회학적 지향의 맥락에서 퇴계는 그 전범이 되기에 충분한 걸출한 마음사상가이다.

셋째, 퇴계의 심학은 이후 조선 유학의 발전에 가장 큰 영향을 미쳤다. 물론 당대에도 남명 조식과 같은 대유大儒가 있었던 것은 사실이다. 그러나 이기론理氣論을 둘러싸고 치열하게 전개된 조선 성리학의 학문적 논쟁의 철학적 단초는 다름아닌 퇴계의 심학이었다.[03]

넷째, 퇴계의 심학은 개인에게는 경학敬學과 같은 수양론으로 발전하는 기초가 되었지만, 정치사회적 차원에서는 성왕론聖王論의 '소종래所從來'에 다름 아니었다는 점에서 유자儒者들의 이념인 수기치인修己治人의 전형이다. 특히 성왕론이나 치인의 경우, 당대의 정치사회적 질서가 왕조사회였다는 점을 고려하면, 정치사회적 실천과 관련된 함의도 내포하고 있다. 이는 한편으로 퇴계가 『대학』의 '수신제가치국평천하'의 가르침을 그대로 계승하고 있음을 잘 말해주고 있지만, 다른 한편으로는 이른바 사화士禍의 세기라 할 수 있는 16세기의 정치적 혼란을 극복하기 위한 퇴계의 실천적 관심의 산물이기도 하다. 실제로 퇴계는 이와 관련하여 다음과 같이 말한 것으로 전해진다: "땅이 좁아 사람이 엷은 탓도 있지만 스스로 처신함이 미진함이 있어서 그렇다. 미진하다는 것은 다름이 아니라 학문이 지극하지 못하면서 처신하기를 너무 높게 하고, 시의도 헤아리지 못하고서 세상을 경륜하는데 용감했기 때문이다."(이광호, 2001: 165).

지금까지 언급한 이유들은 종국에는 퇴계의 심학으로 관심을 집중

---

03 퇴계 연구가인 이광호(2013)에 따르면, 퇴계가 진덕수眞德秀의 『심경心經』에 정민정程敏政이 주석을 더한 『심경부주心經附註』를 매우 중시하였고, 바로 그 영향으로 중국이나 일본과는 대조적으로 조선의 유학자들은 이『심경부주』에 대한 수많은 주석서를 남기는 특이한 경향을 보이게 되었다고 주장하고 있다.

시킨다. 다만 퇴계의 심학에 관한 이해를 돕기 위해 먼저 유교적 심학의 근원을 간략하게나마 검토할 필요가 있다. 그 후에 퇴계의 심학을 집중적으로 조명하고, 퇴계 이후 한국 성리학의 전개에 대해서도 약술함으로써 퇴계의 심학을 중심으로 유교적 질서 속에 놓여 있던 조선사회와 마음의 관계를 헤아리는 계기를 만들고자 한다.

2. 유교적 심학의 기원과 의미

유교는 공자에 의해 그 토대가 형성되었지만, 유교의 마음 사상은 그의 제자인 맹자에 의해 체계성이 완성되었다. 그 때문에 통상 맹자는 유교적 마음사상(혹은 심학)의 아버지로 불린다.

맹자는 동아시아에 성선性善이라는 부동의 명제를 제시한 것으로 유명하지만, 또한 배움과 수양의 핵심을 마음心에 둔 심학心學의 창시자이기도 하다(문석윤, 2013). 맹자는 성선설을 주장함과 동시에 인간 행위의 당위 및 실천과 관련해서 사단칠정론四端七情論을 제시함으로써 이후 성리학의 마음 연구(혹은 심학) 및 유교사회의 마음 문화의 토대를 마련하였다.

맹자의 성선설을 가장 잘 보여주는 『맹자孟子』「등문공장구 상滕文公章句 上」의 첫 문장에서 그는 성性의 선善함이 도道라고 선언한다. 이러한 선한 마음을 맹자는 적자지심赤子之心 즉 갓난아이의 마음처럼 인간의 본래 무구하고 선한 마음으로 규정했다. 실제로 『맹자』「공손축장구 상公孫丑章句 上」에서는 '모든 인간은 다른 사람의 안타까운 사정에 곧장 반응하는 마음을 갖는다'人皆有不忍人之心라고 주장하면서, '현재 어떤 사람이 어린 아이가 우물로 막 들어가는 것을 갑자기 보게 되었다면 모든 사람이 두렵고 근심스럽고 측은한 마음을 가질 것인데, 그 동기가 그 어린 아이의 부모와 내교內交하기 위한 것도 아니고 향당 친구로부터 명예를 얻기 위한 것도 아니고 그 아이의 사고 소리를 싫어서 그렇게 한 것도 아니다[04].'라고 설명하고 있다. 그리고 이어서 맹자는 '이것으로 말미암아 보건대, 측은지심惻隱之心이 없으면 사람이 아니오, 수오지심羞惡之心이 없으면 사람이 아니오, 사양지심辭讓之心이 없으면 사람이 아니오, 시비지심是非之心이 없으면 사람이 아니다'라고 할 뿐만 아니라 '측은지심은 인의 시작이요, 수오지심은 의로움의 시작이요, 사양지심은 예의 시작이요. 시비지심은 지식의 시작이다'[05]라고 정리한다. 이처럼 맹자는 인간의 마음에는 사단四端 즉 인의예지를 가능하게 하는 본성이 갖추어져 있다고 생각했다. 이 때문에, 『유교의 뿌리를 찾아서』의 저자인 김승혜는 다음과 같이 말한다: "결과적으로 맹자가 '성선'이라고 말할 때의 '성'은 ... 곧 심心 안에 뿌리 박힌 도덕성인 사단四端을 지칭한 것으로, ... 사실 혼돈을 피하기 위해서는 '성선'보다는 '사단선四端善' 혹은 '심선心善'이라고 하는 것이 더 좋았을지도 모른다."(김승혜, 2002: 206)

이러한 맹자의 마음사상은 맹자 특유의 평등사상의 토대가 되었다. 「등문공장구」에는 맹자가 '말을 할 때마다 반드시 유교문명의 이상적 인물상인 요순을 언급했다言必稱堯舜'고 전한다. 이는 인간의 본성이 선하기 때문에 요순과 같은 본보기를 따라 교육하고 수양하면 누구나 도道를 성취하여 성인의 길을 갈 수 있음을 암시한다. 바로 이 장구에 김상준(2014)이 주목한 '맹자의 땀'에 관한 대화가 등장한다. 김상준은 동

04 今人/乍見孺子/將入於井/皆有怵惕惻隱之心/非所以內交於孺子之父母也/非所以譽於鄉黨朋友也/非惡其聲而然也.

05 由是觀之/無惻隱之心/非人也/無羞惡之心/非人也/無辭讓之心/非人也/無是非之心/非人也.

아시아 문명의 기틀을 유교에서 찾고 있는데, 특히 '맹자의 땀'은 유교 윤리의 기원을 상징하고 있다. 그러나 이 글에서는 김상준의 '땀' 보다는 그 '땀 남泚'을 가능하게 하는 에너지원源이자 땀의 근원인 중심中心[06], 더 나아가 인간의 본연지성本然之性으로서 선한 본성(즉 道 혹은 理)에 초점을 맞추고 있다.

문제의 대화를 보다 구체적으로 살펴보면, 다음과 같다.

> "언제쯤인지 모르지만 대략 이 세상 보다 앞선 세상에蓋上世, 해당 사건이 있기 오래전에嘗 자신의 어버이를 매장하지 않은 자가 있었다. 그는 어버이가 죽자 곧바로 들어 골짜기에 버렸다. 그리고 다른 날 거기를 지나다가 여우와 이리가 그 시신을 뜯어먹고 모기와 파리가 그 고름과 욕창을 빨아먹고 있기에, 이마에 땀이 나고 곁눈질로 보지만 차마 볼 수는 없었으니, 이때 땀이란 인간 혹은 타자와 관련해서 생겨난 땀이 아니라 자신의 속마음中心이 볼 낯面目에 도달했기 때문에 생겨난 것이며, 해서 어느 때 다시 돌아와서 풀과 흙으로 여러 번 덮어 어버이의 시신을 보이지 않게 가려 보호했다. 그것이 진정으로 옳은 일이기 때문에 효자나 어진 사람이 자신의 어버이를 매장하는 것도 또한 반드시 도이니라[07]."(필자 옮김)

이 이야기의 첫 문장에서 자신의 어버이를 골짜기에 버리던 시대의

---

06 이와 비슷한 용례를 우리는 다음과 같은 맹자의 말에서 확실하게 확인할 수 있다: '사람을 덕으로써 굴복시키는 자는 속 마음이 기뻐서 진정으로 복종하는 것이다(以德服人者/中心悅而誠服也)'(『孟子』, 「公孫丑章句 上」).

07 蓋上世/嘗有不葬其親者/其親死則擧而委之於壑/他日過之/狐狸食之蠅蚋故嘬之/其顙有泚睨而不視/夫非爲人泚/達於面目/蓋歸/反虆梩而掩之/掩之/誠是也則孝子仁人之掩其親/亦必有道矣.

세상은 기축 시대 훨씬 이전으로 아직까지 상례나 윤리가 정착되지 않았던 시대를 의미한다. 아마도 이야기의 주인공은 석기시대 사람일 가능성이 크다. 그런데 이어지는 문장에는 인륜이나 의례가 정립되어 있지 않았던 시대의 주인공조차 어버이 시신이 동물이나 곤충에 의해 훼손되는 것을 보는 순간 이마에 진땀이 나고, 그것을 차마 똑바로 바라보지 못하는 마음 상황이 잘 표현되어 있다. 이는 인간의 선한 마음이 본연지성으로서 존재하고 있음을 의미한다. 맹자는 이를 인위를 초월한 본성, 즉 성性으로 간주했을 뿐만 아니라 선한 것으로 보았다. 맹자는 인용문의 마지막 문장에서처럼 그러한 본성에 따라 자신의 어버이를 매장하는 것을 도道라고 규정한다. 이를 통해 우리는 맹자가 마음 혹은 선한 본성의 추구를 인위를 초월한 도道의 경지로 끌어 올리고 있음을 알 수 있다.

그렇다면 이 주인공의 마음은 어떻게 탄생한 것일까? 『마음의 탄생』을 저술한 요시다 슈지(2009)는 이 이야기의 주인공을 직립원인猿人의 사멸 후, 180만년 전에 등장한 최초의 인류인 호모 사피엔스나 호모 에렉투스로 본다. 그는 인류의 두뇌가 커지면서 어머니에게서 미성숙한 상태로 태어난 인간이 외부의 자극 없이도 어머니와 소통하기 위한 내적 신경회로를 발달시키는데 이것이 마음을 탄생시켰다는 가설을 제시하고 있다. 이러한 가설은 마음이란 말이 친숙한 것을 맞아들이는 것에서 발생했을 것이라는 우리의 추론들 중 하나와 잘 통한다(유승무·신종화·박수호, 2017a: 84-85). 이렇게 본다면 맹자가 말하는 마음의 본성은 프로이드의 무의식이 아니라 모든 인간에게 자연스럽게 형성된 본연지성이다. 그렇기 때문에 당시 유자들은 중용에서 표현했듯이 인간의 본성을 '인위를 초월한 하늘天'에서 품부받은 것으로 간주했고, 그러한 본성을 천심天心이라 규정했을 것이다. 모든 인간이 갖고 있는 마음은 이렇듯 천심으로서의 본원적 특성을 지니고 있기 때문에 본원적 본성에 어긋나는 자신의 상황이나 행위에 대해서는 살부殺父의 꿈을 꾼 오이디푸스의 죄책감이나 주인공의 낯 부끄러움으로 나타나게 되고(中心達於面目), 반대로 본원적 본성에 따라 행동하는 것(매장)은 '반드시 도道에 어긋나지 않는다必有道'라고 생각하지 않았을까?

그러나 이 이야기의 대미大尾는 단연 '도성선道性善'으로 시작한 『맹자』「등문공장구 상」의 마지막 문장 마지막 단어 즉, '명지命之'이다. 이 대화의 전달자인 서자徐子가 최초 질문자이자 맹자의 말에 실마리를 제공한 사람인 이자夷子에게 맹자의 이야기를 전하자 이자는 충격을 받고 망연자실한 채 오랫동안 말을 잇지 못한다. 그러다가 그것이 자신에게 들려주는 강력한 충고의 말임을 깨닫고 무연憮然히 정막을 깨고('憮然爲間') '명이 그것이다!'라고 고백한다. 물론 이러한 충격적 깨달음이 이 이야기의 서두에서 언급된 이자의 질문과 연관시키면 자기 반성이고, 이야기에만 충실하면 본연지성으로서 성과 그에 따른 행위인 도道에 대한 깨달음이기도 한데, 그것이 이 이야기의 압권이다. 아마도 이야기를 전해 듣는 순간 이자는 맹자의 가르침에 큰 감화를 받았을 뿐만 아니라 내용적으로는 맹자가 강조한 진정한 마음 즉 중심中心의 본연지성을 자신의 중심中心으로 깨달았기 때문이리라. 그리고 그 깨달음이 이자의 입을 연 것이다. '명이 그것이다!'라는 이자의 고백은 마하가섭이 붓다의 가르침에 연꽃을 들고 지은 미소[08]를 떠올리게 한다. 이는 진정한 마음中心은 다른 사람에게 전달되어 그에게 절대적인 영향을 미칠 수 있음을 극적으로 표현하고 있는 것에 다름 아니다.

그러나 진유眞儒가 추구하는 도는 인위를 초월한 경지에 이른 것이기에, 현세적응적 삶을 살아가는 인간이 일상의 삶에서 그것을 늘 실천할 수는 없다. 오히려 대다수 사람들의 일상은 항상 칠정과 불가분의

---

08 이를 불교에서는 깨달음의 상징인 '이심전심(以心傳心)'이라고 표현한다.

관계를 갖고 있다. 그런 까닭에 맹자는 이를 사단칠정으로 정리하였고, 이후 성리학에서는 사단칠정을 이기론으로 발전시킴으로써 인의예지와 같은 사덕의 우선성을 강조한 것일 것이다.

이상의 논의에 근거할 때 맹자를 본보기로 삼은 유자들은 마음을 도학의 길과 세속적인 인위의 길 사이의 날카로운 긴장관계의 종합으로 바라볼 수밖에 없다. 그리고 이러한 긴장은 베버가 인식했던 유교사회의 모습과 다르게[09] 때로는 세속사회에 대한 비판성으로, 그리고 유도를 벗어난 통치자에 대한 저항성(혹은 역성혁명의 잠재성)으로 작용해 왔다(김상준, 2014). 이러한 마음의 긴장관계는 불교의 형이상학에 충격을 받고 유교의 형이상학화를 시도한 주자의 심합이기론에서도 여실히 드러나고 있다. 주자는 태극의 논리를 활용하여 마음을 보편적 이치인 이理와 현상적 형질인 기氣의 결합태로 간주하면서 마음의 주재성主宰性을 강조하였다. 결국 맹자나 주자에 따르면, 인간은 이理 혹은 본성 즉, 사덕을 마음의 작동코드로 내장하고 있기 때문에 그 대상을 선하게 상대할 수도 있지만, 그 대상이 사리에 벗어날 경우에는 비판적으로 저항할 수 있는 가능성을 동시에 갖고 있는 존재인 셈이다. 특히 피지배층의 수오지심이 정치적 체계의 지배코드와 마주할 경우 불의不義에 대해서는 비타협적인 저항성을 띨 가능성이 매우 높다[10].

조선 유학의 최고봉으로 일컬어지는 퇴계가 이러한 유가의 마음사상사를 간과했을 리 없다. 오히려 퇴계의 「심통성정도」는 맹자에서 주

---

09 베버는 유교는 현세적응적 윤리만을 제공하고 있다는 점에서 자본주의의 기원과 같은 현대성의 발현 즉, 사회의 창조적 변화의 계기를 제공해 주지 못했다는 부정적 평가를 내린 바 있다. 이에 대한 자세한 논의는 유승무(2010)와 김상준(2011)을 참고하기 바란다.

10 이에 대한 자세한 이론적 논의는 유승무·신종화·박수호(2017a)을 참고하기 바란다. 그리고 이러한 진유의 저항의식이 근대사회까지 우리사회의 민주화에 어떻게 기여했는지에 대한 논의는 이황직(2017)을 참고하기 바란다.

자에 이르는 마음 이론을 하나의 그림으로 잘 집약해 두고 있다. 실제로 퇴계의 「심통성정도」는 동아시아 유교의 마음 사상을 고스란히 담고 있을 뿐만 아니라 그것을 퇴계가 어떻게 종합하고 있는지를 잘 보여주고 있다. 이 글에서 우리가 「심통성정도」를 통해 퇴계의 마음 사상에 내포된 합심성을 드러내려는 까닭도 이 때문이다.

3. 퇴계의 삶과 마음공부

퇴계는 연산군 7년(1501년), 경북 안동군 온해리에서 태어났다. 어린 시절을 홀어머니 밑에서 보냈으며, 12세 경부터 숙부인 송재공 우松齋公 堣에게 『논어』를 배우기 시작하면서 본격적인 공부의 길로 들어선다. 이때 퇴계는 숙부에게 "모든 일에 있어서 옳은 것을 리라고 합니까?"라고 물었다는 일화가 전해지는데(이광호, 2001: 170), 이는 퇴계가 이미 어린 시절 공부의 시작과 함께 인간의 도리나 옳은 일에 관심을 가지고 있었고 그것의 마음사상적 표현으로서 이理를 궁구하게 될 가능성을 암시한다.

퇴계는 학문적 열정과 성실성도 남달랐다. 실제로 퇴계는 "19세 때 처음으로 『성리대전』수미首尾 두 권을 빌려서 읽어 보았다. 자신도 모르게 마음이 기쁘고 눈이 열리는 듯 하였다"라고 말하기도 하였으며, "숲속 집 서재에서 만 권 책을 사랑하여, 한결 같은 마음으로 10여 년을 읽어왔네. 요즈음에 와서는 원두原頭와 만난 듯하니 내 마음 속에 태허를 보네"라는 영회시詠懷詩를 남기기도 하였다(이광호, 2001: 171). 그리고 퇴계는 20세가 되어 『주역』을 강구하기 시작하여 거의 침식을 잊었고 이 때문에 평생을 고생하게 되는 병에 걸리게 된다.[11] 이상의 사실로 미루어 볼 때, 퇴계는 이미 10대에 매우 치열한 학문적 열정을 불태운 것으로 보이며, 더불어 마음에 지대한 관심을 갖고 있었던 것으로 보인다.

퇴계는 32세 때 문과 초시에 2등으로 합격하고, 34세 봄에 문과 급제로 출신하여 벼슬길에 나간다. 36세에 성균관 전적典籍을 거쳐 호조좌랑佐郎에 올랐고, 39세부터 44세에 이르기까지 홍문관 수찬修撰 등을 거쳐 교리校理로 승진하고, 마침내 사헌부 장령과 홍문관 응교應敎에 재직하기도 하였다. 그 후 45세에는 홍문관 전한典翰에 오르기도 하였고, 48-49세 때에는 외직인 단양군수와 풍기군수를 지내기도 한다. 52세 때 홍문관 교리로서 경연 시독관侍讀官을 겸직하였고, 53세에는 성균관 대사성에 임명되기도 하였다. 58세 때에는 대사성에 재취임하기도 하였고, 67세 때에는 예조판서로 임명되자 사표를 올렸고, 68세 때에는 지중추부사, 의정부 우찬성, 판중추부사로 임명되기도 하였고, 69세 때 이조판서, 의정부 우찬성에 제수되었으나 끝내 사양하고 더 이상 관직에 나가지 않았다(정학섭, 2016: 11-12).[12]

이렇듯 퇴계는 과거 급제 이후 끊임없이 벼슬을 임명받았다. 그러나 이는 동시에 그가 끊임없이 벼슬자리를 사양하거나 짧게 봉직하고 그만두기를 반복하였음을 의미한다. 그렇다면 그 까닭은 무엇인가? 수기와 치인의 삶이 진유이자 직유의 본분사였기 때문이다. 이와 관련하여 정학섭(2016)은 전자, 즉 수양공부에 대한 퇴계의 지대한 관심이 출사조차 주저하거나 만류하게 한 것으로 이해하고 있다. 그러나 그에 못지

---

11 이상의 내용은 이광호(2001: 170-172)의 내용을 축약한 것이다. 이어서 이광호는 21세부터 문과급제를 하는 34세까지의 생애 기록이 거의 없다고 기술하고 있다(이광호, 2001: 172).

12 정학섭(2016)의 내용을 압축적으로 요약하였다. 정학섭은 이 논문에서 퇴계의 출사와 마음공부의 관계에 대해 심도 있게 천착하고 있다.

않게 당대의 불의한 정치 현실도 출사를 가로막은 또 하나의 이유였을 것이다. 실제로 퇴계는 이른바 '사화의 세기'라 할 수 있는 16세기의 시작과 함께 삶을 시작하여 1570년(선조 3년)에 세상을 떠났다.

퇴계의 죽음과 관련하여 『조선왕조실록』은 다음과 같이 기록하고 있다.

> "숭정대부崇政大夫 판중추부사判中樞府事 이황李滉이 졸卒하였다. ... 그는 아들 준에게 "내가 죽으면 해조該曹가 틀림없이 관례에 따라 예장禮葬을 하도록 청할 것인데, 너는 모름지기 나의 유령遺令이라 칭하고 상소를 올려 끝까지 사양하라. 그리고 묘도墓道에도 비갈碑碣을 세우지 말고 작은 돌의 전면에 '퇴도만은진성이공지묘退陶晩隱眞城李公之墓'라고 쓰고, 그 후면에 내가 지어둔 명문銘文을 새기라."하였다. ... 오로지 성리性理의 학문에 전념하다가 《주자전서朱子全書》를 읽고서는 그것을 좋아하여 한결같이 그 교훈대로 따랐다. 진지眞知와 실천實踐을 위주로 하여 제가諸家 학설의 동이득실同異得失에 대해 널리 통달하고 주자의 학설에 의거하여 절충하였으므로, 의리義理에 있어서는 소견이 정미精微하고 도道의 대원大源에 대하여 환히 통찰하고 있었다. 도가 이루어지고 덕이 확립되자 더욱 더 겸허하였으므로 그에게 배우려는 학자들이 사방에서 모여 들었고 달관達官·귀인貴人들도 마음을 다해 향모向慕하였는데, 학문 강론과 몸 단속을 위주하여 사풍士風이 크게 변화되었다. 명종明宗은 그의 염퇴恬退한 태도를 가상히 여겨 누차 관작을 높여 징소徵召하였으나, 모두 나오지 않고 예안禮安의 퇴계退溪에 살면서 이 지명에 따라 호號를 삼았었다. 늘그막에는 산수山水가 좋은 도산陶山에 집을 짓고 호를 도수陶叟로 고치기도 하였다. 빈약貧約을 편안하게 여기고 담박淡泊을 좋아했으며 이끗이나 형

세, 분분한 영화 따위는 뜬구름 보듯 하였다. 그러나 보통 때는 별다르게 내세우는 바가 없어 일반 사람과 크게 다른 점이 없어 보였지만, 진퇴進退·사수辭受 문제에 있어서는 털끝만큼도 잘못이 없었다. 그가 서울에서 세들어 있을 때 이웃집의 밤나무 가지가 담장을 넘어 뻗쳐 있었으므로 밤이 익으면 알밤이 뜰에 떨어졌는데, 가동家僮이 그걸 주워 먹을까봐 언제나 손수 주워 담 너머로 던졌을 정도로 개결한 성품이었다. 주상은 … 그의 죽음을 듣고 슬퍼하여 증직贈職과 제례祭禮를 더욱 후하게 내렸으며, 장례에 모인 태학생太學生과 제자들이 수백 명에 달하였다. 이황은 겸양하는 뜻에서 감히 작자作者로 자처하지 않아 특별한 저서著書는 없었으나, … 그의 문집文集이 세상에 전해지는데, 세상에서는 그를 퇴계 선생退溪先生이라 한다."(『조선왕조실록』 선조수정실록 4권, 선조 3년 12월 1일)

위의 인용문은 퇴계의 삶의 태도를 잘 보여주고 있다. 특히 '빈약貧約을 편안하게 여기고 담박淡泊을 좋아했으며 이끗이나 형세, 분분한 영화 따위는 뜬구름 보듯 하였다.'라는 평가에서는 조선조 선비의 진면목을 보는 듯하다. 또한 당대를 대표하는 대유이자 사상가, 경세가였음에도 자신을 작자로 자처하지 않았고, 자신의 묘비를 세우지 못하도록 한 것 등은 겸양으로 일관한 그의 삶을 잘 보여주고 있다. 그렇다면 이러한 태도는 이디에서 연유하는가? 두말할 나위도 없이 성리학적 심학과 그것을 실천하려는 퇴계의 마음공부의 바탕에서 찾을 수밖에 없다. 이에 아래에서는 퇴계의 마음사상을 보다 구체적으로 확인해 보고, 그 합심적 특성을 도출해 보고자 한다.

4. 퇴계의 마음 사상

퇴계학 연구자인 이광호(2001: 169)에 따르면 퇴계는 53세 이후부터 70세 세상을 떠날 때까지 학문적 완숙기를 보낸다. 실제로 퇴계의 기념비적인 저작인 『성학십도聖學十圖』 뿐만 아니라 제자들의 질문에 대한 촌철살인의 사상적 글도 거의 대부분 이 시기, 즉 학문적 완숙기에 쓰여진다. 그 중에서도 이 글에서는 퇴계의 마음사상을 고스란히 온축蘊蓄하고 있는 「심무체용변心無體用辯」과 「심통성정도」를 중심으로 퇴계의 마음 사상을 밝혀 보고자 한다.

퇴계의 체용론적 마음사상은 제목이 암시하듯이 「심무체용변」에 가장 정밀하게 논의되어 있다. 그 대표적인 구절을 보자.

> "우선 내가 들은 선유들은 '마음에 체와 용이 있다'는 설들을 가지고 그것을 밝혀보니, 그 설들은 모두 소종래(所從來: 유래, 근거, 전거)가 있었다. 그 적寂과 감感을 체와 용이라 한 것은 『주역』에 근본한 것이며, 동動과 정靜을 체와 용이라 한 것은 『예기』에 근본한 것이며, 미발未發과 이발已發을 체와 용이라 한 것은 자사子思(『중용』)에 근본했고, 성性과 정情을 체와 용이라 한 것은 『맹자』에 근본한 것인데, 모두 마음의 체와 용에 대한 것이다. 대개 사람의 한 마음은 비록 천지사방에 가득차고 고금에 걸쳐 있으며 유명幽明을 꿰뚫고 온갖 은미함을 관찰하고 있다 하더라도 요점은 이 두 글자(체와 용)에서 벗어나지 않는다. 그러므로 체와 용이란 개념이 비록 선진先秦 시대의 글에는 보이지 않지만 정자와 주자 이래로 여러 유학자가 도道를 논하고 마음을 논함에 있어 이것으로 주장을 삼지 않은 이가 없어서, 강

론하고 변석하여 밝혀지지 않을까 두려워했으며, 진북계陳北溪는 심설心說에서 더욱 극진히 말했으니, 어찌 일찍이 마음에 체와 용이 없다고 말한 사람이 있었겠는가?[13]"(『퇴계집』 권41)

위의 인용문에 잘 나타나 있듯이, 퇴계는 기존 유학의 요체가 모두 마음의 체와 용에 대한 주장으로 귀결된다고 주장하고 있다. 이에 대해 문석윤은 현실의 마음心을 넘어서는 절대적 본심本心을 강조하고 있는 연방蓮坊 이구(李球, ?-1573)의 주장을 반박하기 위하여 「심무체용변」에서 퇴계가 택한 논리는 체용일원體用一源, 현미무간顯微無間의 관점에서 현실의 마음心을 떠나지 않고, 그에 즉해서 본심의 절대성을 포착해야 한다는 것이었다는 해설을 덧붙이고 있다(문석윤, 2013: 248-249). 이러한 해석에 동의하지만, 달리 보면 이 인용문은 마음과 세계(사회)의 합심적 특성을 드러내는 구절로도 읽힌다.

이러한 마음의 합심적 특성은 퇴계의 사단칠정론 및 이기설(혹은 이기호발설理氣互發說)에서도 명확히 보인다. 그 대표적인 예로 퇴계가 기대승에게 보낸 편지의 일부를 보자.

"측은, 수오, 사양, 시비는 어디로부터 발현한 것입니까? 인, 의, 예, 지의 성性에서 발한 것입니다. 희喜, 노怒, 애哀, 구懼, 애愛, 오惡, 욕欲은 어디에서 발현한 것입니까? 외물外物이 형기形氣를 접촉함에 마음이 안에서 움직이되 경境에

13 姑以所聞先儒心有體用之說明之, 而其說皆有所從來, 其以寂感爲體用, 本於大'易'; 以動靜爲體用, 本於'禮記'; 以未發已發寂感爲體用, 本於子思; 以性情爲體用, 本於孟子, 皆心之體用也. 蓋人之一心, 雖彌六合亙古今, 貫幽明徹萬微, 而其要不出乎此二字. 故體用之名, 雖未見於先秦之書, 而程朱以來諸儒所以論道論心, 莫不以此爲主, 講論辯析, 惟恐不明, 而陣北溪心說, 尤極言之心, 何嘗有人說心無體用耶?

> 인하여 나온 것입니다. ... 이로 보면 양자는 비록 모두 이理와 기氣에서 벗어나지 않지만, 소종래所從來를 따라서 각각 주된 바와 중한 바를 가리켜 말한다면, 어떤 것이 이이고 어떤 것이 기라고 하는 것이 어찌 안 될 것이 있겠습니까?"[14] (『퇴계집』 권16, 「答奇明彦 論四端七情第一書」)

위의 인용문을 보면, 퇴계는 인仁·의義·예禮·지智로 구성되어 있는 마음의 본체未發心體가 성性이고 성이 밖으로 발현되면 정情이 된다고 하였다. 동시에 양자는 체용일원體用一源의 관계에 있으므로 분리시킬 수 없음도 암시되어 있다. 특히 정情의 발현 작동과 관련된 구절, 즉 '외물外物이 형기形氣를 접촉함에 마음이 안에서 움직이되 경境에 인하여 나온 것입니다'란 구절은 루만의 체계와 견주어 보면 마음이란 체계 내부의 작동은 물론 그 체계와 환경 사이의 구조적 연동을 모두 담고 있어 흥미롭다. 또한 이는 마음 내부의 연緣과 마음 외부의 연 사이의 중층적 상호의존성의 코드로 있을 수도 있음은 두말할 나위가 없다. 이는 사덕이라는 마음의 코드가 외부의 형기와 만나는 방식과 조건에 따라 다양한 합심 유형이 도출될 수 있음을 의미한다.

게다가 퇴계는 마음 내부의 연도 그 의미소意味素, 즉 이와 기의 결합방식에 따라 다양하게 현상할 수 있음을 암시한다. 실제로 퇴계는 인용문의 축약된 곳(…)에서 사단에도 이와 기가 합쳐져 있고 칠정에도 이와 기가 합쳐져 있다고 논의한 다음, 인용문의 마지막 문장에서 그 주된 바와 중한 바에 따라서 각각은 서로 다를 수밖에 없다는 것을 분명하게 언급하고 있다. 이어서 '사단은 이가 발하여 기가 따른 것이고,

14 惻隱羞惡辭讓是非, 何從而發乎? 發於仁義禮智之性焉爾. 喜怒哀懼愛惡欲, 何從而發乎? 外物觸其形而動於中, 緣境而出焉爾. ... 由是觀之, 二者雖曰皆不外乎理氣, 而因其所從來, 各指其所主與所重而言之, 則謂之某爲理某爲氣, 何不可之有乎?

칠정은 기가 발하여 이가 탄 것(四端理發而氣隨之, 七情氣發而理乘之)'이라는 이기호발설을 주장하고 있다. 이는 기본적으로 이와 기의 결합을 인정하는 가운데 그 우선성에 따라서 다양한 발현 가능성을 암시하고 있다.

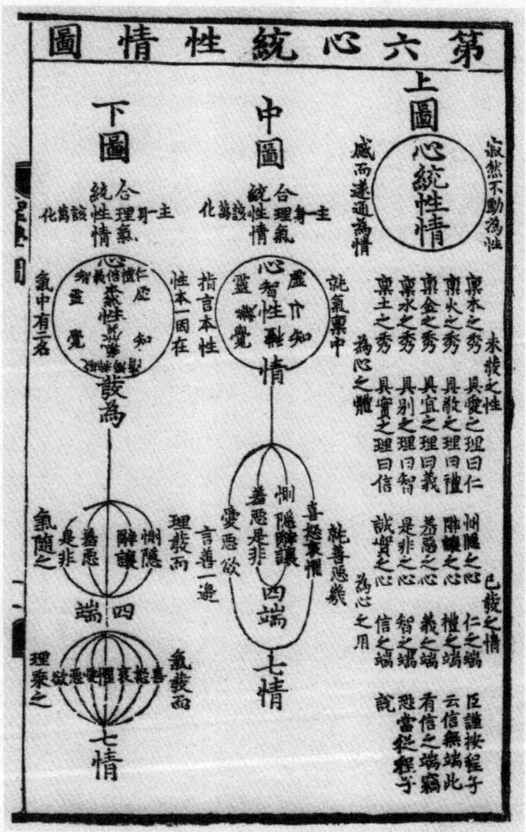

그림 1. 「심통성정도」
출처: 이황(2001: 183)

퇴계의 사단칠정론 혹은 이기호발설은 한편으로는 마음 내부의 이의 차원과 기의 차원의 일여성(一如性, Einheit)[15]을 설명하면서도, 다른 한편으로는 그 마음의 작동코드와 대상 사이의 작동도 설명할 수 있는 성리학적 이론적 틀로 손색이 없다. 또한 이는 한편으로는 성리학적 합심성을 잘 드러내고 있지만, 다른 한편으로는 루만 및 우리의 이론적 입장과 유사함을 보여주고 있어 흥미롭다.

이상에서 살펴 본 퇴계의 심학에 따르면, 마음은 결국 성과 정 전체를 아우르는 것, 즉 심통성정心統性情의 특성을 갖고 있다. 이를 한 눈에 알 수 있도록 도표화한 것이 다름 아닌 「심통성정도」이다.

위의 그림은 성학십도 중 6번째 그림이며 별도로 「심통성정도」라 칭하는데, 이 그림에 대한 퇴계의 해설은 다음과 같다.

> "(1) 이상 세 그림 중에서 상도上圖는 임은 정씨가 그렸으며 그 해설도 그가 했습니다. 그 중도中圖와 하도下圖 두 그림은 신臣이 감히 성현들께서 이론을 세워 가르침을 드리운 원래의 뜻을 미루어 생각하여 그린 것입니다. (2) 그 중도는 품부받은 기氣 가운데 나아가 본연지성을 지적해 기품을 섞지 않고서 말한 것입니다. 자사(곧 『중용』)가 말한 '천명지성', 맹자가 말한 '성선'의 성, 정자가 말한 '성즉리'의 성, 장자張子가 말한 '천지지성'이 그것입니다. 그 성을 말한 것이 이미 이와 같으니, 그러므로 그것이 발하여 정이 된 것도 모두 모두 선한 것을 가리켜 말했습니다. 자사가 말한 '중절中節'의 정, 맹자가 말한 사단의 정, 정자가 말한

15 성리학에서는 기가 있으면 이가 있고 이가 있으면 기가 있어 이와 기가 서로 떨어질 수도 서로 섞일 수도 없다고 하는데(이황, 2001), 이는 불교의 연기법 및 루만의 'Einheit' 개념과 유사하다. 이에 대한 자세한 논의는 유승무·신종화·박수호(2017a)을 참고하기 바란다.

'어찌 불선으로 이름할 수 있겠는가?'의 정, 주자가 말한 '성으로부터 흘러나와 본래 선하지 않음이 없다'의 정이 그것입니다. (3)그 하도는 이와 기를 합하여 말한 것입니다. 공자가 말한 '서로 비슷하다'는 성, 정자가 말한 '성이 곧 기이며, 기가 곧 성이다'라고 하는 성, 장자가 말하는 '기질지성', 주자가 말한 '비록 기 속에 있다 하더라도 기는 스스로 기이고 성은 스스로 성이어서 서로 섞이지 않는다'라고 하는 성 등이 그것입니다. 성을 말한 것이 이미 이와 같으니, 그러므로 그것이 발하여 정이되는 것도 이와 기가서로 수반하거나 혹 서로 헤치기도 하는 곳에서 말했습니다. 사단의 정은 이가 발하고 기가 따른 것으로 본래 순선하여 악이 없지만, 반드시 이의 발함이 온전하게 이루어지기 전에 기에 가려진 연후에 흘러가서 선하지 않게 되고, 칠정은 기가 발하고 이가 그것에 타는 것으로 역시 불선함이 없지 않으나, 만약 기가 발하는 것이 절도에 맞지 않아 그 이를 멸하면 방자하게 되어 악이 된다고 한 것이 그것입니다. 이와 같기 때문에 정자의 말에 '성을 논하면서 기를 논하지 않으면 갖추어지지 않은 것이고, 기를 논하면서 성을 논하지 않으면 밝지 못한 것입니다. 그것들을 둘로 나누면 옳지 않다'고 했습니다. 그렇다면 맹자와 자사가 다만 이만을 가리켜 말한 것은 갖추어지지 못한 것이 아니라, 기를 아울러 말하면 성의 본래 선함이 드러날 수 없었기 때문인 것입니다. 이것이 중도의 뜻입니다. (4) 요약하자면, 이와 기를 겸하고 성과 정을 통괄하는 것이 마음입니다. ..."(문석윤, 2013: 405-406)[16]

16 문석윤(2013)을 저본으로 하여 그 내용을 축약하였음을 밝혀 둔다.

위의 해설 중에서 상도의 해설(1)은 단순한 사실의 기술이기 때문에 별도의 설명을 요하지 않는다. 다만 여기에서 중요한 것은 퇴계 자신이 그린 것이 중도와 하도라는 사실이다. 이는 중도와 하도에 퇴계 자신의 마음 사상이 요약되어 있음을 시사한다. 그 중에서도 중도는 기품을 섞지 않고 이치나 이론의 차원에서 성의 본연지성, 정의 본연지성 그리고 성과 정의 관계를 언급한 것으로서, 여기에는 두 가지 중요한 사실이 지적되어 있다. 첫째는 성이든 정이든 본연지성은 선하다는 사실이다. 둘째는 '그것이 발하여 정이 된 것'이라는 진술이 시사하듯이 성과 정(혹은 사단과 칠정)의 관계가 일여성을 갖고 있다는 것을 밝히고 있다. 그러나 중도는 어디까지나 이의 차원에서 논의한 것이고 기의 차원을 결합한 현실의 차원에서 보면, 성과 정의 본연지성과 무관하게 성과 정(혹은 사단과 칠정) 각각도 악하게 되기도 하며, 그 둘 사이의 관계도 서로 수반되기도 하고, 서로를 헤치기도 한다는 사실을 언급하고 있다. 그리고 바로 이러한 점을 토대로 퇴계는 (3)의 마지막 문장에서 중도가 이와 기가 결합된 현실적 차원의 논리가 아니라 순수한 이의 차원 즉 이론적 차원의 논리적 산물임을 다시 한번 방증하고 있다. 그리고 (4)는 이 그림에 대한 해설의 결론이자 자신의 마음 사상의 요체가 '심통성정' 즉 마음이 성과 정을 통할함을 밝히고 있다.

5. 퇴계의 마음사상이 미친 영향

지금까지 살펴보았듯이 퇴계는 성과 정의 관계(혹은 이와 기의 관계)를 태극의 관점이나 체용의 관점에서 통합한 것을 마음으로 규정하고 있다. 그러나 마음을 보는 이러한 통합적 시각은 퇴계만의 시각이 아니라 성리학 일반의 공통적 특징이기도 하다. "성리학은 .... 이와 기는 성격상 다른 것(不相雜, 決是二物)임에도 불구하고 서로 분리될 수 없는 관계(不相離, 理氣相須)에 있다고 보았다"(윤사순, 1995)라는 『한국민족문화대백과사전』의 설명처럼 성리학 자체에는 이미 이와 기의 합(혹은 성과 정의 통합)으로서 마음 개념이 포함되어 있기 때문이다. 오히려 성리학의 합심성은 유교의 시초부터 배태되어 왔다고 말하는 것이 더 정확하다. 실제로 유교의 마음 사상은 공자의 직제자인 맹자에 의해 이미 정밀하게 체계화되었기 때문이다. 그리고 맹자의 마음 사상은 본성론(성선설)과 사단칠정론의 체계를 지니고 있는데, 「심통성정도」에는 정확하게 성性과 정情의 종합으로써 마음心이 포함되어 있음上圖은 물론, 그것과 함께 정情이 다시 사단칠정으로 세분화된 내용이 모두 포함되어 있다中圖. 또한 「심통성정도」의 하도에는 사단칠정을 주자의 이기론으로 다시 설명하고 있다.

바로 이 「심통성정도」가 조선시대의 가장 치열한 이기론의 발단이 되었다. 이 그림에는 맹자의 마음사상은 물론 주자의 심합이기설이 모두 포함되어 있을 뿐만 아니라 퇴계 자신의 고유한 심학도 총동원되어 있기 때문이다. 이와 관련하여 『한국민족문화대백과사전』에는 다음과 같이 설명을 시도한다.

> "성리학의 이론적 탐구가 심화된 것은 16세기부터이다. … 16세기가 되면서 이기 문제의 본격적 논의가 이언적李彦迪과 서경덕徐敬德에서 시작된다. 이언적은 이와 기, 형이상자形而上者와 형이하자形而下者, 도와 기器·태극太極과 음양陰陽이 둘이면서 하나이고 하나면서 둘(二而一, 一而二)인 관계로 합하여져 있다고 보았다. 이처럼 보편적 원리인 이를 구체

적 기와 동시적으로 읽음으로써 이가 공허한 초월성이 아님을 주장하였다. 그러나 그는 이와 기의 불가분성을 주장하면서도 '이가 있은 뒤에 기가 있다'고 함으로써 이의 가치를 우선시하였다. 한편 자득自得의 방법으로 공부하였던 서경덕徐敬德은 기일원론 철학을 전개하였다. 그는 이의 선차성을 부정하고 이는 기속에 내재하는 것으로 보았다. 이 세계는 담일무형湛一無形한 기가 모였다 흩어지는 것聚散에 불과하지만 기 자체는 없어지지 않는다는 기불멸론을 주장하기도 하였다. 이러한 이기론은 어떻게 이와 기로써 사단칠정四端七情을 해석할 것인가라는 심성론적 연구로 이어졌고 이황李滉과 기대승奇大升 사이에 사단칠정에 대한 논쟁이 일어났다. 논의의 발단은 이황이 정지운鄭之雲의 ≪천명도天命圖≫에 나와 있는 '사단은 이에서 발하고 칠정은 기에서 발한다(四端發於理, 七情發於氣)'라는 내용을 '사단은 이가 발한 것이고 칠정은 기가 발한 것(四端理之發, 七情氣之發)'이라고 고친 것이 계기가 되었다. 이황은 사단(四端 : 惻隱·羞惡·辭讓·是非의 情)을 이理에 칠정(七情 : 喜·怒·哀·懼·愛·惡·欲)을 기氣에 대응시켜 사단과 칠정의 근거를 분립시켰다(七對四). 그러나 기대승은 사단은 이에 칠정은 기에 분립할 수 없고 사단 역시 칠정에 포함되어 있다七包四는 통일된 해석을 제시하였다. 기대승은 이와 기의 합合이라는 하나의 관점으로 모든 인간의 감정을 설명하고 있다. … 이이李珥 역시 이황의 이기사칠론理氣四七論에 비판적이었다. 이이는 이황의 사단과 칠정의 분립에 반대하고 칠정이 사단을 내포한다(七包四)고 주장하였다. … 이이는 자신의 이기론을 이통기국理通氣局으로 총괄하고 있다. 즉 우주에는 하나의 동일한 이가 관통하여 있으면서도 서로 차이나는 기의 제한을 받기 때문에 사물들의 차이가 생긴다

고 하였다. …"(윤사순, 1995).[17]

이 그림에서 시작된 이기논쟁과 그 이후의 예송논쟁이나 인물성 동이론 등의 탐구는 200~300년 동안 이어졌다. 이러한 논쟁에 대한 부정적 평가도 많지만, 일부 성리학 연구자들은 그 내용 또한 중국이나 일본의 성리학에서는 찾아볼 수 없을 만큼 심오하고 풍부했다는 적극적인 평가를 내리기도 한다. 어쨌든 이러한 독특한 역사가 한국사회의 마음문화의 형성에 그만큼 크게 영향을 미쳤을 것은 틀림없다.

6. 나가며

한국의 심학은 일본의 도쿠가와 시대의 이시다 바이간의 심학과는 비교가 되지 않을 정도로 오랜 기간 동안 심오한 지성사의 주맥을 이루어 왔다. 그 중에서도 특히 원효와 퇴계의 심학은 각각 한국불교의 심학과 한국 유학의 심학을 대표하는 독창적인 심학으로서 후세에까지 강력한 영향을 미쳐왔다. 이 글에서는 그 중에서도 퇴계의 심학에 논의를 집중하였다.

맹자와 주자를 거치면서 매우 정교하게 발전한 성리학적 심학은 수기치인이란 두 가지 상호연관된 실천으로 발현된다. 첫째는 개개인의 수양, 즉 마음공부를 매우 중요시하였다는 점이다. 이기론의 본연지성

17 인터넷으로 서비스되는 한국민족문화대백과사전(https://encykorea.aks.ac.kr)의 '성리학' 항을 검색하면 자세한 내용을 확인할 수 있다.

은 물론, 사단칠정론이나 인물성 동이론마저도 궁극적으로는 인간다운 품성을 닦는 실천으로 귀결되고 있기 때문이다. 특히 성리학적 심학은 무엇보다도 천심, 즉 천부적 본성이란 전제 위에서 출발한다는 점에서 태초에 세상의 업은 시작되었으며 탄생과 함께 개인의 업도 시작된다는 불교의 연기적 마음 개념과 거기에 내포된 치밀한 형이상학적 논리가 배제되어 있으며, '알인욕遏人欲 존천리存天理'로 대표되는 실천만을 강조하는 실용주의적 특징을 지닌다. 둘째는 굳이 『대학』의 '수신제가치국평천하'를 언급하지 않더라도, 수신에 바탕한 사회정치적 질서의 완성을 위한 사회적 실천을 매우 강조하는 현세주의적 특징을 지닌다. 조선의 대대수 유자들이 불교의 선사들과는 달리 과거를 통해 출사의 길에 나섰던 것도 그 때문이다.

퇴계도 이러한 두 가지 실천을 겸비한 삶을 살았다. 무엇보다도 퇴계는 경학經學을 통해 공자나 맹자는 물론 신유학까지 모두 섭렵한 다음 자신의 독창적인 심학을 완성하였다. 퇴계는 『성학십도』의 해설을 다음과 같은 말로 마무리하고 있다.

> "요컨대 이기를 겸하고 성정을 통섭하는 것은 마음이요, 성을 발하여 정이 되는 그 경계는 바로 마음의 기미幾微요, 만화萬化의 지도리로서 선과 악이 여기서부터 갈라집니다. 학자는 진실로 한결같이 경敬을 견지하여 이와 욕欲에 어둡지 않고, 더욱 이 마음을 삼가 미발인 때에 존양存養의 공부를 깊이하고, 이발인 때에 성찰省察을 익숙하게 하여 진리를 쌓고 오래도록 힘쓰면, 이른바 '정밀하게 살피고 한결같이 지켜 중용을 잡는精一執中' 성학과 '체를 보존하여 사물에 응하여 작용하는存體應用' 심법心法을 밖에서 구할 필요 없이 여기에서 모두 얻을 수 있을 것입니다."(이황, 2001: 79~80).

이 인용문에서 특히 주목할 것은 마음의 체용에 바탕하여 체를 보존하고 용을 바르게 실현함을 통하여 온전한 삶을 실현하는 방법으로서 심법 즉 심학이야말로, 중용을 실현하는 성학과 달리, 마음과 사회의 관계 혹은 동행을 궁구하는 학문임을 분명히 밝혀두고 있다는 점이다. 왜냐하면 이는 퇴계의 심학이 합심성을 내장하고 있다는 사실을 의미하기 때문이다. 그리고 지행합일의 진유였던 퇴계는 실제로 철저한 마음공부와 출사를 병행하는 삶을 살았다. 그렇기 때문에 퇴계의 심학은 천심과의 합심을 통해 사덕을 기르고, 가족 및 세상과의 합심을 추구하는 특징을 내포하고 있는 것이다.

이러한 퇴계의 마음사상과 실천은 이후 수많은 제자들에게 영향을 미쳤다. 그 중에서도 특히 산림처사들은 정치적 배제와 맞물리면서 퇴계의 마음공부에 더욱 더 많은 관심을 기울였고, 그것을 재지在地 향촌사회에서 실현하고자 하였다. 바로 이러한 실천이 한국사회를 윤리적 질서로 가꾸어 나가는데 실제적인 자양분이 되었을 뿐만 아니라 때로는 세상의 불의에 저항하면서 유교적 절의를 지속하는 마음문화로 면면히 이어지게 되었다.

참고문헌

『孟子』
『朝鮮王朝實錄』
『退溪集』
김상준, 2011, 『맹자의 땀 성왕의 피』, 아카넷.

김상준, 2014, 『유교의 정치적 무의식』, 글항아리.
김승혜, 2002, 『유교의 뿌리를 찾아서』, 지식의 풍경.
문석운, 2013, 『동양적 마음의 탄생』, 글항아리.
요시다 슈지, 2009, 『마음의 탄생』, 심윤섭 역, 시니어커뮤니케이션.
유승무, 2010, 『불교사회학』, 박종철출판사.
유승무·신종화·박수호, 2017a, "마음사회학의 이론적 정초: 마음과 사회의 중층의존성을 중심으로", 『사회와 이론』 30: 79-126.
______, 2017b, "퇴계의 심학(心學)과 한국사회의 마음 문화", 『사회사상과 문화』 20(3): 29-57.
윤사순, 1995, "성리학", 『한국민족문화대백과사전』, 한국학중앙연구원.
이 황, 2001, 『성학십도』, 이광호 옮김, 홍익출판사.
이광호, 2001, "도의 진리와 실천을 향한 퇴계의 삶", 『퇴계와 함께 미래를 향해』, 세계유교문화축제추진위원회.
______, 2013, "퇴계, 체용적 전일성으로서의 마음", 『마음과 철학: 유교편』, 서울대학교출판부.
이황직, 2017, 『군자들의 행진』, 아카넷.
정학섭, 2016, "수양공부와 출사의 변증법", 『사회사상과 문화』 19(2): 1-31.
Bellah, Robert N., 1957, *Tokugawa Religion*, New York: Free Press.

율곡 이이

이현지

율곡 이이

—

이 현 지

Ⅰ. 한국 사상사와 율곡

율곡사상에 대한 학계의 연구는 매우 풍부하다. 사상가로서 율곡은 시대적 상황에 얽매이기보다는 더 나은 세상을 위한 개혁적인 논점을 제기하는 도전적인 학자였다. 율곡은 당시 한국사상계의 논쟁의 중심에 서 있었으며, 사상의 발전을 위한 시대적 요구에 부응하는 실천적 대안을 제시했다. 따라서 율곡사상에 대한 연구는 철학적 논점에 제한되지 않고 사회학, 정치학, 경제학, 교육학 등 다양한 영역에서 활발하게 진행되고 있다. 율곡사상에 대한 사회학적인 함의를 모색하는 연구는 다양한 주제를 통해서 연구된 바 있다.[01]

이 글은 사회사상가로서 율곡을 살펴보는 것을 목적으로 한다. 이 목적을 달성하기 위해서 먼저, 율곡이 사회사상가로서 어떤 사상적 특징을 가지고 있었는지 사회학의 입장에서 분석해 볼 것이다. 다음으로는 그러한 사상의 성립 배경이 어떤 요소들이 있었는지를 개인적 배경, 지적 배경, 사회적 배경을 중심으로 살펴볼 것이다. 마지막으로 율곡의

---

01 조남국. 1988. 「栗谷哲學思想의 社會學的 探究: 人倫과 經濟의 相互關係를 中心으로」. 성균관대학교 동양철학전공 박사학위논문. 3-8쪽.

사회사상이 가지는 가치를 논하고자 한다.

이러한 연구는 한국사상가로 대표되는 율곡사상을 사회학적으로 검토함으로써, 한국사상의 사회학적 함의를 모색하는 데 기여할 수 있을 것이다. 여기서 논의하는 한국사상은 조선시대 중기를 중심으로 한다. 당시 시대적 상황 속에서 한국사상 속에 내재된 사회사상을 분석하고 사회학적으로 어떤 함의를 배태하고 있는지 살펴보고자 한다.

특히 이를 통해서, 율곡사상이 가지고 있는 사회학적 특수성을 고찰하여 그 의미를 살펴보는 기회가 될 것이다. 율곡은 철학사상에 있어서 "위기지학爲己之學 단계에 머물러 있던 성리학을 경세이념으로 확립시키려는 노력이 병행되며 이에 따른 성리학 이해의 심화를 요구"[02]하는 시대의 중심에 있었다. 이러한 철학적 입장은 사회사상에도 영향을 미친 것으로 나타난다.

율곡은 요순 삼대의 이상사회를 추구하고, 종법宗法제도 시행을 위한 노비제도를 혁파하고자 했으며, 군역제 개혁을 주장했다. 그의 사회사상이 실천적으로 영향을 미치고 사회를 변혁하는 데까지 만족할 수 있는 성과를 내지는 못했다고 하더라도 율곡의 사회사상은 후대 학자들의 사회개혁론의 토대가 되었다고 평가할 수 있다. 이러한 율곡 사회사상의 사회학적 특수성을 면밀히 살펴보고 그 의미를 분석해 볼 것이다.

사회사상가로서의 율곡에 대한 연구는 기존의 서구 사회학 이론으로 설명이 불가한 한국적 상황에 대한 사회학적 논의의 이론적인 틀을 마련하는 데 기여할 것이다. 한국사회학계에서는 오래 전부터 한국사회학에 대한 이론적 논점을 형성하고자 노력해 왔다. 최근 한국사회학의

---

02 지두환. 2012. 「栗谷 李珥(1536~1584)의 生涯와 思想」. 『한국학논총』 제38집. 178쪽.

정립을 위한 현대 학자들의 논의가 한국사회학회를 중심으로 활발하게 전개되고 있다.

이 논의 중심에서 한국적인 사회학의 성립은 한국사회를 연구대상으로 하는 사회학이 대표되는 경향이 있다. 이러한 논의의 가치를 전면적으로 인정하면서, 좀 더 발전적인 논점을 제기한다는 의미에서 기존 사회학의 관점에서 한국사회사상을 평가하는 것을 넘어서는 한국사회사상을 토대로 하는 새로운 사회학의 이론적 기반을 탐구해 보고자 한다.

Ⅱ. 율곡의 사회사상

여기서는 율곡의 사회사상을 이상적인 사회상, 사회개혁론, 사회질서론의 측면에서 살펴보자. 율곡의 사상은 유가사상의 본연에 충실한 것으로써 인간 본성에 대한 신뢰를 바탕으로 하고 있다.[03] 이러한 관점에 의해서, 사회제도와 법이란 순선純善한 인간 본성을 유지하도록 하는 방법으로 구성되어 있고, 공공의 이익에 기여하는 것으로 보았다.[04]

율곡은 사회제도와 법을 이해함에 있어서, 무엇보다 백성의 삶에 대한 고민을 우선으로 하였다. "백성을 가르치고 먹고 살 수 있게 해주는 정치이며, 합당하게 일을 처리하고 사람의 마음을 거스르지 않는 정치

03 홍승표. 2006.「유가인간관의 탈현대적 함의」.『동양사회사상』13. 122쪽.

04 이승률. 2004.「栗谷의 사회사상에 관한 硏究」. 동국대학교 대학원 철학과 석사학위논문. 67-68쪽.

이다."[05] 그가 주장한 왕도정치는 삼대三代정치를 회복하는 것이라는 점에서 유학자들의 기본적인 관점에서 벗어나지 않는다.

1. 이상적인 사회상

이상사회에 대한 율곡의 관심은 매우 현실적이고 구체적이라는 특징을 가지고 있는 것으로 평가받고 있다. 유가적 전통에 의한 대동사회大同社會라는 이상사회의 비전을 제시하면서, 현실적인 문제를 비판하고 해결하고자 하는 도전적인 시도를 한다. 현실적인 대동사회의 실현을 주창하기 위해서는 이상사회로의 비전을 대동사회로 주창함과 동시에 사회문제의 해결을 추진할 수 있는 주체에 대한 구체적인 역할을 규정하고 개혁을 위한 방안에 관심을 기울였다. 그래서 율곡은 왕도정치를 통한 이상사회의 실천에 대한 논의를 빈번히 다루고 있다.

율곡의 이상적인 사회상에 대한 논의를 대동사회 건설과 왕도정치 실현의 두 측면에서 살펴보기로 하자.

첫째, 대동사회라는 이상사회에 대한 비전을 제시하였다. "율곡의 대동사회론은 사회개혁론에 있어서 현실사회의 모순을 비판하고 개혁함에 있어서 지향점으로서 목적사회의 의미를 지닌다. 또한 성인聖人의 사회적 역할을 제도적인 측면과 백성의 인격완성적인 측면을 동시에 말함으로써 군君의 성왕聖王을 사士는 진유眞儒 군자를 목적함으로써 대동사회는 현실적으로 실현가능성을 지닌다."[06]

율곡은 대동사회의 실현을 위해서는 당시 지배층의 도덕적 책임의

---

05 이동인. 2004.『율곡의 사회개혁사상』. 백산서당. 25쪽.

06 이두찬. 2005.「율곡 대동사회론栗谷 大同社會論에 나타나는 사회철학적社會哲學的 의의」. 『율곡학연구』 10. 168쪽.

식을 강조하고 있다. 그가 자신의 사회개혁에 대한 입장을 정치적으로 실현하고자 하고, 군주를 비롯한 지배층의 혁신을 주장한 것은 이러한 이유이다. "당시 사회에 있어서 운영주체인 군주와 사士에게 율곡에 의해 요구되어지는 사회의식과 대동사회의 연관성"[07] 속에서 율곡의 대동사회론이 가지는 사회철학적 함의를 발견할 수 있다.

대동사회의 개념은 『예기禮記』에서 발견할 수 있다. 대동사회의 핵심적인 내용을 정리하면, 천하는 누구의 소유가 아닌 만인의 천하임을 말하는 천하위공天下爲公을 바탕으로 남녀노소가 각자의 역할을 충실히 하며 서로 돌보고 재물을 소유하려 하지 않으며 자기만을 위하지 않는 대도大道가 행해지는 사회이다.

이와 같은 대동사회에서 통치자는 누구이며 어떤 역할을 담당해야 하는지 구체적으로 부각되지 않을 수 있다. 이에 대해서, 율곡은 대동사회에서 성인聖人의 위치와 역할을 분명하게 제시하고 있다. 이두찬(2005: 152-153)은 율곡의 대동사회론에서는 대동사회의 주체로서 성인을 말하고 있음을 지적했다. 그리고 백성은 성인을 따르고 성인은 백성을 교화하여 자연의 질서와 하늘의 질서를 바로 잡는다고 봄으로써, 현실적이고 실제적인 성인관을 주장하고 있다고 보았다.

둘째, 율곡은 왕도정치의 실현을 통한 이상사회의 설계를 실천하고자 했다. 왕도정치에 대한 율곡의 관점은 「동호문답東湖問答」의 '군도君道'에 대해 논한 부분에서 자세히 살펴볼 수 있다.

> 잘 하는 정치가 두 가지가 있고, … 인의仁義의 도道를 몸소 행하며, 사람에게 차마할 수 없는 정치를 하지 아니하며, 천리天理의 옳음을 다 하는 자는 왕도王道요, 인의의 이름을

---

07 이두찬. 2005. 위의 논문. 148쪽.

> 빌어 권도와 모략의 정책을 씀으로 공리功利의 사욕私慾만 을 채우는 자는 패도覇道이다.[08]

인의의 도를 행하는 임금이란 백성을 사랑하고 인재를 알아보며 사욕을 채우려고 하지 않는 사람이다. 백성을 사랑하면 백성들이 임금을 따를 것이므로 자연스럽게 나라가 편안해질 수 있고, 훌륭한 인재를 임용하면 나라를 잘 다스리는 데 큰 도움을 얻을 것이며, 임금이 사욕을 내세우지 않으면 폐단으로 치닫는 일은 없을 것이다.

율곡은 임금의 직職에 대해서 구체적으로 논의하고 있다. "임금의 임무는 도를 얻으면 몸이 편안하고 나라가 다스려지고, 도를 잃으면 몸이 수고롭고 정치가 어지러워진다."[09]고 했다.

> 임금 된 자의 도가 나오자 온 세상이 편안한 것도 또한 이와 같으니, 현자賢者가 줄줄이 무리로 뽑히듯 하여 소리와 기운이 서로 구하고, 덕은 나는 용과 부합하며, 은혜는 백성에게 미쳐야 하는 도다.[10]

위의 구절에서 잘 드러나듯이 임금이 도와 합일하는 정치를 펼치면, 그 은혜가 마침내 백성에게 미친다고 보았다. 이를 위해서, 율곡은 실천적인 왕도정치의 실현을 위한 구체적인 방안을 언급한 바 있다. 율곡이 주장한 왕도정치 실현 방안에 대해서, 이동인은 기강 확립과 법치실현, 인사제도의 효율적 운영, 정부조직의 효율적 운영, 지방행정의 혁신, 언

---

08 이이. 1997.『국역 율곡집』. 민족문화추진회 편. 솔. 342쪽.

09 『栗谷全書』1.「辭應敎兼陳所懷疏」. "何謂人君之職 信任君子 退斥小人 公以莅事."

10 『栗谷全書』拾遺 권6.「易樂則行之憂則違之義」. "王者之首出而萬國咸寧 亦如是 則賢者於是拔茅彙征 而聲氣相求 德符于飛龍 澤及乎生民."

로의 활성화 등을 중심으로 연구결과를 도출한 바가 있다.[11]

2. 사회개혁론

사회학의 입장에서 율곡의 사회사상은 매우 개혁적이다. 개혁적인 사상을 주장했다는 것은 율곡이 시대의 문제를 온전히 인식하고 해결하고자 하는 사회학자로서의 자기 소명을 가지고 있었다는 것으로 평가할 수 있다. 그런 의미에서 율곡의 사상은 오늘날의 사회학자에게도 시사하는 바가 크다고 할 수 있다. 단순히 시대상을 분석하고 기존 논의로 해석하는 것에 그치는 것이 아니라, 문제점을 명료히 하고 새로운 사회에 대한 비전을 모색하는 데 노력을 기울이고자 한 것이다.[12]

여기서는 율곡의 사회개혁론의 분야별 내용을 분석하고 논의하기보다는 사회개혁론이 가지는 특징과 함의를 중심으로 살펴보자. 논점을 이렇게 국한하려는 이유는 이미 선행 연구 가운데 율곡의 사회개혁에 대한 분야별 내용을 분석하고 그 의미를 해석한 성과가 있기 때문이다. 특히 사회개혁론의 특징과 함의에 집중하고자 하는 이유는 분야별 개혁 내용보다는 사회개혁론의 전개가 가지는 사회학적 함의가 여기서는 더 중요한 측면이 있기 때문이다.

율곡 사회개혁론의 특징과 의미를 정리해보면 다음과 같다.

첫째, 율곡의 사회개혁론은 사회 전 영역에 걸쳐서 비교적 구체적으로 논의가 진행되었다. 율곡의 사회개혁론은 경제개혁, 교육개혁, 국방개혁을 망라하는 사회의 전 분야에 대한 개혁의 의지를 피력하고 있다.

11 이동인. 2004. 위의 책. 72쪽.
12 이현지. 2015. 「율곡사회사상의 탈현대적 함의」. 『율곡학연구』 30. 120쪽.

그리고 분야별 개혁의 구체적인 방법을 모색하고, 그것이 정치를 통해서 실현될 수 있도록 노력을 기울였다.

율곡은 개혁에 대한 방안을 임금에게 올리는 소疏를 통해서, 현실에서 실현하고자 하였다. 예를 들어서, 경제개혁을 위해서는 「간원진시사소諫院陳時事疏」에서 개간한 토지에 대한 세금을 감면하면, 백성들이 토지를 적극적으로 개간할 것이며 자연스럽게 생산을 장려하게 되어서 경제부흥을 이룰 수 있다는 방안을 주장했다.

교육개혁에 있어서 율곡 사상의 특징은 어린이와 청소년의 교육에 깊은 관심을 가진 점이다. 어린이와 청소년 교육의 개혁을 위해서, 실질적으로 교육현장에서 교재로 활용할 수 있는 『격몽요결』을 집필하였다. 교육개혁에서 율곡이 가장 중시한 점은 유학자들의 도학道學을 중시하는 기풍이 흔들리지 않도록 하는 것이었다.[13]

국방개혁에서 드러나는 구체적인 실천성은 율곡의 병제개혁을 위한 「군정책軍政策」에서 살펴볼 수 있다. 이동인은 율곡의 병제개혁을 사졸의 복지향상, 병적兵籍 정비와 병력자원 확보, 방위력 증강 등을 중심으로 논한 바 있다.[14] 이미 이동인의 연구에서도 밝혀진 대로 율곡의 병제개혁은 이론적 접근에 머물지 않고, 실질적인 개혁을 위한 주장을 임금에게 전달하고 왕도정치를 통해서 실현되도록 노력했다는 점에서 의미가 있다.

이와 같은 율곡 개혁사상의 핵심은 백성의 부담은 늘이지 않되, 나라를 안정시키고 발전시키는 방안으로 모색했다는 장점이 있다. 율곡의 개혁을 위한 주장이 완전히 당시 정치에 반영되지 않았지만, 더 좋은 세상을 위한 사회개혁사상가로서의 율곡의 고민과 실천에 대해서는 높이

---

13 이현지. 2013. 「유가적 삶의 탈현대적 함의」. 『유교사상문화연구』 54. 333쪽.
14 이동인. 2004. 위의 책. 166쪽.

평가할 만하다.

둘째, 율곡의 사회개혁론은 사회질서 유지에 주력하면서, 사회문제 해결보다는 해소를 위한 논점을 제기하고 있다. 개혁의 주장은 기존 체제를 합법적으로 변화시키는 것을 전제로 하고 있지만, 개혁의 추진 과정에서 긴장과 불안으로 인한 손실을 간과할 수는 없다. 그러나 율곡의 사회개혁론은 사회질서 유지에 있어서 매우 안정적인 변화를 추구하고 있는 점을 높이 평가할 수 있다.

이러한 평가가 가능한 이유는 율곡의 사회개혁론이 당면하는 문제를 해결하는 데에 급급하기보다는 문제를 해소할 수 있는 근본적인 접근을 시도하고 있다는 점이다. 사회개혁론의 분야별 내용을 구체적으로 살펴보면 이러한 측면이 매우 잘 드러나고 있다.

먼저 율곡은 경제개혁에 있어서, 백성들의 물질적인 삶의 기반을 보장해주어야 한다는 근본적인 입장에 따라서 당시의 국가 재정상태를 개선하기 위한 정부지출을 줄이는 방안이나 국고를 확충하는 방안을 실현하고자 한다. 그러나 율곡의 경제개혁의 근본적인 입장은 바로 경제에 있어서 부족함을 채우기 위한 방안을 모색하는 것이 우선이 아니라 부가 고르지 못함을 바로 잡고자 하였다.

다음으로 교육개혁을 살펴보자. 율곡은 교육을 통한 이상사회의 실현이라는 유가의 기본 입장을 견지하면서, 선비들은 도학을 존숭하는 전통을 유지하도록 하고 백성들을 교화할 수 있는 향약의 진흥 등을 구체적으로 모색했다. 당시 드러났던 교육현장의 출세지향적인 과거공부나 교육의 부실화, 교사의 질과 대우의 문제 등을 해결하기 위한 방안을 모색하였다.

동시에 율곡은 교육개혁을 위해서는 근본적으로 교육이 가지는 시대적 책무를 강조하고, 교육 내실화를 추구하기 위한 교육체계를 건전하게 구축하는 데에 관심을 기울였다. 그의 그러한 노력은 『학교규범』

을 통한 유생儒生의 대우를 개선함으로써, 교육의 가치를 높이고 당면한 문제를 해소하도록 하는 시도에 잘 나타나고 있다.

마지막으로 국방개혁에서도 근본적인 문제 해소를 위한 접근법이 의미를 발휘하고 있다. 국방의 최우선 목표가 백성을 부강하게 하는 것이라는 점을 강조했으며, 백성을 가르치고 신뢰를 심어줌으로써 나라의 기강을 바로 잡아서 국방에 대한 백성들의 인식을 제고하고자 하였다. 이러한 방법은 국방개혁을 위한 병제개혁만을 추구할 경우에 발생하는 백성의 부담과 반발을 근원적으로 해소할 수 있는 방안이라고 할 수 있다.

3. 사회질서론

율곡은 사회개혁을 주장하는 사회사상가였지만, 기존 사회질서를 와해하거나 부정하는 쪽보다는 점진적으로 개혁을 추구하여 사회를 변화시키고자 했다. 이러한 율곡의 입장은 사회질서를 유지하고 안정을 확보하고자 하는 관점에서 잘 드러난다. 그의 사회질서에 대한 관점은 신분제도에 대한 입장과 정부조직의 효율성을 제고하기 위한 입장에서 확인할 수 있다.

첫째, 신분제도를 인정하면서도 신분제도 내의 불평등을 제거하고 신분의 고하를 막론한 존중과 보호를 통한 사회질서를 주장하였다.

율곡은 인간에게는 "사회적으로 자신에게 합당한 신분이 있으며 직분에 충실한 것이 윤리적·사회적 이상을 실현하는 토대가 된다."[15]고 보았다. 신분적 역할에 충실해야 한다고 보았으며, 어떤 신분에 처하더라

15 이승률. 2004. 위의 논문. 69쪽.

도 사회라는 공공의 질서를 위해서 주어진 역할이 있다고 보았다. 이러한 입장은 신분의 고하를 막론하고 모두에게 균등하게 적용되는 것이다. 다시 말해서 신분에 관계없이 각자가 수신修身을 통해서, 주어진 사명을 충실히 하는 사회적 의무를 다함으로써 사회질서가 유지될 수 있다고 주장했다.

율곡의 시대에 신분층은 양반, 상민, 천민으로 구성되었다. 율곡은 양반은 양반으로서, 상민은 상민으로서, 천민은 천민으로서 마땅한 역할과 의무가 있다고 보았다. 당시의 신분제의 불합리함을 문제로 삼지는 않았지만, 율곡은 천민들의 생명과 권리를 존중해야 함과 백성으로서 그들을 보호해야 함을 분명하게 인식하고 있었다.[16]

둘째, 정부조직의 효율적 운영에 대한 개혁을 통해서 안정을 도모하고자 했다. 이동인(2004: 91)은 율곡의 정치개혁안을 분석하면서, 백성의 삶을 가장 중요하게 생각하고 있다는 점과 정부조직의 효율성을 위한 실질적인 방안을 모색했다는 점을 높이 평가하고 있다.

이와 같은 사회개혁은 사회질서를 안정화시키는 동시에 더 좋은 사회로 나아갈 수 있는 매우 현실적이면서 실천 가능성이 높은 시도이다. 율곡은 정부조직이 필요한 이유가 백성의 삶을 보살피기 위한 것이라는 점을 명확하게 인지하고 있었으며, 백성을 고달프게 하면서 나라를 굳건하게 만들 수 없다는 진리를 확신하고 있었다.

그래서 정부조직의 효율적 운영을 위한 방안을 제안함에 있어서도 가장 우선한 것이 백성의 편안한 삶이었으며, 지방의 정부조직을 개혁함에 있어서도 백성의 행복에 어떻게 영향을 미칠 것인지에 관심을 기울였다. 특히 지방 정부조직의 행정을 혁신하고자 하는 근본 이유도 지방정부조직이 백성의 신뢰를 얻고 효율적으로 운영되어야 나라의 기강이

---

16 이동인. 2004. 위의 책. 41쪽.

바로 서고 부강해질 수 있다는 사회질서에 대한 확고한 입장 때문이었다.

III. 율곡 사회사상의 배경

율곡에 대한 연구가 풍부한 만큼 그의 삶을 통해서 사상적 배경을 조명하고자 한 접근도 빈번하게 시도되어 왔다. 여기서는 사회학자로서 율곡의 사상이 성장하고 발전할 수 있었던 배경에 초점을 맞추어 살펴보고자 한다.

1. 개인적 배경

율곡(栗谷 李珥, 1536~1584)이 사회사상가로 성장하는 데에는 외가와 어머니의 영향을 빼놓을 수 없다. 율곡의 어머니 신사임당은 결혼 후에 홀로 계신 어머니를 위해서, 강릉 친정과 파주 시댁을 오가는 생활을 오랫동안 했다. 따라서 율곡은 외가에서 태어나서 6살이 될 때까지 자라게 되는데, 외할머니인 용인 이씨의 사랑을 많이 받았던 것으로 전해진다. 율곡이 정서적으로 안정되고 건강하게 성장하는 데에 외할머니의 영향은 매우 컸다고 할 수 있다.[17]

---

17 김미영. 2016. 「할매할배의 성공교육 사례연구」. 『경북정체성과 할매할배의 날 연계 발전방안 연구』. 경상북도. 62쪽.

율곡이 16살이 되었을 때, 신사임당을 여의고 슬픔에 빠져 금강산으로 들어가 불교를 접하고 다시 속세로 돌아왔다. 이때 돌아온 곳도 외할머니의 품이었다. 율곡은 외할머니의 사랑으로 다시 마음을 다잡고 학자로서 본연의 길로 나아가기 위한 『자경문自警文』을 집필한다. 율곡은 『자경문』을 집필하는 데에 그치지 않고, 자신의 사회사상을 토대로 도학자로서 삶을 성실히 살았다.

율곡은 어머니에게서 학문적 기초를 전수받았고, 외할머니에게서 인간다운 품성을 풍부하게 할 수 있는 큰 사랑을 받았다. 율곡은 7살이 되던 해에 어머니로부터 글을 배웠고, 사서四書를 이해하기 시작했다고 한다. 어린 아들의 스승이 되어야 했던 사임당은 어머니로서의 자상함보다는 스승으로서의 엄격함과 성실함으로써 본을 보였다. 반면, 외할머니는 율곡이 스스로 외할머니의 병간호를 위해서 상소를 올리며 말한 바와 같이, 사랑으로 손수 키우시고 사랑을 준 마음의 안식처와 같은 존재였다.

율곡의 연보를 통해서 그의 삶의 행적을 살펴보면, 그의 사람됨은 철저한 유학자로서의 모습이 잘 드러난다. 그는 유가사상의 본래 정신을 삶에서 그대로 실천한 사상가였다. 율곡이 외할머니를 비롯한 부모에게 효를 다한 것, 이상적인 가족공동체에 대해 사모하는 마음을 품고 있었던 것, 일상을 수양으로 깨어서 도학자로서 삶을 살고자 했던 것 등이 충분한 근거가 될 수 있다. 이런 면에서 그는 이론에 머무는 사상가가 아니라, 실천하는 사회사상가였다고 할 수 있다.

2. 지적 배경

율곡사상의 지적 배경은 잘 알려진 대로 유가의 주요 경전이 그 출발점이라고 할 수 있다. 그는 어머니로부터 글을 배우고 경전을 탐독하면서, 지적 성장의 연원을 중국의 선진 유가사상에서 찾았던 것이다. 율곡은 23살이 되던 해에 퇴계선생을 찾아뵌 후에 선생과 교류하였다. 이때 율곡의 물음은 학문적인 궁금증을 논하는 것에 그치는 것이 아니라, 출처出處를 통해서 좋은 세상을 만드는 것에까지 미쳤다.

율곡의 사회개혁 사상가로서의 면모는 이상의 지적 배경을 토대로 당시 조선시대를 풍미했던 사림파와 개혁사상을 주장한 조광조趙光祖의 입장이 영향을 미치면서 더욱 분명해졌다. 율곡은 조선의 학자 가운데 정암靜庵 조광조를 가장 존경했다. 조광조의 지치주의至治主義는 "인간에 의해 다스려지는 이 세상이 바로 하늘의 뜻이 펼쳐진 이상 세계가 되도록 해야 한다는 것이다. 이는 중국의 성리학이 수용되고 정착되는 과정에서 나타난 한국적 특징이라 할 수 있다."[18] 조광조는 사상적 지향을 주장하기 위해서 생명을 바침으로써, 왕도정치를 실현하기 위한 도학자道學者로서의 본연의 도리를 다 하였다. 이러한 조광조의 삶과 사상은 율곡에게 큰 영향을 주었다.

한국사상사 속에서 율곡의 위치는 다각적인 측면에서 연구되고 있다. 그러므로 여기서 그 위치를 정의하고자 할 필요는 없을 것 같다. 다만, 율곡이 사회사상가로서 어떤 이론적인 섭렵을 경험하고 어떤 실천적인 대안을 모색한 바 있는 지에 대해서는 관심을 가져볼만 하지 않을까? 율곡을 한국사상의 최고의 지성으로 꼽았던 도원道原 유승국柳承國의 평가를 통해서 그 답을 들어보자.

유승국은 율곡사상의 특징을 "주자학뿐만 아니라 불교와 노장을 포함한 제자학 및 양명학 등 여러 종파 및 학파의 사상을 깊이 연구"한

18 한국학중앙연구원 한국민족문화대백과. 2017. 「지치주의至治主義」.

것이라고 평가하고 있다.[19] 율곡은 어머니를 잃은 슬픔을 달래기 위해서 화엄사상을 접하고 탐구하였으나, 불교에 매몰되기보다는 성리학을 더욱 궁구하는 기회로 삼아 사상적으로 발전시키는 성과를 거두었다. 또한 율곡연구를 면밀히 분석한 바 있는 황의동의 연구에 의하면, "율곡학이 단순히 철학에 머무는 것이 아니라 정치학, 경제학, 사회학, 교육학, 법학, 문학, 역사학, 심리학, 체육학 등 다양한 학문적 요소를 내함하고 있다."[20]고 한다. 이러한 율곡학의 종합적 성격은 율곡사상이 하나의 사상에 편협함이 없이 이상사회 건설을 위한 수용적인 자세로 사상을 섭렵함으로써 가능했다고 할 수 있다.

3. 사회적 배경

율곡은 조선왕조가 건국한 후 200년이 지난 시기를 살았다. 당시의 나라 정세는 매우 혼란하여, 그는 혼란한 정세를 염려하여 잠을 이루지 못했다고 한다. 나라를 걱정하는 아픈 마음을 퇴계에게 보내는 서신에서 절실하게 드러낸 기록이 전해지고 있다.[21] 나라에 대한 근심이 얼마나 커서 한밤중에 이런 생각으로 자신도 모르게 일어나 앉게 된다고 했던 것일까?

그 당시를 율곡은 10년도 못가서 화란禍亂이 일어날 수 있는 시대라고 한탄하였다. 율곡은 반복되는 사화士禍로 인해 정치가 혼란한 점

19 김문준. 2012.「한국韓國 지성知性의 전통傳統과 율곡栗谷 이이李珥- 도원道原 선생先生의 율곡관栗谷觀」.『한국철학논집』34. 48쪽.

20 황의동. 2002.「율곡학 연구의 어제와 오늘」. 예문동양사상연구원·황의동 편.『율곡 이이』. 예문서원, 59쪽.

21 이선경. 2014.「『주역』의 변통론과 율곡의 개혁사상」.『사회사상과 문화』29. 84쪽.

이 그 당시의 폐단이라고 보았다. 조선왕조의 건국 초기와 달리 중기에 이르게 되면 사회적 모순과 부패가 사회적인 문제로 부각되기 시작했다. 이러한 시대적 상황을 쇄신하기 위해서 지방 사림士林을 중앙정부로 등용하는 정치적인 쇄신을 추구하지만, 사림세력과 훈구세력의 마찰로 인하여 정치적인 혼란만 심화되는 상황에 이르게 되었던 것이다.[22]

정치적 쇄신을 실현하기에는 구시대의 법과제도가 걸림돌로 작용하고 있었고, 세상을 바로 잡기 위한 언로는 막혀있었다. 이러한 정치적인 혼란으로 부역과 세금 그리고 군역과 용역의 불평등이 야기되었고 백성들이 경제적으로 파탄에 이를 수밖에 없었다. 율곡은 권력의 무능과 민생 파탄으로부터 벗어나기 위한 방안을 찾는 데 주력했다. 그래서 율곡 사상의 주된 논점은 사회개혁에 초점을 맞추고 있다.

율곡은 당시의 가장 근본적인 문제는 정치의 중심에 백성이 없다는 사실을 지적했다.[23] 그는 당시 제도가 낳은 폐단을 고칠 방책으로 1만 2천 자의 「만언봉사萬言封事」를 선조에게 올림으로써 시대적 문제의식을 피력하였다. 「만언봉사」를 통해서 율곡은 당시 사회를 지배하고 있던 제도를 개혁하여 백성을 도탄으로부터 구할 방도를 모색하고자 했다. 율곡은 최소한의 생계가 해결된 후에 백성들의 도덕성과 윤리성을 앙양하기 위한 교화정치를 펴야한다고 주창했다. 그만큼 당시 민초들의 삶이 피폐하다는 것을 직시하고 있었다.[24]

22 박성종. 1993. 「栗谷의 聖學에 관한 연구: 聖學輯要를 중심으로」. 단국대학교 교육대학원 석사학위논문. 5-6쪽.

23 조용태. 2013. 「栗谷 經世思想의 立論 體系」. 충남대학교 대학원 동양철학전공 석사학위논문. 5쪽.

24 이이. 2017. 『율곡 이이 직간』. 오세진 역해. 홍익출판사. 27쪽.

Ⅳ. 율곡 사회사상의 의미

앞서 살펴본 율곡의 사회사상은 오늘날의 사회학에 어떤 시사점을 제공하고 있는지 살펴보자. 사회사상가란 어떤 역할을 해야 할까? 사회사상가란 시대의 문제를 직시하고 문제해결을 위한 방안을 모색할 뿐만 아니라 미래의 비전을 제시할 수 있어야 한다. 시대의 문제를 정확하게 파악하는 것에 머무르는 것이 아니라 그 문제를 해결 할 수 있는 방안에 관심을 기울이고 나아가서 사회가 어떤 가치를 지향해야 할 것인지에 대한 목표를 분명하게 제시할 수 있어야 하는 것이다. 그런 의미에서 율곡은 사회사상가로서의 책무를 성실히 수행한 사상가라고 평가할 만하다. 구체적인 내용을 살펴보면 다음과 같다.

첫째, 율곡사상은 이원론과 일원론을 넘어서는 이기론을 주창한다는 점에서 현대사회학의 한계를 극복할 수 있는 사회사상으로서 의미를 내포하고 있다. 율곡의 대동사회와 왕도정치 실현이라는 이상사회에 대한 지향은 학술적인 논의에 그치지 않고 현실적으로 실현 가능한 좋은 사회를 지향한다. 그것은 율곡의 사상이 경험론적인 사색을 강하게 전개한 이유 때문이다.[25] 율곡사상이 사회사상으로서 가지는 의미 또한 이 지점에서 두드러진다. 대동사회와 왕도정치를 이상사회의 대안으로 언급한 학자는 유학의 성립 이래 다수였지만, 전승되던 주자학을 중심으로 하는 유학의 전통에 새로운 해석과 방점을 부여하는 것에 집중되었다.

율곡의 이기론에 대한 입장은 이미 철학계에서 매우 깊이 있게 논점

---

25 김종문. 2002.「율곡의 리기 철학 체계에 대한 연구」. 예문동양사상연구원·황의동 편.『율곡 이이』. 예문서원. 193쪽.

이 정리되었다. 따라서 여기서는 이기론 자체를 논의하는 것보다는 율곡의 이기론이 현대 사회학에 시사하는 세계관의 면만을 중심으로 다루고자 한다. 즉, 이기론 자체를 논하고자 하는 것이 아니고, 이기론에 내포된 세계관이 가지는 의미에 관심의 초점을 맞추고자 한다. 그런 이유로 기존 연구 가운데 이 부분을 명쾌하게 정리한 김종문의 분석을 준거로 삼고자 한다.

김종문(2002: 193)은 율곡의 이기론을 다음 세 가지를 통해서 이해할 수 있다고 말한다. 근본 원리로서 "리理와 기氣는 하나이면서 둘이고 둘이면서 하나이다." 법칙으로서 "리와 기는 서로 떨어지지도 않고 섞이지도 않는다."와 "리는 무형무위하고 기는 유형유위하다."

위의 논점 가운데 주목할 부분은 "리와 기는 하나이면서 둘이고 둘이면서 하나이다."라는 정의이다. 율곡의 이와 같은 리와 기에 대한 관점은 이원론과 일원론의 세계관을 넘어서는 철학적 함의가 드러나는 지점이다. 동시에 사회사상의 측면에서 확대 적용해보면, 인간과 인간 그리고 인간과 자연 및 사회를 보는 관점도 일원론과 이원론을 넘어선다. 독자적인 존재를 인정하면서 동시에 통일체적 존재로 인식함으로써, 대동사회와 왕도정치의 실현의 이론적 기반이 더욱 탄탄해진다.

특히 현대사회학에 지배적인 세계관으로 영향을 미치고 있는 이원론적 세계관으로 인한 인간과 사회에 대한 이해에서 다양한 문제를 내포하고 있다. 이러한 문제점을 해결할 수 있는 대안으로서 일원론과 이원론을 넘어서는 이기론은 사회학적으로 매우 흥미로운 세계관으로서 의미를 가지고 있다.

둘째, 율곡은 사회사상가로서의 투철한 사명을 자각하고 있었다. 율곡은 개혁을 통한 사회변화를 추구하였다. 그는 유학의 경세이념에 충실하였다. 유학의 경세이념이란 이상적 목적을 설정하는 것에 초점을 맞추기보다는 현실적인 실천에 집중하는 것이다. 따라서 율곡의 사회사상은 이론을 발전시키고 주장하는 것에 머물지 않고, 현실을 변화시키는 실질적인 학문으로서의 역할을 하는 데까지 나아갔다.

이러한 면은 율곡이 사회사상가로서의 사명을 적극적으로 실현하고자 했음을 잘 보여준다. 그는 도학道學에 뜻을 두고, 관직에 나아가서 세상을 바로잡고자 하고 사회적 모순을 해결하기 위해서 적극적으로 활동하였다. 그는 도학의 학문적인 성찰에만 집착하지 않고 실천을 통한 수양을 주장하는 사상가였다. 그가 조선 중기를 대표하는 경세가로 후대로부터 평가받고 있는 점과 율곡의 후학들은 17세기의 조선사회 재건에 기여하였다는 점이 율곡의 사회사상가로서의 사명에 충실했음을 잘 보여준다.

황의동은 일찍이 "율곡의 학문체계는 성리학을 체로 하고 경세적 실학을 용으로 한다."[26]는 것을 천명했다. 율곡의 사상이 철학적으로 어떻게 평가될 것인가에 대해서 다양한 논점이 있겠지만, 그의 경세론과 개혁론은 경세치용실학經世致用實學에 미친 영향이 크다는 것을 학계로부터 인정받고 있다. 이와 관련한 선행연구는 매우 풍부하고, 지면의 제한으로 인하여 여기서는 세부적인 사항을 다루는 것은 생략하기로 한다.

율곡이 사회사상가로서의 사명을 가지고 더 나은 세상을 건설하기 위해서 노력한 바는 그가 실천가로서 매우 치열하게 개혁을 위해서 적극적인 시도한 점으로 나타난다. 그는 의욕적으로 많은 상소문을 선조에게 올리고 이상적인 사회를 실현하고자 노력했다. 율곡의 관심은 오로지 백성이 편안한 세상을 만드는 것이었고, 그러한 정치적 입장은 유가철학을 근간으로 하고 있었다.

셋째, 율곡은 현실적인 이상주의자였다. 유가사상가의 대동사회론은 보편적인 관점이라고 할 수 있을 정도로 동일한 맥락에서 주장하고

---

26 조용태. 2013. 앞의 논문. 7쪽.

있다. 그러나 율곡의 대동사회에 대한 논의는 매우 현실주의적 사상의 특징을 가지고 있다는 점에서 그 의미를 높이 평가받고 있다.[27] 율곡은 대동사회에 대한 이상을 현실에서 왕도정치로 실현하고자 노력하였다.

그가 주장하는 개혁은 일회적이고 기존 체제를 붕괴하는 파괴적인 것이 아니라, 기존 질서의 안정을 추구하면서 점진적으로 개혁을 추진하는 것이었다. 그래서 율곡은 신분질서의 유지를 주장하지만 신분에 따른 역할과 의무를 지킬 것을 요구했고, 신분 간의 불평등을 해소하기 위한 구체적인 방법을 제시했다.

율곡이 얼마나 현실적인 이상주의자인가를 잘 보여주는 것은 그의 경세론이 곧 현실의 개혁을 추구하는 개혁론이었다는 지점이다. 율곡은 이상을 가슴에 품고 있는 사상가였지만, 공허한 이상으로 끝나는 것이 아닌 현실에서 펼칠 수 있는 이상에 비중을 두었다. 그가 정치에서 백성의 안위를 가장 우선으로 꼽고, 그것을 달성하기 위해서 정치쇄신을 위해 노력을 기울인 것은 높이 평가할 만하다.

오늘날 학문체계는 서구사회에서 유입된 현대적인 학문의 틀을 기준으로 하기 때문에 사회사상가로서 율곡에 대한 논의도 온전히 자유롭지는 못한 면이 있다. 그러나 여기서는 현대사회학의 입장에서 율곡 사상이 어떤 사회학적인 측면을 갖추고 있는지에 주목하기보다는 혼란스러운 시대를 살았던 사회사상가로서 율곡이 위기에 직면한 현대사회학에 어떤 해답을 줄 수 있는지에 관심을 기울이고자 했다.

---

27 이종성. 2016.「율곡 대동사회론의 철학적 지향과 해석의 전환」.『동서철학연구』 81. 57쪽.

참고문헌

『栗谷全書』. 1992. 성균관대학교 대동문화연구원.

김문준. 2012.「한국(韓國) 지성(知性)의 전통(傳統)과 율곡(栗谷) 이이(李珥)- 도원(道原) 선생(先生)의 율곡관(栗谷觀)」.『한국철학논집』 34: 41-62.

김미영. 2016.「할매할배의 성공교육 사례연구」.『경북정체성과 할매할배의 날 연계 발전방안 연구』. 경상북도.

김종문. 2002.「율곡의 리기 철학 체계에 대한 연구」. 예문동양사상연구원·황의동 편.『율곡 이이』. 예문서원.

박성종. 1993.「栗谷의 聖學에 관한 연구 : 聖學輯要를 중심으로」. 단국대학교 교육대학원 석사학위논문.

이 이. 2017.『율곡 이이 직간』. 오세진 역해. 홍익출판사.

이동인. 2004.『율곡의 사회개혁사상』. 백산서당.

이두찬. 2005.「율곡 대동사회론(栗谷 大同社會論)에 나타나는 사회철학적(社會哲學的) 의의」.『율곡학연구』 10: 147-170.

이병태. 1982.「栗谷의 政治思想에 관한 硏究 : 王道 政治 思想을 中心으로」. 전북대학교 교육대학원 석사학위논문.

이선경. 2014.「『주역』의 변통론과 율곡의 개혁사상」.『사회사상과 문화』 29: 75-105.

이승률. 2004.「栗谷의 사회사상에 관한 硏究」. 동국대학교 대학원 철학과 석사학위논문.

이 이. 1997.『국역 율곡집』. 민족문화추진회 편. 솔.

이종성. 2016.「율곡 대동사회론의 철학적 지향과 해석의 전환」.『동서

철학연구』 81: 55-81.
이현지. 2013. 「유가적 삶의 탈현대적 함의」. 『유교사상문화연구』 54: 317-338.
______. 2015. 「율곡사회사상의 탈현대적 함의」. 『율곡학연구』 30: 119- 142.
조남국. 1988. 「栗谷哲學思想의 社會學的 探究: 人倫과 經濟의 相互關係를 中心으로」. 성균관대학교 동양철학전공 박사학위논문.
조용태. 2013. 「栗谷 經世思想의 立論 體系」. 충남대학교 대학원 동양철학전공 석사학위논문.
지두환. 2012. 「栗谷 李珥(1536~1584)의 生涯와 思想」. 『한국학논총』 제38집: 161~200.
하숙례. 2002. 「栗谷의 道德敎育에 대한 硏究」. 부산교육대학교 교육대학원 석사학위논문.
홍승표. 2006. 「유가인간관의 탈현대적 함의」. 『동양사회사상』 13: 113- 131.
황의동. 2002. 「율곡학 연구의 어제와 오늘」. 예문동양사상연구원·황의동 편. 『율곡 이이』. 예문서원.

한국학중앙연구원 한국민족문화대백과. 2017. 「지치주의(至治主義)」.

하곡 정제두

양선진

하곡 정제두

—

양 선 진

1. 근대화의 의미

H.버터필드가 그의 저서 ≪근대과학의 기원: The Origins of Modern Science(1946)≫[01]에서 서구 문명에서 근대란 바로 르네상스(14-16세기)와 종교개혁(1517)에서 기원한다고 할 수 있다면, 비서구 문명 모두에 적용될 수 있는 '근대'는 17세기 유럽에서 G.갈릴레이, I.뉴턴 등에 의한 고전역학의 확립과 그에 따른 자연상·세계상의 변혁을 주도했던 과학혁명을 의미한다고 주장하였다. 서양에서는 정통철학으로 받아들여지던 중세기의 초월적이고 관념적인 형이상학이 스콜라 철학을 구축하였으며 스콜라철학은 아리스토텔레스의 삼단논법을 중심으로 한 연역 논리학에 대해서 비판하면서 새로운 학문을 제시한다.

근대적 사상가인 베이컨(Francis Bacon; 1561-1626)은 자신의 저서인 ≪신기관; Novum Organum≫에서 실험과 관찰을 통해서 확고하고 유용한 지식을 생산할 것을 강조한다. 그는 연역적 방법에 기초한 학문방법론인 아리스토텔레스의 논리학(Organon)을 비판하면서도 근거 없이 일반원리를 제시하는 스콜라 철학을 동시에 비판한다. 그가

01 허버트 버터필드. 1986.『근대과학의 기원』. 차하순 역. 탐구당.

제시하는 학문적 방법론은 사실들을 단순히 나열하지만 결론에 도달하지 못하는 경험론이 아니라 실험과 관찰에서 시작하지만 나름대로 결론을 도출할 수 있는 중간적 원리에 이르는 것이다. 베이컨이 제시한 중간적 원리는 경험론과 연역법을 융합한 새로운 학문방법론이다. 베이컨은 새로운 학문 방법론을 꿀벌의 예시를 통해서 설명한다. 꿀벌은 단순한 경험 축적의 개미(경험론)나 단순히 연역적 방법론의 거미(연역법)와 다른 방법론을 설명하기 위한 예이다. 꿀벌은 외부의 꽃에서 재료를 가져오지만 자신 안에서 꿀로 변화시킬 수 있는 능력을 의미한다. 꿀벌과 같은 방법론이 바로 베이컨이 제시한 새로운 방법론이다.

근대화란 마치 큰 강줄기가 여러 작은 지류가 합류하면서 구성되듯이 다중적이며 복합적인 측면이 있다. 그럼에도 불구하고, 일반적으로 근대화란 과학기술, 민주주의와 자본주의, 법치주의라고 할 수 있다. 이러한 근대화를 가능케 했던 가장 근본적이며 본질적인 요소는 이데올로기적 측면, 즉 사상사적 측면이 중요하다. 전방위적인 영향을 미치는 사상적인 요소들은 중요하지만 직접적인 요인이 아니라 비가시적인 방식으로 나타나기 때문에 간접적인 요인이다. 이런 이유에서 우리는 간접적이며 다양한 층위를 지닌 문화적이며 사상적인 측면을 배제하거나 등한시 하는 경우가 발생한다. 하지만 문화란 이 지구상에 생존하면서 이루어낸 모든 인간의 생활양식 그 자체이다. 여기에는 정치나 경제, 법과 제도, 문학과 예술, 도덕, 종교, 풍속 등 모든 인간의 산물이 포함된다.[02] 문화적 측면은 인간 사회를 움직이며 변화시키는 강력한 정신적 힘으로 작용한다.

또한 한 사회의 정신적 사상이 물질적이며 가시적인 요소를 일방적

---

02 논자는 문화와 문명을 혼용해서 사용할 수도 있지만 문화와 문명을 구분하고자 한다. 18세기 이후의 문화와 문명의 구분을 따르고자 한다. 따라서 문화란 정신적 발전 상태를, 문명은 물질적 발전 상태를 지칭하는 말로 쓰이기를 원한다.

으로 결정하는 것은 아니다. 물질적이며 가시적 요소들이 역으로 정신적 요소를 변형시키고 변화시키기도 한다. 따라서 근대화를 추동하는 요소는 다양한 요소들, 즉 물질적이며 정신적 요소들의 다중적이며 복합적 요소들에 의해서 변화되고 추동된다.

근대화를 구성하는 다양한 요소 중에서 과학적 측면에서 본다면, 이러한 과학혁명을 가능케 한 것은 도대체 무엇일까? 서양에서 과학혁명이 탄생한 시기는 바로 중세적 사고 체계, 즉 한 개인을 사회 계층의 신분 질서 속에서 이해한다는 사고에서 벗어나려는 몸부림에서 기원한다면, 서구에서는 이러한 '개인의 발견'을 가능케 했던 사건은 바로 종교개혁이다. 종교개혁은 개인을 절대자인 신과 개인 사이에 존재하던 모든 관습과 관행, 사제 계급을 제거하는 운동이다. 바로 개인의 구원이 바로 절대자와 직접적 관계를 통해서 구원될 수 있다는 사고의 대전환을 의미한다. 마찬가지로, 중세 시대의 개인은 과학적 체계와 담론이 제공하는 과학적 원리를 단순히 수용하고 받아들이는 존재였다면, 종교개혁을 통해서 개인의 존재론적 위상을 깨달은 근대인들은 개인이 중세적 사고 체계, 특히 기존의 과학적 체계를 의심하고 회의하면서 자신만의 새로운 기준과 체계를 가지고 측정하고 실험하려는 개인들이 등장했던 시대이다. 대표적인 사람들이 바로 케플러, 코페르니쿠스, 갈릴레이, 뉴턴 등이다. 개인의 발견이란 근대화의 씨앗이라고 할 수 있을 것이다. 왜냐하면 개인의 발견이 결국 과학혁명을 잉태하였으며 경제적 관점에서는 자본주의를 가능케 하였으며, 법적 형식에서는 입헌주의를 낳았고, 정치적으로는 자유 민주주의의 결실을 낳았다고 할 수 있다.[03]

그렇다면, 조선 사회는 근대화된 사회인가 그리고 우리가 살펴볼

03 민주주의는 개인의 자유를 가장 중요한 가치로 생각한다. 따라서 민주주의에서 자유는 생략할 수 없다.

조선의 사상가인 정제두(鄭齊斗, 1649~1736)는 근대적 인물인가 아니면 근대성을 배태할 토양을 낳은 사상가라고 할 수 있는가? 논자가 정제두를 통해서 근대성을 이해한다는 것은 어떤 의미를 가지는가? 그리고 근대화란 도대체 무엇인가? 우리가 반드시 거쳐 가야 할 단계인가 아니면 서구적 패러다임이 만들어 놓은 진보사관의 허구인가? 논자는 이러한 질문에 대해 조선 시대의 사상가인 정제두의 사상 속에서 숨겨져 있는 근대화의 잠재적 씨앗을 발견하고 그리고 그의 생명 사상 속에서 개인의 존엄을 강조하는 결정체로서 생명사상을 고찰하고자 한다. 한국의 철학자인 정제두의 사상 속에서 생리설生理說에 기초한 리기理氣의 개념이 전통 성리학의 리기론理氣論과 어떻게 다른지를 고찰하고 왜 정제두의 리기론이 정태적인 논리적 차원에 머물렀던 전통 성리학과 달리 역동적인 생명의 원리를 설명하기에 적합한지를 중심으로 정제두의 리기론을 검토하고자 한다.

2. 조선의 탈주자학적 상황과 근대화

인간은 동물이 아니다. 인간이 인간일 수 있는 이유는 바로 동물이 지닌 본능을 넘어서 인간만이 지닌 특성을 유지하고 발현하기 때문이다. 인간은 동물이 지닌 본능이외에도 인간의 이성이 표현하는 성질인 비판적, 추론적, 논리적인 사고력 덕분에 인간을 인간답게 한다. 인간은 끊임없이 자신에게 주어진 다양한 정보를 하나의 체계 속에서 설명하고 이해하고 싶은 욕구를 지닌 존재이다. 이러한 욕망은 인간의 이성에 기인하는 것이며 인간의 이성적 능력이 학문을 가능하게 할지도 모른다.

예를 들면, 지각한 구체적 풍경을 단순히 객관적으로 묘사한다면 학문이 아니며 우리 앞에 펼쳐져 있는 현상의 배후를 캐묻고 논리적 이유와 근거에 대해 탐구하면서 통일된 원리로 설명할 수 있을 때야 비로소 학문이다. 아리스토텔레스가 지적한 것처럼, 형이상학적 욕구를 지닌 인간들은 기존의 사상을 하나의 원리와 체계 속에서 이해하고 싶은 욕망을 지니고 있다.

이처럼 원시유학을 체계화하고 학문화시킨 대표적인 유학자가 바로 주희(朱熹, 1130~1200)이다. 주희는 리기론理氣論을 통해서 자신의 사상을 체계화하였다. 기氣란 물질적이며 구체적인 것이며 리理란 구체적인 기의 형이상학적 원리 내지 체계이다. 리理는 소이연지리所以然之理라는 형이상학적이고 존재론적 원리로서의 의미와 소당연지리所當然之理라는 윤리적 가치의 원리라는 의미를 동시에 가진다. 성리학자인 주희는 형이상학적 의미보다는 윤리적 의미에 가치를 집중한다. 이러한 이유에서 우주자연에 대한 법칙을 추구하는 자연과학은 상대적으로 발전하지 못했고 인간 사이의 윤리학만이 발달하였다. 이런 측면에서 볼 때, 주희의 성리학적 체계를 수용하였던 조선 사회는 과학기술적 측면의 근대화는 다소 약하였다.[04]

성리학의 존재론적 토대가 되는 리기론理氣論에서 리와 기는 본래 짝을 이루는 개념이 아니었으나 중국 송宋나라의 주희에 의해 신유학 체계가 정립되면서 별개의 개념이라 할 수 있는 리와 기를 대치시킴으로써 자연과 인간을 아우르는 거대한 형이상학으로 발전시켰다. 조선의 성리학자인 정제두는 주희에 의해서 완성된 성리학적 리기론의 문제점을 비판하면서 새로운 리기론을 제시한다.

조선 사회는 유학이라는 철학적 사상이 현실 정치에 적용된 사회였

---

04 홍대용의 과학적 업적은 이 글에서 논외로 하고자 한다.

다. 조선 사회는 철학적 이상을 현실에 적용하려고 시도한 실험적 사회였다. 플라톤이 꿈꿨던 정의(dike)에 기초한 이상 사회와 공자가 펼치고자 한 인仁에 근거한 이상 사회는 모두 현실 속에서 전혀 실현되지 못하였다. 그들의 사상은 자신들의 철학적 관점을 현실화시키지 못했기 때문에 오히려 빛을 발하는지 모른다. 조선 사회의 철학적 논쟁의 중심에는 철학적 논쟁이 현실의 권력을 비판하는 무기로 기능함에 따라 붕당朋黨을 형성하기 시작하였고 이런 논쟁의 연속성에서 다양한 논쟁들이 등장한다.[05]

18세기의 조선 사회는 퇴계, 율곡에 의해 완성된 조선 성리학 체계를 붕당을 위한 예론禮論 중심의 공리공담의 시기로 해석할 수도 있고, 기존의 주자학 중심의 질서를 해체하고 새로운 사회·경제적 질서를 위해서 정통주자학에서 벗어나 새로운 학문적 경향을 추구한 양명학陽明學, 한학漢學, 고증학考證學, 실학實學 등의 17세기경 싹트기 시작한 탈주자학 질서의 모색이 시작되는 역사발전의 시기라고 해석할 수도 있다.[06]

조선후기의 성리학은 예론을 중심으로 발전되고 예론은 당쟁과 밀접한 관계를 가지고 전개되기 때문에 당파를 중심으로 한 조선의 정치질서 형성을 조선왕조의 붕괴 과정으로 보느냐, 아니면 성리학적 언론정치의 한 구현으로 보느냐에 따라 성리학의 의미도 달라진다.[07] 이런 논쟁에 대해서 정약용(丁若鏞, 1762~1836)은 『여유당전서與猶堂全書』에서 주류를 이루고 있던 성리학, 특히 18세기에 들어오면서 성리학이 비판적 기능을 멈추고 이론화되고 교조화되는 폐단을 날카롭게 지적

05 조선 시대의 대표적인 논쟁에는 사단칠정논쟁, 인심도심논쟁, 인물성동이논쟁 등 다양한 논쟁들이 있다.

06 허남진. 2013.「성리학에서 다산학으로」.『인간·환경·미래』 10호. 인간환경미래연구원. 8-9쪽.

07 이태진. 1989.『朝鮮儒敎社會史論』. 지식산업사. 8장 참조.

한다. 그는 초기에는 주희의 전통 성리학에 충실한 조선 성리학자 중의 한 명이었으며 퇴계와 성호의 학통을 잇는 기호남인 중의 한 명이었다.[08] 하지만 그는 나중에는 성리학의 폐단을 자각하고 성리학의 교조적 풍조에서 벗어난다.[09] 그가 성리학에 대해 지적한 폐단의 내용의 일부분을 인용하면 다음과 같다.

> 오늘날 성리학을 하는 자들은 이理니 기氣니, 성性이니, 정情이니, 체體니, 용用을 말하고, 본연本然이니, 기질氣質과 이발理發이니 기발氣發, 이발已發이니, 미발已發未發을 말하며, 단지單指이니, 겸지兼指니 이동기이理同氣異니 기동이이氣同理異니 하고, 심선무악心善無惡·심유선악心有善惡이니 떠들어 대면서 수만 가지로 나뉜 주장을 편다. 이렇게 터럭 끝까지 세밀하게 분석하다가는 자기주장이 옳다고 기세를 올리면서 목에 핏대를 세운다. 스스로 천하의 지극히 고묘高妙한 이치를 터득한 것처럼 떠든다. 동쪽으로 뻗으면 서쪽에서 부딪치고, 이처럼 말꼬리를 잡고서 두서없이 떠들어대며, 문호마다 기치를 세우고, 집집마다 보루를 세워 한 세대가 끝나도록 능히 그 송사를 결판낼 수가 없고, 후대까지도 그 원망을 풀 수가 없다. 주장에 동조하면 존중하고, 벗어나면 멸시한다. 생각이 같으면 떠받들고, 다르면 공격한다. 자기의 주장한 바가 지극히 옳다고 여기지만 어찌 한심하지 않겠는가?[10]

---

08 허남진, 같은 책, 11-12쪽. 이들 사이의 철학적 논변들은 나중에 호락논쟁으로 이어진다.

09 정약용의 학문적 시기는 성리학시기, 수사학洙泗學시기, 경세론 시기로 나눠볼 수 있다(정소이. 「정약용 심성론의 변천과 전개」. (서울대 박사학위논문, 2010) 9-12쪽 참조.).

10 정약용. 『與猶堂全書』. 1집. 「詩文集」. 11권. 「五學論」. 今之爲性理之學者 曰理 曰氣 曰性 曰情 曰體 曰用 曰本然氣質 理發氣發 已發未發 單指兼指 理同氣異 氣同理異 心

유학은 한마디로 정의내릴 수 없을 정도로 다양한 측면이 있기 때문에 단정적으로 정의내릴 수 없지만 그럼에도 불구하고 이처럼 사변적이고 공리공론에 빠진 부정적인 측면이 강하였던 것은 엄연한 사실이다. 유학은 조선 시대의 정치적이며 사회적 문제를 해결하려는 해답을 제공한 정치적, 경제적이며 현실적인 측면에서 사회의 발전에 기여했다기보다는 그들이 품었던 인간과 세계에 대한 물음과 그에 대한 합리적 설명을 제공하려는 인간의 지적이며 문화적 측면의 활동이라는 사실에 주의를 기울여야 한다. 그들의 진리에 대한 탐구는 학문적 활동의 성과였던 것이다.

브르디외(Pierre Bourdieu, 1930~2002)는 '자본(capital)'이라는 개념을 통해서 자신의 사상을 전개한다. 브르디외는 경제적 요소보다는 문화적 요소를 자본의 중심 개념으로 파악하였다. 이런 점에서 볼 때 브루디외는 문화를 자본의 구조로 파악하면서 가장 정교한 이론적 설명을 제시했다. 그는 경제적 차원에서만 자본을 이해하였던 마르크스(Karl Marx)의 자본 이해는 논리적이며 공상적 차원의 이해에 머문다고 비판하였다.[11] 그는 사적 소유 체제로서의 자본을 넘어 자본의 복잡하고 다양한 형태들을 설명한다.

브르디외의 이론은 자본주의를 경제적 차원에서 비판한 마르크스(Karl Marx, 1818~1883)나 자본주의를 옹호한 베버(Max Weber, 1864~1920) 등의 사회학적 개념의 틀을 벗어나, 경제적 차원 이외의 다양한 측면, 특히 문화적 자원도 자본으로 이해하고 설명하려는 시도를 하였다. 마르크스와 베버가 자본이라는 개념을 경제적 차원에 국한

善無惡 心善有惡 三幹五椏 千條萬葉 毫分縷析 交嗔互嚷 冥心默研 盛氣赤頸 自以爲極天下之高妙 而東振西觸 捉尾脫頭 門立一窺 家築一壘畢世而不能決其訟 傳世而不能解其怨 入者主之 出者奴之 同者戴之 殊者伐之 幟自以爲所據者極正 豈不踈哉

11 P. Bourdieu. 1972. Esquisse d'une théorie de la pratique, Éditions Droz. Richard Nice(tr.). pp. 22-29.

시켜 사용했다면, 부르디외는 다양한 사회적 영역에서 발생하는 경제적 자본 이외의 다양한 층위를 구성하는 자본의 유형을 몇 가지로 구분하는 새로운 이론적 시도를 하였다. 그리고 그가 제시한 자본에는 '경제자본(economic capital)', '문화자본(cultural capital)', '사회자본(social capital)'이라는 세 가지 유형으로 분류할 수 있다. 부르디외의 자본 분류 중에서 가장 명확한 차등화 기준을 제공하는 것은 경제자본과 문화자본이다.[12] 그는 「막스 베버 종교 이론의 한 해석(Une interprétation de la théorie de la religion selon Max Weber, 1971)」이라는 글에서 사회적 구조와 정신적 구조의 긴밀한 관계를 규명한다.

> 우리는 필연적으로 사회 구조 (더 적절하게는 권력구조)와 정신구조 사이의 조응, 말하자면 언어·종교·예술과 같은 상징체계의 구조를 매개로 성립되는 조응이 존재한다는 가정으로 나아가게 된다.[13]

브르디외는 베버를 통해서 사회를 변화시키는 요인에 정신적이며 종교적 요소가 비가시적이지만 막대한 영향을 형성함을 깨달았다. 그는 정신적 속성을 사회적 변화의 중심적 영역으로 인정하게 된다. 따라서 그는 사회를 결정하고 구조화하는 중심적인 영역에 물질적인 경제적인 요소 이외의 정신적인 문화적 영역이 있음을 강조한다. 결과적으로 브르디외는 경제 자본 이외에 문화 자본을 사회의 중심적 영역으로 수용하였으며 마르크스가 보지 못한 다른 측면을 제시한 것이다. 우주 안

---

12 파트리스보네위츠, 문경자옮김, 2000.『브르디외사회학입문』. 동문선. 65쪽.

13 P. Bourdieu. 'Genèse et structure du champ religieux,' in Revue française de sociologie. Vol. 12, No. 3. p. 300.

에 다양한 소우주가 있듯이, 문화 자본에는 다양한 문화적 장(champ)들이 존재한다. 예를 들면, 문학장, 정치장, 언론장 등이 있다. 각각의 장들은 세력을 지니면서 서로 경쟁 관계를 지니고 있다는 것이다.[14]

부르디외는 문화자본의 하위 유형을 다시 세분화한다. 첫째는 소양이나 매너 등과 같은 체화된(embodied) 문화자본이며, 둘째는 예술품이나 과학기구 등과 같은 객체화된(objectified) 문화자본, 셋째는 학위증이나 자격증 등과 같은 제도화된(institutionalized) 문화자본이다. 브르디외에 따르면, 한 시대의 개인은 사회적 환경에서 완전히 종속되는 것은 아니지만 완전히 벗어날 수도 없다. 따라서 한 개인은 사회적 장(social field)으로서의 사회적 환경에 영향을 받을 수밖에 없다.[15] 한 사회의 개인은 문화가 미치는 영향권, 즉 문화자본의 장에서 벗어날 수 없는 아비투스(Habitus)를 지닌다. 습관이 단순히 반복적 성향으로서 반복적, 자동적이라면, 아비투스는 사회적 환경에 영향을 받지만 새롭게 재구성하고 생성할 수 있는 능동적 능력을 지니고 있다.[16] 아비투스는 습관적이면서 동시에 능동적이며, 사회적이면서 동시에 개인적인 측면을 지니고 있다. 따라서 아비투스는 한 개인에게 사회적 구조를 형성하면서 동시에 한 개인이 바꿀 수 있는 변화 가능한 것이다.[17]

우리가 살펴보고 있는 조선의 근대화라는 주제에 초점을 맞춰서 논의를 펼쳐보면, 조선 사회의 문화의 장 안에는 다양한 장(종교, 예술

---

14 P. Bourdieu. 1979. La distinciton: Critique sociale du jugement. Paris: Minuit. Richard Nice(tr.). pp. 109-138.

15 P. Bourdieu. 1979. La distinciton: Critique sociale du jugement. Paris: Minuit. Richard Nice (tr.). p. 262, 266, 340, 452.; P. Bourdieu. 1980. Le sens pratique. Paris: Minuit. Richard Nice(tr.). pp. 6-7.

16 최종철 옮김. 1995(2005). 『구별짓기: 문화와 취향의 사회학』상. 새물결. 13쪽.

17 P. Bourdieu. 1980. Le sens pratique. Paris: Minuit. Richard Nice(tr.). pp. 88-89.

철학 등)이 존재하며 철학이면서 동시에 종교적 색채를 띠었던 유학 안에서도 주희의 성리학과 새로운 사조로 등장한 양명학이 서로 서로 경쟁하고 투쟁하며 다투고 있었다. 조선 사회의 개인들은 지배적인 권력층을 형성했던 사대부들의 철학이자 통치 이데올로기인 성리학에 지배를 받기 때문에 사회적으로 불평등한 신분제를 당연시하는 사회적 장속에서 살아가는 아비투스에 익숙해 있지만 조선 사회 안에서도 성리학이 지닌 사회 체제 옹호적 성격을 비판하면서 인간 개개인들의 자유와 권리를 보호하려는 몸부림이 반성리학적 경향성으로 나타났다. 이러한 소수의 개인들은 기존의 사회적 아비투스에 대항해서 새로운 아비투스를 형성하려고 몸부림을 쳤던 것이다. 이러한 사회적 문제의식을 가지고 있던 선비들은 대체로 권력의 무관심한 자들이다.

정제두의 사상은 기존의 사회적 문화자본, 즉 성리학에 반기를 들고 새로운 문화자본인 양명학을 주창하였다. 그는 과학기술과 같은 구체적인 객관화된 문화자본을 구축한 학자는 아니지만 성리학적 패러다임에 반기를 들고 새로운 반성리학적 장을 형성하면서 새로운 제도를 주창하는 제도화된 문화자본을 새롭게 소개한 학자라고 할 수 있다.

정약용이 지적하듯이, 공리공론에 빠진 조선의 유학자들은 비판받아 마땅하지만 그들의 형이상학적 담론 자체를 쓸데없는 말장난으로 간주할 수는 없을 것이다. 왜냐하면 경제적 문제의 해법의 토대는 과학기술의 발전정도와 깊은 관련이 있고 과학기술이 발전하기 위해서는 반드시 형이상학적 발전정도와 직접적인 관련을 가지고 있기 때문이다. 다시 말하자면, 사회의 변화는 단순히 경제적 측면만을 의미할 수도 있겠지만 경제적 측면을 가능하도록 하는 것은 바로 의식적 측면이 토대로 조성되어야 가능하기 때문이다. 따라서 조선의 경제적 여건이 나빠진 것이 바로 성리학자들의 논쟁 때문이라는 인과 관계적 설명은 지나친 것이다. 오히려 형이상학적 발전이 경제적 발전의 핵심에 해당하는 과학기술발전의 근거이기 때문이다.[18] 조선 사회의 성리학의 논쟁들은 조선 사회의 문화적 자본을 풍요롭게 하였으며 새로운 사회를 가능케 하는 중요한 자원을 형성하였다고 볼 수도 있다.

근대 이전의 중국 사회는 관료적 봉건제 때문에 문인을 중시하고 상인을 천시하는 풍조가 팽배했다. 이처럼 중국에는 상인 계층이 발달하지 못하면서 실용적인 과학기술이 발달하지 못하게 된다. 브르디외의 말을 사용하면, 객관화된 문화자본이 형성될 수 있는 사회적 여건이 제도적 문화자본으로 조성되지 못했다고 할 수 있다. 따라서 근대 이전에는 중국의 과학기술이 유럽에 전파되었을지도 모르지만 근대 이후에는 중국의 봉건적 신분제 때문에 과학기술이 발전할 수 있는 토대가 붕괴되었다는 것이다.

이러한 점에서 동양의 과학기술을 찬양했던 조지프 니덤(Joseph Needham, 1900~1995)마저 『중국의 과학과 문명(Science and Civilization in China (1954)』에서 근대에 과학기술이 중국에 발전하지 못한 것은 바로 전근대적 신분제에서 벗어나려는 근대적 인간으로서의 '개인'이 등장하지 못했다고 지적한다.[19] 이런 점에서 니덤이나 베버는 동양사회에서 개인의 개념의 부재가 동양의 근대화를 지연시켰다고 한다. 이러한 점에서 베버가 『프로테스탄트 윤리와 자본주의 정신: Die Protestantische Ethik und der Geist des Kapitalismus, The Protestant Ethic and the Spirit of Capitalism(1904/05)』에서 지

18 중국과학사가인 조셉 니덤(Joseph Needham)에 의하면, 15세기까지는 중국에는 천체관측기구인 적도좌표계 및 화약, 인쇄술, 자석을 이용한 나침반 등 실용적 과학기술을 활용하였다는 사실이다. 하지만 근대에 와서는 중국의 관료적 봉건제 때문에 무보다는 문인을 중시하고 상인을 천시하는 풍조가 팽배했다. 이처럼 중국에는 상인 계층이 발달하지 못하면서 실용적인 과학기술이 발달하지 못하게 된다.

19 이문규. 1999. 「중국과학사를 말한다: 중국과학사 연구의현황과 과제」. 『동아시아역사연구』. 동아시아역사연구회 5권. 85-102쪽.

적하듯이, 유학자들이 과학기술, 법률과 사법, 행정조직을 합리주의적으로 발전시키지 못했다는 것은 분명한 사실이다. 중국과학사가인 조셉 니덤(Joseph Needham)에 의하면, 15세기까지는 중국에는 천체관측 기구인 적도좌표계 및 화약, 인쇄술, 자석을 이용한 나침반 등 실용적 과학기술을 활용하였다고 한다.[20] 브르디외에 의하면, 문화자본은 객관적 요소와 주관적 요소가 있다. 근대 이전의 중국은 과학기술이라는 객관적 영역은 발전하였지만 사회 속에서 개인의 중요성을 인정하지 못한 사상적 편향성 때문에 철저한 신분제 사회에 근거한 성리학적 패러다임에 매몰되는 측면에 강하였다.

하지만 베버가 자본주의 정신적 토대로 간주한 '합리화'가 동양 사회에 없다는 것은 동양 사상, 특히 유학에 대한 오해에서 기인한 것이다.[21] 왜냐하면 12세기 이후의 성리학은 바로 자연과 인간사의 가치의 문제에서 원리와 이치를 찾는 정교한 합리성의 학문이기 때문이다. 이러한 합리성에 근거한 철학이 사회 속에서 개인의 위상을 고립적이며 개별적인 사회적 주체로 인정하는 사회적 제도로 연결되지 못하면서 실질적이며 구체적 결실을 가져오지는 못했다. 중국 성리학은 근대를 잉태하는 밑천인 합리성을 지니고 있었지만 이들이 사회 제도나 가시적인 문화자본으로 열매를 맺는 상태까지 이르지는 못했다는 것이다. 따라서 좋은 열매를 맺을 수 있는 씨앗은 있었지만 씨앗이 발아할 수 있는 좋은 사회적 토양이 제대로 구비되지 못해서 열매를 맺을 수 있는 사회적 성숙이 진행되지는 못했다, 즉 성리학은 근대화를 추진할 잠재성은 자체적으로 지니고 있었지만 현실화할 수 있는 성숙한 사회적 조건이 구비되지 못한 측면이 강하다. 이처럼 주희의 성리학은 신분적 차별을 초

---

20 같은 책.

21 강휘원. 2014. 「막스 베버의 서구 프로테스탄트 자본주의 분석과 현대적 적용 논의」. 『현상과 인식』 38집. 103-128쪽.

월한 평등한 개인이 등장할 여지가 존재하지 못했다. 성리학에서 성즉리, 즉 사물과 인간의 본성 안에서 존재론적이며 가치론적 이치와 원리가 존재한다는 성즉리설性卽理設[22]은 구체적인 개인을 의미하지 않으며 구체적 개인을 지칭한다고 하더라도 바로 특별한 개인(=군자 또는 성인)만을 의미하기 때문이다.

3. '개인'의 발견으로서의 심즉리 사상

조선 사회는 유학이 지배하는 사회였다. 성리학은 조선의 근대화를 방해하는 철학적이며 정치적 체제라고 할 수 있다. 이처럼 근대화를 방해하는 중심적인 사상은 성리학性理學이다. 성리학은 상당히 경직된 사고 체계를 유지하면서 조선 사회에서 다른 문화와 사상을 받아들이기를 거부하는 상태가 지속되도록 조장助長했다. 유학 안에서 성리학에 대항한 사상은 바로 양명학陽明學이다. 조선의 양명학은 바로 조선의 성리학자인 정제두를 통해서 이해할 수 있다. 성리학이 체제를 유지하는 보수적 성향을 지닌다면, 정제두(霞谷 鄭齊斗, 1649~1736)에 의한 양명학의 수용은 체제를 변혁하려는 시도라고 할 수 있다.

유학은 기본적으로 체제 비판과 유지의 두 가지 측면을 동시에 지니고 있다. 조선 초기에 유학이 등장한 것은 고려의 불교 이데올로기를

22 『朱子語類』, 「天命之謂性」: 「天命之謂性, 率性之謂道.」性與道相對, 則性是體, 道是用. 又曰: 「道便是在裏面做出底道.」義剛. 問: 「『天命之爲性, 率性之謂道』. 伊川謂通人物而言. 如此卻與告子所謂人物之性同.」曰: 「據伊川之意, 人與物之本性同, 及至稟賦則異. 蓋本性理也. 而稟賦之性則氣也.

비판하기 위한 새로운 이데올로기로 등장한 것이며 조선 사회가 건설된 이후에는 유학, 즉 성리학은 조선 사회의 신분제 및 사회 체제를 공고히 유지하도록 지탱하는 사상적이며 정치적 이데올로기였다. 따라서 성리학이 조선 왕조를 지탱하는 닫힌 체계가 된 이후에 조선 사회는 닫힌 사회로 전락하면서 성리학은 하나의 교조적 성향이 강렬해졌다. 이처럼 닫힌 체계의 성리학에 새로운 활력과 유연성을 불어넣어준 사상이 유학 안에 존재하던 다른 유학, 즉 양명학이라고 할 수 있다.

조선의 성리학자인 정제두의 사상 속에서 등장한 개인의 발견을 가능케 하는 실마리는 양명학에 존재한다. 양명학은 기본적으로 '(개별적 개인의) 마음이 곧 이치'라는 심즉리心卽理 사상을 주장한다.[23] 주희의 성리학性理學에서는 개별적이며 구체적인 마음(心)과 인간의 보편적 본성(性)은 다른 것이다. 성즉리性卽理란 근본적으로 인간의 마음心은 이치 또는 원리理가 될 수 없다는 것이다. 인간이 동일한 본성을 부여받았지만 인간 사이의 (신분적) 차이를 불러일으키는 원인은 바로 이일분수理一分殊의 사상에 근거한다. 이일분수란 '이치는 하나인데 나뉘어서 다르다'라는 의미이다, 즉 모든 인간들이 하늘로부터 부여받은 이치는 모두 동일하지만 현실적으로 인간들에게 부여된 현실적 인간 개개인들이 모두 다르다는 사상이다. 이일분수理一分殊는 주희의 핵심사상이기도 하다. 이러한 사상이 엄격한 신분제와 차별적 인간관을 가능케 했던 것이다.[24] 이와 달리, 육구연陸九淵과 왕수인王守仁의 심학心學은 주희의 리학理學과 달리, 인간의 개별적이며 구체적인 개인의 마음(心)과 인간이 지녀야할 보편적인 본성(性)을 특별히 구분하지 않는다. 모든 인간의 마음(心)

---

23 『二程集』, 卷9-20, 「答楊時, 論西銘書」. "「西銘」之論則未然. 橫渠立言誠有 過者, 乃在「正夢」. 「西銘」之為書, 推理以存義, 擴前聖所未發, 與孟子性 善養氣之論同功, (二者亦前聖所未發.) 豈墨氏之比哉? 「西銘」明理一而分 殊, 墨氏則二本 而無分.

24 이승환. 2018. 「리일분수理一分殊 담론의 사회·현실적 의미와 기능 - 성리학의 신분제 정당화 문제를 중심으로」. 『철학연구』 57권. 1-32쪽.

속에는 도덕적 원칙 내지 원리(理)에 부합 내지 합치할 수 있는 도덕적 원리의 원천인 양지良知를 지녔다고 본다. 왕양명王陽明, 1368~1661)은 모든 인간의 마음속에는 도덕적 원리와 이치에 따를 수 있는 본성과 능력을 구비하고 있다는 측면에서 심즉리心卽理의 명제를 내세웠다.[25]

심즉리 사상은 중국의 사상가인 왕양명이 귀주貴州에서 주장하기 시작하였다. 그는 심즉리설을 주장하면서 주희의 성즉리설을 부정하였다. 다시 말해서 왕양명의 심즉리는 인간의 구체적인 마음의 상태는 도덕적 이치를 따를 수 있는 능력을 구비하고 있다는 입장이라면, 주희의 성즉리는 인간의 마음이 현실적으로는 불가능하지만 노력과 수양을 통해서 인간의 도덕적 본성을 회복할 수 있으며 인간의 참다운 본성에 도달한 성인들은 도덕적 원리에 부합하는 삶을 살 수 있다는 주장이다. 이처럼 성즉리는 인간의 도덕적 능력을 특정한 몇몇의 사람들, 즉 성인들에 국한된 능력으로 간주하면서 자연스럽게 인간의 평등성을 부정하게 된다.

왕양명은 당대 학문의 주도적인 위치를 점하던 주자학적 해석에 반기를 들고 개개인의 주체성을 강조하면서 모든 개별적인 개인들은 자신의 마음속에 있는 양지에 비추어 행동하기만 하면 도덕적 원리에 어긋남이 없다는 입장이다. 왜냐하면 왕양명이 심즉리를 주장했던 사회는 시장경제가 발달하면서 상인 계층이 엄연한 사회의 중심적 계층을 형성하기 시작하면서부터라고 할 수 있기 때문이며 명明나라에 와서는 농업의 발달에 힘입어 상업과 수공업이 획기적으로 발전하였기 때문이다. 주희가 활동하던 시기인 송나라에서 이미 상공업이 등장하고 지폐가 유통되었지만 전국적 규모로 발전된 것은 아니었다면 명대에는 전국적 규모로 상권을 장악하는 대상인 집단이 지배적인 사회 중심 계층을 형성하게 되었다.

---

25 『傳習錄』, 「徐愛錄」, 3조목: 心卽理也. 天下又有(心外之事, 心外之理)乎

따라서 이런 사회적 여건이 조성되면서 왕양명은 인간들 사이의 평등적 관계를 지향하는 평등사상인 심즉리를 내세웠다. 시장 경제의 발달은 사회적 분업이 발달할 수밖에 없는 구조를 가졌다. 따라서 경제적 측면에서 본다면, 중국의 전근대 사회에서는 개인이 사회적 신분을 통해서 직업을 가지게 된다면, 개인의 직업은 부모로부터 물려받는 사회였다. 주희의 성리학의 사상체계는 사농공상士農工商의 구별을 명확히 하였다. 사람은 태어날 때부터 하늘의 이치에 의해 그의 직분이 정해져 있다. 하지만 상공업 중심의 시장경제가 발달했던 명明에 와서는 개인의 직업은 시장 안에서 경쟁을 통해서 자신의 직업을 가지게 된다. 명 중기에 이르면 상품화폐경제가 발달하면서 상인층이 대두되었고 농업 중심의 자급자족의 경제는 위기를 맞고 사농공상의 위계를 중시하는 주희의 성리학적 체계도 흔들리게 되었다.

사상사적 측면에서 살펴본다면, 앞에서 살펴보았듯이, 왕양명의 입장은 시비선악是非善惡을 판단하는 기준이 개별적인 인간 외부에 이치로서 존재하는 것이 아니라 개별적이며 구체적인 모든 인간의 내면에 이미 평등하게 지니고 있다는 것을 강조하는 사상이다. 이런 관점에서 왕양명이 보기에 참된 학문은 인간 외부에서 찾아야하는 것이 아니라 인간의 내면에서 찾아야함을 역설하고 있다.[26]

왕양명의 심즉리설에 따른다면, 공자와 같은 성인이 옳다고 여긴 것이라고 하더라도 하찮은 범인이 마음 속 깊은 곳에서 옳지 않다고 여긴다면 이는 옳지 않은 것이다.[27] 왕양명은 당시의 주도적인 권위자인 성인에 대한 해석에서 평범한 사람들이 무조건으로 복종하고 따를 것을 강요하지 않는다. 개개인들이 이미 시비선악을 판단할 수 있는 엄연

---

26 「傳習錄」 173조목: 夫學貴得之心.

27 「傳習錄」 173조목: 求之於心而非也, 雖其言之出於孔子, 不敢以爲是也, 而況其未及孔子者乎. 求之於心而是也, 雖其言之出於庸常, 不敢以爲非也, 而況其出於孔子者乎.

한 주체임을 강조하는 사상이다. 그는 그것이 비록 공자와 같은 성현의 말씀이라 하더라도 받아들일 수 없다는 주체적인 태도를 취하고 있다. 왕양명은 "마음이 곧 리(이치)이다. 천하에 또한 마음 밖의 무슨 일이 있고, 마음 밖에 이치가 있겠는가?"[28]라고 하여 개인 밖에서 참된 이치를 구하려는 주자와는 달리 개인의 마음 안에서 참된 이치를 추구하는 자세를 취한다. 개별적 주체는 성인이든 범인이든 그 누구의 지시나 강요에 구애받지 않고 자유로운 주체로서 판단하고 해석할 수 있는 엄연한 자유로운 인간임을 역설하는 선언이라고 할 수 있다.

왕양명은 심즉리를 통해서 자신의 심학적 근거인 심즉리를 통해서 심학의 토대를 마련하였고 그 후에 더욱 발전하면서 심즉리 사상은 왕양명의 중심 사상으로 간주되면서 주희의 성즉리 사상과 대립되는 중심적인 사상으로 꽃피웠을 뿐 아니라 풍성한 열매를 맺었다. 조선 사회에서 사회적 평등의식이 경제적 측면에까지 보급되지 않았던 가장 중요한 이유는 시장경제가 중국만큼 발전하지 않았기 때문이다. 이런 이유에서 조선 사회에서는 평등한 인간관이나 평등한 의식은 성리학에 대립된 사상으로 등장한 것이다.

정제두는 한국의 대표적인 양명학자이다. 위에서 언급한 것처럼, 따라서 그도 중국의 양명학자인 왕양명처럼, 주희의 성즉리性理學를 거부하면서 인간의 마음(心)에서 인간의 도덕적 이치를 추구하는 심즉리心卽理를 주장한다.[29] 주희가 말하는 인간의 보편적 본성(性)은 우주자연의 이치와 원리(理)에서 기원한 것이며 우주자연이 구체적인 인간 속에서 발현된 본성이며 개별화된 것이다. 주희의 리理는 단순한 이치이며 원리이기 때문에 구체적인 생명체처럼 감정이나 의지가 없으며 헤아림도 없

28 「傳習錄」, 3조목: 心卽理也. 天下又有心外之事·心外之理乎?

29 『霞谷集』, 권8, 「存言」上, 〈耳目口鼻說-下〉, 理之體, 出心之用, 而心之用, 卽理之體也. 心無用, 則理無體矣, 理無體, 則心無用矣. 理卽心, 心卽理也.

고 움직임도 없다. 따라서 주희의 리 개념은 개별적인 인간들이 지닌 개별적이며 특수한 특성을 간과하고 하나의 추상적 원리이기 때문에 사물을 설명할 수 있는 원리는 될 수 있지만 개별적이며 특수한 생명체를 설명할 수 있는 원리는 되기 힘들다. 따라서 이처럼 주희의 리에서 기원한 성性은 활동성을 의미할 수 없다. 이러한 차원에서 주희의 철학에서는 성이란 리에서 기원한 것이기 때문에 활동성을 가질 수 없는 미발未發의 상태일 뿐이다.[30]

따라서 주희는 리개념을 연구하고 리에 집중하는 리학을 전개하였고 리가 개별화된 성이 활동할 수 없는 미발未發이 되었으며 여기에서 철학적 사유를 전개하였다. 하지만 왕양명은 무생물처럼 활동할 수 없는 미발의 성性보다는 활동하고 움직일 수 있는 생명체처럼 구체적이며 현실적인 활동성의 이발已發의 심心에서 철학적 사유를 진행한다. 다시 말해서 주희의 성이 인간의 구체적인 생명으로 인정하는 것이 아니라 논리적 차원에서 설명하는 것일 뿐이라면, 왕양명의 성은 생명의 활동적이며 역동적인 인간의 성향과 경향성을 고려한 생물학적 차원에서 설명하려는 것이라고 할 수 있다.

인간의 마음인 심心에는 본원성과 선천성을 지닌 인간 마음의 양심良心의 능력인 양지良知가 존재한다고 주장한다. 양지란 맹자가 "사람이 배우지 않고도 할 수 있는 것이 양능이며 사람이 생각하지 않고도 알 수 있는 것이 양지"라는 양지양능의 줄임말이다.[31] 양지란『맹자』에서 유일하게 한 번 등장하지만 이것을 왕양명이 자신의 철학적 체계의 중심사상 속에 위치시킨 것이다.

주희의 사상적 체계에 의하면, 형이상학적 원리인 리는 인간의 마음

30 『朱子語類』, 卷1券, 無情意, 無計度, 無造作.

31 『孟子』, 「盡心章句」 孟子曰人之所不學而能者, 其良能也, 所不慮而知者, 其良知也

과 무관하게 독립적인 원리와 법칙으로 존재하기 때문에 외재적인 리이며 리가 중심이 되는 세계관이라면, 왕양명에게는 리가 형이상학적 원리로서 독립적으로 존재한다고 할지라도 인간의 마음과 무관한 리란 무의미할 뿐만 아니라 형이상학적 원리인 리는 인간과 항상 관계성 속에서 의미를 지니며 인간과 무관하다면 인간의 형이상학적 추동력이 될 수 없다는 측면에서 인간의 마음 밖에는 리가 존재하지 않는다는 심외무물心外無物[32] 또는 심외무리心外無理[33]라고 규정하면서 형이상학적 원리인 리는 항상 인간의 마음과 관계를 가지고 있다고 주장한다.[34] 왕양명이 형이상학적 원리인 리중심에서 인간의 마음을 중심으로 하는 세계관의 전환을 했다면, 주희의 전통적인 리개념을 비판적 시각에서 바라본 한국의 철학자는 바로 한국의 양명학자인 정제두이다.

정제두는 자신의 철학적 체계에서 인간의 평등성을 강조하는 왕양명의 사상을 통해서 평등사상을 습득하였으며 인간의 마음에서 발현된 도덕적 판단은 어떠한 권위에도 구속받지 않는 자유로운 도덕적 판단의 주체임을 역설한다. 정제두의 사상에 의하면, 개인의 도덕적 판단에는 어떠한 구속이나 제약도 받지 않는 자유로운 도덕적 주체이며 자유로운 인간임을 역설한다고 할 수 있다. 자유로운 도덕적 자유를 지닌 개별 주체들은 어떤 속박이나 신분에도 구속되지 않는 자유로운 주체로서 등장할 수 있는 근대의 정신적이며 철학적 근거와 토대를 제공한다고 볼 수 있다.

32 『傳習錄』, 83조목, 心外無物. 如吾心發一念孝親, 卽孝親便是物.
33 『傳習錄』, 32조목, 虛靈不昧, 衆理具而萬事出. 心外無理, 心外無事.
34 『傳習錄』, 94조목, 心卽理也.　無私心, 卽是當理. 未當理, 便是私心. 若析心與理言之, 恐亦未善.

4. 정제두와 공존(개인과 공동체)의 주체 의식

정제두는 개인의 주체성을 강조하는 왕양명의 심즉리를 수용하면서도 인간의 도덕성을 강조하는 생명적 특성을 지닌 이치인 생리를 동시에 강조하는 생명성에 근거한 주체적 개인을 강조하는 철학을 역설하였다고 할 수 있다.[35] 그는 생명의 원리를 강조하면서 동시에 고결한 인간이 지닌 도덕성을 강조하는 조선의 철학자이자 근대의 씨앗을 잉태한 근대적 생명 사상가이다. 동시에 그는 근대적 개인을 강조하면서 동시에 고결한 도덕성을 강조하는 도덕적 개인을 강조하는 철학자라고 할 수 있다. 마틴 루터가 종교성에 근거해서 독립적인 개인을 강조하였다면, 정제두는 도덕성에 근거해서 개인을 설명하려고 시도한 조선의 양명학자이다. 정제두는 개별화된 개인의 도덕성을 강조할 뿐만 아니라 개인의 생명적 주체성을 강조한 잠재적 근대화의 중심인물이다.

한국은 서구적 모델에 지나치게 의존하면서 서구의 물질문화에 의존해서 근대화를 추구하면서 근대화의 중심축인 전통적인 정신적 문화를 상실했다. 이처럼 한국은 근대화의 외형은 잘 갖추어서 OECD 10위권의 경제적 위상을 누리고 있지만 정신문화는 그에 상응하지 못했다. 오늘날의 한국 사회의 정신부재 현상을 대표하는 것이 바로 자본주의의 병폐 속에서 인간 소외와 생명을 경시하는 풍조이다. 근대화의 외형만 갖추면서 인간을 철저히 상품화하고 사회적 부품화로 전락시키면서 인간들이 소외되는 현상을 겪게 되었다. 이러한 결과의 산물이 바로 한국의 자살 문제이다. 뒤르켕의 『자살(1897)』의 분석을 따른다면, 한국

35 『霞谷集』, 권8, 「存言」上, 〈生理虛勢說〉, 234쪽, 理性者, 生理耳. 盖生神爲理爲性, 而其性之本自有眞體焉者, 是其性也理也. 故於生神中辨其有眞有妄, 得主其眞體焉, 則是爲尊性之學也. 故於凡理之中主生理, 生理之中擇其眞理, 是乃可以爲理矣.

사회의 자살 문제는 정신문화의 결과인 규범의 부재(anomie) 때문에 발생한 자살(le suicide anomique)이라고 할 수 있다.[36]

서양은 데카르트의 존재론적 근거인 고립된 자아(Ego)에 토대를 둔 사회를 건설하면서 사회 구성원들의 자유를 최대한 보장하기 위해서 국가와 법률을 제정하였다. 이러한 서구적 모델이 한국 사회에 도입되면서 상호적 관계를 중시하는 윤리에 바탕을 둔 전통적 한국의 가치는 사라지고 말았다.[37] 따라서 정제두의 사상 속에는 타인과 구별되면서 타인이 침범할 수 없는 개별적인 자유로운 주체, 즉 심즉리 사상에 바탕을 둔 자유로운 도덕적 주체로서의 개인을 강조하면서도 동시에 유교가 본래적으로 지향하는 유대성과 관계성에 토대한 공동체의 일원이며 공동체 속에서 타인을 배려하고 공감하는 윤리적 주체라는 공동체성을 강조하는 사상적 씨앗을 지니고 있다. 이러한 개별적 주체와 공동체성이라는 두 가지 대립된 개념이 조화롭게 융화되면서 개안과 공동체라는 두 개념이 조화롭게 존재할 수 있는 사상적 토대를 제공하는 것이 바로 정제두의 사상 속에서 찾을 수 있다. 개별적 개인들은 공동체 안에서 관계를 중시하는 유교의 윤리를 바탕으로 하는 정제두의 사상은 오늘날 되새겨볼만한 가치가 있다.

정제두의 철학은 인간이 지닌 고결한 두 요소인 생명성과 도덕성을 동시에 고려한 도덕적 생명철학이면서도 동시에 도덕성을 지닌 근대 시민의식의 잠재적 토양을 제공할 수 있을 뿐만 아니라 근대와 현대인들이 간과하고 경시하는 생명의 원리와 생명의 경외감을 탁월하게 설명하는 참다운 현대적 주체의 개념을 이미 내재적으로 잉태하고 있다.

---

36 E. Durkheim. 2002. 『Le suicide』, Quadrige PUF.

37 양선진. 2015. 「21세기 한국 사회를 위한 배려와 공감 중심의 윤리학 모색-동서윤리비교를 중심으로」. 『양명학』. 한국양명학회 41집. 309-335쪽.

참고문헌

『中庸』, 『孟子』, 『二程外書』, 『朱子語類』, 『周易傳義』, 『傳習錄』, 『霞谷集』, 『霞谷集』, 『與猶堂全書』.

P. Bourdieu. 1972. Esquisse d′une théorie de la pratique, Éditions Droz. Richard Nice(tr.).

P. Bourdieu. 'Genèse et structure du champ religieux,'in Revue française de sociologie, Vol. 12, No. 3.

P. Bourdieu. 1979. La distinciton: Critique sociale du jugement. Paris: Minuit. Richard Nice (tr.).

P. Bourdieu. 1980. Le sens pratique. Paris: Minuit. Richard Nice(tr.).

E. Durkheim. 2002. 『Le suicide』, Quadrige PUF.

허버트 버터필드. 1986. 『근대과학의 기원』. 차하순 역. 탐구당.

허남진. 2013. 「성리학에서 다산학으로」. 『인간·환경·미래』 10호. 인간환경미래연구원. 8-9쪽.

이태진. 1989. 『朝鮮儒教社會史論』. 지식산업사.

파트리스보네위츠, 문경자옮김. 2000. 『브르디외사회학입문』. 동문선.

최종철 옮김. 1995(2005). 『구별짓기: 문화와 취향의 사회학』상. 새물결.

이문규. 1999. 「중국과학사를 말한다: 중국과학사 연구의현황과 과제」. 『동아시아역사연구』. 동아시아역사연구회 5권.

강휘원. 2014. 「막스 베버의 서구 프로테스탄트 자본주의 분석과 현대적 적용 논의」. 『현상과 인식』 38집.
이승환. 2018. 「리일분수(理一分殊) 담론의 사회·현실적 의미와 기능 - 성리학의 신분제 정당화 문제를 중심으로」. 『철학연구』 57권.
양선진. 2015. 「육체와 정신의 동서 철학적 관점의 비교」. 『양명학』. 한국양명학회.
______. 2016. 「왕수인의 현상학적 의미」. 『양명학』. 한국양명학회.
______. 2016. 「왕수인의 생명존재론」. 『유학연구』. 충남대 유학연구소.
______. 「베르그손의 생명문제와 환경문제」. 『생명연구』. 서강대 생명문화연구소.
______. 2016. 「퇴계와 고봉: 사단칠정(四端七情)의 현대적 해석 -윤리학적·심리학적 해석에서 철학치료의 지평으로-」. 『동양철학연구』. 동양철학연구회.
______. 2018. 「네트워크 존재론의 시대」. 『퇴계학논집』. 영남퇴계학연구원.
______. 2019. 「조선유학의 도덕적 토대에 대한 이해 - 조선 유학과 근대 서양철학의 비교를 중심으로 - 」. 『퇴계학논집』. 영남퇴계학연구원.

다산 정약용

이명호

다산 정약용

—

이 명 호

1. 정약용, 다시 생각하기

다산 정약용(丁若鏞, 1762~1836)은 일반적으로 실학을 집대성한 개혁가로 이해된다. 최근 실학이란 명칭에 대한 논란이 있었지만, 실학과 관련되어 공유되는 일반적 내용은 일정하다. 실학은 조선후기의 위기를 극복하기 위해 '실사구시'의 가치에 기반하여 다양한 개혁안을 제시하였고, 당시 주류였던 주자학에 대해 비판적이었고, 청淸을 통해 서양문물을 접하고 서학에 일정한 관점을 가지고 받아들였다는 이해가 바로 그것이다. 개혁안으로 범위를 좁히면 정약용에 대한 이해와 평가는 세 가지로 구분된다.

첫째, 근대지향적이라는 평가이다. 정약용의 「전론田論」, 「탕론湯論」, 「원목原牧」 등에 담긴 정치경제 개혁안에 대한 적극적인 평가이다. 조선사회 내부에 근대로의 전환을 기대할 수 있었던 내적 동력이 있었음을 주장한다. 둘째, 왕권 강화와 관련된 개혁안이라는 평가도 있다(홍덕기, 1988). 그의 대표적인 토지개혁안인 정전제가 유학과 왕토사상에 입각해 있으며, 왕권 강화를 목표로 하고 있다는 평가이다. 셋째, 사회적 모순에 대해서는 명확하게 인식하고 있었지만 시대적·계급적 한계를 극복하지 못한 개혁안이란 평가도 있다.

이들은 정약용의 개혁안과 서양에 근거한 소위 보편사로서의 '근대'와의 거리로 정약용을 평가하고 있다. 또한 이 평가들은 그를 경세가로 이해하는 기존의 이해를 따르고 있다. 하지만 정약용은 경세가經世家이기보다는 경학자經學者이다. "육경六經과 사서四書로써 자기 몸을 닦고 1표表와 2서書로써 천하·국가를 다스리니, 본말本末을 갖"추었다[01]는 스스로의 평가를 통해서도 확인된다.[02] 경학은 본本이며, 경세는 말末이라는 의미이다. 위의 평가들은 말末에 의지해서 정약용을 평가하고 있는 셈이다. 연구자는 말이 아닌 본에 입각하여 정약용을 이해하고 평가해야 한다고 주장한다. 이 관점에서 정약용은 그를 배태胚胎한 조선사회, 좁게는 조선후기사회에 기초하여 이해되어야 한다.

조선후기사회는 혼란의 시기였으며, 변화의 시기였다. 전쟁으로 인한 혼란과 폐해를 극복하고 상업과 산업이 발달하고 있었다. 그와 동시에 기존의 사회질서는 해체되고 있었다. 찬란한 서울 양반의 문화와 끼니도 때우지 못하는 유민流民의 삶이 공존하였다. 주자의 가르침을 더욱 공고히 하려는 양반과 서교西教를 받아들여 위패位牌를 태우는 양반도 공존하였다.

정약용은 이러한 시기에 사회와 인간은 어떠해야 하는가를 질문하고 답하려 노력하였다. 당대의 사회구성원들이 받아들일 수 있는 사회운영원리는 무엇인지 고민하였다. 이러한 측면에서 정약용의 경학 공부는 새로운 사회의 운영원리를 구성하고 그 기반을 마련하려는 시도였다. 때문에 그의 경학은 사회이론이며, 오늘날에 다시 살펴보아야 하는

---

01 『문집 권16』「자찬묘지명自撰墓誌銘」. 六經四書, 以之修己, 一表二書, 以之爲天下國家, 所以備本末也。(원문과 번역문은 한국고전DB(db.itkc.or.kr)를 참고하였다. 이후 다른 번역서를 참고한 경우에만 번역문 출처를 밝혔다. 출전은 한국고전DB를 참고하여 권차와 문체(혹은 기사)를 정리하여 제시하였다.)

02 조성을(2004)은 정약용이 육경을 사서에 앞세운다는 점에서 그의 인식 체계는 주자학 체계에서 벗어났다고 평가한다.

이유가 충분하다. 최근 한국을 포함한 현대사회는 "99대 1"로 상징화되는 불평등과 양극화를 경험하고 있다. 많은 사회구성원들이 자신과 가족의 삶을 유지하는 데 어려움을 겪고 있다. 일부에게는 최소한의 생존을 위한 조건만이 허락되고, 인간다운 존엄함과 품위를 위한 삶의 여건이 허락되지 않고 있다. 지난 200여 년간 지속된 자본주의를 대체하는 새로운 그리고 지속가능한 체계에 대한 관심이 증가하고 있으며 실제 논의도 진행되고 있다. 하지만 아직은 사회운동적 성격이 강하며 이론적 차원에서의 논의는 부족하다. 이에 반해 정약용의 사회이론은 패러다임 전환이란 요구에 응답한 사례이다. 개혁안을 제시하는 것에 머물지 않고, 주자학적 패러다임에 대해 의문을 제기하고 새로운 사회의 핵심 도구들을 제공하려 하였다. 2장에서는 정약용의 사회이론을 배태한 조선후기사회의 모습을 정리하였다. 3장에서는 정약용의 사회이론이 도출된 배경을 간략하게 살펴보고, 그의 인간론과 사회론을 각각 위민과 토지개혁론을 중심으로 분석할 것이다. 4장에서는 다산의 사회이론이 지닌 현재적 의미에 대해서 간략하게 살펴보았다.

2. 조선후기사회의 이해 : 삼정문란과 불평등 · 양극화

1) 양반 중심의 신분사회 해체

조선을 건국한 신진사대부들은 주자학적 명분론에 입각하여 사회구조와 제도들을 정립하였고, 그 정당성을 지배계층의 도덕적 능력으로 설명하였다. 도덕적 능력이 우월한 사대부들은 자기수양을 통해 충분히 도덕적 질서에 동참할 수 있다. 반면에 도덕적 역량이 충분하지 못한 상인常人들은 양반계층의 교화를 통해서 도덕적 질서에 동참할 수 있다. 이러한 이유에서 조선초기에는 신분의 차이를 강조하거나 엄격하게 구분하지 않았다. 하지만 조선중기 이후 사림파가 중앙정계에 진출하고 사림정치가 본격화되면서 신분제는 일정수준에서 제도화되었다.

그러다 임진왜란과 병자호란을 거치면서 양반 중심의 신분제는 변화하였다. 양반계층에는 이전에는 없었던 특권이 합법적으로 부여되면서 특권계층으로서 양반의 위치는 확고해졌다. 이러한 변화로 인해 양반의 수는 급증하였다. 반대로 노비의 수는 감소하였다. 또 다른 중요한 변화는 양반계층의 분화이다. 양반계층의 분화는 경제적·정치적 차원에서 진행되었고 문벌가문, 향반, 몰락양반 등으로 분화되었다. 이 분화과정에서 주목되는 것은 서울과 지방의 분기, 그리고 경화사족京華士族[03]의 등장이다. 지역의 양반이었던 사림이 중앙으로 진출하고 권력을 장악하면서 서울에 정착하기 시작하였다. 서울이 유통경제와 무역의 중심지로 발달되면서 서울과 지방사회간의 사회적 격차가 더욱 벌어졌다. 또한 영·정조기의 탕평이 국왕과 서울의 특정 문벌에 의해 주도되면서 지방사족의 중앙 정계진출은 더욱 어려워졌다. 영·조대 이후 핵심적 산림의 후예들이 관료나 외척이 되면서 경화사족화하였고, 반대로 재야에 남은 산림과 그 후예들의 지체가 하락하기도 하였다(유봉학, 1998a).

19세기 조선사회에서는 일부 한양 거주 양반들만이 중앙권력의 핵심을 이루고 있었고, 다른 일부는 권력의 주변에서 경제적·정치적·사회

---

03 서울과 서울 교외에는 서울과 관련을 맺으며 생활하는 사인士人 계층, 곧 경화사족층이 형성되었다. 이들은 벼슬을 했거나 하기 위하여, 또는 그와 관련하여 서울과 교외에 거주하거나, 아직 향촌사회에 기반을 둔 채 서울의 경저京邸나 셋집을 근거로 서울생활을 하든지 서울 나들이를 하였던 부류, 또는 몰락하였지만 돌아갈 향촌기반이 없으므로 서울을 떠날 수 없었게 계층이었다. 이들은 서울과 서울교외에 대대로 거주하면서 그들 나름의 생활양식을 가지게 되었다(유봉학, 1998a).

적 지위를 확보하기 위해 경쟁하였다. 대다수 양반들은 정치적·경제적으로 상인들과 거의 다름없는 상태로 이미 몰락했거나 몰락해가고 있었다.

2) 생산력 발전과 독점의 심화

조선후기사회를 특징짓는 또 한 가지는 인구 증가이다. 전쟁의 영향으로 급격히 줄어든 인구는 1650년대부터 다시 증가하기 시작하였다. 대홍수와 가뭄으로 인한 기근飢饉과 역병疫病으로 일시적으로 감소되기도 하였지만, 전체 인구는 꾸준히 증가하여 18세기 말에는 1,850만여 명이 되었다. 이는 조선시대에서 가장 높은 수치이다. 농업진흥책과 전국적 양전量田, 대동법大同法 등 일련의 사회경제정책의 추진되어 농업생산이 크게 증대하였다. 농업생산이 발달하면서 상품화폐경제도 발전하였다.

농촌사회경제의 변동, 상품화폐경제의 발전에 따른 농촌과 도시의 분리, 도시의 성장, 상공업도시로의 인구 이동에도 불구하고 인구의 대부분은 농민으로서 농촌에 거주하고 있었다. 상공업의 발달에도 불구하고 경제의 주축은 여전히 농업이었다. 쌀, 보리, 콩 등 중심의 곡물생산 농업은 경지규모에 의존한다. 인구와 마찬가지로 전쟁으로 황폐화된 토지도 17세기 중반에는 거의 회복되었다. 그러나 지주들의 반대로 토지 측량은 제대로 이루어지지 않았다.

16세기 이후 농업생산력의 발달[04]은 토지에 대한 소유욕을 자극하

---

04 농업생산력의 발달은 이앙법移秧法으로 대표되는 농업기술향상에서 비롯되었다. 이앙은 직파直播에 비해 곡식 생산은 2배가 되고 노동력 투여는 반밖에 되지 않았다. 때문에 이앙법은 빠른 속도로 전파되었다. 『일성록日省錄』 등의 기록에 의하면 정조 2년

였다. 지주들은 토지 개간과 토지매매를 통해 토지를 확대하였다. 조세 부담과 고리대 상환, 관혼상제비 지출, 혹은 흉작 등 다양한 이유로 토지를 팔고 영세농이 되거나 토지없는 농민이 되는 경우가 많았다. 반대로 토지를 집적하여 대지주가 되는 사람들도 늘면서 지주제가 급속하게 전개되었다(유봉학, 1998a; 박진태, 2013).

지주제적 생산관계가 정착하면서 농민층도 분화하였다. 토지는 양반지주층, 서민지주층, 부농층에 집중되었고 그 여파로 자영농층은 몰락하였다. 정약용은 호남지방을 예로 들면서 땅을 남에게 빌려주어 수확收穫하는 수는 5%, 자영하는 정도를 25%, 남의 농토를 빌려서 경작한 다음 세稅를 납부하는 수는 70%라고 파악하였다.[05] 정약용보다 조금 뒤 시기인 1846년에 작성된 진주내동리의 양안분석결과를 보면, 지주층의 수는 농민 중 5.8%를 차지하고 있지만 농지는 44.3%를 차지하고 있다. 양반계층의 경우도 앞서 언급한 바와 같이, 지주 및 부농층, 중농층, 소농층, 빈곤층으로 분화되어 있었다(김용섭, 1995).

에 이앙법에 따라 경작되는 논이 전체의 70-80%에 이르렀으며, 정조 23년에는 호남에서 직파直播는 1/100정도에 미치지 못했다(이종길, 1991).

05 『문집 권9』「의엄금호남제읍전부수조지속차자擬嚴禁湖南諸邑佃夫輸租之俗箚子」. "지금 헤아려 보면, 호남의 백성 대략 1백 호戶 중에 남에게 전토를 주고서 그 조세를 거두는 자는 5호에 불과하고, 자기의 농토를 자기가 경작하는 자는 25호이고, 남의 전토를 경작하고 세를 바치는 자는 70호이니, 지금 만약 그 구속舊俗을 고쳐 제로와 같이 한다면 70호는 모두 뛰면서 손뼉을 치며 좋아할 것이고, 25호는 즐거움과 괴로움이 상관되지 않을 것이나, 인정人情은 가득한 것을 미워하여 대체로 부자를 꺼리고 가난한 자를 구휼하려는 것이니, 역시 즐거워하는 쪽에 속할 것이요, 슬퍼하며 즐거워하지 않는 자는 5인人에 불과할 뿐입니다. 5인이 슬퍼하는 것을 두려워하여, 95인이 손뼉을 치며 좋아할 정사를 하지 않는다면, 누가 왕자가 조화의 권형權衡을 가졌다고 말할 수 있겠습니까."
今計湖南之民, 大約百戶, 則授人田而收其租者, 不過五戶, 其自耕其田者, 二十有五, 其耕人田而輸之租者七十, 今若改其舊俗, 令同諸路, 則是七十者, 皆踊躍抃舞矣。其二十有五, 雖甘苦不干, 然人道惡盈, 大抵忌富而恤貧, 亦在樂中, 其悵然不樂者, 不過五人耳。畏五人之悵然, 不敢爲九十五人踊躍抃舞之政, 孰謂王者操化權哉?

[표 1] 진주내동리 양안분석결과

	전체 농민중 구성비율	전체 농지중 구성비율
토지 1결(結) 이상 소유(지주층, 부농층)	5.8%	44.3%
50부(負) 이상 소유(중농층)	9.7%	17.5%
25(負) 이상 소유(소농층)	21.7%	19.9%
25(負) 이하 소유(빈농층)	62.8%	18.3%

자료 : 김용섭(1971), 『조선후기농업연구사』, 일조각

[표 2] 양반계층의 분화

지주 및 부농층	중농층	소농층	빈농층
8.1%	11.3%	25.6%	55.0%

자료 : 김용섭(1971), 『조선후기농업연구사』, 일조각

위의 두 표에서 확인할 수 있듯이, 조선후기에는 양반계층과 농민층 모두 분화하고 있었고 이는 토지를 중심으로 하는 경제력 독점에서 비롯되었다. 이러한 현상으로 경제력이 그 사람(과 가문)의 사회적 지위를 담보하는 사회가 되었다. 기존의 신분질서는 무너지고 경제력에 기초하는 새로운 신분적 질서로의 전환이 진행되고 있었다. 그 영향으로 농민에 대한 지주들의 수탈이 강화되었고, 일부 농민층의 계층 상승 욕구도 자극되었다. 농민 중 일부는 부농富農과 상호上戶의 등급에 속하게 되었고 대부분의 여타 농민은 하호下戶, 빈호貧戶, 잔호殘戶, 독호獨戶, 걸호乞戶 등으로 분화되었다. 이처럼 조선후기에 경제력 규모에 의해 사회계층구조가 재편성되었고 사람들은 경제적 재화의 획득에 더욱 진력하게 되었다.

3) 국가 수취제도의 왜곡

조선후기, 17-18세기는 진경시대眞景時代[06]라 불리는 문화절정기였다. 하지만 이러한 문화를 누리는 계층은 양반 중에서도 일부 한양 거주 양반계층뿐이었다. 한양이 아닌 지방의 삶은 진경의 그것과는 달랐다.

> 지금 호남湖南 일로一路에 근심스러운 일이 두 가지 있으니, 그 하나는 백성들의 소요이고, 하나는 관리의 탐학입니다. 그 때문에 요 몇 해 사이에 깊은 산골로 이사한 명문 대가名門大家가 수천이나 됩니다. 무주茂朱·장수長水 사이에는 발사(茇舍 풀밭에서 노숙하는 것)가 산골짜기에 가득하고 순창淳昌·동복同福 사이에는 유민流民이 길을 메웠으며, 연해沿海의 여러 마을에는 촌락이 텅 비어 전원田園의 값이 없으니, 그 모양은 황황遑遑하고 그 소리는 흉흉洶洶합니다. 이사도 가지 못한 빈약한 자들은 또 모두 그 사전社錢을 헐고 그 문화門貨를 흩어 남에게 뒤질세라 주육酒肉과 사관(絲管 관현악기管絃樂器)을 사가지고 산과 물로 가서 밤낮을 가리지 않고 마시고 떠들고 허벅지와 손뼉을 치며 즐기고 있으나 이는 즐기는 것이 아니라 앞으로 닥칠 불행을 슬퍼하는 것입니다(『문집 권19』「김공후에게 보냄與金公厚」).[07]

06 진경시대는 조선후기 문화가 조선의 고유색을 한껏 드러내었던 문화절정기를 일컫는 문화사적인 시대구분이다. 그 기간은 숙종대에서 정조대에 걸치는 125년간이라 할 수 있다(최완수, 1998).

07 今湖南一路, 有可憂者二, 其一民騷也, 其一吏貪也。數三年來, 望族豪戶之遷徙入深者, 幾千人矣。茂朱·長水之間, 茇舍彌滿山谷, 淳昌·同福之際, 流民充塞道路, 沿海諸墺, 則井落蕭然, 田園無價, 觀其貌, 遑遑如也, 聽其聲, 洶洶如也。其貧弱不能徙者, 又皆毁其社錢, 破其門貨, 競買酒肉絲管, 登山泛水, 窮晝達夜, 酣呼謳呶, 搏髀拍手以爲樂, 非樂也, 謂將哀也。此其故何也?

지방의 삶을 이처럼 어렵게 하는 것은 삼정문란이 가장 큰 원인이었다. 삼정이란 전정, 군정, 환곡을 말하는데, 세금 행정을 통칭한다. 국가 재정에서 가장 중요한 수입원으로 수취 체제의 근간을 이루고 있었다. 하지만 삼정을 수취하기 위한 기준이 명확히 규정되지 않고 사족士族들은 과세 부담에서 제외되면서 사족이 아닌 계층에게 세금이 편중되었다. 또한 세도정치가 지속되고 정치 기강이 문란해지면서, 지역 관리들이 온갖 명목으로 덧붙여 받아 내는 일이 비일비재하였다. 이러한 수취 체제의 문란은 사회를 크게 동요시켰다. '백골징포白骨徵布', '황구첨정黃口簽丁'이라는 말이 생길 정도로 온갖 명목으로 세금을 거두고, 그렇게 마련한 검은 돈의 일부는 중앙의 세족에게 상납하였다(함규진, 2012).[08]

3. 다산 사회이론의 비판적 이해

조선후기에 조선정부는 일부 특권 계층을 제외한 대다수 사회구성원의 삶을 유지시키지 못했다. 정약용은 당시를 체제 모순의 심화와 국가의 노화, 정치와 행정의 파탄으로 '소민은 파산하고 쇠잔하여 멸망하는' 상황으로 인식하였다(함규진, 2012:104). 다산은 이러한 상황을 야기하는 원인을 2가지 구조적 모순으로 정리하였다. 첫 번째 모순은

08 정약용은 당시의 수탈을 『경세유표』에 다음과 같이 기록하였다. "법전에 규정된 세금은 농토 1결에 대략 쌀 20말과 돈 5전에 불과하다. 그러나 농민이 내는 것은 1년에 쌀 40말 이상, 벼 10말 이상, 돈 3~4냥 이상이나 된다. 여기에 아전들이 여러 가지로 농간을 부려 30~40말을 더 거둔다. 이리하여 10년 전에는 대략 농토 1결에 100말을 내면 되었으나, 지금은 100말로는 어림도 없다."

노동을 하는 사람과 노동의 산물을 향유하는 사람의 분리이다. 정약용은 백성들이 피폐하고 곤궁한 것은 일부 특권계층이 노동하지 않으면서도 노동의 산물을 독점적으로 향유하는 모순에 기인한다고 주장하였다. 두 번째 모순은 지배계층은 통치이념으로 민본사상을 주장했음에도 민民은 정치와 국가·사회운영에서 배제되었다는 점이다. 정치의 주체는 양반으로 대표되는 지배층이었으며 백성들은 그들의 통치에 절대적으로 복종해야 하는 존재였을 뿐이다. 하지만 조선후기 생산력이 발달하고 신분제가 해체되면서, 민의 의식도 발전하였다. 이러한 새로운 변화에 대처하는 새로운 사회이론이 필요하였다.

1) 다산 사회이론의 배경 이해

(1) 개인적 · 지적 배경

다산 정약용은 「자찬묘지명」에서 10세부터 본격적으로 공부하기 시작하였고 15세에 학문의 뜻을 세웠다고 언급하고 있다. 성호 이익이 학문 시작의 계기였으며, 이가환과 이승환 등과 함께 그의 학문을 이어받았다.[09] 정약용은 묘지명에 기술된 이가환, 이승훈을 비롯하여 정약전, 권철신, 이벽 등과 함께 공부하였는데, 이들은 남인의 학풍, 이익의 영

09 『문집 권16』「자찬묘지명自撰墓誌銘」. 10세가 되어 비로소 학과에 힘썼는데 5년간은 선고先考가 벼슬하지 않고 한가로이 지냈으므로 용이 이 때문에 경사經史와 고문古文을 꽤 부지런히 읽을 수 있었고, 또 시율詩律로 칭찬을 받았다. 15세에 장가를 들었는데, 마침 선고先考가 다시 벼슬하여 호조 좌랑戶曹佐郎이 되어 서울에 우거寓居하였다.이때 이공가환李公家煥이 문학으로 한세상에 명성을 떨쳤고, 자부姊夫 이승훈李承薰이 또 몸을 단속하고 뜻을 가다듬어 모두 성호星湖 이 선생李先生 익瀷의 학문을 조술祖述하였다. 용鏞이 성호의 유저遺著를 보고는 흔연히 학문하기로 마음먹었다." 時李公 家煥, 以文學聲振一世, 姊夫李承薰, 又飭躬勵志, 皆祖述星湖 李先生【瀷】之學。鏞得見其遺書, 欣然以學問爲意。

향, 서학에 대한 관심 등을 공유하고 있었다. 이들은 주자학만을 맹목적으로 추종하고 주희의 주석을 절대시하고 의문을 품지 않는 당시의 학계 분위기를 거부하고, 공자와 맹자를 통해 유교 본연의 모습을 찾는 수사학洙泗學을 지향하였다(함규진, 2012; 차이진펑, 2015).

하지만 정약용의 학문적 지향은 수사학에 머물지 않았다. 정약용 사회이론에서 가장 중요한 것은, 그가 단순하게 당시의 부패하고 무능한 제도와 구조를 개선하는 수준에 머물지 않고 중첩된 문제를 해결하는 새로운 인식틀을 제공하려 노력하였다는 점이다(박종목, 2013; 박진태, 2013). 이러한 그의 전환은 현실정치에서의 실패와 이를 계기로 본격화된 경학 공부를 통해 가능하였다. 그리고 서학과의 만남이었다.[10]

정약용의 사회이론에는 서학, 고대유학, 훈고학, 양명학, 고증학, 일본 고학古學, 성호 학풍, 주자학 등 다양한 사상적 경향들이 영향을 주었다. 이러한 다양한 관점들을 재료로 삼아 정약용은 자신의 고유한 이론체계를 완성하였다(백민정, 2007). 육경사서六經四書 전반에 대해 기존 주자학적 견해를 무비판적으로 받아들이기보다는, 자신의 고유한 문제의식에 기반한 치밀한 주석 작업과 재해석을 시도하였다(박종목, 2013). 서학에 대해서도 마찬가지였다. 무조건적으로 수용하기보다는 자신의 문제의식에 입각하여 취사선택하였다. 단순히 공부하고 정리하는 단계를 넘어선, 모순 극복을 위한 개혁방안의 철학적 기반을 마련하는 작업이었다. 때문에 기존의 주자학적 패러다임에서 벗어난 새로운 패러다임을 제안할 수 있었다. 이러한 그의 작업은 유배생활 18년간 지속되었다.

---

10 정약용은 23세이던 1784년 이벽으로부터 마테오리치의 『천주실의天主實義』를 접하였다.

(2) 지성사적 배경

임진왜란과 병자호란 이후의 조선은 사회혼란을 극복하지 못하고 있었다. 18세기 영·정조 시기에는 국가 운영의 새로운 원리로 탕평蕩平을 제시하고 사회개혁에 일정한 성과를 거두기도 하였으나 그 역시 한계에 부딪치고 있었다(오수창, 2012). 이러한 한계에 직면하여 시대적 과제를 성찰하고 해결하려는 두 흐름이 있었다.

송시열에서 한원진으로 이어지는 노론세력은 사회적·정치적 제도와 사회구조를 개혁하기보다는 주자학을 더욱 공고히 함으로써 과제를 해결할 수 있다고 생각하였다. 이들은 주자학의 도통道通의식을 근거로 주자학적 패러다임을 절대시하였다. 이를 위해 『주자대전朱子大全』과 『주자어류朱子語類』에 대한 주석서를 편찬하였고 정통적인 주자의 경전해석과는 다른 해석들은 사문난적斯文亂賊으로 규정하고 처벌하였다. 이와는 달리 사회적·정치적 제도와 사회구조를 새롭게 개혁함으로서 시대적 과제를 해결하려는 시도도 있었다. 유형원과 이익으로 대표되는 이들은 남인계열로 현실정치에서 소외되거나 일정한 거리에 있는 사람들이었다. 이들은 주자학적 사회운영원리가 현실세계에서 더 이상 제대로 작동하지 않는다고 생각하였고, 그 이유를 성리학의 관념화에서 찾았다. 이 입장에서 유학의 실천적 성격을 복원하려 하였고, 실용적인 서양의 문물에 관심을 가졌다. 하지만 주자학적 조선사회의 운영원리를 근본적으로 변혁할 정도는 아니었다(최완수, 1998).

정약용은 후자의 입장을 공유하고 있었고, 이들보다 한걸음 더 나아가 변화하고 있는 시대에 적합한 새로운 이론체계를 구성하였다. 당시는 서세동점西勢東漸의 시기였으며, 중국과 일본은 서양 문물을 수용하였다. 조선에도 공식적·비공식적 경로를 통해 다양한 서양 문물이 전파되고 있었다. 신분제도 해체되고 있었다. 농민층으로 대표되는 민民의 삶은 농업생산력 향상과 유통경제의 발달에도 불구하고 더욱더 엄혹해지고 있다. 이러한 사회의 모습을 직시하고 정약용은 증가하는 사회적 부를 특정한 계층이 독점하지 않고 모든 민에게 공평하게 분배하는 사회제도와 이를 뒷받침하는 이론을 제시하려 노력하였다.

이 이론은 주자학적 사회구조의 모순을 극복할 수 있는 보다 진전된 이론이어야 했고 이를 위해 당시 주류였던 주자학보다 정확하고 냉정한 시대인식을 갖추어야 했다. 그는 변화된 시대를 자신의 사상적 뿌리인 고대유학에 기반하여 정당화하려 하였다. 그는 서학과 고대유학, 그리고 주자학까지도 자신의 문제의식에 도움이 되면 주체적으로 수용하였다.[11]

2) 정약용의 인간이해

(1) 제민濟民과 위민爲民

위민爲民을 뜻대로 풀이하면 '백성을 위함'을 의미한다. 위민사상은 백성을 위하는 사상이며, 위민사상에 기초한 정책들은 백성을 위한 정책이다. 토지·조세제도의 개혁, 생산증대 방안에 대한 모색, 기계와 기술의 도입에 의한 생산성 향상과 민생을 위한 각종 대책 등이 정약용 위민사상과 위민정책의 증표로 제시된다. 주목할 지점은 정약용이 민民을 교화와 지배, 구제의 대상이 아니라 사회를 구성하는 여러 영역에서 주체적으로 활동하는 행위자(agent)로 적극 해석한다는 점이다. 이러한 적극적 해석을 통해 그는 주자학적 인간이해를 극복한다. 이를 위해

11 때문에 연구자의 입장에 따라 정약용은 여전히 주자학적 전통에서 왕권 강화를 시도하는 학자이기도 하며, 탈주자학을 지향하는 혁신적 유학자이기도 하다. 정약용은 이러한 후대의 평가와 무관하게 자신의 시대적 물음 속에서 유의미하게 작용할 수 있는 요소들을 모아 주체적으로 변용하고 수용하였다.

그는 성즉리性卽理로 정리되는 일체론적 사고방식을 거부하고 자연과 사회, 인간의 법칙을 분리하였다. 이제 인간은 자율적으로 선택하는 존재가 되었다. 두 번째로 정약용은 기존에 부정되었던 인간의 욕구를 긍정하고 명예와 이익, 정의를 모든 인간이 추구하는 것으로 위치 지었다.

(2) 자율적 주체

주류 주자학적 패러다임에서 리理와 성性, 도道는 하나의 진리이다. 사람들은 누구나 태어날 때부터 도〔善〕를 실천할 수 있는 덕德을 갖추고 있다. 다만 사람들마다 기질에 따른 청탁淸濁과 우열이 있어서, 수양과 교화가 중요하다. 사회운영에서도 그대로 적용되어, 자연을 움직이는 물리적 법칙은 사회운영법칙과 동일하게 체계화되어야 한다. 그래서 하늘과 사회, 인간의 조화의 정도는 감응感應의 정도로 이해된다. 이러한 논리체계에서는 도덕적 사회를 만들고 자연의 법칙, 즉 천리를 구현하기 위해서는 본래부터 그 성이 맑은 사대부들이 그렇지 않은 사람들의 교화敎化에 적극적이어야 한다. 사대부 계층의 신분적 정당화의 근거로서 교화는 사대부(양반)들의 역할로 강조되었다.

하지만 정약용은 이러한 일체론적 패러다임을 거부하였다. 인간의 도는 문자 뜻 그대로 '사람이 걷는 길'이므로, 자연의 법칙과는 다르다고 하였다.

> 도란 사람이 말미암은 것이다. 태어날 때부터 죽음에 이르기까지를 도라고 한다. 태어날 때부터 죽음에 이르기까지를 도라고 함은, 초나라에서 진나라에 이르기까지를 도라고 하는 것과 같다. 『중용』에 "도는 잠시도 떠날 수 없는 것이다"라 하였으니, 마치 초나라에서 진나라까지 가려면 그 길〔道〕에서 잠시 떠날 수 없는 것과 같다. 도가 인간에

게서 멀지 않은 것이 이와 같은 데, 장재는 기가 화하는 것이 도라 하였다. 무릇 음양의 조화와 금목수화토의 변동은 내 몸이 말미암을 수 있는 것이 아니니, 어찌 우리 도이겠는가? 일음일양一陰一陽을 도라고 하는 것은 『역전』에 비롯된 것이다. 그러나 이 천도天道를 말한 것이지 인도人道는 아니며, (엄밀히 말해) 역도易道이지 천도天道는 아니다. 어찌 우리 인간의 솔성지도率性之道가 일음일양의 도에 귀속되겠는가?(『맹자요의孟子要義 권2』「진심 제7(盡心 第七)」)[12]

그는 자연의 법칙과 사회의 법칙은 동일하지 않다[13]고 주장하였고, 자연은 인간에게 영향을 주는 환경, 즉 '세'로 새롭게 이해하였다. 자연과 사회, 인간은 감응하는 이일분수理一分殊의 요소들이 아니라, 서로 영향을 주고받는 관계들로 새롭게 재구성되었다. 정약용의 인간론에서 중요한 것은 '세勢'로 규정된 현실 조건이다.

기린은 착한 것으로 정해져 있기 때문에 착한 것이 공이 되지 않고, 시랑豺狼은 악한 것으로 정해져 있기 때문에 악한 것이 죄가 되지 않는다. 사람은 그 재才가 착할 수도 있고, 악할 수도 있는데, 능력은 자력自力에 달려 있고 권형權衡은 자주自主에 달려 있기 때문에 착하면 그를 칭찬하고(악할 수 있는 기틀이 있기 때문에 칭찬한다), 악하면 그를 꾸

---

12 道者, 人所由也, 自生至死曰道。自生至死曰道, 猶自楚至秦曰道。《中庸》曰 : "道也者, 不可須臾離。如自楚至秦者, 其身在道, 不可須臾離也。道不遠人若此, 而張子以氣化爲道。夫陰陽造化·金木水火土之變動, 非吾身之所得由, 則豈吾道乎? 若云一陰一陽之謂道, 本之《易傳》, 則是言天道, 不是人道, 是言易道, 不是天道, 豈可以吾人率性之道, 歸之於一陰一陽乎?

13 이는 『문집 권22』에 나오는 「뱀을 격살하는 데 대한 해(擊蛇解)」에서 확인할 수 있다. "사물을 생성生成함은 하늘이 하고 물건을 사용함은 사람이 한다"(『문집 권22』「뱀을 격살하는 데 대한 해(擊蛇解)」). 生物須天, 用物須人。

짖는다(능히 선할 수 있는 기틀이 있기 때문에 꾸짖는다). 양웅은 이에 대한 자기 소견이 있기 때문에 선악이 섞여 있다고 말하였으나, 그것으로 성性을 말하면 잘못이다 세勢란 것은 그 처지요 그 기미이다. 식욕과 색욕은 안에서 유혹하고 명예와 이익은 밖에서 끌어당긴다. 또 그 기질의 사사로움은 편안함을 좋아하고 수고로운 것을 미워하기 때문에, 그 세가 선을 따르는 것은 높은데 올라가는 것과 같고, 악을 좇는 것은 힘들이지 않고도 쉽게 무너져 내리는 것처럼 쉽다(『매씨서평梅氏書平 권4』「매씨서평 10梅氏書平十」).[14]

정약용은 사람의 행동은 선택 이후의 것임을 강조하고, 이 선택에 영향을 미치는 중요한 요소를 '세'로 정리하였다. 이러한 이유에서 세는 사회구조와 각종 제도, 규범, 문화, 장場 등 다양한 층위로 해석가능하다. 핵심은 외부환경에 직면해서 선택하고 행行하는 것에 의해 인간의 행동과 그 도덕성이 결정된다는 논리이다. 정약용은 사람의 행동과 그 도덕성은 개인의 선택과 노력의 산물이면서 동시에 그 선택에 영향을 미치는 외부환경의 산물이라는 점을 분명하게 지적하였다.

종합하면, 정약용의 인간이해를 다음과 같은 몇 가지 내용으로 정리할 수 있다. 첫째, 인간은 삶의 다양한 영역과 생활방식에 대해 외부의 간섭 없이 자율적이고 자의적으로 결정할 수 있는 권리 즉, 자기결정권自己決定權을 지닌 존재이다. 둘째, 자율적이고 자의적인 인간의 결정은 외부 환경에 의해 영향을 받으며 때에 따라서는 그 영향은 절대적이기

---

14 麒麟定於善, 故善不爲功, 豺狼定於惡, 故惡不爲罪。人則其才可善可惡, 能在乎自力, 權在乎自主, 故善則讚之,【以其有可惡之機, 故讚之】惡則訾之。【以其有能善之才, 故訾之】揚子有見乎是, 故曰善惡渾, 以之言性, 則非也。勢者, 其地·其機也。食色誘於內, 名利引於外。又其氣質之私, 好逸而惡勞, 故其勢從善如登, 從惡如崩。〔(번역) 정약용. 2002. 『역주 매씨서평』. 이지형 역. 문학과 지성사.〕

도 하다. 셋째, 정치의 목표는 인간이 처할 수밖에 없는 여건과 환경을 인간이 선善한 선택을 할 수 있도록 만들어주는 것이다. 이러한 정약용의 인간론은 사람의 지질에 의해 그의 행동이 결정된다는 주류 주자학의 해석과는 다르다.

(3) 욕구를 가진 존재

주자학적 세계관에서 인간의 욕구는 부정되었다. 본연지성과 기질지성의 논리, 인심도심론, 군자와 소인의 구분을 통해 사람의 마음을 천심에 귀속시켰다. 하지만 정약용은 모든 인간은 명예와 재산에 대한 욕구를 지닌 존재라 여겼다. 『상서고해尙書古訓』에서 인간은 부유하고 귀함에 대한 선천적 욕구가 있기 때문이라 설명하였다. 그에게 인간은 누구나 풍족해지고 싶어 하며 귀한 대우를 받길 원하는 존재로 이해된다. 이처럼 욕구를 지닌 존재라는 측면에서 군자와 소인의 차이가 없다. 군자와 소인 모두 동등한 욕망의 주체로 기술되고 있다(백민정, 2008).

> 현인을 현인으로 대우해 주고 친한 이를 친하게 여김이 관리를 임용하는 덕이 아니겠는가? 좋아하는 것을 즐기게 해주고 이로워하는 것을 이롭게 해줌이 백성에게 베푸는 덕이 아니겠는가? 천하를 다스리는 대경대법大經大法은 오직 이 두 가지이므로, 대학은 이로써 결론을 맺었다. 치평治平의 방법은 구경팔통九經八統이라 그 절목이 매우 광대한데, 어째서 꼭 이 두 가지만을 큰 것으로 삼았을까? 생민生民에게는 원래 욕구[欲]가 있다. 그 큰 욕구에 둘이 있으니 하나는 부욕富欲이요 하나는 귀욕貴欲이다. 무릇 군자의 족속으로서 왕조에 벼슬살이 하는 자는 그 욕구하는 바가 귀함에 있고 소인의 족속으로서 전야에서 경작하는 자는 그 욕구하는 바가 부유함에 있다. 사람을 벼슬시킴이 적절함을

> 잃으면 원망과 비방이 귀족에게서 일어나고, 백성에게 혜택을 베푸는 것이 고르지 못하면 원망과 비방이 소민에게서 일어나니, 이 두 가지는 충분히 나라를 잃게 할 수 있는 것이다(『상서고해尙書古訓 권2』「고요모皐陶謨」).[15]

인간의 욕구를 긍정하는 입장에서 정치의 과제는 '백성들의 교화'가 아닌 '욕구 충족'이다. 『대학공의大學公議』에서 정약용은 용인用人과 이재理財를 통해 민의 욕구를 실현시켜주는 것이 중요하다고 정리하였다.

> 나라를 다스리는 자에게 큰 정사가 두 가지가 있다. 첫째는 '인재를 등용하는 일'이며, 둘째는 '재물을 다스리는 일'이다. 대개 사람이 이 세상을 살아가면서 크게 바라는 것이 두 가지이다. (중략) 인재를 등용할 때 어리석음과 간사하고 곧음에 따라 승진시키고 내쫓는 것이 백성들의 마음에 어긋나지 않고, 세금을 거두어들일 때 부세를 수납하고 재정을 지출하는 것이 백성들의 마음에 어긋나지 않으면 여론이 안정되고 믿게 되어 나라가 편안해 진다(『대학공의大學公議』「대학공의 3大學公議 三」).[16]

이러한 전환을 정약용은 성기호론을 통해 설명하였다. 성性을 선을

---

15 賢賢親親, 非官人之德乎。樂樂利利, 非惠民之德乎。治天下之大經大法, 唯斯二者。故《大學》以此而結局也。治平之術, 九經 · 八統, 其目甚廣, 奚必斯二者之爲大乎? 【先朝閣講, 每以是下問講官, 無一人能對者】原夫生民有欲, 其大欲有二, 一曰富, 二曰貴。凡君子之族, 仕於王朝者, 其所欲在貴。小人之族, 耕於王野者, 其所欲在富。官人失其宜, 則怨詛興於貴族, 惠民有不周, 則怨詛興於小民, 二者皆足以失國。

16 議曰 爲國者, 其大政有二, 一曰用人, 二曰理財。大凡人生斯世, 其大欲有二, (중략) 惟其擧用之際, 其賢愚邪正之升降黜陟, 不違於衆心, 其徵斂之日, 賦稅財賄之出納收發, 不違於衆心, 則物情平允, 邦國以安。〔(번역) 정약용. 2015. 『대학공의 대학강의 소학지언 심경밀험』. 정두영 역. 사암.)〕.

좋아하고 악을 부끄러워하는 윤리적 기호嗜好로 이해함으로서 이제 마음은 도심(천심)으로부터 독립된다. 인간의 마음이 도심에서 자유로워지면서 인간은 자신의 행위를 선택할 수 있는 의지와 능력〔권형權衡〕을 갖추어야 한다. 이러한 관점에서 사람들의 선함을 증명하는 것은 모든 사람들에게 내재된 성性이 아니라 선한 행위의 행사이다. 때문에 인간의 행위에 영향을 미치는 외부환경의 중요성은 더욱 강조된다.

(4) 평등한 존재

또 한 가지 우리가 주목해야 할 점은 정약용이 신분 폐지를 주장했다는 점이다.[17] 사회제도를 다루는 부분에서도 언급하겠지만, 정약용은 '누구나 생활에 필요한 일정한 생업을 가진 사회'를 지향하였고, 이 사회는 누구나 일하는 사회이다. 『경제유표』에 민을 9가지 직분으로 구분하고 선비를 그 중 하나로 제시하고 있다. 이를 통해 정약용은 양반 중심의 신분제를 부정하고 있다.[18]

> 백성의 직에 아홉 가지가 있는데, 첫째는 사士, 둘째는 농農, 셋째는 상商, 넷째는 공工, 다섯째는 포圃, 여섯째는 목牧, 일곱째는 우虞, 여덟째는 빈嬪, 아홉째는 주(走 : 직업 없이 놀고 있는 자가 삯을 받고 남의 일을 해주는 것)이다. 이 아홉 가지 직업 중에 가장 힘을 쓰는 자는 누구일까? 바로

17 소위 '온 국민 양반되기'로 이해되는 신분제 폐지론에 대해서는 아직도 논란이 있지만 연구자는 정약용이 신분제의 폐지를 주장했다고 여긴다.

18 조선시대가 양반 중심의 신분제 사회라는 점에서도 이견이 존재하지 않는다. 다만, 신분구조에 대해서는 「양반-중인-상민-천민」의 네 범주로 구분된다는 설과 양인과 천인으로 구성된 양천제 사회였다는 설로 나누어지고 있다. 하지만 두 이론에서 모두 양반의 개념은 관제상의 문무반을 의미하는 것에서 출발하여 조선시대에 이르러 최고 지배신분층을 지칭하는 신분개념으로 쓰이게 되었다는 데에는 인식을 같이한다고 할 수 있다(이병휴, 2001 참고).

> 농부農夫이다.(『경세유표經世遺表 권8』「정전의 4井田議 四」).[19]

나아가 정약용은 양반이 원래 문관과 무관을 함께 지칭하는 용어로서 신분이 아니었음에도 그가 살았던 시대에 이미 특권을 가진 '귀족'으로 형성되었음을 비판하고 있다.[20]

> 양반이란 동과 서 두 반을 말하는데, 고려의 이른바 문반과 호반이다. 사대부란 당하관과 당상관을 함께 이르는 말이다. 우리나라의 귀족들은 벼슬길에 나가지 않으면서도 오히려 양반이라고 하고, 낮은 관직조차 없음에도 오히려 사대부라고 하니, 이름과 실제가 맞지 않는다(『아언각비雅言覺非 권2』「양반兩班」).[21]

정약용은 신분제를 뒷받침하던 당시의 주류적 세계관도 비판하였다. 앞에서 언급했듯이 도덕적 역량의 차이를 뒷받침했던 지질기성의 논리를 거부하고 자유롭게 결단하는 자유의지를 도입함으로써 조선후기의 신분제 해체는 정당화될 수 있다. 정약용은 이러한 자신의 이론을 고대유학을 통해 정당화하려 하였다.

---

19 民職有九，一曰士，二曰農，三曰商，四曰工，五曰圃，六曰牧，七曰虞，八曰嬪，九曰走。【閒民無業者，受雇行走】九職之民，其最用力者誰也？農夫，是也。

20 양반의 귀족화로 양반을 지칭하는 범위가 관원으로 진출할 수 있는 자격을 가진 자와 그 가족·가문으로 확대되었다. 이러한 경향은 문음과 과거를 통한 관직의 세전世傳과 그들 간의 폐쇄적인 혼인관계로 더욱 일반화되었다(이병휴, 2001).

21 兩班者，東西二班。高麗所謂文班·虎班，是也。【高麗避武宗諱，武班曰虎班，今尙沿其名】士大夫者，堂下官【《周禮》有上士·中士·下士】堂上官之稱也。吾東貴族，白徒無成，猶稱兩班，一命未沾，猶稱士大夫，名實有未當矣。○俗語貴族謂之韓骨兩班，韓骨者，第一骨也。《南史》稱：“新羅之俗，貴其世類，王族曰第一骨，后族曰第二骨。”然則璿派之外，皆非第一骨矣。

사람은 누구나 자기 몸에 존귀한 것을 지니고 있다. 생각하지 않아서 모를 뿐이다. 남이 존귀하게 해준 것은 진실로 존귀한 것이 아니다(『맹자』「고자상」 제17장).[22]

정약용의 평등사상은 누구나 '노동'을 통해 자신의 생계를 유지해야 한다는 주장에서도 드러난다. 앞에서 언급했듯이 사회를 구성하는 직분 중 하나로 선비가 위치하며, 「전론田論」에는 선비도 자신의 능력에 따른 역할을 수행함으로써 자신의 생활을 유지할 수 있을 것이라고 주장하였다.

대저 선비란 어떤 사람인가? 선비는 무엇 때문에 손발을 놀리면서 남의 토지를 빼앗아 차지하고 남의 힘으로 먹고 사는가? 대저 노는 선비가 있기 때문에 지리地利가 다 개척되지 못하니, 놀고서는 곡식을 얻을 수 없음을 안다면 또한 장차 직업을 바꾸어 농사를 짓게 될 것이다. (중략) 그러나 선비 중에 반드시 직업을 바꾸어 농사일을 할 수 없는 사람이 있다면 장차 어찌하겠는가. 직업을 바꾸어 공업工業이나 상업商業을 하는 사람도 있을 것이고, 아침에는 나가서 농사일을 하고 밤에는 돌아와서 독서讀書를 하는 사람도 있을 것이며, 부민富民의 자제子弟들을 가르쳐 주고 생활을 영위하는 사람도 있을 것이며, 실리實理를 강구하고 토지의 적성適性을 분별하고 수리水利를 일으키고, 기구器具를 만들어서 인력을 덜게 하고, 곡식을 심고 가꾸는 일과 가축家畜을 기르는 방법을 가르쳐서 농업農業을 돕는 사람도 있을 것이니, 이러한 사람들은 그 공로가 어찌 팔을 걷어 올리고 힘들여 노동하는 사람에게 비교할 바이겠는가.

22 人人有貴於己者，弗思耳。人之所貴者，非良貴也。

> 1일의 역사役事를 10일로 기록하고 10일의 역사를 100일로 기록하여 그 양곡을 분배해 주는 것이 옳으니, 선비에게 어찌 분배가 없을 수 있겠는가(『문집 11권』「전론 5田論五」).[23]

정약용은 신분이 아닌 자신의 능력에 의해 직업이 선택되는 평등사회를 지향하였다. 이러한 맥락에서 그는 세습화, 독점화, 특권화된 양반을 비판하고 사회 분업체계의 재편을 주장하였다. 이를 통해 상업의 활성화로 부를 창조한 상인들의 신분 상승욕구를 긍정적으로 이해하고 이들의 상승욕구를 활용할 수 있는 사회구조를 고민하였다. 정약용의 인간론에서 노동은 특정계급의 전유물이 아니라 인간의 보편적인 삶의 양식으로 전환되었다.

3) 정약용의 사회이해

정약용의 새로운 사회이론에서 민民은 교화되어야 하는 수동적인 인간이 아닌 스스로 자신의 행위를 결정하고 그 책임을 져야 하는 주체적 인간이 되었다. 때문에 노동하는 인간으로 구성된 사회구조를 주문할 수 있었다. 이러한 일련의 변화와 진전은 경학에 대한 새로운 인식으로 뒷받침되었다. 이 작업은 토지개혁론에서 잘 표현되어 있다.

---

23 夫士也, 何人？士者, 仕也。古者, 仕者謂之士。又其學先王之道, 將進而仕於朝者謂之士。故學也, 祿在其中。今之所謂士者, 不任不學道, 冒士之名, 而無所爲焉。士何爲游手游足, 呑人之土食人力哉？夫其有士之游也, 故地利不盡闢也。知游之不可以得穀也, 則亦將轉而緣南畝矣。(중략) 日, 有轉而爲工商者矣, 有朝出耕夜歸讀古人書者矣, 有敎授富民子弟以求活者矣, 有講究實理, 辨土宜興水利, 制器以省力, 敎之樹藝畜牧, 以佐農者矣。若是者, 其功豈扼腕力作者所能比哉？一日之役注十日, 十日之役注百日, 以分其糧焉, 可也。士何爲無分哉？

18세기 말부터 19세기 초까지 정약용이 활동하던 시기 조선의 주요 산업은 농업이었다. 때문에 조선사회에서 부의 재분배를 둘러싼 핵심은 토지제도와 밀접하게 관련되어 있다. 민본사상에 기초했던 유학에서는 원칙적으로 모든 토지는 국가(국왕)의 소유이다. 하지만 현실은 그렇지 못했다. 오히려 사적 소유가 광범위하게 허용되었고 토지의 과도한 독점獨占이 사회문제를 야기하고 있었다. 때문에 사회개혁에 관심을 가졌던 유학자들의 개혁론의 핵심은 토지개혁이었다. 특히, 주자학적 인간이해를 극복한, 주체적이며 자주적인 인간들이 평등하게 노동하며 자신의 생계를 유지하기 위해서는 왜곡된 분배구조의 개혁이 필수적이었다. 나아가 당시 사회구조에서 부세 제도와 군역 제도는 토지제도와 연관성에서 설계되고 운영되었다는 점에서 사회의 핵심구조라는 의미도 함께 지니고 있다.

(1) 항산恒產을 위한 사회적 분업체계와 부의 재분배

항산의 기본전제는 모두가 직업을 가진 분업에 기초한 사회를 구성한다는 것이다. 이를 위한 기본토대는 모든 토지를 국유화하고 농민들에게 토지를 분배하는 것이다. 이러한 기획은 당시 화폐경제의 발달과 농업생산성 상승이라는 현실로 가능하였다. 농업에 종사하지 않더라도, 재화의 교환을 통해 생계를 유지하는 것이 가능해졌기 때문이다. 상인商人이나 공인工人들은 각기 재화로 곡물을 취득할 수 있고, 선비들은 그들이 지닌 지식을 바탕으로 가르치는 직업에 종사할 수 있다.

> 선왕의 뜻은 천하 백성에게 모두 고르게 전지를 얻도록 하려는 것이 아니라 천하 백성에게 모두 고르게 직職을 받도록 하려는 것이었다. 직을 농사로 받은 자는 전지를 다스리고, 직을 공장工匠 일로 받은 자는 기구器具를 다스리며,

장사꾼은 물화를, 목자牧者는 짐승을, 우자虞者는 재목材木을, 빈씨嬪氏는 베짜기를 다스려서, 각자 그 직으로써 먹을 것을 얻도록 했다.(『경세유표經世遺表 권6』「전제 5田制 五」)[24]

조선후기에 양반계층의 분화와 토지소유의 극심한 불평등으로 생산에는 참여하지 못하고 사회에 특별한 기여를 하지 못하는 선비들이 많았다. 생산에 참여하고 싶지만 그렇지 못하는 농민계층도 많았다. 생산에 참여하더라도 당시의 지주제하에서 노동의 산물을 제대로 향유하지 못하는 이들도 많았다. 이러한 사회에서 사람의 선택에 영향을 주는 외부환경은 선을 권장하기보다는 악을 권장할 가능성이 더 높다.

정약용은 사회제도를 인간행위에 영향을 주는 외부환경으로, 사람들이 선을 선택하고 실천할 수 있도록 여건을 만들어주는 것으로 이해하였다. 이러한 이해에 비추어보면, '항산'을 마련해주지 못하고 민의 생산물을 국가와 지주들이 착취하는 당시의 사회제도는 민이 악惡을 선택할 수밖에 없는 제도이다. 일부 양반들이 고위공직을 독점하고, 세금을 내지 않으며, 경제적 부를 독점하고 있었다. 이들은 정치가 해야 하는 가장 기본적인 역할, '항산恒産을 마련해주는 것'[25]을 방기하고 있었다. 나아가 자신들의 이해관계에 따라 사회제도를 왜곡하였다.

하늘이 이 백성을 내어 그들을 위해 먼저 전지田地를 두어서 그들로 하여금 먹고 살게 하고, 또 그들을 위해 군주君主를 세우고 목민관牧民官을 세워서 군주와 목민관으로 하여금 백성의 부모가 되게 하여, 그 산업産業을 골고루 마련해

24 先王之意, 非欲使天下之民, 均皆得田, 乃欲使天下之民, 均皆受職。受職以農者治田, 受職以工者治器, 商者治貨, 牧者治獸, 虞者治材, 嬪者治織, 使各以其職得食。(중략)

25 孟子曰無恒産而有恒心者。惟士爲能, 若民則無恒産因無恒心. 『맹자』「양혜왕 상」

> 서 다 함께 살도록 하였다. 그런데도 군주와 목민관이 된 사람은 그 여러 자식들이 서로 치고 빼앗아 남의 것을 강탈해서 제 것으로 만들곤 하는 것을, 팔짱을 낀 채 눈여겨 보고서도 이를 금지시키지 못하여 강한 자는 더 차지하고 약한 자는 떠밀려서 땅에 넘어져 죽도록 한다면, 그 군주와 목민관이 된 사람은 과연 군주와 목민관 노릇을 잘 한 것일까? 그러므로 그 산업産業을 골고루 마련하여 다 함께 잘 살도록 한 사람은 참다운 군주와 목민관이고, 그 산업을 골고루 마련하여 다 함께 잘 살도록 하지 못하는 사람은 군주와 목민관의 책임을 저버린 사람이다(『문집 11권』 「전론 1田論 一」).[26]

토지를 겸병하고 있는 대토지소유자들은 그만큼 사람들의 생명을 해치고 자신만이 살찌고 있는 것이라 비판하였다. 당시 산업생산은 농업생산에 기반하고 있는 현실을 반영하고 있다. 시기에 따라 그의 토지개혁론은 여전제에서 정전제로 변화하였고, 이러한 변화와 토지개혁론의 내용을 둘러싸고 다양한 해석이 존재한다. 하지만 정약용의 토지개혁론의 핵심은 항산을 마련하는 것이다. 정약용은 농업을 중심으로 하는 산업구조를 전제하고 있지만, 공업과 상업 등의 역할도 인정하고 있었다. 핵심은 자신의 직분에 충실한 노동이다.

> 농사를 짓는 사람은 전지田地를 얻게 되고, 농사를 짓지 않는 사람은 전지를 얻지 못하게 되며, 농사를 짓는 사람은

26 天生斯民, 先爲之置田地, 令生而就哺焉, 旣又爲之立君立牧, 令爲民父母, 得均制其產而竝活之。而爲君牧者, 拱手孰視其諸子之相, 攻奪竝呑而莫之禁也, 使強壯者益獲, 而弱者受擠批, 顚于地以死, 則其爲君牧者, 將善爲人君牧者乎? 故能均制其產而竝活之者, 君牧者也, 不能均制其產而竝活之者, 負君牧者也。

곡식을 얻게 되고, 농사를 짓지 않는 사람은 곡식을 얻지 못하게 된다. 그러나 공업工業을 하는 사람은 그의 기구器具로써 곡식을 바꾸게 되고, 상업商業을 하는 사람은 그의 화물貨物로써 곡식을 바꾸게 되니, 걱정할 것이 없다(『시문집 11권』「전론5田論 五」).[27]

정약용의 토지개혁론의 주요 원칙 중 하나는 경자유전耕者有田 원칙이다. 이 원칙은 노동을 통한 사회적 기여로 이해되어야 하며, 불로소득 금지 원칙으로도 이해할 수 있다. 그는 토지개혁을 통해 노동하는 사람과 노동의 산물을 향유하는 자를 일치시키려고 하였다.

(2) 사회 공공성 회복

농업 중심 산업구조에서 토지는 생산을 위한 가장 중요한 자산이다. 이러한 측면에서 토지 분배제도와 소유 실태는 해당 사회의 민주성과 평등성을 의미한다. 조선후기에는 유학의 왕토사상이 이미 붕괴되었고, 토지는 소수에게 집중되어 있었다. 이러한 상황에서 사회개혁의 핵심은 토지문제의 해결이었다. 때문에 당시 사회개혁가들이 제시한 개혁론의 핵심은 토지개혁론이었다. 그리고 대부분은 국가기구의 수탈적 구조를 궁극적으로 개혁하기 위해 왕토사상으로 설명되는 전국 토지의 국유화, 즉 공전화公田化를 전제하고 있다. 왕토사상, 즉 모든 토지는 국가 소유라는 선언을 통해 토지의 공공성을 확고히 하고 있다. 이를 통해 민民도 공공의 영역으로 포괄된다. 새로운 토지제도에서 토지 점유자를 농민으로 제한하고, 동시에 모든 민은 농산물과 교환될 수 있는 노동의 주체로 상정됨으로써 민은 공공의 영역에 진입하였다. 공이

27 農者得田, 不爲農者不得之, 農者得穀, 不爲農者不得之。工以其器易, 商以其貨易, 無傷也。

함축했던 의미는 변화하였다(조광, 2012).

민民이 공공의 영역에 포함되었다는 측면에서 민에 우선하는 국가도 공공성에 대한 강조로 해석할 수 있다. 대토지소유자들에 의해 주자학적 사회구조의 핵심이었던 왕토사상과 덕에 기초한 정치가 붕괴된 현실을 목도하면서 정약용은 공공의 상징으로 국가를 전면에 내세웠다. 물론 이러한 공공성의 구체적 실현 방안은 그의 경세론에 제시되지 않고 있다. 철인 혹은 성인으로 묘사된 지도자들에 의한 결단과 의지에 기대고 있다. 같은 맥락에서 정약용은 토지 국유화의 대의명분으로 군목君牧과 민民을 성리학적 사회윤리의 근간인 부자간의 자효慈孝 관계로 설정한 데서 적극적으로 구하고 있다(박진태, 2103).

4. 다산 사회이론의 현재적 의미

다산 사회이론의 성격을 어떻게 이해해야 하는가? 연구자는 이를 '패러다임의 전환'이란 관점에서 이해하고 있다. 조선의 유학자들은 인문주의[28]를 보존하고, 백성을 인문도덕으로 교화하며, 성리학적 가치를 수호하는 역할을 담당하였다. 그들은 정치를 통해 '도'를 구현한다는

28 이 글에서 인문주의는 유교문화의 특징으로 우주의 생성과 변화의 원리가 궁극적으로 도덕의 원리를 따르고, 인간의 도덕은 하늘의 도天道를 반영한다는 천인합일天人合一의 정신을 뜻한다. 이러한 인문주의는 유교 지식인인 사대부를 통해 구현되며, 사대부가 도덕률을 규정하고 계승하는 골간을 담당한다는 믿음을 전제로 하고 있다(민귀식, 2012: 46). 연구자가 인용한 민귀식의 논문은 중국 전통지식인을 대상으로 하고 있다. 그러나 중국의 지식적 전통은 유교에 바탕하고 있으며, 이 유교의 전형적이며 철학적 사조인 성리학이 조선시대의 지배적 이념이었다는 점에서 큰 틀에서 중국의 전통지식인과 조선의 지식인은 유사하다.

신념에 따라 출사出仕하였다. 관직에 나가는 명분은 경세제민經世濟民을 위한 사명감으로 이해되었다. 이러한 측면에서 '학문이 뛰어난 자가 관리가 된다.'는 명제는 공자 이래 지식인의 이상이자 의무였다. 물론 관직을 통해 얻을 수 있는 경제적 안정과 군자로서의 사회적 지위도 큰 동기였다. 정약용도 유배流配를 당하기 전까지 이러한 유자儒子의 삶에서 크게 벗어나지 않았다.

유자로서의 삶은 유배를 계기로 변화하였다. 유배당한 죄인으로서 정학용은 권력과 학문이 연결되었던 당시의 '전문가 공동체'에서 배제되었다. 전문가 공동체에서 배제된 정약용은 이전보다 더욱 자유롭게 변칙과 변용, 나아가 새로운 방법을 시도한다. 때문에 그는 자신이 속했던 기호남인계의 유형원과 윤휴, 이익을 넘어선 새로운 발견에 도달하였다. 그는 기존의 학문방법, 즉 경서의 내용에 대해 주석을 작성하고 문구를 고증하고 바르게 해석하는 방법을 채용하였지만 이를 통해 이전의 내용을 반복하기보다는 새로운 독자적인 발견을 추구하였다. 이때의 발견은 조선후기사회가 직면한 위기에 대한 해답이었다.

당시 성리학은 '정상과학'으로서의 지위를 누리고 있었지만, 위기에 직면해 있었다. 조선건국 초기에 정립되었던 패러다임은 변화하고 있는 조선후기사회를 설명하지 못하고 있었다. 국가구조는 피지배계층의 붕괴와 사회적 위험에 전혀 대응하지 못하고 있었다. 빈곤과 질병 같은 사회적 위험과 삼정문란으로 이해되는 제도적 위험에도 대처하지 못하는 모순에 직면해 있었다. 위기에 대한 대응은 대체로 두 방향에서 전개된다. 하나는 기존 패러다임에 충실한 노선에서 추구되는 길이고, 다른 하나는 기존 패러다임에서 부분적으로 혹은 보다 넓은 범위에서 수정하면서 문제를 해결하는 길이다. 권력과 학문(곧 지식)이 밀접하게 연관된 조선사회에서 후자의 길은 전문가 공동체를 넘어선 국가권력에 대한 저항과 거부로 이어지고 그렇게 이해되기도 하였다. 그럼에도 정약용은 후자의 길을 선택하였다.

정약용의 사회이론은 19세기 조선후기를 전면적으로 개혁하려는 이론적 근거와 이에 근거한 실천방안으로 구성되어 있다. 그는 하늘과 자연, 사회, 인간을 하나의 논리로 규율하는 일체론적 사고를 부정하고, 자연과 사회, 인간을 분리하고, 공과 사를 분리하였다. 이를 통해 주자학적 패러다임을 극복(혹은 대체)하려 하였다. 왕권을 인격적 권력이 아닌 직위에 해당하는 권력으로 이해하고 제도에 의한 통치를 지향하였다. 이는 인간의 자율성에 대한 믿음에 기초하고 있다. 더불어 그는 선택에 따른 책임의 엄격함을 강조하였다. 이 엄격함은 개인적 선善을 넘어 사회적 선善에 대한 책임이다. 정약용이 지향하던 사회는 누구든 인간으로서 존중받는 사회이며, 자신의 삶을 스스로 유지하는 기본적 토대가 마련되는 사회이다. 누구나 일을 함으로써, 공동체에 기여함으로서 함께 살아가는 사회이다.

정약용의 사회개혁론에 대해 일부는 이상론에 가까우며 구체적인 방법론이 보이지 않다고 비판하기도 한다. 정반대로 일부에서는 왕권강화를 위한 정책일 뿐이라 폄훼하기도 한다. 하지만 정약용에게서 우리가 주목해야 할 지점은 그의 사회이론은 조선후기 사회변화에 대한 대응이었고 그 대응의 과정에서 형성된 새로운 발견이라는 것이다. 정약용이 살았던 19세기 조선후기와 현대 한국사회 사이에는 여러 유사점들이 발견된다. 부의 편중과 불평등의 고착화, 부모의 경제력이 자녀의 삶의 질을 결정하는 부의 대물림, 그리고 그 확대로서 유사 신분제의 등장이 바로 그것이다. 현대 한국사회에서는 부를 위한 욕구를 넘어선 탐욕이 범람하고 있으며 경쟁은 특정 계급이 자신들이 지닌 우월한 격차를 드러내는 수단으로만 의미를 지니고 있다. 신분은 법적으로 부정되지만 '갑질'의 기반이 되는 경제력에 기반한 격차는 고정되어있다. 정치의 공공성에 대한 믿음은 더이상 존재하지 않고, 정치를 통한 삶의 개선을 소수의 몽상가만이 여전히 집착하는 수단으로 존재한다. 일부 젊은 계층에서 확인되는 물질주의적 가치관과 그에 따른 행위들은 작금의 사회현실을 보여주는 극명한 사례이다. 이러한 사회현실을 극복하고자 보편적 복지, 토지공개념, 기본소득 등 다양한 아이디어들이 논의되고 있다. 하지만 여전히 산업자본주의 패러다임 속에서 답을 찾으려는 노력들뿐이다. 정약용과 같은 담대한 상상력이 필요한 시기이다. 이러한 담대한 상상력의 자원으로 정약용의 인간론과 사회론은 여전히 참조할 가치가 있다. 현대 한국사회를 살아가는 우리는 얼마나 자유롭게 자신의 행위를 선택하고 그 책임을 지고 있는가? 우리 사회의 정치와 운영원리는 인간다운 삶을 위해 설계되었고 운영되고 있는가? 사회운영원리는 특정 계급에 의해 왜곡되고 있지는 않은가? 사회구성원 모두에게 생활에 필요한 역할을 마련해주고 있는가? 그리고 사회구성원들은 그 역할을 다하기 위해 기꺼이 노동하고 있는가? 정약용이 오늘을 살아가는 사람들에게, 특히 학자들에게 던지는 질문이다.

참고문헌

『여유당전서』

강만길. 1986.「정약용시대의 경제사정」.『정다산과 그 시대』. 강만길 외. 민음사. 47-70쪽.

권정호. 2014.「조선조 위민정치와 복지사상의 탐색」.『한국동양정치사상사연구』 13(2). 81-120쪽.

김용욱. 1986.『조선시대의 정치체계』. 원광대학교출판사.
김용섭. 1971.『조선후기농업연구사』. 일조각.
김태희. 2010.「한국 주자학과 실학에서의 민 개념-정도전·이이·허균·정약용의 민 관념을 중심으로-」.『한국·동양정치사상사학회 2014년 춘계학술대회』. 45-62쪽.
김치완. 2013.「다산학으로 본 실학과 근대개념에 대한 비판적 접근」.『역사와 실학』52. 211-237쪽.
김희숙. 2010.「다산의 인간관에 나타난 사회개혁론 연구」.『유교문화연구』17. 37-64쪽.
금장태. 2014.『다산 정약용』. 살림.
민귀식. 2012.「중국 전통지식인과 정치사회권력 관계에 대한 역사적 고찰」.『중소연구』36(2). 43-82쪽.
박석무. 2014.『다산 정약용 평전: 조선 후기 민족 최고의 실천적 학자』. 민음사.
박종목. 2013.「다산 사회개혁론의 철학적 기반」.『법철학연구』16(3). 207-248쪽.
박진태. 2013.「다산의 토지문제 인식의 추이와 연속성」.『다산과 현대』6. 157-184쪽.
백민정. 2007.『정약용의 철학 : 주희와 마테오리치를 넘어 새로운 체계로』. 이학사.
______. 2008.「정약용 정치론에서 권력의 정당성에 관한 물음: 제명과 후대 논의에 대한 재성찰을 중심으로」.『철학사상』29. 3-42쪽.
______. 2012.「다산 경학사상 연구의 의의와 현황」.『다산과 현대』4·5. 323-348쪽.
성태용. 1994.「다산 정약용의 철학사상」.『철학과 현실』(23). 110-128쪽.

송재소 외. 2012.『다산 정약용 연구』. 사람의 무늬.
오수창. 2012.「조선후기 체제인식과 민중운동 시론」.『한국문화』 60. 249-270쪽.
이명호. 2013.『한국 가족중심주의의 역사적 기원 : 조선후기와 근대전환기 종교영역과 생활양식을 중심으로』. 한양대학교 박사학위논문.
이세용. 1998.「진경시대의 사회경제적 변화」.『우리문화의 황금기 진경시대 1』. 최완수 외. 돌베개.
이종길. 1991.「다산 정약용의 토지관 소고」.『법사학연구』 12. 49-67쪽.
유봉학. 1998a. 경화사족의 사상과 진경문화. 최완수 외.『우리문화의 황금기 진경시대 1』. 돌베개.
______. 1998b.『조선후기 학계와 지식인』. 신구문화사.
이병휴. 2001.「양반이란 무엇인가」.『한국사 시민강좌』 29. 1-22쪽.
이영재. 2013.「조선시대 정치적 공공성의 성격 변화: 민을 중심으로」.『정치사상연구』 19(1). 57-84쪽.
장현근. 2009.「민의 어원과 의미에 대한 고찰」.『정치사상연구』 15(1). 131-157쪽.
정약용. 2002.『역주 매씨서평』. 이지형 역. 문학과 지성사.
정약용. 2015.『대학공의 대학강의 소학지언 심경밀험』. 정두영 역. 사암.
조광. 2012.「조선후기 유학전통에서 공과 사의 문제」.『다산과 현대』 4·5. 157-172쪽.
조성을. 2004.「조선후기 성리학 해체의 제양상」.『전환기, 한국유학의 모색과 대응』. 한국학진흥원.
차이전펑. 2015.『다산의 사서학: 동아시아의 관점에서』. 김중섭·김호

역. 너머북스.

최완수. 1998.「조선 왕조의 문화절절기. 진경시대」.『우리문화의 황금기 진경시대 1』. 최완수 외. 돌베개.

함규진. 2012.『정약용 : 조선의 르네상스를 꿈꾸다』. 한길사.

홍덕기. 1990.「다산 정약용의 토지개혁사상연구-여전론을 중심으로」.『범한철학』5. 283-318쪽.

Thomas S. Kuhn.. 2012. *The Structure Of Scientific Revolutions: 50th Anniversary Edition*. The University of Chicago Press(김명자·홍성욱 역. 2103.『과학혁명의 구조』. 까치).

성호 이익

유승무

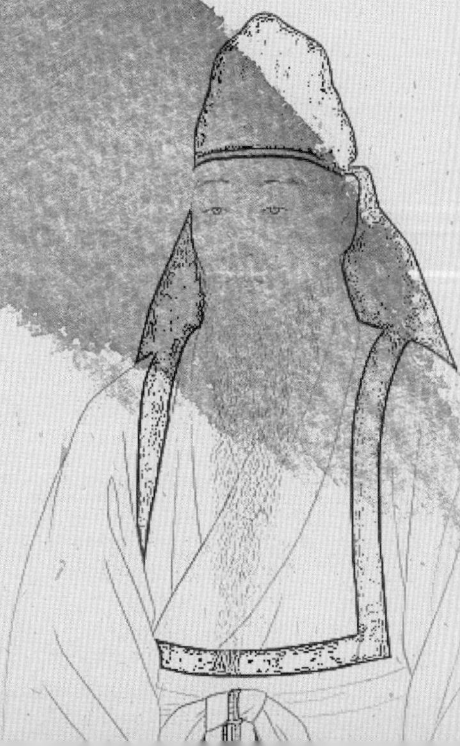

성호 이익

—

유 승 무

Ⅰ. 왜 성호 이익인가?

이른바 '성호학파'란 명칭이 웅변하듯 성호 이익(1681~1763)은 자신의 이름으로 학문의 일가를 이룬, 퇴율 이래 가장 우뚝한 한국학 거봉들 중 하나다.[01] 성호학파의 비조鼻祖로서 그는 유학은 물론[02] 불교, 노장사상, 심지어는 서학까지도 섭렵하여 자신의 독창적인 심학을 개척했을 뿐만 아니라[03] 당대의 사회현실에 대해서도 예각적으로 반응한 조선판 사회학자[04]였다. 실제로 자신의 귀속성 때문에 대부로 출사하는 길을 일찍이 단념한 그는, 평생 재야에서 처사의 삶을 살면서 방대한

---

01 '조선 후기의 퇴계'라는 성호의 별칭은 성호가 퇴계를 흠모했다는 사실을 담고 있기도 하지만 퇴계에 버금가는 학자였음을 지시하려는 의도를 담고 있는 표현으로 생각된다.

02 성호는 당대의 유학자로서는 드물게 주자학을 넘어서서 육경, 수사학, 순자, 심지어 양명학까지도 수용하는 데 주저하지 않았다.

03 (성호는) 당시 중국을 통해 전래된 서학西學에는 학문적인 관심을 기울여 천문天文·역산曆算·지리학과 천주교서 등 한역서학서漢譯西學書를 널리 열람하고 만국전도萬國全圖·시원경視遠鏡·서양화西洋畵 등 서양문물에 직접 접하면서 세계관·역사의식을 확대, 심화시킬 수 있었다. 그것은 그로 하여금 종래 중국 중심의 화이관華夷觀·성인관聖人觀에서 탈피해 보다 합리적이고 실증적인 시야를 지닐 수 있게끔 하였다. 정통적인 유학자이면서도 노불老佛의 학이나 새로 전래된 천주교와 같은 이른바 이단에 대해서도 윤리면에서 남다른 관심을 나타내었다.(한국민족문화대백과사전)

04 이에 대해서는 본문에서 다시 한번 자세하게 언급할 것이다.

문헌을 철저하게 탐구하였을 뿐만 아니라[05] 오늘날까지도 실학자로 호명될 정도로 당대 사회현실의 이면과 저면 및 그 상관적 차이를 총체적으로 관찰하여 비판적으로 기술한 이론적 실천가였다.

꽃향기를 찾아 몰려드는 벌들처럼 당대의 인재들이 성호 이익을 사사하기 위해 몰려든 것은 지극히 자연스런 현상이었다. 그들에게 성호 이익의 영향은 실로 심대하였다. 무엇보다도 성호의 영향으로 가학家學이 일가를 이루었다.[06] 또한 그의 학문은 직접적으로는 윤동규, 안정복, 신후담, 권철신 등으로 확대 재생산되었을 뿐만 아니라 간접적으로는 정약용 등 이른바 실학파를 형성하는 데 크게 기여하여 조선후기 사회는 물론 그 이후 사회변동에도 큰 영향을 미치게 된다. 심지어 오늘날까지도 성호와 『성호사설』은 중등학교 교과서에 소개되어 교육으로 재생산되고 있을 뿐만 아니라 『성호학보』나 『성호학연구』와 같은 학술지가 발행될 정도로 학문적으로도 우리의 주목을 받고 있다.

실제로 성호에 대한 학문적 성과도 적지는 않다. 성호 없는 실학연구는 '앙꼬 없는 빵'에 불과할 정도로 거의 모든 실학 관련 연구에서 성호는 빠지지 않고 있다. 당연히 철학계나 역사학계도 큰 주목을 해왔음은 두말할 나위가 없다. 그러나, 필자가 보기에, 아직까지도 성호 이익에 대한 연구는 결코 충분하지 않다. 단적인 예로, 성호가 당대의 사회에 대한 전면적이고 총체적인 비판적 연구를 수행하였음에도 불구하고 아직까지도 이에 대한 사회학적 연구가 거의 없다. 과문의 탓인지는 모

---

05 그가 첨성리에 칩거하며 학문에만 전념할 수 있었던 것은 아버지 하진이 1678년에 진위 겸 진향사陳慰兼進香使로 연경燕京에 들어갔다가 귀국할 때에 청제淸帝의 궤사은饋賜銀으로 사 가지고 온 수천 권의 서적 때문이었다.(한국민족문화대백과사전)

06 성호의 학문은 일문에 이어져서 준재가 많이 배출되어 아들 맹휴는 『예론설경禮論說經』·『춘관지春官志』·『접왜고接倭考』 등을 남기고, 손자 구환九煥은 조업祖業을 계승하였다. 그 외에 종자從子 병휴秉休는 예학으로, 종손從孫 중환重煥은 인문지리로 이름을 남기고, 가환家煥은 정조의 은총을 받아 벼슬이 공조판서에 이르렀으나, 천주교를 신앙해 1801년(순조 1)의 신유사옥 때에 옥사하였다.(한국민족문화대백과사전)

르겠으나, 저 유명한 『성호사설』의 총체적 구조를 비판적으로 재구성한 사회학적 연구도 찾아보지 못했다.

동양사상 및 한국학의 사회학적 읽기에 관심을 가진 필자에게 성호 이익은 가장 적절한 연구 대상이다. 마음과 사회의 동행에 대한 학문 즉 마음사회학, 처사신분의 신분적 저항성, 인간의 진정성(혹은 본심과 합심)이 내포한 세속사회(혹은 이익사회) 비판성, 마음의 수행성이 수반하는 개혁성 등에 관심을 가진 필자로서는, 이 모든 것을 실증하기에 충분한 내용을 담지하고 있는 성호 이익이 더없이 반갑다. 마음사회학을 마음과 사회의 동행을 탐구하는 학문이라 할 때[07], 성호의 심학과 당대 사회 비판의 관계, 『성호사설』의 전체 구조와 그 속에서 「인사문」의 위상, 그리고 「인사문」과 「경사문」의 관계는 마음사회학의 본보기로도 손색이 없다. 특히 『성호사설』은 18세기 조선사회를 사회학적으로 실증하고 있는 토착적 사회학의 전범이라 불러도 무방할 정도로 풍부한 사회학적 내용으로 가득차 있다. 서구 근대의 산물인 사회학의 세례를 받지 않았음에도 불구하고 『성호사설』은 사회학이론, 사회학적 시각 및 방법론, 신분 계층론, 사회구조, 사회변동 등을 진단하는 개념들을 풍부하게 담고 있는 개념 상자에 다름 아니다. 만약 우리가 성호 이익을 사회학적으로 적절히 재구성한다면 그 결과는 '조선후기 한국사회학'이라 칭하기에 손색이 없을 것이다.

이 글의 목적은 성호 이익의 사회학적 복원에 있다. 이를 위해 이 글에서는 우선 『성호사설』을 마음사회학적 시각에서 재구성하고 적극적인 사회학적 해석을 시도하려고 한다. 이를 통해 우리는 한편으로는 성호 이익의 사회학적 재해석 및 이해란 효과를 기대하며 다른 한편으로는 성호를 통해 마음사회학의 학문적 과제 중 일부를 수행하는 간접

---

07 이에 대한 자세한 이론적 논의는 유승무 · 박수호 · 신종화(2017)를 참고하기 바란다.

적 효과도 기대한다. 다음으로 우리는 이러한 해석학적 재구성을 통해 드러난 성호 이익의 사회학이 어떠한 사회이론적 함의를 제공할 수 있을 것인지를 논의하려고 한다. 이 글이 먼 훗날 한국학의 자생적 사회이론 정립에 조금이나마 기여할 수 있기를 기대해 본다.

Ⅱ. 성호의 처사處士로서 삶과 그 삶의 산물로서 『성호사설』

1. 처사의 삶

성호의 집안 여주 이씨는 팔대조 계손繼孫이 성종 때에 벼슬이 병조판서·지중추부사에 이르러 이때부터 여주 이씨로서 가통이 섰다(한국민족문화대백과사전). “이 집안이 명문가로 도약한 것은, 그의 증조부대부터다. 고조부 이우인은 일곱 명의 아들을 두었는데, 그 중에서 이상홍, 이상의, 이상관, 이상신 등 네 사람이 청요직淸要職에 올랐고, 특히 이상의는 요직을 두루 거쳐 좌찬성까지 지냈다. 이익은 바로 이상의의 증손자다. … (그러나: 필자 추가) 이익의 집안은 숙종 초기에 벌어진 남인·서인 사이의 치열한 당쟁에서 남인이 실각하면서 관계官界에서 배제되기 시작한다. 성호의 아버지 이하진은 1680년 2월 자당自黨의 허목과 윤휴를 두둔하는 상소를 올렸다가 진주목사로 좌천된다. 이어 3월에 남인이 정계에서 축출되는 정변-경신대출척庚申大黜陟-이 일어나자 이하진은 파직되고 평안도 운산으로 유배되었다가 그곳에서 숨졌다. … 경신대출척으로 서인이 정권을 잡자, 성호의 가문은 과거의 성예를 잃고 말았다”(강명관, 2011: 7-8).

위의 인용문은, 비록 성호가 사대부의 가문에서 탄생했음에도 불구하고 당쟁기 남인의 집안에 속해 있었기 때문에 과거를 통해 관료로 진출하는 사대부의 전형적인 삶을 살 수 없었을 것임을 암시한다. 다음의 인용문은 이를 잘 실증하고 있다: "성호는 1681년 10월 18일에 아버지 하진과 그의 후부인 권씨權氏 사이에 운산에서 태어났다. 그 이듬해 아버지를 여읜 뒤에 선영이 있는 안산의 첨성리瞻星里로 돌아와 어머니 권씨 슬하에서 자라나 그의 생애가 시작된 셈이다. … 그는 10세가 되어서도 글을 배울 수 없으리만큼 병약했으나, 더 자라서는 둘째 형 잠潛에게 글을 배웠다. 25세 되던 1705년 증광시에 응했으나, 녹명錄名이 격식에 맞지 않았던 탓으로 회시에 응할 수 없게 되었다. 바로 다음해 9월에 둘째 형 잠이 장희빈張禧嬪을 두둔하는 소를 올린 때문에 역적으로 몰려 17, 18차의 형신刑訊 끝에 47세를 일기로 옥사하였다. 이익은 이 사건을 계기로 과거에 응할 뜻을 버리고 평생을 첨성리(현 경기도 안산시 일동: 필자 첨가)에 칩거하였다. … 47세 되던 해에 조정에서 그의 명성을 듣고 선공감가감역繕工監假監役을 제수했으나 나가지 않았다. 그러나 세월이 지남에 따라 가세는 퇴락되었고, 이익 부자의 오랜 질역疾疫은 쇠운을 재촉하였다. 64, 65세 때에 이미 뒷잔등의 좌달痤疸이 악화되었고, 70세가 넘어서는 일찍이 괴과魁科로 급제해 예조정랑·만경현감을 지낸 외아들 맹휴孟休마저 오랜 병고 끝에 죽었으며, 70세 후반기에 들어서는 반신불수가 되어 기거마저 불편할 지경이었다. 그 동안에 가산도 탕진되어 만년에는 한 명의 고노雇奴 외에는 송곳을 세울 만한 전지도 없으리만큼 영락하였다. 83세 되던 1763년(영조 39) 조정에서는 우로예전優老例典에 따라 그에게 첨지중추부사로서 승자陞資의 은전을 베풀었으나, 그 해 12월 17일 오랜 병고 끝에 죽었다."(한국민족문화대백과사전)

이렇듯 성호는 철저히 처사의 삶을 살았다. 여기에서 처사는 사대부의 후손이자 선비라는 측면에서는 지배분파에 속하지만, 서인과 노론이 득세한 당쟁기 남인으로서 벼슬에 나아가지 않고 향촌사회에 은거하여 살 수밖에 없었다는 점에서는 지배계층 내부의 피지배분파에 속하는 신분집단이었다(유승무, 2006). 바로 이러한 귀속성 때문에 대부분의 처사는 대부大夫의 길보다는 진정한 선비의 삶을 선택할 수밖에 없었고 직유直儒로 경도될 가능성이 상당히 높았다. 통상 직유는 윤리적으로는 인간의 도리를 지키고 정치적으로는 '권력과 지배의 공공성'(최우영, 2017)을 목숨보다 더 소중히 여기는 이른바 '조선의 선비'들이었다. 그리고 바로 이러한 처사의 정치사회적 위상과 선비다운 강상綱常이 당파적 이해관계로 얽혀 있는 정치사회적 삶이나 그것을 뒷받침하는 사회(제도, 구조, 관습이나 문화)에 대한 비판의 근거로 작용하였음은 두말할 나위가 없다. 성호도 예외가 아니었다. 당대 사회의 비판으로 가득 찬 『성호사설』은 이를 실증하기에 충분하다.

2. 『성호사설』과 그 마음사회학적 조건

"성호 이익은 선현의 언행을 샅샅이 기억하고 일찍부터 시나 문을 잘 외었다. 『맹자』·『대학』·『소학』·『논어』·『중용』·『근사록』 등을 읽고, 다시 『심경心經』·『역경』·『서경』·『시경』을 거쳐 정주程朱와 이황李滉의 학문을 탐독해 통하지 않은 것이 없었다. 이익의 학문은 이렇듯 철저한 유교적 기반 위에 이루어졌다. 그리하여 여러 경서經書에 대한 질서疾書를 지어내고, 주자朱子의 『근사록』처럼 이황의 언행록인 『이자수어李子粹語』를 찬저撰著하기도 하였다."(한국민족문화대백과사전)

위 인용문이 잘 보여주고 있듯이 성호는 유학자의 전형이었다. 그러나 성호가 본격적인 활동을 시작한 18세기 조선사회는 이른바 '말안

장기'(송호근, 2017), 즉 기존 질서가 깨진 상태에서 새로운 시대 이념과 그에 따른 제도가 고안되지 않은 시대였다(김선희, 2013). 그럼에도 불구하고 당대 권력을 독점하고 있던 노론은 물론 일부 남인들조차도 주자학을 한치도 벗어나지 못하는 이른바 '주자도통론'을 강하게 견지하고 있었다. 더욱이 주자학을 벗어나는 것은 '사문난적'으로 낙인찍히는 것이었는데, 그 낙인은 현실정치나 당쟁에서 배제되는 결정적인 빌미를 제공함은 물론 경우에 따라서는 자신의 목숨을 요구할 수도 있었다. "그러나 (성호는: 필자 추가) 허목許穆·윤휴尹鑴 등의 뒤를 이어 주자에게로만 치우치는 폐풍에서 벗어나 수사학적洙泗學的인 수기치인修己治人의 학의 부흥을 기하였다. … 사장詞章·예론禮論에 치우치거나 주자의 집전集傳·장구章句에만 구애되는 풍조, 그리고 종래의 주자학적으로 경화된 신분관·직업관에서 벗어나는 것이었다."(한국민족학대백과사전) 실제로 성호는 사서삼경四書三經보다 육경六經을 더 중시하였고 수사학洙泗學은 물론 순자, 노장, 불교, 서학에도 관심을 기울였고 나아가 이용후생학을 지향하는 실학을 강조하기도 하였다. 그리고 그러한 방대한 연찬 과정에서 성호는 훗날 『성호사설』로 묶여지게 된 글들을 하나하나 완성하였던 것이다.

『성호사설』은 처사의 신분으로 기록한 다산茶山적 의미의 심서心書다. 『성호사설』의 자서自序를 보자. "『성호사설』은 성호옹星湖翁의 희필戲筆이다. 옹이 이를 지은 것은 무슨 뜻에서였을까? 별다른 뜻은 없다. 뜻이 없었다면 왜 이것이 생겼을까? 옹은 한가로운 사람이다. 독서의 여가를 틈타 전기傳記·자집子集·시가詩家·회해詼諧나 혹은 웃고 즐길 만하여 두고 열람할 수 있는 것을 붓가는 대로 적었더니, 많이 쌓이는 것을 깨닫지 못했다. 처음에는 그 비망備忘을 위해서 권책에 기록하게 되었는데, 뒤에 제목별 그대로 배열하고 보니, 또한 두루 열람할 수 없어 다시 문별로 분류하여 드디어 권질卷帙을 만들었다. 이에 이름이 없을 수 없어 그 이름을 「사설」이라 붙인 것인데, 이는 마지못해서이지 여기에 뜻이 있는 것은 아니다. 옹은 20년 동안 경서를 연구하면서 성현들의 남긴 뜻을 보고 이해한 대로 거기에 대해 각각 설說을 만들었고, 또 저술을 즐겨 때에 따라 읊고 수답한 것, 그리고 서序·기記·논論·설說을 별도로 채집하였으되, 사설 따위는 차마 이 몇 가지 조항에 실리지 못할 것인즉, 쓸데없는 용잡한 말임에 틀림없다. 그러나 속담에 '내가 먹기는 싫어도 버리기는 아깝다.'는 그 말이 이 「사설」이 생긴 이유이다. … 지극히 천한 분양초개糞壤草芥라도, 분양은 밭에 거름하면 아름다운 곡식을 기를 수 있고, 초개는 아궁이에 때면 아름다운 반찬을 만들 수 있다. 이 글을 잘 보고 채택한다면 어찌 백에 하나라도 쓸 만한 것이 없겠는가?"(이익/한국고전국역DB) 이렇게 해서 탄생한 3007편의 글을 모아 「천지문」, 「만물문」, 「인사문」, 「경사문」, 「시문문」 등 다섯 가지 부문으로 나누어 묶은 것이 『성호사설』이다. "『성호사설』의 내용은 실로 방대하다. 경전과 문학은 물론, 정치, 경제, 관직제도, 외교, 학문, 교육, 서양소식, 지리, 전쟁, 무기(총포, 화약), 종교, 이단(무속, 서학), 풍수지리, 형벌, 도둑, 유민, 서얼, 노비문제, 여성, 성性, 의복, 음식, 주거 등 그야말로 조선사회의 모든 국면을 망라하고 있다."(강명관, 2011)

이 글에서는 『성호사설』을, 그 중에서도 「인사문人事門」의 내용을 마음사회학적으로 조견해 보고자 한다. 그렇다면 왜 하필 「인사문」인가? 단도직입적으로 말하면 사회학이란 학문이 소개되기 전인 18세기 조선사회에서는, 말뜻 그대로 '인간과 관련된 사회적 사건이나 사회적 사실'을 의미하는 '인사人事'를 학문적으로 탐구한 것이 곧 오늘날의 사회학에 해당하는 내용에 다름 아니었을 것으로 생각되기 때문이다. 실제로 『성호사설』의 목차에서 쉽게 확인할 수 있듯이 인사는 천지天地는 물론 무생물, 식물, 동물과 같은 만물萬物과 구분되며 인간의 노력 여하에 따라 생겨나기도 하고 변하기도 하는 빈부귀천 현상과 같은 것을 의미하는 바, 이는 오늘날 사회학의 핵심 주제에 다름 아니다. 그리고 아래에서 자세하게 살펴보겠지만 『성호사설』「인사문」의 내용은 그것을 결정적으로 증거하고 있다. 실제로 『성호사설』 중에서 사회학적 함의를 갖는 내용들은 주로 「인사문」으로 묶여 있는데, 여기에는 실로 사회학의 주요 주제에 해당하는 내용, 즉 사회체제의 작동은 물론 정치의 작동, 경제의 작동, 가족제도나 교육제도 등 각종 제도의 진단, 계층 및 불평등 실태, 여성, 일상생활 등이 망라되어 있다.

그렇다면 제목은 왜 하필 '마음사회학적 조건'으로 한정하고 있는가? 우선 '마음사회학적'이란 한정어를 붙인 이유는, 성호의 인사 이해의 중핵에는 바로 성호의 마음 개념 혹은 성호의 심학이 놓여 있기 때문이다. 그리고 「인사문」의 내용을 총체적으로 이해하거나 마음사회학적으로 재구성하기 위해서는 그것(「인사문」)과 『성호사설』의 전체 구조의 관계[08]는 말할 것도 없고 그것(「인사문」)과 다른 주제 즉 「천지문」, 「만물문」, 「경사문」 등의 내용 사이의 관계에 대해서도 주목하지 않을 수 없기 때문이다. 특히 「인사문」의 내용은 성호의 심학이 잘 녹아 있는 「경사문」의 내용과 불가분의 관계를 갖고 있다[09]. 실제로 「인사문」의 내용이 주로 사회의 작동에 대한 것인 반면에 「경사문」에서는 성호의 마음 개념을 섬세하게 따지고 있는 글들이 묶여 있으며, 이들 양자 사이의 관계는 그들의 위치만큼이나 불가분의 관계를 지닌다. 이는 성호의 사회론이 그의 인간관(더 정확하게 말하면 그의 심학)과 불가분의 관계

---

08 『동몽선습』의 첫 구절의 구조, 즉 천지, 그리고 그 사이의 만물, 그들과의 관계 속에서 인간의 위상, 마지막으로 인간만의 독특한 특성인 윤리적 실천에다가 시문학과 관련된 부문이 추가된 것이 바로 『성호사설』의 전체구조다.

09 이를 실증할 수 있는 대표적 연구로는 원재린(1997)을 들 수 있다. 그러나 그 논문은 성호의 인간관과 정치개혁론 사이의 불가분의 관계를 전제하고 그 각각을 실증하는 데는 매우 성공하고 있지만, 인간과 사회현상 사이의 관계에 대한 이론적 논거나 실증적 증거를 설득력 있게 제시하지는 못하고 있다.

를 맺고 있음을 의미한다. 결국, 성호의 심학(마음)과 사회의 동행[10] 혹은 상호침투[11]야말로 성호의 인사론人事論을 구성하는 이론적 프레임인 셈이다. 이 글에서 우리가 성호를 마음사회학적으로 조견하려는 까닭이 여기에 있다.

그렇다면, '조견'은? 조견은 말 뜻 그대로 '비추어본다' 혹은 '견주어본다'라는 의미로서 이 글의 방법론적 전략 및 전술을 지시한다. 이는 우선 이영찬(2001)이 구분한 유학의 '앎의 방법' 중에서 '앎을 이루는 방법론'이 아니라 '앎에 이르는 방법론'을 전략적으로 선택하겠다는 것을 의미하며, 다음으로는 앎에 이르기 위해서는 '미루어 아는 방법(전술: 필자 추가)'이 아니라 '견주어 아는 방법(전술: 필자 추가)'을 구사하겠다는 의미이다. 한마디로 이 글의 방법론은, 이영찬의 표현에 따른다면, 한마디로 격물格物의 방법 즉 '이미 갖고 있는 경험으로부터 새로운 지식을 획득하는 것이다. 이것은 귀납법에 가깝다.'(이영찬, 2001: 218) 실제로 이 글에서 우리는 『성호사설』「인사문」의 내용을 '마음과 사회의 관계(혹은 동행)'란 관점에서 구성하고 나아가 마음과 사회의 관계를 지시하거나 그 관계를 담고 있는 글을 선택하여 재해석함으로써 성호가 조선 후기의 마음사회학자였음을 실증하고자 한다.

---

10 이에 대한 자세한 논의는 유승무·박수호·신종화(2017)를 참고하기 바란다.

11 반인간주의사회학자로 알려진 루만조차도 심리체계의 의식과 사회적 체계는 상호침투하고 있음을 주장하면서, 구유럽적 사유를 지배해온 형식논리학은 물론 행위론적 사회이론이나 상호주관주의 사회이론 등을 비판하고 있다. 이에 대한 자세한 논의는 Luhmann(1995)의 제 6장을 참고하기 바란다.

Ⅲ. 성호의 심학과 그 실천성

1. 성호의 심학

성호를, 특히 『성호사설』의 「인사문」을 마음사회학적으로 조견하기 위해서는 무엇보다도 먼저 성호의 인간 이해를 심학적 차원에서 논의할 필요가 있다. 실제로 『성호사설』의 「인사문」은 「천지문」 및 「만물문」의 다음 위치에 배치되어 있거니와, 만물과 인간의 차이 혹은 구별이 인간의 마음에 있다고 보고 있기 때문이다.

실제로 성호는 세상 속에서 인간만의 독특한 위상을 다음과 같이 규정하고 있다: "사람은 그를 풀과 나무에 비교하면 똑같이 생장지심生長之心이 있고, 금수에 비교하면 또한 똑같이 지각지심知覺之心이 있지만, 그의 의리지심義理之心은 풀과 나무와 금수에게는 없는 것이다[12]."인간의 특수성(혹은 존귀성)을 윤리적 행위의 가능성에서 찾고 있는 동몽선습을 연상시키는 이 인용문에서, 성호는 인간이야말로 천지나 만물과 같은 무생물과 달리 생명을 갖고 있을 뿐만 아니라 풀과 나무처럼 생장지심을 갖고 있으며 금수처럼 지각지심도 있지만 수목이나 금수가 갖고 있지 않은 의리지심을 갖추고 있다고 주장한다. 그리고 이어지는 문장에서 그는 이러한 자신의 주장이 순자의 그것과 동일함은 물론 선유先儒의 감정을 거친 이론임을 『성리대전』을 근거로 확인시킴으로써 자신의 주장이 학문적 근거에 기초하고 있음을 밝혀두고 있다[13].

12 故人者. 較之於草木, 而均有生長之心, 較之於禽獸, 而亦均有知覺之心, 其義理之心則彼草木禽獸所未有也(『星湖全集』, 권41「心說」)

13 최정연(2016)은 순자설과 삼혼설이 성호 이익의 심설心說의 형성과 어떤 관계를 갖는지를 자세하게 논의하고 있다. 참고하기 바란다.

그러나 성호는 한편으로는 이렇듯 세 가지 마음을 서로서로 명확하게 구별되는 각각의 유형으로 분류하면서도 다른 한편으로는 이러한 마음을 각각 신체의 여러 기관에 배대함으로써[14], 육체와 마음이 결합되어 인간을 구성하듯, 이러한 각각의 마음도 서로서로 연관되어 있음을 드러내고 있다. 이러한 총체적 마음 개념은 그의 독특한 인욕人欲 개념 및 심활론心活論으로 이어진다.

우선 그는 『성호사설』의 「경사문」 '성선性善'에서 인욕을 기질의 청탁淸濁과 무관하게 성인이나 어리석은 사람에게 공통적으로 나타나는 보편적 욕구로 간주하고 있다. 이는 한편으로는 모든 인간이 생장지심과 혈육지심을 갖고 있다는 판단에서 나온 당연한 귀결임을 암시하면서도, 다른 한편으로는 인욕이 선악과 무관함을 의미할 뿐만 아니라 알인욕謁人欲을 새롭게 이해할 것을 요구한다. 구체적으로 말하면 성호는 악惡이 발생하지 않도록 하기 위해서는 인욕 그 자체를 억제하기 보다는 그 지나침을 조절해야 한다는 절욕설節欲說을 제시하고 있다.[15] 이러한 점에서 성호의 심학은 순자 심학적 측면을 내포하고 있으며, 실학에 대한 관심으로 전개된다.

그러나 성호의 심학은 또 다른 한 차원을 내포하고 있는 바, 그는 인간만의 고유한 마음, 즉 의리지심이나 신명지심이 마음 속에 내재해 있음을 적극적으로 수용한다. 실제로 『성호사설』에는 이를 직접적으로 표현하고 있는 문장이 등장한다.

"맹자께서 '만물이 모두 나에게 갖추어져 있다' 하였다. 이

---

14 성호는 생장을 신腎에, 지각을 심장에, 그리고 의리를 방촌方寸, 즉 속마음에 각각 배치하였다. 그러나 서학을 접하면서 뇌의 지각 기능을 알게 되는 바, 이는 지각의 거처를 심장에서 뇌로 이동시키는 결정적인 계기가 된 것으로 알려지고 있다. 이에 대한 자세한 근거는 문석윤(2013)을 참고하기 바란다.

15 『星湖全書』 卷4. 「心經附註疾書」 841쪽.

> 것은 인仁의 본바탕이 지극히 큼을 형용한 말이다. 무릇 하늘과 땅 사이에 있는, 사해와 팔황, 길짐승, 날짐승, 물, 나무 등은 모두 물物인데, 인仁을 실천하는 사람은 이 모든 것을 하나로 보아 자신에게 귀속시킨다. … 비록 저와 내가 서로 모습은 다르지만, 내가 저들을 나의 바깥의 것으로 여기지 않고 모두 껴안아 그것들에 대해 각각 적절하게 처우하는 방도가 있다면, 곧 만물이 내 마음 안에 갖추어져 빠지는 것이 없게 될 것이다."[16]

이렇듯 성호는 맹자의 심학을 수용할 뿐만 아니라 마음의 세 가지 유형 중에서 인간만이 가지는 신명지심이나 의리지심이 모든 것을 주재主宰하는 마음의 심군心君임을 분명히 하고 있다. 다음의 인용문을 보자: "심에는 혈육지심血肉之心이 있고, 신명지심神明之心이 있다. 혈육지심은 오장 가운데 하나로서, 신명이 깃드는 집이라고 하는 것이다. 신명지심은 혈육지심 중 기의 정영精英한 것으로, 이른바 출입하고 존망한다고 하는 것이다. 혈육을 말하지 않으면 심의 동정과 성정의 근위根委를 밝힐 수 없고, 신명을 말하지 않으면 정靜에서 성을 통제·주재하고 동에서 정을 통제하는 것이 모두 심의 작용임을 밝힐 수 없다[17]."

이렇듯 성과 정을 통할하고 주재하는 심통성정의 심은 신명지심이지 혈육지심이 아니란 점을 밝힘으로써 성호는 심통성정도에 대한 퇴계의 미진한 해석을 더욱 완전하게 해결할 수 있다고 주장한다(문석윤,

---

16 孟子曰 '萬物皆備於我'. 此形容仁體之極大, 凡盈天地之間, 四海八荒, 禽獸草木, 皆物也, 仁者一視, 莫不歸己. … 我者, 物之對也, 雖彼我相形, 我可以包括無外, 而各有處之道, 是萬物, 皆備於我之度內, 而無闕.(『성호사설』, 「인사문」, '萬物備我')

17 心有血肉之心, 有神明之心, 血肉之心, 是五臟之一, 卽所謂神明之舍也. 神明之心. 是血肉之心中氣之精英, 卽所謂出入存亡者也. 不言血肉, 卽無以明心之動靜及性情之根委, 不言神明, 卽又無以明夫靜而統性·動而統情者皆心之爲也.(『星湖全集』, 권41, 「心統性情圖說 并圖」)

2013). 이는 신명지심이야말로 사단과 칠정을 모두 관할함을 의미한다[18]. 나아가 성호는 신명지심이야말로 정靜할 때는 방촌에 담연하고 동動할 때는 빛이 구해九垓를 비춘다[19]고 주장하는 바, 이것이 마테오리치가 소개한 서학의 영혼 개념(삼혼론)까지도 수용했음을 암시하고 있다[20]. 이렇듯 성호의 심학은 한편으로는 유학의 전통을 계승하면서도 서학의 마음 개념도 포함하고 있다.

성호는 이러한 자신의 심학적 마음 개념을 성호사설에서는 사람에 비유하여 다음과 같이 설명한다: "마음을 거울에 비유하자니 거울은 비었지만 살아 있지 않으며, 마음을 물에 비유하자니 물은 살았지만 지각하지 않으며, 마음을 원숭이에 비유하자니 원숭이는 지각하지만 신령하지 못하다. 그렇다면 마음은 끝내 비유할 수 없는가? 비어 있는 것은 거울에 비유하고, 살아 있는 것은 물에 비유하고, 지각하는 것은 원숭이에 비유하고, 거기에다가 신령을 더하면 된다. 그러므로 사람으로 마음을 비유하는 것 또한 좋다. 사람이 방안에 있는 것은 마치 마음이 몸안에 있는 것과 같다. 움직이고 고요하고 말함과 행동함에 주장함이 있으니 그러므로 임금이라 한다. 이른바 '천군이 태연하니 백체가 그의 명을 따른다'고 한 것이다.[21]"결국 인간은 의리지심을 가지고 있다는 점에서 무생물이나 동식물과는 다른 종이며, 방촌의 마음 즉 심중에 있는

18 『星湖全集』, 「心說」에서 성호는 실제로 이를 다음과 같이 적시하고 있다: '其四端七情, 管司乎方寸'

19 '其神明之心, 靜時方寸湛然, 動時光燭九垓'(『성호사설』, 「인사문」, '神入于腎').

20 성호의 제자 신후담은 성호가 천당지옥설은 부정하였지만 삼혼설은 수용하였다고 주장하고 있다. 이에 대한 근거는 문석윤(2013)이나 최정연(2016)을 참고하기 바란다.

21 心譬於鑑, 鑑空而不活, 心譬於水, 水活而不覺, 心譬於猿, 猿覺而不靈, 然則心終不可喻乎? 空處喻鑑, 活處喻水, 覺處喻猿, 加之以靈, 則得矣, 故以人喻心, 亦可, 人居室中, 如心在身內也, 動靜云爲, 主張有在, 故曰君, 所謂 '天君泰然, 百體從令也'(『성호사설』, 「경사문」)

신명지심이 모든 것을 갖추고 있는 심군일 뿐만 아니라 바로 그렇기 때문에 백체를 주재하고 통할하는 수행성을 갖는다.

이상의 논의에서 알 수 있듯이, 성호는 마음의 세 가지 총체성에 기초하여 한편으로는 순자 심학적 측면을 수용하면서도 다른 한편으로는 맹자 심학적 측면을 종합함으로써 자신의 고유한 심학을 완성한다. 실제로 성호 심학에서 마음은 그 고유성의 기반이 윤리성에 있다기 보다는 실질적 경험이나 활동에 놓여 있다. 성호에 따르면 마음은 생장을 위한 신체활동을 통해 외부의 대상을 경험할 뿐만 아니라 감각기관의 활동은 물론 그것을 통해 외부의 대상을 지각하고 기억하며 판단하며 나아가 백체를 주재한다[22]. 이렇듯 성호는 인간 마음의 고유성의 기반을 윤리성에 두기 보다는 실질적 경험이나 활동성에 두고 있다[23].

이상의 논의를 종합하면, 성호의 심학은 다음과 같은 몇 가지 특징을 지니고 있다. 첫째, 모든 인간은 마음을 가지고 있다는 점에서 공통점을 지니고 있다. 둘째, 인간은 신명지심이나 의리지심을 가지고 있다는 점에서 식물이나 동물과 같은 다른 종種과는 구분된다. 셋째, 그럼에도 불구하고 인간은 다른 종과 공통적으로 생장지심이나 혈육지심, 지각지심을 갖고 있으며 그것은 신체의 각 기능과 상관적 차이를 가지고 연동되어 있다. 넷째, 신명지심으로서 마음은 최고의 주재자 즉 심군으로서 다른 마음(생장지심, 혈육지심, 지각지심)을 주재하고 통제할 수 있을 뿐만 아니라 공공적 차원에서 외부대상(천지, 만물, 식물, 동물 타자)과 만날 수 있는 수행성을 갖는다[24]. 이는, 성호 심학에서의 마음 즉

---

22 당연히 불교도 『유교경(유교경)』에서 붓다가 "다섯 가지 감각기관은 마음이 그 주인이다(이지수 옮김, 2009: 15)"라고 가르친 이래 마음의 주재성을 매우 강조해 왔다.

23 이러한 점에서 성호의 심학을 심활론心活論으로 명명하는 원재린(1997)은 설득력을 가진다.

24 이러한 성호의 심학은 안, 이, 비, 설, 신에 의한 감각과 그것의 주인으로서 마음을

실질적 경험이나 활동성을 기반으로 구성되는 마음은 한편으로는 신체는 물론 마음 내부의 다양한 마음들끼리 서로서로 합심할 가능성을 의미하지만 다른 한편으로는 마음이 인간 외부의 대상과도 합심할 수 있는 수행성을 갖고 있음을 의미한다.

2. 성호 심학의 합심성과 그 사회적 실천성

앞서 살펴보았듯이 성호의 의리지심이나 신명지심은 주자학의 천심이나 불교의 불성과 유사하다. 그것은 한편으로는 신명지심이 사적 이해관심을 초월한 보편성을 지니고 있음을 의미하지만 다른 한편으로는 그 수행성에 바탕한 합심성을 내장하고 있음을 의미한다.

> "백성은 나의 동포이고 만물은 나의 동반자이다. … 날짐승, 길짐승은 살기를 좋아하고 죽기를 싫어하며 사람과 동일한 감정을 갖고 있는데, 차마 어떻게 헤칠 수 있단 말인가? … 어떤 사람(천주실의의 저자 마테오리치를 가르킴: 필자 추가)이 '만물이 모두 사람을 위해 생겨났으니 사람에게 먹히는 것이 당연하다'고 말했는데 정자程子가 이 말을 듣고 '이蝨는 사람을 물어뜯는다. 그렇다면 사람이 이를 위해 생겨난 것인가?'라고 말했으니, 그 변론이 분명하다. … 내가 생각하기에 불가의 가르침 중에서 자비 한 가지 일은 아무래도 옳은 듯하다."[25]

구별하고 있는 불교와 유사하지만, 불교는 그 마음을 다시 이기에 집착하는 마음(말라식)과 그것을 초탈한 불성으로 구분하여 논의하고 있는 데 반하여 성호는 그렇게 구분하지는 않는다.

25 民吾同胞, 物吾與也, 如禽獸貪生惡殺, 與人同情, 又胡爲忍以殘害? … 說子曰 '萬物皆

앞 절에서 살펴보았듯이, 모든 인간은 신명지심으로서 심군心君을 내장하고 있으며 나아가 그 심군은 모든 것을 갖추고 있다. 그리고 위의 인용문은 인간의 신명지심이야말로 타자와 마음의 합심성 혹은 사회적 포함(social inclusion)의 가능태임[26]이며, 그것에 터하여 타자에 대한 자비행이 발현될 수 있음을 암시한다. 그렇다면 성호 심학에서 우리는 구체적으로 어떠한 합심유형을 발견할 수 있을까?

첫 번째 유형은 의리지심과의 합심성이다. 실제로 순자의 심설을 수용한 성호는 인간으로 하여금 자신의 마음을 자신의 의리지심에 부합하도록 가꾸어 나가도록 하기 위해서는 그 마음을 통제할 수 있는 법제나 형벌도 필요하다 생각하기도 했지만, 덕이나 예를 통해 마음을 선하게 해야 한다고 주장한다. 실제로 성호는 저 유명한 『논어』의 구절을 원용하여 다음과 같이 말했다: "백성을 법제로 인도하고 형벌로 규제한다면, 백성은 형벌만 면하려고 하고 부끄러움이 없을 것이다. 하지만 덕으로 인도하고 예로써 규제한다면 부끄러움을 알고 선에 이를 것이다[27]." 또한 성호에 따르면, 인간은 수양을 통해 마음속(혹은 속마음)에 자리하고 있는 의리지심을 잘 가꾸어야 할 뿐만 아니라 그렇게 잘 가꾸어진 의리지심을 구체적인 사회적 상황이나 사회관계 속에서 실천해야 한다. 게다가 성호는 성정을 통할하는 마음도, 사단칠정을 주재하는 마음도 의리지심임을 밝힘으로써 그 속에서 작동하는 의리지심이 유

爲人生, 故爲人所食', 程子聞之曰 '蝨咬人, 人爲蝨而生耶?', 其辨亦明矣, … 余每念佛家惟慈悲一事恐爲得之.(『성호사설』, 「인사문」, '食肉')

26 김대중(2009)은 이를 '작은 존재'에 대한 '감성적 인식'으로 개념화하고, 우리의 합심성 개념과 유사하게 다음과 같이 주장한다: "'감성적 인식'은 참새 새끼, 파리, 병아리 등 미물과 유모, 거지, 유랑민, 노비 등의 사회적 약자와 같은 '작은 존재'에 대한 배려심, 존중심, 공감, 연민에 기반을 둔다. 공감과 연민은 '삼호침투적 인식'을 가능케 한다. '감성적 인식'을 통해 대상과 인식주체가 서로 어우러지고, 동물에 대한 태도와 인간에 대한 태도가 서로 어우러진다."

27 道之以政, 齊之以刑, 民免而無恥. 道之以德, 齊之以禮, 有恥且格(『성호사설』, 「인사문」, '政刑').

교가 추구하는 공공성을 담보하는 유일한 근거임을 분명히 하고 있다. 따라서 모든 인간은 타자에게 서恕를 행함으로써 인仁을 실현할 수 있으며, 인간사회도 약육강식의 법칙이 관철되는 '동물의 왕국'과는 달리[28] 의리지심이 일체의 삶을 통할하고 주재하는 인륜의 사회가 될 수 있다[29]. 바로 이를 가능하게 하는 마음의 특성을 우리는 '의리지심과의 합심성'이라 부를 수 있을 것이다. 그리고 바로 그러한 점에서, 성호의 '의리지심과의 합심성'은 성리학의 '천심과의 합심성이'나 불교의 '불성과의 합심성'과 유사한 구조와 역능을 가지고 있는 것으로 보인다.

이렇듯 성호는 의리지심을 모든 마음의 주재자로 설정하고 있었고 그래서 의리지심을 잘 가꾸어 나가는 것을 강조했는 바, 그것은 당연히 자기 자신에게도 해당되는 정언명령일 수밖에 없었다. 지행합일에 투철한 처사로서의 삶을 살았고 그러한 점에서 직유적인 태도를 견지한 성호는 군자를 이상적 인간형으로 설정하였을 뿐만 아니라 '군자는 만물을 사랑해야 한다'라는 공공성을 내면화하고 있었다. 이렇게 볼 때 성호는 수기치인修己治人을 실천하고자 한 전형적인 유자였고 그 사회적 결과는 자연스럽게 외부대상과의 합심으로 발현되었을 것이다.

그러면 두 번째 유형인 외부대상과의 합심성을 구체적으로 확인해 보자. 그런데 성호에 따르면 외부대상은 무생물, 식물, 동물, 인간 등으로 나누어지는 데다가 성호는 특히 감정이 있는 동물과 감정 및 마음을 가진 인간에 대해 특히 집중적인 관심을 기울였기 때문에, 외부대상과의 합심성은 다시 '동물(혹은 미물)과의 합심성'과 '사회적 약자 및 약자 신분과의 합심성'으로 나누어진다.

---

28 실제로 성호는 『성호사설』(「인사문」, '對生思食')에서 다음과 같이 말하기도 했다: "… 힘닫는 데까지 모든 짐승을 몽땅 잡아먹을 생각을 한다면 이것이야말로 약육강식이라는 것이다. 이것은 금수의 도道이다."

29 이렇게 볼 때 성호는 공자에서부터 주희를 거쳐 퇴계에 이르는 유학자의 전형을 따르고 있다.

그 중에서 먼저 동물(혹은 미물)과의 합심성을 보자. 우선, 다음의 인용문을 보자: "인성군 이홍이 사형을 받았을 적에 스스로 이렇게 말했다고 한다. '내가 평소에 큰 허물이 없었다. 다만 궁에서 나올 적에 상(上)이 명을 내려 재촉하시기에 그 명을 받들어 여름에 설계하고 조성하여 구관을 철거했다. 그 과정에서 기와사이의 참새 새끼 천만마리가 몽땅 죽었다. 차마 못할 짓이었다고 생각하고 있었는데, 이것이 그 앙화인가?' 영상 상진이 외아들을 여의고 통곡하며 이렇게 말했다. '내 일찍 사물을 해칠 마음을 가진 적이 없었다. 다만 평안감사로 있을 적에 백성에게 파리 잡는 것을 일과로 하게 하여, 이때 시장에서 파리를 파는 사람까지 있었다. 이것이 그 앙화인가?' 이 몇 가지 일이 비록 꼭 그렇다고는 할 수 없겠지만, 또한 군자가 만물을 사랑해야 한다는 경계가 될 수 있으므로 함께 기록하는 바이다."[30] 이렇듯 미물과의 합심성[31]을 강조한 성호에게서 인간 즉 사회적 약자에 대한 합심성이 수없이 발견될 것임은 두말할 나위가 없다. 실제로 『성호사설』 중 「인사문」의 대부분의 내용은 사회적 약자 혹은 약자신분과의 합심성과 그것에 바탕한 사회비판 및 개혁과 연관되어 있다[32].

요컨대 우리는 성호에게서 한편으로는 크게 세 가지 유형의 합심성 즉 '의리지심과의 합심성', '미물과의 합심성', '사회적 약자와의 합심성'을 발견할 수 있으며, 다른 한편으로는 이 세 가지 유형이 마치 '합심성

30 "仁城君珙之被誅也, 自言 '吾平生無大過, 但其出官, 承上命敦迫, 署月營造, 改撤舊館, 瓦間雀鷇千萬皆死, 常所不忍, 是其殃耶?', '尙領相震喪一子, 哭之曰 '吾未嘗有害物之心, 但爲平安監司, 令民捕蠅日課, 時市有賣蠅者, 此其報耶?', 此數事雖未必然, 而亦可爲君子仁物之戒, 故並記之.(『성호사설』, 「인사문」, '殺鷇捕蠅')

31 김대중(2009, 2016)은 이러한 성호의 학문을 공감(sympathy)의 개념으로 재해석하고 있는데, 이는 지각지심을 공유하는 미물과의 합심에는 적절하지만 의리지심을 가진 인간과의 합심성을 구분해 낼 수 없는 단순성의 한계를 내장하고 있다.

32 이에 대해서는 다음 장에서 자세하게 논의할 것이므로, 여기에서는 그 구체적인 내용을 생략한다.

의 삼각뿔'처럼 상의상관적 관계를 가지고 있음을 알 수 있다. 그러나 18세기 조선사회의 사회현실은 이러한 성호 심학의 합심성과는 사뭇 달랐다. 양란 이후 일부 사대부를 제외한 대부분의 사람들의 사회경제 생활은 피폐해졌지만 그것을 해결할 수 있는 정치는 당쟁이 증언하듯이 양육강식의 논리만이 관철되고 있었다. 게다가 신분사회의 차별은 점점 더 심화되어 갔다. 이렇듯 성호의 이상과 조선후기 사회현실의 괴리는 성호로 하여금 당대의 사회체제와 신분질서에 대한 적극적인 비판에 참여하게 했을 것이다. 따라서 성호의 사회학적 재구성에 관심을 갖는 이 글에서는 이를 매우 자세하게 살펴보지 않을 수 없다.

Ⅳ. 마음의 '조명造命' 가능성과 사회제도 개혁

1. 마음의 '조명造命'가능성과 신분분화사회의 사회구조적 모순

앞서 이미 언급하였듯이 성호는 미물과의 합심 혹은 공감을 공개적으로 표명했음을 살펴보았다. 그렇기에 하물며 인간에게는, 비록 그가 사회적 약자나 하층일지라도, 합심하지 않았을 리가 없다. 실제로 성호는 사회적 약자와 합심하는 삶을 기꺼이 실천했다. 아래 인용문을 보자.

> "아무달 아무날에 여홍 이익은 유모의 영전에 삼가 고한다. 대저 자신을 살게 해 준 사람에게 목숨을 바쳐 보답하

는 것은 지극히 의로운 일이며, 명칭에 맞게 상복을 입는 것은 예의의 절도를 잘 지킨 것이다. 사람이 태어나 어린아이로 있을 적에 지각이 처음 싹트니, 이때에는 다른 사람의 도움을 받아야 먹고 살 수 있다. 유모가 수고롭게 길러주어 그 덕분에 죽음을 면하고 살 수 있었으니 그 공로가 크며, … 안으로 반성해 보면 틀림없이 두려워질 것이니, 가령 입장을 바꾸어 놓고 생각해 보면, 유모가 저승에서 원망하고 허물하지 않으리라고 어찌 장담할 수 있겠는가? 이것이 나의 죄이다. … 집 옆에 단을 쌓고 일 년에 한번 제사를 올려, 내가 아직 죽기 전에 폐하지 말기를 바란다. 유모의 령靈은 내려와 흠향하길 바란다."[33]

위의 인용문에는 성호 자신의 의리지심과 유모 및 유모의 영혼 사이의 합심이 잘 나타나 있다. 이러한 합심은, 유모가 당시의 사회적 약자란 점을 고려하면, 인간의 의리지심이 오히려 사회적 약자와 합심하는 것임을 의미한다. 그리고 성호는 이것이야말로 유교사회의 예의와 절도에 부합하는 것임이 분명하게 밝히고 있다. 게다가 성호는 자신의 생명과 삶이 유모가 길러준 덕분임을 분명히 밝힘으로써, 유모조차도 덕을 나누어 줄 수 있는 사람 즉 마음속에 덕을 함양한 사람임을 인정하고 있을 뿐만 아니라 바로 그러한 점에서 유모에게 감사의 마음을 전하고 싶어 한 것이다. 『성호사설』 「인사문」의 '제노문祭奴文'도 이와 유사한 글이다. 그 글에서 성호는 노비의 무덤을 지나다가 측은하고 슬픈 마음(惻怛한 마음)에서 떡과 주과포로 제사를 지낼 수밖에 없는 심

33 日月 驪興 李瀷謹告于乳母之靈, 夫報生以死, 義之至也, 以名著服, 禮之節也, 人生孩穉, 知覺始萌, 哺飼須人, 勤斯鞠育, 免死以得生, 功則大矣. … 必內省楊然, 設以身思, 安知乳母不有怨咎於冥漢之中歟? 此余之罪也. … 築壇屋側, 歲一奠卮, 翼逮吾未死而無廢, 靈其降歆!(『星湖全集』 卷57, 「祭乳母文」)

정을 자세하게 기술하고 있다. 이러한 예[34]는, 당대의 조선사회가 신분사회였다는 점을 고려하면, 성호의 사회적 약자를 향한 합심이 신분의 차이를 뛰어넘고 있음을 잘 보여주고 있으며 그러한 점에서 마음의 수행성을 입증하는 사례로 손색이 없다.

그런데 이러한 성호의 합심적 행위는 감정적 차원의 우발적 행위이거나 성호 자신에게만 해당되는 특수한 사례가 아니다. 왜냐하면 성호는 자신의 심학에 기초하여 모든 인간이 자신의 천명을 스스로 개척할 가능성, 즉 조명造命[35] 가능성을 가지고 있다고 확신하고 있었기 때문이다. 실제로 성호는, 순자의 「영욕榮辱」편의 내용 즉 인사의 성패는 인간의 노력 여하에 달려 있으며 인사와 무관한 하늘天을 원망하는 것은 부질없는 것이란 내용을 수용하여, 인사人事에 관한 인간의 작위성作爲性 즉 사회적 신분의 획득은 출신성분이 아니라 인간의 후천적 노력 여하에 달려 있어야 한다는 점을 체계적으로 정리하고 그것을 『성호사설』의 「천지문」 '조명造命'에서 제시하고 있다. 그의 조명론에 따르면 빈부귀천이 고정되는 천명과 길흉이 정해지는 성명星命에 대비하여 시세時勢를 만나 인력이 참여하는 것을 조명造命이라 하였는데 임금이나 재상뿐만 아니라 선비나 서인도 운명을 스스로 만들어 나갈 수 있으며, 그렇게 하여 부지런히 힘써 사육事育하면 족히 화를 모면하고 행복한 길로 인도

---

34 그 외에도 『성호사설』에는 한겨울 엄동설한에 죽여달라고 중얼거리는 거지를 보고 눈물을 왈칵 쏟았다는 내용이나 유민의 발생에 대한 소상한 분석 등의 내용이 다양하게 제시되어 있다.

35 조명론의 역사는 매우 길다. 최초의 조명론자는 두말할 나위도 없이 신, 운명, 우연, 조상 및 가계에 의지하지 말고 자신의 행위, 즉 업業의 결과를 믿으라는 붓다다. 실제로 붓다는 인도의 카스트제도를 부인하고 사회적 지위가 자신의 노력에 의해 가능함을(혹은 해야 함을) 비타협적으로 주장하였다(유승무, 2010). 그 후 중국에서는 왕간(王艮:1483-1541)이 '대인조명설大人造命說'을 제기하여 '대인大人'은 인위적인 노력을 통하여 운명을 바꾸고 새로운 운명을 창조한다고 주장하였다. 이후 명말청초에 왕부지(王夫之:1619-1692)가 대인만이 운명을 창조할 수 있는 것이 아니라 보통 사람들도 자신의 운명을 창조할 수 있다고 주장하였다(원재린, 1997).

할 수 있다[36]. 그래서, "그(성호: 필자)는 인간은 타고나면서부터 관작이나 부귀를 몸에 지니고 나오는 것은 아니며, 천자로부터 일반서민에 이르기까지 애초에 빈천하기는 매양 일반이라고 하였다."(민족문화대백과사전)

그러나 양란 이후 뿌리찾기의 영향으로 신분사회의 분화가 더욱 뚜렷해지다가 18세기에 이르면 당쟁 등으로 인해 신분적 폐쇄성이 극에 달하게 된다. 이러한 사회구조적 조건은, 성호가 보기에는, 사회적 약자의 조명 가능성을 근본적으로 봉쇄하는 장애물이자 사회구조적 모순이었을 것이다. 성호는 당시 사회구조적 모순을 이렇게 적고 있다: "지금의 감사監司는 재물을 제 마음대로 쓰고 있지만 조정에서는 까마득히 모른다. 재물은 하늘에서 떨어지는 것이 아니고 반드시 백성에게서 나오는 것인데도, 백성을 쥐어짜는 무리가 욕심을 채우고 자신을 살찌우니, 백성이 어찌 곤궁하지 않을 수 있으랴?[37]" 설상가상으로 당시의 시세는 백성들의 조명 가능성을 더욱 악화시켜가고 있었다. 『성호사설』의 「인사문」에는 이를 비유적으로 보여주는 구절이 있다: "어리석은 백성이 굶주림과 추위에 몰린 나머지 도둑이 되어 살길을 찾으니, 그것은 '이蝨'와 같은 신세라고 할 것이다. … 이蝨는 사람을 깨물지 않으면 굶어 죽고, 깨물면 또 불에 타 죽는다. 어리석은 백성이 도둑이 되어 살길을 찾으니, 부득이 잡아 죽여야 할 것이다. 하지만 그 실정을 보면 또한 동정할 만하다[38]."

지행합일을 중시한 성호는 이러한 마음을 실천에 옮겼다. 그는 당

36 『성호사설』의 「천지문」 '조명造命' 87쪽.

37 今之監司, 費財隨意, 朝廷不知也. 財非天降, 必由於民, 掊克之徒, 充欲肥己, 民安得不困?(『성호사설』, 「인사문」, '營庫')

38 愚民, 迫於飢寒, 作盜而求生, 其猶蝨也. … 不咬飢死, 咬又烘死矣. 愚民, 作盜求生, 雖不得已而禽殺, 然情有可恕.(『성호사설』, 「인사문」, '飢寒作盜')

시 사회적 약자 혹은 하층과도 기꺼이 합심하였고, 그에 기초하여 아전이나 감사와 같은 행정관리를 비판적 시선으로 바라보고 나아가 사회구조적 모순을 폭로한다. 성호는 다음과 같이 말한다: "중고 이전에는 족성族姓을 숭상하지 않았다. 각각 재능과 학문으로 출세하였기에 미천한 출신 중에도 현달한 사람이 있었다. 근래에는 대관臺官들이 탄핵하고 공격하는 사람으로 말하자면, 문벌과 지체가 한미한 것을 최상의 재목으로 삼을 뿐이고, 사람의 재능과 도덕성이 어떠한지를 따지지 않는다. 모를 일이다. 맑은 조정의 빛나는 벼슬자리는 죄다 벌열가閥閱家 자제들을 위해 마련된 것이란 말인가?"[39] 위의 인용문에서 성호는 조선후기 사회가 조선 전기나 중기에 비해 훨씬 더 사회이동이 쉽지 않은 폐쇄사회였음을 지적하고, 그 원인이 행위자의 재능이나 학문적 성취가 아닌 출신성분으로 사회적 지위를 선택하거나 결정하는 행정 시스템이나 사회구조적 모순에서 찾았다. 성호는 당시의 신분문화사회의 모순을 다음과 같이 한탄스럽게 폭로하고 있다: 지금 우리나라 풍속은 종족의 부류를 구별하여 노비와 천민은 백세가 지나도 영화를 누릴 길 없고, 높은 벼슬아치 집안의 사람은 바보천치도 무리를 지어 벼슬길에 오르니, 아아, 애달픈 일이다."[40]

2. 사회적 약자의 조명을 위한 사회제도개혁

지행합일의 선비이자 사회비판적 처서였던 성호가 한탄에만 머물러

---

39 中古以前, 不尙族姓, 各以材學, 進有起身, 微賤而遭達立顯者矣. 近時, 臺官所彈擊, 不過以門地寒微爲最上題目, 而不論材德之如何. 未知, 淸朝顯窠, 悉爲閥閱子弟而設者耶?(『성호사설』, 「인사문」, '不尙族姓')

40 今東俗, 品別族類, 奴隷下賤, 百世而無榮達, 卿相之家, 騃頑者彙進, 噫惜哉.(『성호사설』, 「천지문」, '造命')

있었을 리 없다. 비록 심서를 통한 이론적 실천일지라도 그는 당대 사회적 약자의 조명의 마음을 봉쇄하고 있는 신분분화사회의 구조적 모순을 개혁하고자 하는 제도적·정책적 대안을 설득력 있게 제시하고 있다. 다음의 인용문은 당대의 사회구조적 모순에 대한 답답한 마음('울결鬱結')을 해결할 필요성 즉 결울決鬱의 필요성을 보여주고 있는 바, 이는 성호의 사회문제 의식과 사회개혁의 마음을 확인하기에 부족함이 없다.

> "천지가 변화하면 초목이 번성하고 천지가 폐색閉塞하면 어진 사람이 숨는 것이니, 폐색이란 기운이 울결鬱結하여 소통되지 않는 것이다. 풀이 울결하면 부패하고 나무가 울결하면 좀이 생기며, 사람이 울결하면 병이 생기고 나라가 울결하면 백 가지 폐단이 아울러 일어나는 것인데, 그 울결한 가운데서도 군자의 도가 사라지는 것보다 더 심한 것은 없다. ... 지금 세상의 울결한 일을 대강 손꼽아 본다면 그 습속은 인재를 천대하여 어진 이는 반드시 물러가게 되었고, 그 풍습은 문벌을 숭상하여 서얼과 중인의 구별이 있어 이들은 백세 후에까지도 청환清宦에 참여하지 못한다. 또 서북 삼도(西北三道 황해도 평안도 함경도) 사람을 써주지 않은 지 벌써 4백여 년이 되었으며, 노비법奴婢法으로 그 자손은 차별을 두어 인간으로 취급하지 않았으니, 나라 안의 울결한 기운이 10분의 9를 차지하고 있는 것이다. 또 오늘날에 이르러서는 당론이 공적으로 행해져 서넛씩 짝을 지어 각기 부곡部曲을 이루고 한 번 득세하면 다른 당파는 모조리 쫓아버리니, 천지가 어찌 변화할 수 있겠는가?"[41]

41 天地變化，草木藩，天地閉，賢人隱. 閉者，鬱而不通也，草鬱則腐，木鬱則蠹，人鬱則病，國鬱則百慝並起，鬱莫甚於君子道消也. ... 今世之人鬱可數，其俗賤才賢能必退，其風尚

이러한 문제의식에 따라 성호는 당대의 사회문제를 매우 구체적으로 진단하고 있다. 두 가지 사례를 보자.

> "천하의 벼슬자리를 차지하려고 비루하게 구는 자들은 너나없이 사리를 채우려는 자들이다. 오직 공정하고 청렴한 한마음으로 민생을 후하게 만들려고 하는 사람이 몇이나 되겠는가? … 그들의 뱃속에 가득찬 것은 백성의 가죽을 벗기고 살을 발라내려는 마음이다. … 그러니 그들의 수를 늘릴 필요가 있으랴?"(『성호사설』, 「인사문」, '胥徒名號')
>
> "우리 마을에 높은 벼슬을 지내고 청백리로 뽑힌 분이 있었다. 그 분은 청렴했기에 가난했고, 가난했기에 자손이 살던 곳을 떠나 떠돌게 되었다. … 거의 모두가 굶주려 도랑에 나뒹구는 신세가 되었다."(『성호사설』, 「인사문」, '廉貪')

이상의 사례에서 알 수 있듯이 성호는 당대 사회의 모순구조를 마치 비판사회학자처럼 진단하고 있다. 또한 성호는 대유大儒답게 '청렴한 마음'과 '사적 이익을 위해 백성을 착취하는 마음(백성의 가죽을 벗기고 살을 발라내려는 마음)'을 대비시킴으로써 의리지심과의 합심이 사라진 현실을 우환憂患의 마음으로 관찰하고 있다. 부패와 사치로 물들어가는 지배층과 빈곤과 도둑질의 나락으로 빠져드는 백성 사이의 양극화 현실 앞에서, 성호는 수기치인의 구조를 응용하여 다음과 같은 제도적·정책적 대안을 제시한다.

> "선으로 인도하는 데는 윤리도덕과 예보다 더한 것이 없

閥有庶孼中路之別, 百世而不通名宦, 又西北三道枳塞已四百有餘年, 奴婢法嚴禁其子孫不齒平人, 城中之愁鬱十分居九. 又至拎今日黨論公行, 三朋五儔各成部曲, 苟一得志餘悉屏逐, 天地何以變化(『성호사설』, 「인사문」, '決鬱')

> 고, 악을 그치게 하는 데는 법제와 형벌보다 더 좋은 것이 없다. … (그러나: 필자 삽입) 형벌은 난세를 다스리는 약석藥石이고, 덕과 교화는 태평성대를 이루는 양육梁肉이다. 대저 덕과 교화로 포악한 자를 제거하려는 것은 곧 양육으로 병을 고치려는 것과 같다. … 사정이 이런데도 여전히 윤리도덕과 예의 가르침만 믿고 편안히 앉아 세상이 다스려지기를 바란다면, 그것은 명철한 지혜가 될 수 없다[42]."

위의 인용문은 단순히 덕과 교화만으로는 결코 당대의 사회문제를 해결할 수 없기 때문에 반드시 강력한 법제와 형벌을 시행할 필요가 있음을 말하고 있다. 또한 성호는 여기에서 한 걸음 더 나아가 예컨대 관리들의 부정부패를 방지하기 위한 매우 구체적인 정책도 제안하고 있다. "지금 마땅히 법을 제정하기를, 감사는 비록 재물과 공물을 총괄은 하더라도 반드시 판관이 관장하여 사사로이 쓰지 못하게 하고, 또 판관이 지위가 낮으면 관장官長의 불법을 바로잡을 수 없으니, 품계를 고려의 안렴부사按廉副使처럼 더 올려야 한다. 그렇게 하면 백성의 힘도 조금은 펴질 수 있을 것이다."[43] 그러나 그것이 덕과 교화가 필요 없음을 말하는 것은 결코 아니다. 성호가 관리들의 마음 상태는 물론 백성들의 조명 가능성까지 염두에 두고 있다는 점을 고려한다면, 오히려 그는 의리지심이나 청렴한 마음을 신명지심으로 전제하고 거기에다 제도적 개혁을 결합하고자 한 것으로 해석하는 것이 보다 설득력을 가질 것으로 보인다. 이러한 점에서 성호 이익은 마음사회학적 연구의 적절한 예이

---

42 導善, 莫若如德禮; 熄惡, 莫如政刑. … 刑罰者, 治亂之藥石; 德敎者, 興平之梁肉也. 以德敎除殘, 是以梁肉理疾也. … 猶恃德禮之訓, 庶幾安坐而治者, 不得爲明智也(『성호사설』,「인사문」,'政刑')

43 今宜立法, 監司雖揔其財賦, 而必使判官掌之, 無得私用, 又判官位卑, 則官長之不法, 無以規正, 宜增其品秩, 如高麗之按廉副使, 則民力亦可以少抒矣(『성호사설』,「인사문」,'營庫')

다.

또한 성호가 실학의 태두라는 학계의 일반적 평가를 고려하면, 성호는 당대 백성들의 생존과 직결되는 토지나 농업에 대해서도 지대한 관심을 가졌을 것임에 틀림없다. 다음의 인용문은 토지와 관련된 성호의 생각이 얼마나 깊은 것이었는지를 잘 보여준다: "우리나라는 본디 땅이 좁고 관리는 많다고 알려져 있다. 땅이 좁으면 재물이 넉넉하게 나지 않고, 관리가 많으면 토색질이 풍조를 이룬다. 백성은 더욱 빈곤해지기 마련이다."(『성호사설』, 「인사문」, '罷冗官') 더욱이 양란 이후 대토지 겸병으로 인해 부의 편중이 확산되면서 성호시대에는 소작인이 70%에 달할 정도로(강명관, 2011) 토지의 편포가 심화되었기 때문에, 성호는 토지제도의 문제점을 깊이 인식하고 그 대책을 생각했음에 틀림없다. 실제로 성호는 다음과 같이 말하고 있다: "천하의 토지는 모두 왕의 것이다. 백성들이 각각 그 경지를 자기의 명의로 하고 있는 것은 임금의 땅을 일시적으로 강점한 데 불과하니 본래 주인이 아니다. 비유하자면 아버지의 집기를 자식들이 나누어 점유하여 많이 가지기도 하고 적게 가지기도 하지만, 아버지가 고루 나누어 가지라고 명하는 데 이르러서는 감히 그대로 점유하지 못하는 것과 같다.[44]" 이렇듯 성호가 모든 토지를 오늘날의 공개념과 같은 공전公田으로 인식하고 있었다.

그렇기 때문에 성호는 토지 소유의 불평등을 해소하기 위한 구체적인 방안으로, 일정한 면적의 토지를 상한으로 정하고 그 이상의 토지를 소유하지 못하도록 하자는 이른바 한전론限田論을 제안하기에 이르렀다. 여기에다가 성호는 농민들도 조정에 진출할 수 있도록 함으로써 신분체제를 부분적으로 개혁하고자 하는 방안을 내놓기도 했다. 다음의 인

44 凡天下之田, 莫非其土, 黎庶之各名其田, 不過就王土中, 一時强占, 原非本主. 比如父有什器, 諸子分占, 或多或少, 至父命分俵, 則多者不敢據有也.(『성호사설』, 「인사문」, '均田')

용문이 그 대표적 예다: "지금 세상의 사대부들은 농사에 힘쓰는 것을 수치로 여기므로 농사에 힘쓰는 자 중에는 가려 쓸 만한 인재가 없다. 그러나 만약 한漢 나라 법같이 등용하는 길을 터 놓는다면 어질고 재능 있는 군자들이 장차 이에 종사할 것이니, 독실한 자를 발탁하여 등용하면 사과와 구별이 없을 것이다."[45]

이상으로 성호의 토지제도 개혁에 대해 살펴보았다. 그렇다면 여기에는 성호의 심학이 어떻게 연관되어 있는가? 물론 언뜻 보기에 이러한 토지제도 개혁에는 성호의 심학이 직접적으로는 개입하지 않은 듯이 보인다. 그러나 여기에는 '사회적 약자(백성)와의 합심'과 마음의 조명 가능성이 전제되어 있다. 실제로 성호는 다음과 같이 말한다: "비유컨데 하늘에 밝은 빛이 있으면 백성의 어두운 것을 근심할 것이 없다. 백성들이 스스로 창문을 내어 밝은 빛을 취할 것이요, 땅에 재물될 것이 있으면 백성의 빈곤함을 근심할 것이 없다. 백성들이 스스로 나무를 베고 풀을 베어 부하게 되는 것과 같다."[46]

지면의 한계로 더 이상 자세하게 논의할 여유는 없지만, 이외에도 성호는 다양한 제도개혁안[47]을 내놓았을 뿐만 아니라 노비, 서얼, 걸인, 유민 등 사회적 약자들의 차별이나 빈곤문제에 지대한 관심을 기울였고 그들의 문제를 해결할 수 있는 방안을 설득력 있게 제시한 바 있다[48]. 다음의 인용문은 사회적 약자에 대한 성호의 관심의 일단을 잘 보여주고 있다: "겹겹 이불과 수탄獸炭으로 거처할 때에는 천하에 추위에 떠는 사람이 있는 것을 알고, 좋은 집에서 맛좋은 음식을 먹을 때에는 천

---

45 今世士大夫, 以力田為恥, 故力田無可擬者, 若如漢法開進取之路, 則賢能君子將屑為此, 而擢置朝列, 與詞科無別矣(『성호사설』, 「인사문」, '力田科')

46 如天有明, 不憂民晦, 民能穿戶鑿牖, 自取照焉. 地有財, 不憂民貧, 民能伐木芟草, 自取富焉(『성호사설』, 「인사문」, '民貧')

47 이에 대한 자세한 논의는 한우근(1980)과 김용걸(2004)을 참고하기 바란다.

48 이에 대한 논의는 김대중(2009)을 참고하기 바란다.

하에 배고픔을 참는 자가 있는 것을 알고, 몸이 안일安逸할 때에는 천하에 노역勞役을 견디지 못하는 사람이 있는 것을 알고, 마음이 유쾌한 때에는 천하에 원통하고 억울한 사람이 있는 것을 알아야 할 것이니 이것이 백성 부리기를 큰 제사 받드는 것과 같이 한다는 뜻이다.[49]"

Ⅴ. 성호의 마음사회학적 함의

성호는 통상 회자되는 실학자 이전에 정통 유학자였다. 진유眞儒이자 직유였다. 그렇기 때문에 그는 수기치인(혹은 修己安人)의 삶을 추구하였지만 동시에 처사의 삶을 살 수밖에 없었다. 특히 후자의 삶이란 조건 때문에 그는 『성호사설』을 일종의 심서心書로 남겼다.

이에 이 글에서 우리는 『성호사설』을 분석대상으로 삼아 성호를 마음사회학적으로 재해석해 보고자 하였다. 『성호사설』이야말로 천지나 만물에 대한 성호의 사상적 입장, 인간과 연관된 사실과 사건, 그리고 심학에 대한 성호의 시각 등을 매우 풍부하게 담고 있는 성호의 마음사회학이자 조선판 사회학에 다름 아니었기 때문이다. 실제로 우리는 이 글의 목적을 달성하기 위해 성호의 삶(제 2장), 성호의 심학(제 3장), 그리고 성호의 사회 비판 및 제도개혁(제 4장)의 내용을 구체적으로 살펴보았다.

그렇다면 그 마음사회학적 의의는 무엇인가?

---

49 重衾獸炭, 知天下有受凍者矣, 綺屋豐樽, 知天下有忍餓者矣, 起居安逸, 知天下有不堪勞役者, 矣快意任情, 知天下有懷抱寃鬱者矣(『성호사설』, 「경사문」, '使民如祭')

첫째, 마음과 사회의 동행이란 관점을 가질 때, 마음은 그 반대편의 사회와 상관적 차이로 등장하는 개념이다. 실제로 유자儒者로서 사회에 관심을 가진 거의 대부분 사상가는 마음과 사회의 동행에 관심을 가졌다. 그 중에서도 성호는 이를 가장 잘 보여주는 전형적인 사례이다. 특히 성호의 '절욕론節欲論', '심활론心活論', '마음의 조명론造命論' 등은 마음이 수행성을 지니고 있어서 사회적 관계에 영향을 미칠 수 있음을 의미할 뿐만 아니라 동시에 마음이 사회와 불가분의 관계를 가짐을 증거하고 있다. 이러한 점에서 성호야말로 마음사회학의 매우 중요한 연구대상이다.

둘째, 주변의 미물이나 동물은 물론 당대의 사회적 약자와의 합심이야말로 당대 사회의 구조나 제도뿐만 아니라 사회문제에 대한 민감성을 갖게 해 준다는 시사점을 얻을 수 있었다. 성호의 심학은 마음이 당대 시세, 즉 사회적 조건을 반영하고 있을 뿐만 아니라 인간의 경험과 활동을 기반으로 한다는 점에서 사회 비판을 통해 일정 정도 사회에 영향을 미칠 수도 있음을 보여주는 대표적인 사례이다. 특히 심학과 신분사회의 관계에 관한 성호의 논의는 미물이나 사회적 약자와의 합심이 신분차별사회의 개혁 혹은 변동에 영향을 미치는 하나의 요인이 될 수 있음을 입증해 주고 있다.

셋째, 우리는 성호를 마음사회학적으로 조명함으로써 유교 및 유자(진유/직유)의 사회비판 가능성을 확인하였다. 성호를 통해 진유는 직유이고 그의 실천은 사회적 약자까지도 포함한 공공성의 실천에 있음을 알 수 있었다. 특히 유교의 처사나 불교의 수행자들은 사회의 통합만이 아니라 교리적 관점에서 사회를 비판하거나 대안을 추구할 가능성이 있음을 확인하였다. 성호의 경우, 직유로서 아버지의 유배와 죽음, 직유였던 형(스승)의 장살, 그리고 성호 자신의 처사적 삶이 사회적 약자와의 합심과 사회비판으로 이어짐을 잘 보여주는 사례였다.

넷째, 성호 이익의 사례를 통해 우리는 유교와 불교가 지배해온 한국 전통사회의 지성사가 최소한 구한말까지는 심학의 도도한 맥을 형성해 오고 있었음을 확인할 수 있었다. 게다가 불교나 유교를 제도나 조직이 아니라 삶의 내적 의미나 실천으로 이해할 경우 거기에서 파생된 마음문화 및 마음의 습속은 현대 한국사회에서도 흔하게 관찰된다. 또한 우리는 성호의 사례를 통해 불교 및 유교의 심학이 일종의 마음사회학으로 재해석될 수 있음을 재확인할 수 있었다. 왜냐하면 모든 심학은 자신의 마음을 잘 가꾸고 나아가 그러한 마음에 부합하는 즉 합심하는 사회제도나 환경을 추구하기 마련이기 때문이다. 물론 성호의 경우 그러한 추구가 사회비판으로 귀결된 사례임은 앞서 언급한 그대로다.

다섯째, 제 3장(마음의 작동)과 제 4장(사회의 작동)의 관계는 마음사회학적 대상이며, 이 대상을 다시 제 2장(처사의 삶이란 존재조건)과 연관지어보면 삶의 존재조건이 또한 마음과 사회의 동행에 영향을 미침을 알 수 있다. 이는 인간의 삶의 조건뿐만 아니라 마음 속 의미의 지평이 사회문제에 대한 인식에 직접적으로 영향을 미칠 수 있고, 그렇기 때문에 궁극적으로는 사회문제의 정책적·제도적 해결책의 추구에도 간접적인 영향을 미치게 됨을 뜻한다.

그러나 이 글은 지면상의 한계로 인하여 성호의 심학이 어떻게 그의 사회제도 개혁의 내용에 반영되는지를 구체적으로 실증하지는 못했다. 또한 성호가 제시한 사회제도개혁안이 인간(백성)의 삶은 물론 그들의 마음을 실제로 어떻게 변화시킬 수 있을 것인가를 추론해 보려는 논의는 착수도 하지 못했다. 이러한 한계는 후속 연구를 통해 반드시 규명되어야 할 것이다.

참고문헌

1. 자료

遺教經(김지수 옮김, 2009, 하늘북)

한국고전국역 DB(『星湖僿說』, 『星湖全集』)

한국민족문화대백과사전('이익')

2. 연구서

강명관. 2011. 『성호. 세상을 논하다』. 자음과모음.

김대중. 2009. 「'작은 존재'에 대한 성호 이익의 '감성적 인식'」. 『대동문화연구』. 대동문화연구원.

김대중. 2016. 「성호와 다산의 육체 경제학」. 『한국실학연구』. 한국실학학회.

김선희. 2013. 「이념의 공(公)에서 실행의 사(私)로」. 『한국사상사학』제45집. 한국사상사학회.

______. 2014. 「신체성·일상성·실천성·공공성: 성호의 심학」. 『한국실학연구』. 한국실학학회.

김용걸. 2004. 『이익사상의 구조와 사회개혁론』. 서울대학교출판부.

김지은. 2007. 「성호이익의 여성관」. 『역사교육논집』. 역사교육학회.

원재린. 1997. 「성호이익의 인간관과 정치개혁론」. 『학림』. 연세사학연구회.

유승무. 2010. 『불교사회학』. 박종철출판사.

유승무·박수호·신종화. 2017.「마음사회학의 이론적 정초」.『이론과 사회』. 한국이론사회학회.

이영찬. 2001.『유교사회학』. 예문서원.

최우영. 2017.「종교와 계약의 접합으로서의 유교정치」.『동양사회사상』 19집. 동양사회사상학회.

최정연. 2016.「성호이익의 심설의 형성에 관한 논의」.『한국사상사학』. 한국사상사학회.

한우근. 1980.『성호 이익 연구』. 서울대학교출판부.

수운 최제우

박세준

수운 최제우

—

박 세 준

1. 한국 지성사에서 수운 최제우의 위치

사회과학 이론의 시작은 관찰이다. 다양한 현상을 관찰한 후 일반화한다. 이렇게 일반화한 가설은 다시 여러 사실을 통해 검증한다. 검증을 통과한 가설은 "우선"이론이 된다. 그리고 이론은 언제든지 검증과 반박이 가능하다. 검증과 반박을 통해 이론이 폐기되기도 한다. 정치학, 경제학, 사회학과 같은 사회과학은 서양에서 시작한 학문이다. 그렇기 때문에 이들 학문의 이론들은 서양의 현상을 관찰하면서 시작했다. 그리고 서양의 현상을 통해 검증했다. 서양에서 시작한 사회과학이 동양에 안착하는 데에는 이론이 한몫했다.

동양의 사회과학자들은 서양의 사회과학 이론으로 자신들의 국가나 사회 현상 또는 역사를 설명하거나, 이론을 검증하는 데 자신들의 국가나 사회, 역사 사례를 동원했다. 그러면서 서양의 사회과학은 동서양의 모두에서 보편성을 획득했다.

사실 한국 사회를 설명하기 위해서 사용하는 이론 중 가장 좋은 것은 한국을 관찰한 다음 나온 이론이다. 그러나 한국의 사회과학자들에게 한국을 관찰하고 나온 이론을 사용하는지 물어본다면 그렇지 않다는 대답을 듣는다. 대부분 서양의 이론을 가지고 와서 한국의 사회

현상이나 역사를 설명한다. 한국 현상이나 역사를 제대로 설명하고 진단하기 위해서는 한국화된 사회과학 이론이 필요하다. 그러나 한국화된 사회과학 이론은 찾아보기 힘들다. 어쩌면 한국화된 사회과학 이론이 필요없을 정도로 한국 사회가 서구화됐을 수도 있다. 그러나 "중국 학문에서 벗어나기 위해 조선만의 독특한 실학을 탄생시켰듯"(이황직, 2017:180)이 서양 이론에서 벗어나기 위한 한국만의 독특한 이론 탄생을 위해서라도 사회과학 이론의 한국화는 필요하다.

한국만의 독특한 사회 이론은 서양에서 들어온 사회과학 이론으로 한국 사회와 역사를 설명하는 대신 한국 사상으로도 가능하다는 뜻이다. 아니면 서양의 이론으로 설명하지 못하는 한국만의 특수성을 설명하는 것이 가능하다는 것일 수도 있다. 그리고 나아가 동서양을 넘어서는 근대를 설명할 수 있는 보편 이론으로 발전도 가능할 수도 있다. 사회과학 이론의 요소이자 특징인 관찰, 가설, 검증과 반박을 통한 이론화는 서양 학문의 전유물이 아닌 동서고금을 막론한 보편 현상이기 때문이다.[01]

사회과학 이론의 한국화라는 목적을 달성하기 위해서는 이 땅에서 살고, 고민하고 행동했던 사상가들의 사상을 살펴봐야 한다. 1,500년 가까이 한반도에서 살았던 사람들에게 영향을 줬던 불교에는 원효, 지눌, 기화 스님들이 있다. 조선왕조 500년 통치이념으로 작용했던 유교를 대표한 사상가도 삼봉 정도전, 율곡 이이, 퇴계 이황, 남명 조식을 비롯하여 성호 이익, 추곡 정제두, 위당 정인보까지 손에 꼽을 수 없을 정도로 차고 넘친다. 게다가 연암 박지원, 다산 정약용과 같은 유학에

---

01 『退溪先生文集』, 권16, 11-12, 제1서, 53쪽, 149쪽. 퇴계 이황도 "학문을 강론하면서 분석을 싫어해 합해서 하나의 설設로 만들려고 힘쓰는 것을 옛사람들은 홀륜탄조囫圇呑棗라고 했는데, 그 병통이 적지 않습니다." 홀륜탄조는 대추를 그냥 삼켜 버리는 것을 뜻하는데, 그러면 그 맛을 전혀 알 수 없다는 것을 의미한다(염승준, 2018:137).

뿌리를 둔 실학자들도 있고, 도교 또는 선학자로도 분류할 수 있는 최치원, 최한기, 김항은 물론 신종교의 시조인 강증산과 박중빈도 사상가로 평가받아 마땅하다.[02] 한국 지성사에는 이처럼 많은 사상가들이 있었다. 그 중에서 수운 최제우水雲 崔濟愚(이하 수운)는 한국 지성사에 각자한 가닥하는 다른 사상가들과 다른 점이 있다.

첫째, 수운이 시작한 동학은 철저하게 우리 내부에서 시작했다. 이는 외부에서 들어온 불교, 유교, 도교의 사상과는 다른 점이다.

둘째, 수운의 사상은 한국의 것을 중심에 두고 유불선과 함께 서학까지도 통합했다. 그리스도교를 포함한 외부에서 들어온 사상들이 자신들을 중심에 놓고 한국의 것을 흡수한 것과 다른 점이다.

셋째, 수운의 사상은 말이나 글로 끝난 것이 아니라 행동이나 실천으로 이어졌다. 크게는 국가를 상대로 일어난 동학혁명에서부터 작게는 일상의 가르침인 종교까지 수운의 사상은 사람들을 움직였다.

넷째, 수운의 사상은 현재 진행형이다. 수운의 사상을 이어받은 천도교는 지금도 활동하고 있다.

이러한 이유로 수운의 사상은 사회과학 이론의 한국화를 생각할 때 반드시 살펴봐야 한다.

수운과 그의 사상에 대한 연구는 많이 이루어졌다.[03] 지금까지 수운과 그 사상에 대한 연구는 서양에서 만든 사회과학 이론이나 개념으로 수운의 사상을 설명해 왔다. 하지만 수운의 사상에는 서양의 사회과학 이론이나 개념이 설명하는 것이 이미 담겨있다.

사회과학 중 하나인 사회학은 사회 대변동의 결과 탄생한 학문이

---

02 원효는 유문무(2017), 율곡은 이현지(2017), 성호는 유승무(2017), 위당은 이황직(2017), 최한기는 김보경(2017), 김항은 정승안(2017), 박중빈은 한내창·염승준(2017)에서 확인할 수 있다.

03 수운에 대한 연구현황은 오문환(2005)에서 확인할 수 있다.

다. 사회의 대변동 결과인 근대의 탄생과 함께 시작한 학문인 사회학은 근대와 사회변동을 설명하면서 발전했다. 수운의 사상은 근대성과 사회변동이라는 용어를 사용하지 않았지만 이를 잘 설명하고 있다. 또한 그의 사상에는 근대성과 사회변동이 들어 있다. 수운의 사상은 사회 이론의 한국화 또는 한국이라는 특수성에 내재한 보편성을 대표한다.

수운의 사상은 그가 집필한 『동경대전東經大全』과 『용담유사龍潭遺詞』에 오롯이 담겼다. 『동경대전』과 『용담유사』는 수운이 신비한 종교체험을 한 1860년 4월 5일부터 조선 관아에 체포가 되던 1863년 12월까지 수운이 쓴 글들이다. 한문으로 쓴 『동경대전』은 포덕문布德文 525자, 논학문論學文 1,338자, 수덕문修德文 1,060자, 불연기연不然其然 524자가 주 내용이다. 이 네 편과 함께 축문祝文과 주문呪文, 시문詩文, 탄도유심급歎道儒心急, 팔절八節, 통유문通諭文, 의식儀式, 발문跋文이 『동경대전』에 실려있다. 한글로 쓴 『용담유사』는 용담가龍潭歌 144자, 안심가安心歌 29자, 교훈가敎訓歌 448자, 몽중노소문답가夢中老少問答歌 169자, 도수사道修詞 200자, 권학가勸學歌 228자, 도덕가道德歌 136자, 홍비가興比歌 148자, 검결劍訣 24자로 구성된다. 낱글로 되어 있고, 입에서 입으로 전해지던 것을 하나로 묶은 것은 수운의 도통을 이어 받은 해월 최시형海月 崔時亨(이하 해월)이었다. 한글로 쓴 『용담유사』는 "가사가 가지고 있던 형식성과 전파성 그리고 종교성 외에 당시의 민중들이 공감할 수 있는 이데올로기적 측면이 있었기 때문에 민중들로부터 공감을 얻어" 동학 확산에 큰 공헌을 했다(양삼석, 2011:169). 이 두 책을 통해 수운의 사상과 그 사상에 담긴 근대성과 사회변동을 알아보기로 한다. 그리고 그 전에 수운이 살았던 생애와 사회역사적 조건과 지적 배경을 먼저 살펴보기로 한다. 모든 사상가는 자신이 살던 시대 배경과 따로 떼어놓고 이야기할 수 없기 때문이다.

2. 사회역사적 조건과 지적 배경

수운은 경주에서 근암近庵 최옥崔鋈의 서자로 1824년에 태어났다. 아버지인 최옥은 뛰어난 문인이자 퇴계 학파의 정통 계승자로 평가받고 있다. 글솜씨와 지식이 뛰어났던 최옥이지만 번번이 과거에 낙방하여 관직에는 오르지 못했다. 어머니인 한씨韓氏 부인은 첩은 아니었지만 재가한 관계로 수운은 서자 취급을 받았다. 한씨 부인은 수운이 9살 무렵인 1833년에 죽었다.

수운의 사상 배경이 된 여러 사상 중에 처음 만난 것은 유교다. 당시 양반 자제들과 마찬가지로 서당에 가서 한학을 배우기 시작했다. 수운은 최옥이 죽는 1840년까지 유교를 익혔다. 그의 나이 17세였다. 훗날 수운은 사회를 구제할 방법을 어린 시절부터 공부했던 유교에서 찾지 않았다. 수운이 봤을 때 당시 유교의 수양법인 "거경공부"나 "태극과의 합일"은 개인은 몰라도 사회를 구제할 수 있는 방법론이 아니었다. 즉 유교 자체에 대한 부정이 아닌 사회구제에 있어 "성리학적 수양방법에 대한 불신"이었을 가능성이 크다(김용휘, 2009:47). 이후 수운은 무과 공부를 하지만 곧 포기한다. 20세 때 화재로 인해 그나마 있던 재산을 다 잃어 생계가 막막했기 때문이다. 수운은 장사를 하거나 환자를 치료하면서 10년 동안 전국 각지를 돌아다닌다.[04] 때때로 점을 치기도 했고, 서당에서 훈장을 할 때도 있었다. 이 기간 동안 수운은 본인 사상의 밑바탕이 되는 불교와 선교, 도교, 천주교를 만났을 확률이 높다.

기록에 남겨진 바에 따르면 수운과 불교가 직접 만난 것은 32세

---

04 천도교는 이 시기를 "주유팔로周遊八路"라 칭한다.

때인 1855년이다. 당시 수운은 10년 유랑을 마치고 울산에 살고 있었다. 금강산 유점사에서 왔다고 주장하는 승려가 수운을 찾아와 "을묘천서乙卯天書"라고 하는 책을 주고 홀연히 사라졌다. 이 책은 현재 전해지지는 않지만 이 사건은 수운이 겪은 최초의 이적異蹟, 즉 신비한 체험으로 본다. 책을 건네받은 수운은 1856년 기도에 들어간다.[05] 천성산千聖山 내원암內院庵에서 했던 기도는 숙부의 죽음으로 47일 만에 끝났다. 이듬해인 1857년 적멸굴寂滅窟에서 49일 기도를 끝냈지만 기도의 결과는 그리 좋지 않았다. 오히려 손을 댔던 사업이 망해 경제 사정은 더욱 나빠졌다. 1859년 경주로 돌아온 수운은 용담정龍潭停에서 계속 기도를 한다. 용담정은 수운의 할아버지가 아들인 최옥의 공부공간으로 쓸 목적으로 산 절터였다. 이곳에서 수운은 이름을 제선濟宣에서 어리석은 사람을 고친다는 뜻인 제우濟愚로 고친다. 그리고 1860년 음력 4월 5일 수운은 용담정에서 득도체험을 한다.[06] 몸이 떨리고, 정신이 아득해지면서 하늘에서 "어떤 존재"의 목소리를 들은 것이다.

당시의 상황을 수운은 『동경대전』 "포덕문"[07]과 『용담유사』 "안심가"[08]에 써놓았다.

---

05 "을묘천서"에 '하늘에 49일 동안 기도하라'고 적혀있었다는 것이 천도교의 설명이다.

06 천도교는 수운이 깨달음을 얻은 이 날을 교단 내 최고 중요한 기념일(천일기념일)로 삼고 있다.

07 "포덕문"은 수운이 1861년 봄에 지은 경편이다. 한울님으로부터 무극대도를 받은 이후 첫 번째로 쓴 글이다. "포덕문"은 한울님의 존재를 알지 못하는 세상 사람들로 하여금 자기 생명의 근본이 되는 한울님을 깨닫게 하고자 쓴 경편이다. 나아가 성쇠의 시운에 의하여 쇠운이 지극한 이 시대에 자신의 근본을 회복하고, 한울님 덕화를 올바르게 깨달아 성운을 맞이해야 한다는 가르침을 담고 있는 경편이다(윤석산, 2009:21).

08 "안심가"는 1860년 후반기에 쓴 글이다. 여기에는 수운이 겪은 고생과 경신년 득도체험하는 과정을 다뤘다. 특히 득도체험 중 한울님으로부터 받은 영부를 상세히 묘사했다. 특히 영부를 받는 과정에서 수순의 부인이나 아들이 놀라 어쩔 줄 몰라하는 모습이며 영부로 인해 세상사람들로부터 음해를 받는 모습이 담겼다. "안심"이라는 제목은 바로 득도체험을 하고 있는 수운을 보고 당황하는 부인이나 자식에게 안심하는 의미에서 붙였다. 조선총독부는 "안심가"의 일부 내용을 삭제하기도 했다(윤

뜻밖에도 사월에 마음이 선뜩해지고 몸이 떨려서 무슨 병인지 집중할 수도 없고 말로 형상하기도 어려울 즈음에 어떤 신선의 말씀이 있어 문득 귀에 들리므로 놀라 캐어물은 즉 대답하시기를 '두려워하지 말고 두려워하지 말라. 세상 사람이 나를 상제라 이르거늘 너는 상제를 알지 못하느냐.'그 까닭을 물으니 대답하시기를 '내 또한 공이 없으므로 너를 세상에 내어 사람에게 이 법을 가르치게 하니 의심하지 말고 의심하지 말라.'묻기를 '그러면 서도로써 사람을 가르치리이까.'대답하시기를 '그렇지 아니하다. 나에게 영부 있으니 그 이름은 선약이요 그 형상은 태극이요 또 형상은 궁궁이니, 나의 영부를 받아 사람을 질병에서 건지고 나의 주문을 받아 사람을 가르쳐서 나를 위하게 하면 너도 또한 장생하여 덕을 천하에 펴리라.'고 하셨다(不意四月 心寒身戰 疾不得執症 言不得難狀之際 有何仙語 忽入耳中 驚起探問則 曰勿懼勿恐 世人 謂我上帝 汝不知上帝耶 問其所然 曰余亦無功故 生汝世間 敎人此法 勿疑勿疑 曰然則 西道以敎人乎 曰不然 吾有靈符 其名 仙藥 其形 太極 又形 弓弓 受我此符 濟人疾病 受我呪文 敎人爲我則 汝亦長生 布德天下矣)(포덕문 6).

무정세월 여류파라 칠팔삭 지내나니 사월이라 초오일에 꿈일런가 잠일런가 천지가 아득해서 정신수습 못할러라 공중에서 외는소리 천지가 진동할때 집안사람 거동보소 경황실색 하는말이 애고애고 내팔자야 무삼일로 이러한고 애고애고 사람들아 약도사 못해볼까 침침칠야 저문밤에 눌로대해 이말할꼬 경황실색 우는자식 구석마다 끼어있고 댁의 거동 볼작시면 자방머리 행주치마 엎어지며 자빠지며 종종

석산, 2009:363).

걸음 한창할때 공중에서 외는소리 물구물공 하였어라 호천금궐 상제님을 네가어찌 알까보냐 초야에 묻힌인생 이리될줄 알았던가 개벽시 국초일을 만지장서 나리시고 십이제국 다버리고 아국운수 먼저하네 그럭저럭 창황실색 정신수습 되었더라(안심가 4).

수운은 득도체험 직후 동학東學을 포덕布德[09]하지는 않았다. 득도체험은 이후 6개월가량 더 이어졌고, 수운은 체험과 함께 1년 동안 자신의 체험에 대해 성찰했다. 자신의 체험과 깨달음을 정리한 수운은 1861년 세상에 나왔다. 그리고 동학은 사람들 사이로 급속히 퍼진다.

급속히 퍼진 동학은 좋은 의미와 나쁜 의미로 세상의 관심을 받았다. 좋은 의미는 천민과 상민 그리고 서자와 얼자와 같이 고통받고 차별받는 이들에게 위로와 희망을 주는 것이었다. 반대로 나쁜 의미는 수구 양반 세력들의 견제와 의심 나아가 박해를 받는 것이었다. 그리고 나쁜 의미로의 관심 때문에 수운은 남원으로 도망가야 했다. 경주 일대 유림들이 수운을 "천주쟁이"로 몰았기 때문이다. 남원 은적암隱跡庵에서 수운은 훗날 동경대전에 실릴 "논학문"[10]과 "포덕문"과 같은 글을 쓰기 시작했다. 집필의 목적은 동학 교리의 체계화뿐만 아니라 유교와 천주교로부터 동학의 보호였다. 동학이 유교와 다르지 않은 것임을 밝혀서 기득권으로부터의 공격을 막고, 천주교와 다르다는 것을 알려서 "천주쟁이"로 몰리지 않는 것이 그 목적이었다.

---

09 동학과 천도교는 포덕布德, 이 용어를 다른 종교에서 사용하는 전도, 선교, 포교와 같은 의미로 사용한다.

10 "논학문"은 수운이 1862년 1월과 2월 사이에 쓴 글이다. 용담에 있으면서 일대 유생들과 관으로부터 서학이라는 지목을 받았던 오해를 불식시키고자 수운은 "논학문"을 썼다. 이를 통해 서학과 동학이 궁극적으로 어떻게 다른가를 논하고 있으며, 또한 동학의 본체를 설파하고 있다. 따라서 동학 초기에는 이 글을 "동학론東學論"이라고 부르기도 했다(윤석산, 2009:59).

수운은 『동경대전』 "수덕문"[11]에 자신이 하는 말, 즉 동학이 유교와 다르지 않다는 것을 강조했다.

> 용담의 옛집은 가친께서 가르치던 곳이요 동도신부는 오직 내 고향이니라. 처자를 거느리고 용담으로 돌아온 날은 기미년 시월이요 그 운수를 타고 도를 받은 시절은 경신년 사월이러라. 이 또한 꿈같은 일이요 형상하기 어려운 말이니라. 주역괘의 대정수를 살펴보고 삼대적 경천한 이치를 자세히 읽어보니, 이에 오직 옛날 선비들이 천명에 순종한 것을 알겠으며 후학들이 잊어버린 것을 스스로 탄식할 뿐이로다. 닦고 단련하니 자연한 이치 아님이 없더라. 공부자의 도를 깨달으면 한 이치로 된 것이요, 오직 우리 도로 말하면 대체는 같으나 약간 다른 것이니라. 의심을 버리면 사리의 떳떳한 것이요, 예와 지금을 살피면 인사의 할 바니라(龍潭古舍 家嚴之丈席 東都新府 惟我之故鄉 率妻子還捿之日 己未之十月 乘其運道受 之節 庚申之四月 是亦夢寐之事 難狀之言 察其易卦大定之數 審誦三代敬天之理 於是乎 惟知先儒之從命 自歎後學之忘却 修而煉之 莫非自然 覺來夫子之道則 一理之所定也 論其惟我之道則 大同而小異也 去其疑訝則 事理之常然 察其古今則 人事之所爲)(수덕문 6).

11 "수덕문"은 1862년 6월 수운이 쓴 경편이다. 은적암에서 겨울을 보내고 경주 근처 박대여라는 제자의 집에 머물며 이 경편을 썼다. "수덕문"은 동양 사회를 오랫동안 유지시켜 온 사상의 하나인 유교적 가르침을 바탕으로 동학을 설명한 글이다. 특히 당시 지배이념이었던 유교와 그 근원적인 면에서는 서로 대동소이하다는 점을 들어, 동학이 결코 이단이 아님을 설파한 글이다. 그러나 동학이 결코 유학일 수 없음도 밝히고 있어 동학의 독자성을 서술한 글이기도 하다. 나아가 이 "수덕문"에는 도인들이 지켜야할 계율, 또 동학의 가르침을 행하면 나타나게 되는 수행의 효엄 등이 기술되어, 말 그대로 수덕의 글이기도 하다. 즉 "수덕문"은 수운이 자신의 도가 동양적 오랜 정통의 가르침인 유학과 대별되는 가르침이 아니며, 나아가 세상의 사람들이 행해야 할 올바른 정학임을 강조한 글이다(윤석산, 2009:127).

"자연한 이치가 아님이 없"고, "공부자의 도를 깨달으면 한 이치"이며 유교와는 "대체는 같으나 약간 다른 것"일 뿐이니 동학을 사문난적으로 몰지 말라는 항변이었다. 실제로 수운이 비판한 것은 불평등하고 수직 위계질서를 공고히 한 정치 이데올로기로써 유교다. "천지 만물은 본래 나와 일체"임을 자각한 주희나, 조선의 유학자인 권근, 이황과 같은 성리학자들이 수행을 통해 추구한 "미발지각의 허령불매虛靈不昧한 마음의 경지가 일체의 차별을 넘어서 만물일체의 평등의 정신"은 "시천주侍天主"를 통해 "각자위심各自爲心"의 이기심을 극복하고 "동귀일체同歸一體"를 자각하는 것으로(염승준, 2018:138) 수운의 사상으로 이어진다.[12] 즉 수운의 사상은 대체는 같으나 약간 다르게 유교의 맥을 계승하고 있다.

반대로 천주교와는 다르다고 "논학문"에서 주장한다.

> 신유년에 이르러 사방에서 어진 선비들이 나에게 와서 묻기를 '지금 천령이 선생님께 강림하였다 하니 어찌된 일입니까.'대답하기를 '가고 돌아오지 아니함이 없는 이치를 받은 것이니라.'묻기를 '그러면 무슨 도라고 이름합니까.'대답하기를 '천도이니라.'묻기를 '양도와 다른 것이 없습니까.' 대답하기를 '양학은 우리 도와 같은 듯 하나 다름이 있고 비는 것 같으나 실지가 없느니라. 그러나 운인 즉 하나요 도인 즉 같으나 이치인 즉 아니니라.'묻기를 '어찌하여 그렇게 됩니까.'대답하기를 '우리 도는 무위이화라. 그 마음을 지키고 그 기운을 바르게 하고 한울님 성품을 거느리고

12 물론 주희와 권근, 이황과 같은 성리학자들이 이야기하는 "만물일체", "차별을 넘어"는 신분 질서를 넘어서면서 이루어지는 것이 아니라는 점에서 수운의 사상과 같다고 보기는 어렵다. 그들이 같은 양반 또는 사대부와 같이 지배계층 사이의 "만물일체의 평등 정신"을 주장했다면, 수운은 지배계층의 "각자위심의 이기심"을 극복하고 피지배계층을 포함한 "동귀일체"를 자각함을 주장했다.

한울님의 가르침을 받으면, 자연한 가운데 화해나는 것이요, 서양 사람은 말에 차례가 없고 글에 순서가 없으며 도무지 한울님을 위하는 단서가 없고 다만 제 몸만을 위하여 빌 따름이라. 몸에는 기화지신이 없고 학에는 한울님의 가르침이 없으니 형식은 있으나 자취가 없고 생각하는 것 같지만 주문이 없는지라, 도는 허무한데 가깝고 학은 한울님 위하는 것이 아니니, 어찌 다름이 없다고 하겠는가'(轉至辛酉 四方賢士 進我而問曰 今天靈降臨先生 何爲其然也 曰受其無往不復之理 曰然則何道以名之 曰天道也 曰與洋道無異者乎 曰洋學如斯而有異 如呪而無實 然而運則一 也 道則同也 理則非也 曰何爲其然也 曰吾道無爲而化矣 守其心正其氣 率其性受其敎 化出於自然之中也 西人 言無次第 書無皂白而頓無爲天主之端 只祝自爲身之謀 身無氣化之神 學無天主之敎 有形無迹 如思無呪 道近虛無 學非天主 豈可謂無異者乎)(논학문 8).

유교와 달리 천주교는 동학과 "같은 듯 하나 다르"고, "비는 것 같으나 실"제는 다르고, "운과 도는 같으나 이치는 다르"니 같은 천주쟁이로 몰지말라는 해명이었다.

1862년 다시 경주로 돌아온 수운은 포덕에 힘을 썼고 동학의 교세는 더욱 커졌다. 그러자 나라에서는 혹세무민의 죄를 물어 그를 경주진영으로 압송한다. 그러나 수백 명의 제자들이 몰려가 미풍양속을 해치는 것이 아니라는 청원을 하자 무죄로 풀려나게 된다. 수운이 무죄방면되자 동학의 세는 더욱 커졌다. 동학 신도가 늘어나자 수운은 조직 관리를 위해 접接을 두고 접주가 그 접을 관리하는 접주제接主制를 만들었다. 그리고 경상도와 전라도 북쪽인 충청도와 경기도까지 신도가 늘자 이 지역을 관리하는 북접대도주 자리를 만들어서 최시형을 임명했다. 이

때가 1863년이었다. 동학의 세가 커지자 나라에서는 동학과 수운을 경계하기 시작했다. 결국 한양에서 경주로 수운을 잡기 위해 관군을 보냈고, 체포된 지 얼마 안 가 1864년 대구에서 참형됐다.

당시 수운을 잡으러 내려간 관군인 선전관宣傳官 정운귀鄭雲龜가 쓴 기록을 보면 동학의 세가 얼마나 큰 지 알 수 있다.

> 조령鳥嶺에서 경주까지는 400여 리가 되고 주군州郡이 모두 10여 개나 되는데 거의 어느 하루도 동학에 대한 이야기가 귀에 들어오지 않는 날이 없었으며 주막집 여인과 산골 아이들까지 그 글을 외우지 못하는 자가 없었습니다. 그리고 '위천주爲天主'라고 명명하고 또 '시천주侍天主'라고 명명하면서 조금도 부끄러워하지 않고 또한 숨기려고도 하지 않았습니다. 그러니 얼마나 오염되고 번성한지를 이를 통해서 알 만합니다(조선왕조실록, 고종실록 1권).

이처럼 동학의 세가 컸던 것은 당시 국내외의 정세가 불안했기 때문이다. 국내에서는 세도정치에 따른 삼정의 문란, 자연재해, 전염병과 같은 일이 발생하면서 농민봉기가 일어났다. 이와 함께 농민층이 분화하면서 신분제가 흔들렸다. 기존의 유교질서를 대체할만한 새로운 질서는 나타나지 않았다. 일부 양반과 농민층에게 널리 퍼져있었던 천주교는 대안이 될 수 없었다. 천주교는 서양의 것이었기 때문이다. 당시 사람들에게 있어서 최강국이자 천하의 중심이었던 중국(청나라)이 서양국가에게 진 것은 큰 충격이었다. 순망치한을 운운하며 서양의 것에 대한 두려움이 일어나고 나아가 배척의 기운이 모아지고 있었다. 이러한 상황에서 동학은 가난한 사람들을 중심으로 널리 퍼질 수 있었다. 수운의 사상이 안으로는 조선조의 전근대성에 대항하고, 밖으로는 제국주의시대의 전근대성을 비난했기 때문이다.

3. 수운사상의 근대성: 개인

수운의 사상과 근대성의 관계를 알기 위해서는 근대성에 대한 논의를 먼저 해야 한다. 근대가 가진 보편 가치 또는 특성은 자유, 평등, 연대, 주체, 민주, 인권과 같은 요소로 설명할 수 있다. 물론 이에 대한 논의가 필요하기는 하다. 하지만 그 누구도 부정하지 않는 사실은 근대는 오직 유럽 그 중에서 서유럽에서 탄생했다는 점이다. 이에 대해 베버(M. Weber)는 "서구, 오직 서구에서만"이라고 표현했고, 존스(E. Jones)는 "기적"이라고 했다. 그러나 베버의 서구중심주의는 우월함의 표현이 아니었다. "행운과 우연 그리고 은총"덕분에 유럽 그 중에서 서유럽에서 근대가 탄생했다고 분석했으며 이는 겔너(E. Gellner) 또한 지지했다.

그렇다면 근대와 전근대를 구분하는 기준은 무엇인가? 앞서 말한 근대의 특성이 있는 지 여부를 파악하는 것이 가장 쉬울 것이다. 그러나 그 특성의 요소는 사람들마다 의견은 분분하다. 그것을 꿰뚫는 것은 베버의 탈주술화다. 탈주술화란 "원하기만 한다면, 언제라도 우리의 삶의 조건들에 대한 지식을 얻을 수 있다는 것, 따라서 우리의 삶에서 작용하는 어떤 힘들도 원래 신비스럽고 예측할 수 없는 힘들이 아니라는 것, 오히려 모든 사물은-원칙적으로는-계산을 통해 지배될 수 있다는 것을 우리들이 알고 있거나 그렇게 믿고 있다는 것"이고, 이러한 탈주술화가 낳는 핵심 결과는 "의미와 가치의 사유화와 파편화"다(전성우, 2005:23).

주술화된 세계, 즉 전근대에서는 가치와 의미에 대한 대답이 이미 정해져 있다. 성리학 질서가 지배하고 있는 세계에서는 주자의 말이 대답이다. 그리스도교 질서가 지배하고 있는 세계에서는 예수의 말이 정답이다. 이슬람교 질서가 지배하고 있는 세계에서는 물론 무함마드의 말이 절대 진리다. 이는 특정 시공간만의 문제가 아니고, 정답을 내리는 것이 어떤 종교든 관계없다. 주술화된 세계에서는 해당 시공간을 지배하고 있는 종교 또는 문화규범이 의미와 가치를 결정한다. 반면 탈주술화된 세계는 종교 또는 문화규범이 의미와 가치에 대한 대답을 주지 않는다. 우리 스스로 판단하고 통찰해서 대답을 구해야 한다. 왜냐하면 "신은 죽었"기 때문이다. 결국 근대란 전근대를 지배하고 있는 "오직 하나"만을 강요했던 대답에서 벗어난 상태를 말한다. "오직 하나"의 대답이 묶어 놓고 있었던 영역들 각각이 독립 주체로 분화되어 나오는 것이 근대다. 근대에서는 정치, 경제, 사회, 문화, 성, 지식과 같은 모든 영역에서 "오직 하나"의 대답이 아닌 각각의 의미와 가치를 만들어가면서 분화한다. 이 과정에서 천하와 국가, 사회, 가족 안에 묻혀 있던 개인이 등장하게 된다. 결국 개인의 등장이 곧 근대고, 수운은 개인을 호명했다.[13]

수운은 "시천주侍天主"와 "내 마음이 곧 네 마음이다(吾心卽汝心)"를 통해 개인을 불러냈다. 『동경대전』"논학문"의 글을 보자.

> 대답하시기를 '내 마음이 곧 네 마음이니라. 사람이 어찌 이를 알리오. 천지는 알아도 귀신은 모르니 귀신이라는 것도 나니라. 너는 무궁 무궁한 도에 이르렀으니 닦고 단련하여 그 글을 지어 사람을 가르치고 그 법을 바르게 하여

13 "의미와 가치의 사유화와 파편화"를 통해 나타난 개인은 이기주의자일 수도 있고 아닐 수도 있다. 중요한 것은 의미와 가치를 만드는 주체가 외부(종교 또는 문화규범)에 있는 것이 아니라 내부에 있는 자신(개인)이라는 점이다. 의미와 가치에 대해 오직 "하나"의 정답이 없고 각각의 개인이 답을 갖고 있기 때문에 "사유화"인 것이고, 의미와 가치에 대해 "오직" 하나의 정답이 없고 여럿의 답이 있기 때문에 "파편화"인 것이다. 그 정답이 개인만을 위한 이기주의냐 만인을 위한 공동체주의냐 하는 것은 다른 문제다.

덕을 펴면 너로 하여금 장생하여 천하에 빛나게 하리라'(曰吾心卽汝心也 人何知之 知天地而無知鬼神 鬼神者吾也 及汝無窮無窮之道 修而煉之 制其文敎人 正其法布德則令汝長生 昭然于天下矣)(논학문 6).

시천주는 '한울님을 모신다'라는 뜻이고, 오심즉여심은 '내 마음이 곧 네 마음이다'라는 뜻이다. 하늘이란 한울님을 의미한다. 수운이 말하는 한울님은 그리스도교의 유일신과 같은 위치에 있다. 그러나 서구의 유일신과 한울님이 다른 점이 있다. 서구의 유일신은 "어디에든 임하시"지만 그 존재는 하나다. 반면 한울님은 "어디에든 있"지만 하나가 아니다. 내 안에도 한울님이 있고, 네 안에도 한울님이 있다. 그렇기 때문에 나도 한울님이고 너도 한울님이다.

시천주와 오심즉여심은 신분제에서 벗어나 자유와 평등을 의미한다. 서구의 근대가 왕과 사제들의 끔찍한 통치로부터 도망치기 위한 끊임없는 시도 끝에 "단 한 번의 기적과 같은 성공"으로 자유와 평등을 얻어서 나타났던 것처럼 수운은 신분제와 봉건제가 공고히 자리 잡고 있던 조선의 백성들에게 "기적과 같은 성공"으로 자유와 평등을 주고자 했다. 너도 한울님이고 나도 한울님이니 누가 누구를 지배하는 것은 옳지 않았다. 나도 한울님을 모시고 있고, 너도 한울님을 모시고 있으니 양반과 상민의 차별이 있을 수 없다. 양반과 상민의 차별뿐만 아니라 노비도 존재할 이유가 없다. 모두가 평등하고 자유로운 세상을 이야기하는 것이 수운의 사상이었다.

수운이 존경받은 이유는 그가 사상을 이념으로 그친 것이 아니라 실천으로 옮겼기 때문이다. 모두가 한울님인 까닭에 반상의 구별이 있을 수 없다. 집에 있는 여자 종 두 명을 해방시킨 것을 넘어 각각 며느리와 수양딸로 삼았다. 신분제와 봉건제라는 전근대 요소에서 벗어나

근대로 넘어가는 데 있어 수운의 시천주와 오심즉여심은 큰 역할을 한다. 그리고 이렇게 탄생한 자유롭고 평등한 개인은 한 데 모여 동학의 세를 더욱 키우게 한다.

수운의 자유와 평등에 대한 사상은 『용담유사』에 더 자세히 나온다. 신분제에 대한 비판은 "교훈가",[14] "안심가", "도덕가"[15]에서 이야기한다.

> 법을정코 글을지어 입도한 세상사람 그날부터 군자되어 무위이화 될것이니 지상신선 네아니냐(교훈가 5).
> 그모르는 처자들은 유의유식 귀공자를 흠선해서 하는말이 신선인가 사람인가 일천지하 생긴몸이 어찌저리 같잖은고 앙천탄식 하는말을 보고나니 한숨이오 듣고나니 눈물이라(안심가 2).
> 약간 어찌 수신하면 지벌보고 가세보아 추세해서 하는 말이 아무는 지벌도 좋거니와 문필이 유여하니 도덕군자 분명타고 모몰염치 추존하니 우습다 저 사람은 지벌이 무엇이게 군자를 비유하며 문필이 무엇이게 도덕을 의논하노라(도덕가 2).

수운은 개인이 아닌 지벌이나 문벌과 같은 신분을 중시하는 당시

---

14 "교훈가"는 1861년 11월이나 12월 쓴 글로 추정한다. 수운이 10년 동안 돌아다닌 후 용담으로 돌아온 이후 경신년 득도체험을 하는 과정, 득도를 한 이후 마을 사람들이 음해를 하는 모습, 이에 이어 관의 지목을 피해 은적암으로 떠나는 모습을 썼다. "교훈가"는 제목 그대로 신입 도인들을 비롯하여 제자들에게 수련에 힘쓸 것을 당부하는 내용이 주를 이루고 있다(윤석산, 2009:313).

15 "도덕가"는 1862년 또는 63년에 쓴 글로 모든 세상의 사람들이 한울님의 도와 덕을 올바르게 지키기 위해 번복지심을 두지 말며 물욕교폐하지 말며, 헛말로 유인하지 말고, 안으로 불량하고 겉으로 꾸며내지 말라는 내용을 담고 있다. 역리자逆理者, 비루자鄙陋者, 혹세자惑世者, 기천자欺天者의 길을 버리고 정심수도하여 한울님의 도와 덕을 올바르게 깨우치라는 내용이다(윤석산, 2009:485).

세태를 비판하고, 동학을 통해 신분에 따라 결정되는 사회가 아닌 한울님을 모시면 평등하게 될 수 있음을 강조했다. 또한 신분에 대한 동경을 경계했지만 가난한 이들에 대한 동정을 잃지 않았다. 신분제와 더불어 조선시대의 봉건제 요소 중 하나인 가부장제에 대한 비판과 함께 남녀평등까지 수운은 말한다. 이는 『용담유사』 "도수사"[16]에서 확인할 수 있다.

> 가도화순 하는법은 부인에게 관계하니 가장이 엄숙하면 이런빛이 왜 있으며 부인경계 다버리고 저도역시 괴이하니 절통코 애달하다 유시부 유시처라 하는도리 없다마는 현숙한 모든벗은 차차차차 경계해서 안심안도 하여주소(도수사 6).

수운은 집안이 잘 되는 데에는 부인의 책임이 크지만, 부인이 가정에서 잘하고 있는지 여부는 가장인 남편에게 달려 있다는 점을 지적했다. 여성의 역할을 가정 안에 한정하고 있다는 점에서 현대의 관점에서 봤을 때는 한계가 있다. 하지만 가부장주의가 만연한 당시 시대를 생각해 보면 이는 엄청난 발언임에 틀림없다.

수운의 시천주와 오심즉여심은 해월에 이르러서는 "사인여천事人如天"으로 이어진다. 누구에게나 한울님이 있으니 신분이나 성별에 따라 차별하지 않고 모든 사람을 한울님처럼 존중해야 한다는 것이다. 부모님께 효를 하고, 남편과 부인은 서로 공경하고, 내 자식과 며느리를 사랑하는 것은 물론 하인을 내 자식과 같이 여기라 했다. 또 어린아이도

---

16 "도수사"는 1861년 12월에 쓴 글로, 관의 지목을 받아 길을 떠나게 된 사정과 자신의 불우한 처지를 생각하며 잠 못 드는 심회를 담고 있다. 이와 같은 사정 속에서 남아 있는 제자들을 생각하고 그리워하며, 제자들에게 정심수도하기를 강조하는 내용이다(윤석산, 2009:433).

한울님을 모셨으니 아이를 때리는 것은 곧 한울님을 때리는 것이니 한울님을 공경해야 하듯 어린이도 공경해야 함을 주장했다. 해월의 이러한 생각은 훗날 의암 손병희義庵 孫秉熙(이하 의암)의 사위 소파 방정환이 어린이 존중을 주장하며 어린이날을 만드는 데 중요한 사상의 기초가 됐다.

해월은 이와 함께 모든 사물에도 한울님이 있으니 공경해야 함을 주장했다. 육축이라도 다 아끼며, 나무라도 생순을 꺾지 말아야 했다. 가신 물이나 아무 물이나 땅에 부을 때에 멀리 뿌리지 말며, 가래침을 멀리 뱉지 말며, 코를 멀리 풀지 말며, 침과 코가 땅에 떨어지거든 닦아 없이 하고, 침을 멀리 뱉고, 코를 멀리 풀고, 물을 멀리 뿌리면 곧 천지부모님 얼굴에 뱉는 것이니 하지 말라 가르쳤다.[17] 수운의 시천주가 개인을 호명하여 자유와 평등의 시작을 알렸다면 해월의 사인여천은 환경주의까지 나아갔다. 해월의 사인여천을 지난 수운의 시천주와 오심즉여심은 의암에 이르러 인내천人乃天으로 모아 진다. 그리고 이는 천도교의 종지宗旨로 현재까지 남아 있다.

4. 수운사상의 근대성: 사회변동

수운이 개인을 호명함에 그쳤다면 "역사의 기적적 약동이며, 이 역사적 대사건의 주인공이자, 기적적 존재, 불세출의 천재"(김범부, 1987:103)로 평가받지 못했을 것이다. 수운의 사상이 대단하다고 평가

17 『해월신사법설』, "내수도문" 1,2

받는 것은 개인을 호명함과 동시에 그 개인들을 움직여 사회변동으로 이끌었다는 점이다. 비록 동학혁명은 실패에 그쳤지만 수운은 개인들이 조선이라는 봉건주의에 맞서고, 일본과 서구라는 제국주의에 맞서게 했다. 일본과 서구 제국주의에 맞서면서 수운 사상은 자연스럽게 민족주의와 연결이 된다. 제국주의를 주도한 서구에서 민족은 근대에 만들어진 상상의 공동체라고 본다. 대신 식민지를 겪은 비서구에서 민족은 제국주의에 대항하기 위해 만들어진 역사의 공동체라고 본다. 결국 서구든 비서구든 민족주의는 근대의 산물이고 근대를 규정하는 요소다.

수운은 우선 당시 사회현실을 정확하게 봤다. 수운은 『용담유사』 "용담가"[18]와 "몽중노소문답가"[19]에서 당시 사회상을 진단했다.

> 어화세상 사람들아 이런승지 구경하소 동읍삼산 볼작시면
> 신선없기 괴이하다 서읍주산 있었으니 추로지풍 없을소냐
> 어화세상 사람들아 고도강산 구경하소 인걸은 지령이라
> 명현달사 아니날까(용담가 1).
> 매관매작 세도자도 일심은 궁궁이오 전곡쌓인 부첨지도 일
> 심은 궁궁이오 유리걸식 패가자도 일심은 궁궁이라 풍편에

---

18 "용담가"는 1860년 후반기에 쓴 글이다. 승지로서의 용담을 노래하고 있다. 특히 10년 동안 돌아다닌 이후 용담으로 돌아와 아무 것도 이루지 못한 수운 자신의 불우한 처지를 용담의 승지에 비견하며 매우 처연하게 노래하고 있음을 볼 수 있다. 그러나 경신년 득도체험 이후 겪게 되는 득도의 기쁨과 함께 그 환희에 찬 모습을 바라보는 구미 용담의 풍경도 담겨있다. 특히 득도 이전 수운의 모습과 이후의 모습이 잘 나타나 있다(윤석산, 2009:395).

19 "몽중노소문답가"는 1862년에 쓴 글이다. 꿈속에서 어느 도사와 문답을 하는 내용으로, 가사에 나오는 '기남자奇男子'의 탄생이나 성장과정은 수운의 여러 면모와 유사하다. 즉 "몽중노소문답가"는 수운 자신의 출자를 비유한 노래 가사로 추정한다. 특히 "몽중노소문답가"에는 세상 사람들이 너나 할 것 없이 모두 자신 하나만을 살고자 우왕좌왕하는 각자위심의 세태를, 참서에서 말하는 궁궁촌을 찾아 떠나는 모습에 비견한 내용도 있다. "몽중노소문답가"는 이와 같은 비유를 통해 당시 세태를 비판하는 한편, 머지않아 세상을 구할 새로운 도가 출현할 것을 암시하고 강조한 노래다(윤석산, 2009:413).

> 뜨인자도 혹은 궁궁촌 찾아가고 혹은 만첩산중 들어가고 혹은 서학에 입도해서 각자위심 하는말이 내옳고 네그르지(몽중노소문답가 4).
> 아서라 이세상은 요순지치라도 부족시오 공맹지덕이라도 부족언이라(몽중노소문답가 5).

매관매작하는 정치권의 현실과 농민층이 분화하여 생긴 빈부격차를 수운은 지적한다. 또한 많은 사람들이 당대의 불안한 상태를 이기지 못해 서학이며 도참사상에 빠지고 있음을 정확하게 보고 있다. 그리고 현재의 세상은 태평성대를 일군 요순임금이 와도 어렵고, 유교의 시조들인 공자와 맹자도 어렵다는 것이 수운의 생각이었다.

이러한 국내 상황과 더불어 당시 국제상황에 대해서도 수운은 『동경대전』 "포덕문"과 『용담유사』 "권학가"[20]에서 정확하게 꿰뚫고 있다.

> 경신년에 와서 전해 듣건대 서양사람들은 천주의 뜻이라 하여 부귀는 취하지 않는다 하면서 천하를 쳐서 빼앗아 그 교당을 세우고 그 도를 행한다고 하므로 내 또한 그것이 그럴까 어찌 그것이 그럴까 하는 의심이 있었더니(至於庚申 傳聞西洋之人 以爲天主之意 不取富貴 攻取天下 立其堂 行其道 故 吾亦有其然 豈其然之疑)(포덕문 5).
> 이러므로 우리 나라는 악질이 세상에 가득 차서 백성들이 언제나 편안할 때가 없으니 이 또한 상해의 운수요, 서양은 싸우면 이기고 치면 빼앗아 이루지 못하는 일이 없으니 천하가 다 멸망하면 또한 순망지탄이 없지 않을 것이라(是

20 "권학가"는 1861년 쓴 글로, 은적암에 있으면서 멀리 떨어진 가족과 제자들을 생각하며 그들이 모두 수도에 열심히 정진하기를 권하며 지은 글이다(윤석산, 2009:457).

> 故 我國 惡疾滿世 民無四時之安 是亦 傷害之數也 西洋 戰勝攻取 無事不成而 天下盡滅 亦不無脣亡之歎)(포덕문 8).
>
> 하원갑 경신년에 전해오는 세상말이 요망한 서양적이 중국을 침범해서 천주당 높이세워 거소위 하는도를 천하에 편만하니 가소절창 아닐런가(권학가 8).

수운이 경험한 경신년은 1860년이다. 이 해는 수운이 신비한 체험을 한 후 동학을 창도한 해이기도 하고, 제2차 아편전쟁이 끝난 해이기도 하다. 제2차 아편전쟁은 1차 때와는 달리 수도인 북경까지 함락했기 때문에 수운은 큰 충격을 받았다. 특히 서양인들이 천주의 뜻을 운운하며 중국을 침공하는 행위에 대해 큰 분노를 보이고 있다. 나아가 서양은 싸우면 이기고 공격하면 빼앗아 이루지 못하는 것이 없다면서 제국주의 행태에 대한 불쾌감을 강하게 표현했다.

수운은 서양뿐만 아니라 일본에 대한 반감도 감추지 않았다. 오히려 서양 세력보다 일본에 대한 반감이 심했다. 수운은 『용담유사』 "안심가"에서 일본을 지칭하면서 "개같은 왜적놈"이라는 비속어를 거침없이 사용했다.

> 개같은 왜적놈아 너희신명 돌아보라 너희역시 하륙해서 무슨은덕 있었던고 전세임진 그때라도 오성한음 없었으면 옥새보전 뉘가할꼬 아국명현 다시없다 나도또한 한울님께 옥새보전 봉명하네 …(중략)… 개같은 왜적놈이 전세임진 왔다가서 술싼일 못했다고 쇠술로 안먹는줄 세상사람 뉘가알꼬 그역시 원수로다 만고충신 김덕령이 그때벌써 살았으면 이런일이 왜있을꼬 소인참소 기험하다 …(중략)… 개같은 왜적놈을 한울님께 조화받아 일야에 멸하고서 전지

무궁 하여놓고 대보단에 맹세하고 한의원수 갚아보세(안심가 8).

서양 제국주의 세력을 "요망한 서양적"이라고 표현한 것과 비교해 보면 수운이 바라보는 일본관이 어떠했는지 잘 알 수 있다. 수운의 이러한 일본에 대한 시선은 동학혁명과 일제강점기 천도교가 3.1운동을 비롯한 천도교 구파의 다양한 독립운동에 관여한 이유가 된다. 특히나 박인호[21]가 주도한 무인멸왜기도운동은 수운의 이러한 모습과 직접 관련을 맺는다. 그 기도문인 "무궁한 내 조화로 개같은 왜적놈을 일야간一夜間에 멸하고서 한汗의 원수까지 갚겠습니다"가 이 안심가를 출전으로 삼았기 때문이다.

이러한 상황에서 수운은 나라를 고치고(輔國), 백성을 편안케 하기(安民) 위해 『용담유사』 "권학가"와 『동경대전』 "포덕문"에서 직접 행동하라는 말을 한다.

방방곡곡 찾아들어 만나기만 만날진댄 흉중에 품은회포 다른할말 바이없고 수문수답 하온후에 당당정리 밝혀내어 일세상 저인물이 도탄중 아닐런가 함지사지 출생들아 보국안민 어찌할꼬(권학가 5).
이러므로 우리나라는 악질이 세상에 가득 차서 백성들이 언제나 편안할 때가 없으니 이 또한 상해의 운수요, 서양은 싸우면 이기고 치면 빼앗아 이루지 못하는 일이 없으니 천하가 다 멸망하면 또한 순망지탄이 없지 않을 것이라. 보국안민의 계책이 장차 어디서 나올 것인가(是故 我國 惡

21 춘암春菴 박인호朴寅浩는 손병희가 자신의 뒤를 잇는 동학·천도교의 4세 교주로 임명한다. 그러나 이 임명은 훗날 천도교 신구파 분열의 원인이 된다.

疾滿世 民無四時之安 是亦 傷害之數也 西洋 戰勝攻取 無事不成而 天下盡滅 亦不無脣亡之歎 輔國安民 計將安出)(포덕문 8).

수운은 어려운 세상에 방방곡곡 찾아 들어가 올바른 가르침을 받아 당당한 바른 이치를 밝혀내어 도탄에 빠진 사람들, 사지에 허우적대는 사람들을 위한 행동, 보국안민을 해야 함을 역설했다. 또한 싸우면 무조건 이기고 치면 빼앗아 이루지 못하는 일이 없는 서양의 맞서 보국안민을 해야 함을 주장했다. 수운은 단순히 현실 진단에 머물지 않고 실천을 촉구했다. 여기서 보국안민은 수운이 말하는 세상을 구하기 위한 방법론이었다. 수운이 바라는 세상은 보국안민을 통한 후천개벽의 세상이었다. 이는 『용담유사』 "안심가"와 "몽중노소문답가"에 잘 나타난다.

개벽시 국초일을 만지장서 나리시고 십이제국 다버리고 아국운수 먼저하네(안심가 4).
가련하다 가련하다 아국운수 가련하다 전세임진 몇해런고 이백사십 아닐런가 십이제국 괴질운수 다시개벽 아닐런가(안심가 8).
십이제국 괴질운수 다시개벽 아닐런가 태평성세 다시정해 국태민안 할것이니 개탄지심 두지말고 차차차차 지냈어라 하원갑 지내거든 상원갑 호시절에 만고없는 무극대도 이세상에 날것이니(몽중노소문답가 5).

수운은 당시 상황을 임진왜란 이후 최대의 혼란스러운 상황으로 인식했다. 그러나 이렇게 혼란스러운 것은 개벽開闢의 시작이 올 조짐이라 생각했다. 개벽은 수운이 신비한 체험을 한 그날이었다. 개벽 이전은 선천先天의 시대였다면 이후는 후천後天의 시대였다. 수운이 살던 조선은 세계 여러 나라 중 먼저 개벽이 시작했다. 수운은 현재 혼란한 세상은 개벽을 통해 정돈이 되리라 믿었다. 나쁜 운이 지배하고 있던 하원갑, 즉 선천에서 새로운 성운의 시대, 무극대도의 시대가 오리라는 것을 확신했다.

5. 수운사상의 현대적 함의

이 글의 목적은 수운의 사상으로 서양에서 만든 개념인 근대성을 설명할 수 있는 지를 밝히는 것이다. 이러한 목적을 달성하기 위해 수운의 사상과 근대성을 설명할 수 있는 요소인 개인, 민족, 사회변동을 살펴봤다.

첫째, 개인이다. 근대에서는 정치, 경제, 사회, 문화, 성, 지식과 같은 모든 영역에서 "오직 하나"의 대답이 아닌 각각의 의미와 가치를 만들어가면서 분화한다. 이 과정에서 천하와 국가, 사회, 가족에 안에 묻혀 있던 개인이 등장하게 된다. 결국 개인의 등장이 곧 근대고, 수운은 개인을 호명했다. 수운이 개인을 호명한 방식은 시천주다. 시천주는 한울님을 모시는 것이다. 한울님은 서양의 신처럼 어디에도 임하시는 유일신이 아니다. 한울님은 누구나 안에 모시고 있는 존재다. 그렇기 때문에 한울님을 모시는 사람은 모두 각각의 의미와 가치를 가지고 있는 개인이 될 수 있다.

둘째, 민족이다. 제국주의를 주도한 서구에서 민족은 근대에 만들어진 상상의 공동체라고 본다. 식민지를 겪은 비서구에서 민족은 제국주의 국가에 대항하기 위해 만들어진 역사의 공동체라고 본다. 서구든 비서구든 민족주의는 근대의 산물이고 근대를 규정하는 요소다. 수운은 동양과 이 땅을 공격하는 서구와 일본에 대한 적대감을 표출했고, 이에 대항하는 민족을 호명했다.

셋째, 사회변동이다. 수운은 서구와 일본의 위험에 대응하기 위해 모종의 조취를 취해야 한다고 역설했다. 현 사회 체제로는 불가능하기 때문에 새로운 사회 체제를 만들어야 함을 주장했고, 그것이 보국안민이다. 보국안민은 수운이 말하는 세상을 위한 방법론이었다. 수운이 바라는 세상은 보국안민을 통한 새로운 세상이었다.

보국안민을 통해 만들어낸 새로운 세상은 무극대도의 세상이다. 무극대도의 세상에서는 신분의 귀천이 없다. 무극대도의 세상에서는 모두가 자유로운 개인이고, 평등한 개인이다. 무극대도의 세상에서는 서로 공격하거나 짓밟지 않다. 무극대도의 세상에서는 개인 각각이 존중을 받는다. 귀천·빈부·반상·적서 등 봉건적 신분차별이 철폐된 무극대도의 세계, 그것은 바로 수운의 '시천주'도덕의 실천이었다(최민자, 2005:305). 수운이 이야기하는 무극대도의 세상은 결국 근대다. 그리고 수운이 말하는 후천개벽은, 선천인 전근대에서 후천인 근대로의 이행을 뜻한다. 결국 개벽은 근대다.

수운의 사상을 이어받은 천도교는 동학혁명, 3.1운동을 비롯한 독립운동을 통해 개벽을 부르짖었다. 광복 후, 해방공간에서는 전위단체인 청우당을 통해 후천개벽, 즉 근대로 이행을 꿈꿨다. 청우당의 활동목적은 민족개벽과 사회개벽이었다. 민족개벽은 민족해방을 의미하고, 사회개벽은 자본사회 제도 개혁을 통해 무산계급의 해방을 의미한다. 즉 민족해방과 계급해방이 청우당의 현실목표였다.(김병제, 1947[1996:255]) 민족해방은 보국이요, 계급해방은 안민이었다. 이 두 목표를 선후경중 없이 동일한 목적으로 조선의 자주독립과 조선민족사회에 맞는 민주정치, 민주경제, 민주문화, 민주도덕을 동시에 실현하려는 조선적 신민주주의 실천이 청우당의 목적이었다. 하지만 수운의 적통을 이은 천도교의 실천은 여기까지였다. 이후 조선은, 한국은 수운이 생각한 것과는 다르게 형성됐고, 이동했다. 수운이 말하는 후천개벽은 아직 오지 않았다.

참고문헌

『동경대전』

『용담유사』

『조선왕조실록』

『해월신사법설』

김범부. 1987. 『풍류정신』. 정음사.

김보경. 2017. "최한기 '기학'의 사회생태학적 소통론". 『한국학논집』 68. 131-165쪽.

김병제. 1947. 『천도교의 정치이념』. 보성출판사.((1996). "자료 천도교 총본부 지도관 편찬 천도교정치이념 보성사출판부 간행". 『한국사상』 23.

김용휘. 2009. "동학의 성립과 성격규정에 대한 일고찰". 『동학연구』 27. 25-67쪽.

양삼석. 2011. "수운 최제우의 사상에 나타난 이데올로기성과 정치인식". 『민족사상』5.4. 167-205쪽.

염승준. 2018. "토론문-수운 최제우와 근대성". 『한국전통사상의 사회과학적 복원-지성사적 맥락을 중심으로』. 137-138쪽.

오문환. 2005. “해제: 수운 최제우에 대한 연구현황”. 예문동양사상연구원·오문환 편. 『한국의 사상가10人-수운 최제우』. 예문서원. 15-58쪽.

유문무. 2017. “원효 화쟁사상의 현대적 의의”. 『한국학논집』 68. 29-60쪽.

유승무. 2017. “성호 이익의 마음사회학적 조건”. 『한국학논집』 68. 61-93쪽.

윤석산. 2009. 『주해 동학경전 - 동경대전·용담유사』. 동학사.

이현지. 2017. “사회사상가로서 율곡에 대한 연구”. 『한국학논집』 68. p7-28.

이황직. 2017. “개신 유교 변동론의 사회이론화 가능성 연구”. 『한국학논집』 68. 167-206쪽.

전성우. 2005. “근대성: 하나인가 여럿인가?”. 『사회와 이론』 6. 7-33쪽.

정승안. 2017. “일부 김항의 정역과 사회사사적 함의”. 『한국학논집』 68. 207-233쪽.

최민자. 2005. “수운과 원효의 존재론적 통일사상”. 예문동양사상연구원·오문환 편. 『한국의 사상가10人-수운 최제우』. 예문서원. 247-306쪽.

한내창·염승준. 2017. “소태산 박중빈의 사회사상에 대한 연구”. 『한국학논집』 68. 95-130쪽.

소태산 박중빈

한내창 · 염승준

소태산 박중빈

—

한 내 창 · 염 승 준

Ⅰ. 소태산 박중빈 사상과 사회이론의 맹아

한국 전통 종교와 철학의 맥脈이라고 할 수 있는 인간 심층 마음의 절대성과 초월성을 계승 발전키시고 있는 소태산 박중빈(少太山 朴重彬, 1891~1943)(이하 소태산)의 인간 이해와 유사한 인간관이 서양 사상사에서 17, 18세기에야 이르러서야 뒤늦게 본격적으로 등장한다. 절대와 초월의 경지를 인간 마음 자체 안에서 자각하지 못하고 인간 밖의 이데아와 신으로 대상화하고 객관화하거나 아니면 유물론이나 경험론의 차원에서 그러한 경지를 부정해 온 서양 사상사에서 근세에 이르러 신의 특성으로만 여겨온 절대성과 초월성을 인간 마음의 특징으로 자각하게 되기까지의 서양 형이상학의 역사를 한자경은 "바른 궁극을 얻기 위한 사투의 과정[01]"이라고 본다.

궁극자 또는 인식과 존재의 근원을 선의 이데아로 파악한 고대 그리스의 플라톤(Plato, B.C. 427~B.C.347)[02], 철저한 의심과 회의

---

01 한자경, 2019.『실체의 연구-서양형이상학의 역사』. 이화여자대학교출판문화원. 9쪽.

02 서양철학사에서 플라톤의 철학을 이데아계와 현상계를 구분하는 엄격한 이원론으로 보고 있지만, 그의 후기 저작이라고 할 수 있는『티아이오스』에서 그는 이데아계와 현상계, 전체와 부분, 보편과 특수, 일자一者와 다자多者의 관계를 '참여'와 '분유'

를 통해 사유하는 자아가 존재의 근원임을 자각한 데카르트(René Descartes, 1596~1650)[03], '미세지각'을 영혼의 근본 활동으로 간주하여 인간 심층의 영혼에서 전체 우주를 담고 있는 소우주라는 자각에 다다른 라이프니츠(Gottfried Wilhelm von Leibniz, 1646~1716), 그리고 인간 자아의 유한성을 간과하지 않으면서도 '초월자아'를 자각한 칸트(Immanuel Kant, 1724~1804). 이렇게 서양 형이상학의 역사에서 궁극의 존재를 현상 너머의 이데아 또는 신에게서 탐색해 온 것에 반해, 서양 근대에 이르러 그 근원의 경지가 차츰 인간 주체, 즉 인간 심층마음으로 전이하는 것으로 볼 수 있다. 따라서 서양 형이상학의

로 설명하는 메테시스(methesis)로 설명하는 가운데 이원론의 한계를 이미 자각하고 있었다. 참여설은 부분, 특수, 다자가 전체, 보편, 일자에 참여하는 것인데, 이 경우 다자, 특수, 부분이 이데아계에 참여함으로써 개별자의 정체성이 훼손되고, 분유설의 경우는 전체, 보편, 일자가 부분, 특수, 다자로 분유되면서 이데아계가 갖고 있는 전체성, 통일성 등이 훼손되기 때문이다. 이원론의 한계를 분명하게 설명하는 비유로 '햇빛의 비유'와 '천막의 비유'가 있다. 햇빛의 비유는 빛이 개별자에 분유되어도 하늘에 있는 단일성을 유지된다는 것인데, 천막의 비유는 빛이 개별자로 분유할 때 그 빛은 전체와 통일성의 일자의 빛이 아닌 천막에 비친 만큼의 부분적 햇빛에 불과하다는 것을 강조한다. 일자와 다자의 관계를 논할 때, 일자의 단일성과 통일성이 유지되면서도 다자의 개별성이 상실되지 않아야 하지만, 플라톤의 이원론으로는 그러한 관계를 설명할 수 없었던 것이다. 결국 이러한 관계를 해결하기 위해서 플라톤은 『티아이오스』에서"제3의 류類의 설정"을 하게 된다. 그는 이데아계에 속하는 이데아도 아니고, 그렇다고 현상계에 속하는 가시적 모상(eikon)도 아닌 것을 "제3의 것"이라고 말하지만 그는 그것을 무엇이라고 규정하여 인식할 수도 없는 알기 힘든 것이라고 설명한다. "(이것은) 볼 수 없고(amorphon) 모든 것을 수용하는 것(pandeches)이며 아주 기이한 방식으로 사고되는 것(to neoton)과 연관되지만 도저히 설명하기 힘든 것이다"(『티마이오스』, 51a8-b1). "이처럼 바른 궁극을 얻기 위한 사투의 과정"은 서양철학사 전체의 역사이기도 하지만 플라톤 철학 자체 안에서도 현상계와 이데아계를 아우를 수 있는 바른 궁극을 얻기 위한 과정이 발생하는 것이다. 한자경은 『실체의 역사』에서 플라톤의 언급한 '제3의 것'을 그가 불교의 궁극자인 '무아'無我를 예감한 것으로 설명한다. "이데아도 모상도 아닌 제3의 류인 사물자체 X를 되묻는 것은 그가 이데아계와 현상계, 진과 속이 궁극적으로는 둘이 아니라는 불이不二를 알지 못했기 때문이라고 본다. 그만큼 그 둘의 간극을 벌려놓는 개별자 자체를 무실체의 공으로 파악하기는 쉽지 않았을 것이다."(한자경, 『실체의 역사』, 이화여자대학교출판문화원, 2019, 58쪽)

03 "나는 있다. 나는 존재한다. 이것은 확실하다. 그러나 얼마 동안 존재하는가? 사유하고 있는 동안 존재한다."(데카르트, 『성찰』, 권2, 6절. 이현복 역, 『성찰』. 46쪽)

역사에 비해 원효(元曉, 617~686. 3. 30), 지눌(知訥, 1158~1210). 이황(李滉, 1501~1570) 등의 한반도의 사상가가 신앙과 수행을 통해 도달한 인간의 무한성과 초월성에 대한 통찰이 서양에서는 뒤늦게 근세에 이르러서야 비로소 자각이 되었다고 볼 수 있다.

한국 사상사의 사회학적 조명에 있어 조명의 방식과 규정에 대한 다양한 관점이 가능하겠지만 종교사회학적 관점에서 신과 인간의 직접적 관계와 사회 정치적 실천과 운동과의 내적 연관성에 대한 로버트 벨라(Robert N. Bella, 1927~2013)의 통찰이 시사하는 바가 크다.[04] 종교성에 내포된 사회적 정치적 함축성을 논할 때 언제나 언급되는 『사회 변동의 상징구조』에서 로버트 벨라가 근대 종교의 특징을 "개인과 초월적 실재 사이의 직접적 관계로 집약된다"[05]고 설명한다.

신을 외재화하고 대상화하면서 인간을 끊임없이 신의 무한성, 절대성, 초월성으로부터 소외시켜 온 서양 중세 종교와 달리, 근세에 이르러 비로소 신의 특성이 인간의 정신과 마음 자체에서 모색되어지고 신과 인간이 직접적으로 연결되게 된다. 서양 종교철학의 완성자로 평가받고 있는 헤겔(Georg Wilhelm Friedrich Hegel, 1770~1831)이 전통 종교에서 상호 이율배반적이었던 신과 인간, 신의 무한성과 절대성과 인간의 유한성과 상대성을 인간의 "절대정신" 안에서 "화해"[06] 시켰다. 이런 관점에서 한국의 전통 유·불·선 삼교는 이미 서양 근세의 종교개혁과 인간관을 그 보다 훨씬 앞서 선취하고 있는 것이다.

벨라는 인간과 초월적 실재와의 "직접적 관계"에서 "정치적 함축

---

04 내외적 원리의 상즉/상응성이나 절대성의 내재 문제는 동양사상의 전통적 사유였다. 이러한 사유의 특징이 서구사회에서는 근대에 이르러서야 등장하였다고 본다.

05 로버트 벨라. 1981. 『사회 변동의 상징구조』. 삼영사. 56쪽.

06 한자경. 2009. 『헤겔 정신현상학의 이해』. 서광사. 353-362쪽 참조.

성"[07]과 "사회적 함축성"[08]을 통찰하고 있는데, 바로 이점이 한국 전통사상의 사회과학적 복원을 위해 주목해야 할 바이다. 종교개혁을 통해 새로운 서구 근대의 종교적 인간은 "속세에 대한 수동적인 수긍보다는 속세에서의 능동적이고 자발적인 행동"[09]이 가능해졌으며 인간이 "한계 안에서 지속적인 자아 변형이 가능한, 그리고 역시 한계 안에서 세계를 개조할 능력이 있는 동적이고 다차원적인 자아"로서 사회 변동의 주체가 되었다는 것이다.

인간은 이기적인 자신의 욕망에 노예가 되지 않을 수 있고, 사회 정치적 환경과 한계로 인해 제약되는 존재만이 아니다. 유교의 "측은지심"의 경우처럼 인간은 인간 자신의 심층 마음의 자각을 통해 내적으로 사적 욕망을 극복할 수 있고 동시에 외적으로 일체의 사회적 불평등에 기반한 사회적 위계질서를 무너뜨리고 새롭게 개혁할 수 있는 절대적이고 초월적인 존재로 인간 자신을 이해할 때, 사회 정치적 변동이 가능한 것이다. 유교에서는 이를 내성외왕內聖外王이라 한다. 내성은 자신의 내면을 닦는 것이고 외왕은 외적세계를 정의롭게 하는 것이다. 불교에서는 이를 상구보리·하화중생上求菩提·下化衆生이라 한다. 상구보리는 내적 깨달음에 이르는 것이며 하화중생은 불평등한 사회의 위계질서를 평등하게 만들어 중생을 구제하는 것이다.

한국의 종교와 철학은 내적 깨달음의 종교성과 외적 사회운동이 통합적으로 결합되어 있다. 처음부터 한국의 사상, 종교, 철학에는 내면과 외면, 개인과 사회, 도덕과 법이 분리되지 않고 통합되어 있었다.[10]

---

07 로버트 벨라. 1981. 『사회 변동의 상징구조』. 삼영사. 58쪽.
08 같은 책 58쪽.
09 같은 책 56쪽.
10 한국종교의 종교성과 혁명성의 통합성에 대해서는 한자경, 『한국철학의 맥』, 이화여자대학교출판부, 2008, 353-391쪽 참조.

이런 맥락에서 소태산의 내적 깨달음을 언어로 규정한 '일원상의 진리', 그의 초월적이고 절대적인 인간관 그리고 만물의 관계를 존재론적인 차원에서 은혜의 관계로 통찰한 그의 깨달음과 기존의 사회학 개념과 이론과의 습합의 가능성을 비교 설명한 것이 4장 '소태산의 사회사상' 에서 논의하게 될 '사회 명목론', '계층론', '근대사회론', '사회 진화론', '사회적 관계(상호성의 규범(norms of reciprocity))', '문화지체론과 정신문명'이다.

그런데 왜, 어떤 이유로 처음부터 내적 깨달음과 외적인 사회적 실천의 분리된 바 없는 한국사상에서 기존의 사회학개념 및 이론 간의 양자의 통합성이 분리되었을까? 그 양자가 분리되어 있기에 우리는 지금 한국사상과 기존의 사회학개념 또는 이론과의 습한 가능성을 모색하고 있는 것 아니겠는가? 그러한 가능성의 모색 자체가 이미 사상과 사회학과의 분리를 전제한 것이 아닌가? 이러한 질문에 동학東學의 종교성과 혁명성의 상호 관계에 대한 국내의 사학계와 일본의 영향을 받은 종교학계의 연구 동향에 대한 한자경의 분석을 주목할 필요가 있다. 천도교 측과 해방 전후까지 일본 측의 연구가 동학의 혁명성을 도외시하여 순수 종교의 종교성에만 치중하는 이유는 본래 통합되어 있고 상호연관적인 종교성과 혁명성 중에서 혁명성을 비본질적인 것으로 만듦으로써 종교를 통해 인간을 체제에 순응하게 만들 수 있기 때문일 것이다. 사학계가 '종교외피설'로 종교성을 배제하고 혁명성만을 강조하는 경향은 지금까지도 여전히 만연된 현상이다.

> 동학에 대한 연구도 종교성과 혁명성 중 어느 하나에 치중하면서 다른 하나를 비본질적인 것으로 도외시하는 경향을 띠게 된다. 천도교 측과 해방 전후까지 일본 측의 연구는 비록 전자가 동학을 순수 종교로, 후자가 유사 종교

로 보는 차이를 보이지만 둘 다 종교성에만 치중하여 동학 혁명과의 연관을 소홀히 다루었었다. 그에 반해 그 후 사학계의 연구는 주로 사회혁명성에 치중하여 종교를 혁명을 위한 구호 수단으로 간주하는 '종교외피설'을 주장하기도 했다. 예를 들어 김상기(1931)는 "최수운의 신교문 창건의 배경은 종교적이라기보다 차라리 서세 침입에 대한 호국정신에 있었다"고 말한다(김상기), 『동학과 동학란』, 34쪽). 종교외피설은 박경식(1953)에게서 처음 주장되었으며, 강재언(1954) 역시 그런 관점에서 동학사상과 혁명사상을 이해한다. 동학은 '동학당 지도층의 종교적 개량주의'와 농민 위주의 '동학 하층부의 혁명진영'으로 이원화되어 있었으며, 전봉준은 동학과 별개의 개혁사상가라는 것이다(한우근, 『동학과 동학란』, 375쪽 참조). 이런 관점이 김용섭에서는 더 극단화되어 동학이념과 동학혁명은 서로 무관한 것이 된다. 그러다가 1960, 70년대에 들어서면서부터 동학의 이념 자체가 평등주의이며 민족주의로서 혁명의 사상적 기반이 된다는 것에 입각해서 둘 간의 내적 연관성이 강조되기에 이르렀다.(김용덕, 「동학사상연구」,『중앙대학교논문집』, 제9권, 1964 참조).[11]

종교적 가치나 인간 심층마음에 내재되어 있는 초월성과 절대성이 법률과 계약을 통해 운영되는 현대의 사회적 체제에서 사회적 불평등과 차별을 극복하여 평등한 사회로 그리고 국가 간의 관계에 있어서도 평화로운 관계를 유지하는 데 얼마만큼 영향을 미칠 수 있는지에 대해 회의적일 수 있다. 그러나 근대의 특징이라고 할 수 있는 시민사회의 운영원리인 법이 "도덕성의 근본인 자유를 실현하기 위한 외적 장치"라고

11 한자경. 2008. 『한국철학의 맥』, 이화여자대학교출판부. 357쪽.

할 때, "그 법에서도 인간이 지켜야 할 최후의 권리는 자유"[12]이다. 일체의 이기심과 사적 욕망을 넘어설 수 있는 능력을 인간의 자유 의지라고 할 때 인간 심층마음에 내재되어 있는 형이상학적인 초월성과 절대성이 곧 자유의 원천이면서 동시에 법의 이념일 수 있다는 점에서 한국 사상사에서 종교성은 사회학적 이론과 개념을 모색할 때 반드시 고려되어야 할 바이다.

일제 강점기에 종교활동을 하였던 소태산은 민족에게 희망과 꿈을 주었다. 그는 불교적 정신을 계승하면서도 은둔적 지향보다는 현실 참여적 활동으로 민중들에게 미래에 대한 비전을 제시하고 싶어 하였다. 조선이 "진급기進級期"[13]에 있고 "갱조선更朝鮮"[14]할 것이니 '금강의 주인으로 떳떳이 나서려면' 어서어서 준비하라고 촉구한 것이다.

당대의 현실인식과 사회 정치적 과제를 해결하기 위해 소태산이 실천한 운동은 원불교 신앙과 수행의 교법 체계의 토대가 되었고 원불교 개교의 동기가 되기도 하였다.[15] 해방 2년 전에 열반에 들어 해방된 조국을 목격하지 못하고 떠났지만 그가 남긴 조용한 민중운동은 그 이후 원불교 활동으로 계승되고 있다.

이 글에서는 소태산이 살았던 시대적 상황을 살펴보고, 그의 지적·사회적 배경을 훑어보면서 한국 전통 유·불·선 삼교와 삼교의 전통과 맥을 계승발전 시키고 있는 소태산 사상에 내포되어 있는 사회이론, 즉 '사회 명목론', '계층론', '근대사회론', '사회진화론', '사회적 관계·상호성의 규범, '문화지체이론' 등의 맹아를 살펴보고자 한다.

먼저 3장 '소태산의 지적 배경'에서 그의 종교적 깨달음을 언어로

---

12 한자경. 2006. 『칸트 철학으로의 초대』. 서광사. 2006. 236쪽.
13 『원불교교전』 240쪽, 「대종경」 변의품 6장.
14 『원불교교전』 240쪽, 「대종경」 전망품 5장.
15 『원불교교전』 1030쪽, 「원불교교사」 5. 일대 전환의 시대 참조.

표현한 “일원상 진리”의 핵심인 “공적 영지의 광명”이 곧 인간 심층 마음의 절대성과 초월성을 의미한다는 것을 밝혔다. 그리고 이 두 가지 요소가 한국의 전통 사상이자 종교인 유교·불교·도교 삼교를 하나로 통합할 수 있는 원리이면서 ‘사회 명목론’을 비롯한 소태산 사회이론의 토대가 될 수 있음을 강조하였다.

Ⅱ. 사회적 배경

1. 개괄, 1891~1943

신흥 종교를 절망, 기대, 구세주 등이 복합적으로 작용하면서 나타나는 일종의 시대 현상(신복룡, 2017)이라고 볼 때[16], 소태산이 태어나기 직전과 직후의 조선 사회상은 가히 이같은 양상의 축소판이라 할 만 했다. 조금 멀리로는 조선 중엽 토정 이지함(李之處: 1517~1578)의 비기사상, 16세기 전후로 나타난 정감록鄭鐵錄의 도참사상에서, 가까이로는 최제우(崔濟愚: 1824~1864)의 동학교문(1860), 강일순(姜一淳: 1871~1909)의 증산교(1901) 그리고 나철(羅喆: 1863~1916)의 대종교(1908)에 이르기까지, 이들 신흥 종교들은 공통적으로 당시 사회적 모순에서 비롯된 위기의식에 기반하여 잇따라 출현했다.[17] 이토록

16 신복룡. 2009.「망국을 바라보는 신흥종교의 시선-강일순姜一淳, 나철羅喆, 박중빈朴重彬을 중심으로」.『국학연구』13집. 국학연구소. 참조.

17 같은 논문 252쪽.

많은 신흥 종교들이 출현했던 이유를 이해하기 위해서는 당시의 사회상을 개괄해볼 필요가 있다.

우선 조선 근대기의 시작은 관점에 따라 시기가 다소 달라지지만, 개항(1876)을 기점으로 조선은 당시 전 세계를 휩쓸던 서구와 일본의 제국주의에 맞서 근대 민족 국가를 건설해야만 하는 국내외적 상황에 직면하게 됐다. 특히 이 시기 조선 민중은 대내적으로는 봉건 질서를 타파하고 근대 국가를 수립하는 과정에서 비롯된 개화파와 척사 수구 세력 간 권력 투쟁 속에서, 대외적으로는 러시아, 청나라, 일본 등 제국주의 세력의 침략 및 일본 식민 지배의 직접적인 희생양이 되고, 내적으로는 한민족의 운명을 걱정하며 민족의식을 고양하는 동시에 외적으로는 어지러운 혼란을 감내하며 자신들을 구원해줄 미륵의 출현을 갈망하게 되었다. 그리고 이와 같은 시대 배경에서 해원解冤과 상생의 민족 종교들이 연이어 출현하게 된 것은 어쩌면 당연한 귀결이 아닐 수 없었으니, 본 장에서는 소태산의 대각大覺 전과 후를 기준으로 당시의 사회상을 되짚어 보고자 한다.[18]

18 『원불교전서』 1028쪽, 「원불교교사」에서 서술하고 있는 한반도 근세시대 종교상황에 따르면 동학의 뒤를 잇는 증산교를 비롯한 신흥종교들은 다음과 같이 서술하고 있다. "근세에 이르러 개화의 물결을 타고 기독교가 서양에서 들어 왔으며, 기울어져 가는 국운을 개탄하고 무기력해진 유·불·선 삼교儒佛仙三教의 총화를 이뤄, 서교西教에 대응하면서, 보국안민輔國安民 광제 창생廣濟蒼生 하기를 주장하는 동학東學이 일어나고, 동학이 여러 가지 변모와 분파를 이루면서 특히 호남을 중심으로 펴지는 가운데 증산교甑山教가 일어나, 동학과 쌍벽을 이룸으로써, 한반도에는 고유의 민간 신앙에 전래傳來의 배결들을 결부시켜 개벽의 대운을 기다리는 수많은 신생 종파가 뒤를 이어 일어났다.)

2. 대각大覺을 이루기 전, 1891~1916

소태산은 26세 되던 1916년 4월 28일 새벽에 대각(大覺:큰 깨달음)을 이루었다.[19] 소태산이 태어나서(1891) 대각(1916)을 이루기 전까지의 조선 사회상은 한마디로 끝없는 혁명과 수탈로 점철된 시대였다고 해도 과언이 아니다. 1894년 '제폭구민除暴救民'과 '보국안민輔國安民' 그리고 '척양척왜斥洋斥倭'의 기치 아래 전국적인 규모로 전개된 동학 혁명에서 1910년 9월 10일 헌병경찰제도의 창설로 상징되는 조선총독부의 무단 통치에 이르기까지, 나라 잃은 조선의 백성들은 내부의 부패 권력과 외부의 제국주의 세력으로부터 끝없는 압제와 핍박을 받으며 민족적 고행의 시기를 감내해야만 했다. 하지만 이와 같은 극한의 절망 상황에서도 조선 민중들은 부단한 애국계몽운동과 의병활동 및 독립운동을 통해 자주적으로 국권을 회복하고자 하는 노력을 이어갔고, 동학, 증산도, 대종교 등 신흥 종교들은 민족 자강과 민중 계몽에 기여하며 절망에 빠진 조선 민중의 가슴에 끝없는 희망의 불씨를 지펴주었다.

이 시기 소태산은 20세(1911)가 되기 전까지 마당 바위에서 4년에 걸친 산상 기도 등 치성을 드리며 끝없는 구도의 길을 걷고 있었는데, 20세에 부친과 사별한 후 마음 깊이 자리 잡은 숱한 의문들은 '장차 이 일을 어찌할꼬?'라는 한 가지 생각으로 뭉쳤다.[20] 다시 말하면, 이 시기는 소태산에게 있어 기나 긴 고행과 구도에도 불구하고 풀리지 않는 의문으로 인해 그리고 극에 달하는 일제의 무단 통치로 인해, 내적으로나 외적으로나 가장 큰 절망과 고통의 시간을 겪어야 했던 최대 위기의

19 『한국민족문화대백과』, 박중빈, http://terms.naver.com/entry.nhn?docId=556196&cid=46654&categoryId=46654

20 『한국민족문화대백과』, 박중빈, http://terms.naver.com/entry.nhn?docId=556196&cid=46654&categoryId=46654

시작이었던 셈이다.

하지만 소태산은 25세(1916) 때부터는 이 생각마저 잊고 모든 것을 떠나 삼매의 경지로 가는 일체 돈망頓忘의 대정大定에 들었다가, 26세 되던 1916년 4월 28일 새벽, 큰 깨달음大覺을 얻게 된다.

3. 대각大覺을 이루고 난 후, 1917~1943

소태산이 대각을 이루기 직전과 직후, 일제는 토지 약탈과 식민지 착취를 목적으로 1910~1918년간에 걸쳐 이른바 "토지조사사업"을 실시하였다. 이 시기는 일제의 식민 지배와 수탈이 정점에 달한 시기로서, 조선은 국토 면적의 약 62%에 해당하는 방대한 토지를 일제에 약탈당하고 있었다.[21] 이와 같은 역사적 맥락은 '물질이 개벽되니 정신을 개벽하자'는 개교 표어를 통해 당시 상극으로 치닫던 시대에 일종의 시대적 방향성을 제시한 것으로 이해된다.

소태산은 교단창립과 사회개혁의 첫 사업으로 아홉 제자와 함께 1917년 저축조합을 만들어 허례폐지·미신타파·금주금연·근검저축 운동을 펼쳤으며, 거기서 모아진 자금으로 1918년에 간척사업에 착수하였다. 그리고 간척사업 기간 중에도 밤에는 종교적 인격수련을 계속하여 영육쌍전靈肉雙全 이념을 구현시켰다. 또한, 사업이 완료된 1919년에는 무아봉공無我奉公의 공익정신을 다지기 위한 특별기도를 실시하여 법계(法界: 진리의 세계)의 감응을 체험하도록 하였으니, 이를 '법인기도法認祈禱'라 부르는데, 이는 이기심으로 가득 찬 인간에게 대아실현大我實現

21 『학문명백과』: 인문학, 한국사-근대사, http://terms.naver.com/entry.nhn?docId=2164815&cid=44411&categoryId=44411

의 표본을 보여준 정신적 자각운동으로 평가되고 있다.[22]

한편, 이 시기 조선에서는 천도교의 손병희, 기독교의 이승훈, 불교의 한용운 등 33인이 '민족대표'로 "독립선언서"를 작성한 후, 1919년 3월 1일 오후 2시에 학생과 시민들이 주축이 된 3·1 독립 만세 운동이 거국적으로 발발하였는데, 이는 1919년 4월 상해대한민국임시정부수립의 촉발제가 되기도 했지만, 일제로 하여금 종래의 '무단정치' 대신 '문화정치'를 내세워 고도의 민족분열정책을 펴게 하는 계기가 되기도 했다.[23]

기미년 독립 운동의 시작으로 일본은 한국내 종교 지도자에 대한 감시[24]를 더욱 강화한 상황에서 소태산도 당시 김제 서署와 영광 서署에서 심문을 당한 것으로 기록이 남아 있다. 소태산은 3·1 독립 만세 운동 당시 시국에 대해 "개벽을 재촉하는 상두 소리니 바쁘다 어서 방언 마치고 기도 드리자"[25]고 했으며 "그들은 그들의 일을 할 따름이요, 우리는 우리의 일을 할 따름이라, 우리의 하는 일이 옳은 일이라면 누구인들 끝내 해하고 막지는 못하리라"[26]고 주장하며 나름의 방법대로 민족갱생의 길을 조용히 추진하게 된다.

---

22 『원불교전서』 119쪽, 『한국민족문화대백과』, 박중빈 참조. http://terms.naver.com/entry.nhn?docId=556196&cid=46654&categoryId=46654

23 『학문명백과』 인문학, 한국사-근대사, http://terms.naver.com/entry.nhn?docId=2164815&cid=44411&categoryId=44411

24 『선외록』 2절 21. "교단수난장"에서는 기미년 독립 운동 당시 원불교 교단에 대한 수난과 일본의 감시에 대해 다음과 같이 서술하고 있다. "기미년 독립 운동 때인 만큼 관의 이목이 매우 날카로웠다. 특히 일본은 한국내에 도인道人이 출현하는 것을 두려워하였다. 그 이유는 일제의 억압에 항거하는 민중들이 〈정감록〉 등에 예시된 초능력의 도인이 출세하여 일본을 몰아내고 국권을 회복한다는 믿음을 갖고 있었기 때문이었다. 그래서, 일본 경찰들은 전국에 특별 지시를 내려 〔도인〕이나 산중에 숨은 〔독립운동가〕를 보면 즉각 신고하도록 하였다. 특히 불교계에서 도인이 나올까봐 사찰에 대한 주의가 심했다."

25 『원불교교전』 782쪽, 「정산종사법어」 제3 국운편 3장.

26 『원불교교전』 329쪽, 「대종경」 실시품 8장.

원불교가 당시 대종교와 달리 민족 독립의 시대적 과제인 독립 만세 운동에 적극적으로 직접 참여하지 않은 정황에 대해 신복룡은 그의 논문에서 소태산은 "종교적 구원"을 우선시하였고 민족의 존망에 궁극적 관심을 갖지 않은 것으로 평가하고 있다.[27] 그러나 원불교 "개교의 동기"가 "일체 생령을 광대무량한 낙원"으로 인도하는 것이고, "교법의 총설"에서 출세간 생활하는 승려를 본위로 조직이 된 과거 불교를 개혁하고자 했으며 특히 원불교의 수행의 고유한 특징인 "무시선법"無時禪法의 강령이 "불의의 제거"와 "정의의 양성"이라는 점에서 소태산이 개인적 구도에만 관심이 있었고 민족의 존망에는 궁극적 관심이 없었다고 판단하는 것은 논쟁의 여지가 있다고 볼 수 있다. 신복룡의 관점은 처음부터 통합되어 있는 종교성과 혁명성을 이원화시키는 전형典型이다.

「원불교교사」에서 19세기 말엽의 시대를 "격동의 시대요 일대 전환의 시대"로 보고 소태산의 원불교 "개교의 동기"가 열강의 침략주의, 급속한 과학 문명의 발달로 인간 정신 세력의 주체 상실, 외세의 침범으로 인한 국가의 존망의 위기, 수백년 내려 온 불합리한 차별 제도로 인한 수탈과 탄압에 시달리는 민중의 고통, 서양의 물질 문명으로 인한 도덕의 타락과 사회의 혼란과 직결되는 만큼 소태산의 사상과 교법의 체계는 당대 정치 사회적 문제와 밀접한 연관이 있다. 즉, 소태산은 이러한 복합적 문제들에 대해 정치사회적 운동을 포괄할 수 있는 종교개혁적 해법을 제시한 것이다. 그는 종교와 정치의 관계를 "수레의 두 바퀴"에 비유하면서 한 바퀴라도 고장이 나면 시대가 부패와 폐단이 만연하게 됨을 경고하고 있다.

---

27 신복룡. 2009.「망국을 바라보는 신흥종교의 시선-강일순姜一淳, 나철羅喆, 박중빈朴重彬을 중심으로」.『국학연구』13집. 국학연구소. 302쪽.

> 종교와 정치가 세상을 운전하는 것은 수레의 두 바퀴 같나니, 만일 두 바퀴가 폐물이 되었다든지, 또는 한 바퀴라도 무슨 고장이 있다든지, 또는 한 바퀴라도 무슨 고장이 있다든지, 또는 그 운전사의 운전이 서투르다면 그 수레는 잘 운행되지 못할 것이니라. 그런즉, 어찌하여야 그 수레를 자주 수선하여 폐물이 되거나 고장이 생기지 않게 하는 것이요, 하나는 그 수레를 운전하는 사람이 지리地理를 잘 알아서 그에 맞추어 안전하게 운전하는 것이라, 종교와 정치도 또한 이와 같아서 세상을 잘 운전하기로 하면 시대를 따라서 부패하거나 폐단이 생기지 않게 할 것이요, 그 지도자가 인심의 정도를 맞추어서 적당하게 법을 쓰고 정사를 하여야 할 것이니라.[28]

종교와 정치의 상호 연관관계는 백낙청이 이미 『문명의 대전환과 후천개벽』[29]에서 강조한 바와 같이, 『원불교전서』 「정전」의 구성 자체를 통해서도 확인할 수 있는 바이다. 「정전」은 제1총서편에서 "물질物質이 개벽開闢되니 정신(정신)을 개벽開闢하자"라는 원불교 개교의 동기 — 물질의 개벽은 자본주의체제와 무관하지 않은 제국주의, 일국 중심의 국가 및 민족주의가 낳은 배타적 국제관계, 근대주의, 식민주의 등이 야기한 시대의 야만을 포괄하는 개념이다. — 로 시작해서 제3수행편 "병든 사회와 그 치료법", 그리고 병든 사회와 시대의 병리현상을 극복할 인간 주체를 "법위등급"에서 제시하면서 경전을 마무리하고 있는 형식을 고려했을 때, 원불교가 종교적 구원만을 우선시 했다는 신복룡의 평가는 원불교의 종교성과 정치 사회적 운동성과의 긴밀하고 직접적인 내적

28 『원불교교전』 138쪽, 「대종경」 교의품 38장.

29 백낙청, 2016, 『문명의 대전환과 후천개벽 – 백낙청의 원불교 공부』, 모시는사람들.

관계를 간과한 것이다.

소태산은 이후, 1924년 전라북도 익산에 '불법연구회' 라는 임시 교명을 내걸고 본격적인 교화활동을 시작한다. 그리고 1937년에는 대각한 진리를 일원상一圓相으로 상징하여 신앙과 수행의 표본을 삼도록 하는 일원종지一圓宗旨를 선포하였다.[30] 국제정세가 요동침에 따라 내부결속에 민감해진 일본은 민족종교로서 원불교를 예의주시하게 된다. 따라서 불법연구회가 민족단체로 지목받아 극심한 탄압 속에서 교단 존폐위기에까지 이르게 하는 원인이 되기도 했으나, 소태산은 1943년 5월 〈생사의 진리〉라는 설법을 마치고 6월 1일 열반함으로써 자신의 죽음으로 그 위기를 넘게 하는 계기를 삼도록 하였다.[31]

Ⅲ. 지적 배경

소태산의 지적 배경은 그가 깨달은 "일원의 진리"를 교리로 체계화하여 그의 친감親鑑을 거쳐 작성된 「정전」과 그의 언행록인 「대종경」을 통해 확인할 수 있다. 그가 「대종경」에서 "스승의 지도 없이 도를 얻었다"[32]고 밝히고 있는 만큼 그의 깨달음이 특정한 철학이나 사상의 영향을 받아 형성된 것으로 볼 수는 없다. 『조선불교혁신론』에서도 그가

30 『원불교교전』 23쪽, 「정전」 제2교의편 제1장 일원상. 『한국민족문화대백과』, 박중빈 참조. http://terms.naver.com/entry.nhn?docId=556196&cid=46654&categoryId=46654

31 『한국민족문화대백과』, 박중빈, http://terms.naver.com/entry.nhn?docId=556196&cid=46654&categoryId=46654

32 『원불교전서』 95쪽. 「대종경」 서품 2장.

"우리는 인도불교에도 끌리지 말고 중국불교에도 끌리지 말고 조선재래불교에도 끌리지 말 것"[33]을 강조하고 있는 만큼 역사적으로 제도화된 기성 종교가 그의 구도과정과 깨달음에 직·간접적인 영향을 끼친 것으로 볼 수는 없다. 그러나 깨달음 이후 다양한 종교의 경전을 두루 열람한 후 불교의 『금강경』을 특별히 가리키며 자신의 "연원淵源"을 "불교의 부처님에게 정하노라"[34]고 선언한 만큼 그의 깨달음의 배경에 있어서 불교가 핵심적 위상을 차지하고 있다고 볼 수 있다. 예를 들면 소태산이 수행의 방법으로 제시하고 있는 "좌선의 방법(「정전」 제4장 좌선법)" 이나 "선禪의 강령(「대종경」 수행품 12장)"에서 당나라 현각(玄覺, 665~713)이 쓴 『선종영가집』에 나오는 "성성적적이 옳고 무기적적은 그르다. 적적성성이 옳고 난상성성은 그르다"("寂寂惺惺是, 無記寂寂非. 寂寂惺惺是, 亂想惺惺非.")[35]는 내용을 적극적으로 수용하고 있는 점 등을 살펴 볼 때, 불교 교리는 원불교의 신앙과 수행의 체계와 방법에 있어 핵심적 요소로 자리잡고 있음을 알 수 있다. 그러나 이러한 동일성을 불교의 영향에서 찾기 보다는 동서고금을 초월하여 인간이 깊은 신앙과 수행의 차원에서 도달할 수 있는 경지가 갖는 보편성에 기인한 것으로 볼 수 있다.

정신은 항상 적적寂寂한 가운데 성성惺惺함을 가지고 성성한

33 『조선불교혁신론』. 1935. 불법연구회 출판. '4. 외방의 종교를 조선의 불교로' 참조. 염승준. 2010. 「유·불·선儒佛仙 삼교三教의 주체적 수용을 통한 원불교 개체성 확립을 위한 소고」. 『원불교사상과 종교문화』. 원불교사상연구원. 171쪽 참조.

34 앞의 글.

35 한자경. 2016. 『선종영가집 강해』. 불광출판사. 205쪽. "寂寂惺惺是, 無記寂寂非. 寂寂惺惺是, 亂想惺惺非." 한자경은 『선종영가집』을 "중국에서 불교가 천태종, 화엄종, 선종 등 다양한 종파로 분열되면서 크게는 교教와 선禪으로 양분되기 시작할 무렵 현각이 불교의 으뜸 종지 하나를 잡아 천태와 선, 교와 선의 종합을 진지하게 모색한 책"이며 "그가 붙잡은 불교 종지의 핵심은 역시 마음, 즉 즉심즉불卽心卽佛의 마음"으로 보고 있다.

가운데 적적함을 가질지니, 만일 혼침에 기울어지거든 새로운 정신을 차리고 망상에 흐르거든 정념으로 돌이켜서 무위 자연의 본래 면목 자리에 그쳐 있으라.[36]

선종禪宗의 많은 조사가 선禪에 대한 천만 방편과 천만 문로를 열어 놓았으나, 한 말로 통합하여 말하자면 망념을 쉬고 진성을 길러서 오직 공적 영지空寂靈知가 앞에 나타나게 하자는 것이 선이니, 그러므로 "적적寂寂한 가운데 성성惺惺함은 옳고 적적한 가운데 무기無記는 그르며, 또는 성성한 가운데 적적함은 옳고 성성한 가운데 망상은 그르다" 하는 말씀이 선의 강령이 되나니라.[37]

소태산이 자신의 깨달음을 불교와만 연관지은 것은 아니다. 그는 "유가의 태극太極 혹은 무극無極"[38], "선가의 자연 혹은 도", "불가의 청정법신불"이 "원리에 있어서 모두 같은 것"으로 보고 있으며 그렇기 때문에 앞서 밝힌 불교의 수행법인 "적성등지법"[39]과 함께 수기는 올리고 화기는 내리는 도교 단학 수련의 제1원리인 "수승화강水昇火降"[40]의 "단전주丹田住 법"[41]이 원불교 좌선법의 "좌선의 요지"[42]와 "단전주의 필요"[43]에서

36 『원불교전서』 64-66쪽, 「정전」 제4장 좌선법, 2. 좌선의 방법.

37 『원불교전서』 149쪽, 「대종경」 수행품 12장.

38 『원불교전서』 112쪽, 「대종경」 교의품 3장.

39 지눌. 『勸修定慧結社文』(『한국불교전서』, 권4, 701). "초저녁이나 밤중이나 새벽에 고요히 온갖 반연을 잊고 우뚝하게 단정히 앉는다. 바깥 경계를 취하지 않고 마음을 거두어 안으로 비추어 본다. 우선 고요함(적적)으로써 반연하는 사려를 다스리고, 그 다음 또랑또랑함(성성)으로써 혼침을 다스린다. 혼침과 산란을 고루 제어하되 취하고 버린다는 생각도 없게 한다." 『보조국사전서』, 35쪽. 한자경. 2007. 『명상의 철학적 기초』. 이화여자대학교출판부. 114쪽 재인용.

40 『원불교전서』 139쪽, 「대종경」 수행품 15장, 『정전』 제4장 좌선법, 1. 좌선의 요지. 앞의 책 157-161쪽 참조.

41 『원불교전서』 150쪽, 「대종경」 수행품 14, 15장 참조.

42 『원불교전서』 51쪽, 「정전」 제4장 좌선법, 1. 좌선의 요지.

43 소태산은 단전주가 좌선에게 긴요할 뿐 아니라 위생상으로도 극히 긴요한 법으로

"진여眞如의 본성"을 찾는 방법으로 직접적으로 수용될 수 있었던 것이다.

그런데 과연 소태산이 말한 바처럼 과연 유가, 불가, 선가 삼교三敎를 "원리에 있어서 모두 같은 것"으로 볼 수 있는지에 대해서는 각각 종교의 핵심교리를 구체적이고 세부적으로 살펴볼 때 논쟁의 여지가 있음을 확인할 수 있다. 이를테면 유학자 삼봉 정도전(三峯 鄭道傳, 1337~1398)은 『불씨잡변』에서 중국 성리학 내지 정주학의 관점에서 불교의 '인과보응의 원리'와 심心 개념을 철저하게 비판한다. 일체의 존재를 음陰·양陽) 이기二氣의 취산聚散의 결과로 이해하는 그는 삼세에 걸쳐 결코 소멸하지 않는 불교 존재론의 핵심인 "업력의 규정성"을 비판할 뿐만 아니라 불교의 "공적심"空寂心조차도 "막연하게 비어 있는 것"으로 평가 절하하고 있다.[44] 반면에 소태산은 인간의 마음을 텅 비어 있는 "공적"空寂이 단지 혼침이나 혼미한 무기無記에 빠지지 않고 신비로운 지혜인 "영지"靈知[45]를 갖춘 "공적 영지의 광명"[46]으로 이해하고 있고 "인과보응의 이치가 음양상승과 같이 되는 줄을 안다"[47]고 밝히고 있는 만큼, 정도전의 관점에서 양립할 수 없고 이율배반적인 불교의 "인과보응

보고 단전주 선법을 통해 "원기"가 충실해지고 "심단"心丹이 되어 수명을 안보할 수 있다고 본다. "원기"는 우주발생의 근원, 또는 만물의 존재 근거를 의미하는 것으로 태극·태일·도와 병행되는 개념이다. 김낙필에 따르면 동중서董仲舒가 『춘추』春秋 해석에서 자연과 사회의 시원으로서의 원元의 개념을 중시한 것도 이 개념이 태극, 태일, 도와 마찬가지로 음양이기陰陽 二氣를 생성하는 근원적 일자一者라는 의미이기 때문이다. 원기 개념에 대해서는 김낙필. 2000. 『조선시대의 내단사상-권극중의 도교 철학적 사유와 그 전개』, 한길사. 133-134쪽 참조.

44 정도전의 불교비판은 다분히 정치적 의도에서 이루어 진 것이지 그가 불교의 교리나 신앙과 수행의 체계를 객관적으로 이해했다고 볼 수 없다. 염승준. 2010. 「유·불·선儒佛仙 삼교三敎의 주체적 수용을 통한 원불교 개체성 확립을 위한 소고」. 『원불교사상과 종교문화』 46집. 원불교사상연구원. 165, 166쪽.

45 『원불교전서』 23쪽, 「정전」 제2 교의편 제1장 일원장, 제1절 일원상의 진리.

46 같은 글.

47 『원불교전서』 219쪽, 「대종경」 인과품 2장.

의 원리"와 유교의 "음양상승의 도"를 통합하고 있는 것이다.

유교와 도교가 '리'理와 '기'氣를 통해 우주생성의 원리를 설명하고, 불교가 일체유심조一切唯心造, 윤회, 그리고 업력을 통해 불교 고유의 존재론을 형성하듯이, 동양의 유교, 불교 그리고 도교[48]뿐만 아니라 세계의 모든 종교는 이처럼 긴 역사를 통해 서로 다른 형이상학과 존재론을 갖고 있으며 — 칸트가 『순수이성비판』 서론에서 서양 형이상학의 역사를 투쟁과 전쟁의 역사라고 말하듯이 유교, 불교, 도교의 동양 형이상학의 역사도 마찬가지라고 할 수 있다 . — 이를 활용한 종교적 신앙과 수행의 방편도 다르게 제시되고 있다. 그러한 구체적이고 역사적인 차이를 무시하고 유·불·선 삼교를 "원리에 있어서 모두 같은 것"이라는 소태산의 말을 선언적이고 피상적으로만 이해할 경우 다른 종교의 핵심 교리와의 차이를 간과하여 원불교 핵심교리를 추상화 시킬 뿐만 아니라 소태산의 "일원의 진리"를 아무런 내용이 없는 공허한 것으로 만들 수 있다. 그리고 그의 깨달음에 바탕해서 교리체계를 구성하고 있는 핵심 요소들이 체계성과 내적 연관성도 갖지 못한 채 삼교 가운데 특정한 종파의 교학적 관점에서 해석됨으로써 그 요소들이 상호 모순되고 이율배반적인 것들의 더미로 남을 수 있다.

따라서 소태산이 선언하고 있는 삼교를 "모두 같은 것"으로 만들 뿐만 아니라 "세계의 모든 종교"[49]까지도 그 근본 되는 원리에서 "하나"로 만드는 "원리"가 도대체 무엇을 내용으로 갖는지가 우선적으로 밝혀져야 한다. 그 원리가 밝혀질 때 소태산의 깨달음과 지적배경 그리고 타종교나 철학과의 내적 연관성과 차이를 비교 가능하게 하는 척도를

---

48 한자경. 2007. 『명상의 철학적 기초』, 이화여자대학교출판부, 129쪽 참조. 도교는 중국 민족 고유의 민속 신앙 내지 민족 종교라고 할 만큼 잡다한 요소가 결합된 채 일상 생활과 밀접히 연관되어 있을 뿐만 아니라 노자와 장자의 노장사상, 신선방술과 황로사상, 오두미교로 세 갈래로 설명되고 있다.

49 『원불교전서』 9쪽, 「정전」 제1 총서편, 제2장 교법의 총설.

찾을 수 있는 것이다.

삼교를 그리고 세계의 모든 종교를 "원리에 있어서 모두 같은 것"으로 판단할 수 있는 "원리"[50], 즉 "삼교의 종지를 일관"[51]할 뿐 아니라 세계 모든 종교의 교리를 "일원화一圓化" 할 수 있는 "큰 도"는 도대체 무엇인가? 소태산은 이를 자신이 깨달은 "일원상의 진리"에서 밝히고 있으며 일원상 진리의 내용이 곧 유교, 불교, 도교를 하나로 통합하는 원리가 된다.

세계 모든 종교의 "모든 교리"를 통합할 수 있는 원리로서의 "일원상의 진리"는 다음의 두 가지 특징을 갖는다. 첫째, "심체心體"로서 "광대 무량하여 능히 유와 무를 총섭하고 삼세를 관통한 것"이다. 심체는 인간의 마음을 말하는 것으로 인간 마음이 유와 무와 같은 상대적인 것들을 모두 포괄할 수 있어 무경계의 무한성의 속성을 갖는 것을 의미하며, 삼세를 관통한다는 점에서 영원성을 의미한다. 둘째, 원리는 "천지 만물의 본원"[52]이며 "언어도단의 입정처入定處"이다. 인간의 마음이 곧 "우주 만유의 본원"이라는 것이다. 이는 곧 인간의 마음이 일체 존재의 존재론적 근원이 된다는 것이다. 다음의 「일원상의 진리」와 「게송」을 통해서도 인간 "성품의 진체"가 유와 무의 상대를 초월하고 "대소유무에 분별이 없는 자리"로서 크고 작은 그리고 있음과 없음의 상대적인 "대대待對의 관계" 너머의 "초월"이며 "절대"임을 확인할 수 있다.

> 일원一圓은 우주 만유의 본원이며, 제불 제성의 심인이며, 일체 중생의 본성이며, 대소 유무大小有無에 분별이 없는 자

---

50 『원불교전서』 95쪽, 「대종경」 서품 2장.

51 『원불교전서』 99쪽, 「대종경」 교의품 1장.

52 『원불교교전』 23쪽, 「정전」 제1 교의편, 제1장 일원상, 제1절 일원상의 진리. "일원"一圓은 "우주만유의 본원"이며 동시에 "제불 제성의 심인"이며 "일체 중생의 본성"이다.

리며, 생멸 거래에 변함이 없는 자리며, 선악 업보가 끊어진 자리며, 언어 명상言語名相이 돈공頓空한 자리로서 공적 영지空寂靈知의 광명을 따라 대소 유무에 분별이 나타나서 선악 업보에 차별이 생겨나며, 언어 명상이 완연하여 시방 삼계十方三界가 장중掌中에 한 구슬같이 드러나고, 진공 묘유의 조화는 우주 만유를 통하여 무시광겁無始曠劫에 은현 자재隱顯自在하는 것이 곧 일원상의 진리니라.[53]

원기 이십육년 일월에 대종사 게송偈頌을 내리신 후 말씀하시기를 유有는 변하는 자리요 무無는 불변하는 자리나, 유라고도 할 수 없고 무라고도 할 수 없는 자리가 이 자리며, 돌고 돈다, 지극하다 하였으나 이도 또한 가르치기 위하여 강연히 표현한 말에 불과하나니, 구공이다, 구족하다를 논할 여지가 어디 있으리요. 이 자리가 곧 성품의 진체이니 사량으로 이 자리를 알아내려고 말고 관조로써 이 자리를 깨쳐 얻으라.[54]

이상의 내용으로 볼 때 원효(元曉, 617~686)가 『대승기신론』에 의거하여 인간 심성을 "불생불멸"[55]의 차원에서 이해하고, 퇴계 이황(退溪 李滉, 1501~1570)이 인간의 마음을 안과 밖, 너와 나의 다름이 있지 않은 절대의 차원[56]에서 이해하듯이 소태산도 인간 마음의 절대성, 초월성 그리고 영원성을 강조해온 한국 유교와 불교의 맥을 계승 발전시키고 있음을 알 수 있다. 따라서 소태산이 유·불·선 삼교의 교리를

53 『원불교교전』, 「정전」 제2 교의편 제1장 일원상 제1절 일원상의 진리.
54 『원불교교전』 268쪽, 「대종경」 성리품 31장.
55 馬鳴 저, 眞諦 역, 『대승기신론』, 권1(『대정신수대장경』, 권32, 576상)
56 『퇴계선생문집』, 권18, 28, 「答奇明彦論改心統性情圖」, 109쪽, 288쪽, "一人之心, 卽天地之心. 一己之心. 卽千萬人之心, 初無內外彼此之有異."

통합할 때, 그 통합의 내용의 핵심요소가 결국 인간 심층 마음의 절대성과 초월성임을 알 수 있다.

한국의 유교, 불교와 마찬가지로 도교나 도가에서도 인간의 마음의 절대성을 통찰하고 있는지에 대해서는 도교의 여러 갈래 중 하나를 형성하는 노장사상을 통해서 설명 가능하다. 긍정과 부정의 상대를 넘어선 절대의 자리를 가리키는 개념이 『장자』「제물론」 14장의 "도추"와 "환중"개념이다.[57] 한자경은 "환중環中" 개념을 통해서 "인간이 단지 기의 흐름과 경계의 이동을 따라 생성 변화하는 순환 속의 존재, 유동성과 상대성의 존재가 아니라 유·무와 시·비의 분별성과 상대성을 넘어선 절대의 존재"임을 강조하고 있다. "인간이 시간 흐름 속에서 무한한 원운동을 반복하는 원주 상의 존재가 아니라, 그 운동의 한가운데에 시간을 초월하여 정지해 있는 원의 중심, 환중의 존재"라는 것이다.

> 저것과 이것이 대립되지 않는 것을 도추라고 한다. 도추라야 순환의 중심을 얻으며, 그래야 무한히 응할 수 있다.[58]

인간 마음의 절대성과 초월성이 인간 밖에 외재화 되지 않고 인간의 심층 마음에 내재화된 것이 갖는 사회 정치적 함축성은 앞서 1장에서 이미 밝힌 바 있다. 로버트 벨라가 종교의 사회적 정치적 문제에 참여하고 연대할 수 있는 이론적 실천적 원천을 "개인과 초월적 실재 사이의 직접적 관계"에서 찾았다. 그는 중세시대 신관에 따라 원죄적 존재이며 유한한 존재에 불과한 개인에게서 초월적 실재를 발견했기에 가능

---

57 한자경. 2007. 『명상의 철학적 기초』. 이화여자대학교출판부. 한자경은 이 두 개념에 근거로 "장자는 상대주의자가 아니라 절대의 자유를 추구한 형이상학자"임을 강조한다.

58 『장자』, 「제물론」, 14장, "彼是莫得其偶, 謂之道樞. 樞始得其環中, 以應無窮."

한 것이며, 그러한 개인이 갖는 신성과 종교성이 곧 사회적 불평등과 차별을 극복할 수 있게 만드는 동력이다. 서양 종교 및 철학사에서 인간에게서 신성, 절대성, 초월성을 자각한 것이 근대성의 특징이고 그러한 근대의 특성을 대변하는 것이 칸트라면, 동양은 서양보다 훨씬 오래전부터 서양이 근세에야 자각한 개인이 갖는 초월성, 절대성, 신성을 자각했기에, 인간관에 대한 통찰에 국한해서 본다면, 동양의 종교와 철학은 근대성으로 표현할 수 있는 서양 근대 개인이 갖는 절대성, 초월성, 신성을 선취한 것으로 볼 수 있을 것이다.

백낙청은 「근대의 이중과제 그리고 문학의 '도'와 '덕'」에서 소태산의 진리관을 포함해서 동아시아의 도道가 갖는 초월성과 절대성을 "'없음(無)'도 아니려니와 '있음(有)'의 영역 —플라톤의 '이데아'나 그 어떤 초월적 존재를 포함해서—도 아니라는 사유방식"으로 설명하면서, 동양의 형이상학이 사회적 불평등의 위계질서를 무너뜨리고 새로운 평등의 사회질서와 체제를 구축할 수 있는 사회변혁의 이론적 실천적 원천이 될 수 있음을 강조한 바 있다.

Ⅳ. 소태산의 사회사상

대부분의 민족종교 창시자들이 그러하듯 소태산도 '사회'라는 문제를 개인의 집합 또는 그 연장선상에서 이해하고 있었다. 그리고 모든 사회 문제의 원인도 개인에게서 찾았고 그 해법도 개인들의 마음과 행동에서 추구하였다. 그러므로 서구 근대사회와 함께 등장한 사회사상적 관점들을 찾아낸다는 것은 그렇게 쉽지만은 않았다. 그럼에도 불구하고 문명사적으로 동서가 소통하고 고금이 뒤엉키는 시대를 산 소태산에게서 막연하게나마 집합적이고 출현적인 사회에 대한 인식들을 추상할 수는 있었다. 그리고 그 처방들이 비록 심성론적이고 또 종교적이기는 하지만 일상 삶에서 종교적 수행과 실천을 고민하다 보니 인간 삶이 펼쳐지고 있는 사회에 대한 그의 생각들의 편린들이 묻어나오지 않을 수 없었다. 이 장에서는 그러한 측면들을 간략하게 살펴보고자 한다.

1. 사회 명목론적 시각

사회학 등장 초기에 사회를 하나의 출현적 속성을 지닌 실체(실재론)로 볼 것인가, 아니면 개념적 구성물(명목론)로 볼 것인가를 둘러싸고 논쟁이 일어났었다. 실재론은 사회를 그 구성 요소들인 개인이나 집단으로 환원할 수 없는 제3의 출현적 실체로 본 반면, 명목론적 관점은 실재하는 것은 개인이고 사회는 우리가 관념적으로 추상한 개념적 구성물에 불과하다는 주장이다. 이러한 초기 논쟁 이후에 오늘날 사회과학적 조류는 두 관점을 필요에 따라 혼용하고 있는 것으로 파악된다.

소태산은 원불교 개교 동기를 "낙원 사회 건설"로 잡는다든가, 또는 사회발전의 방법을 "강자·약자 진화상 요법"으로 잡는 등 사회를 행위 주체로 삼는 듯한 모습을 보이기도 하였다. 소태산의 언행록인 「대종경」에 "사회"란 용어가 39회 등장하는데 여기서 사회는 중의적 의미로 그때그때 필요에 따라 사용되고 있는 것을 확인할 수 있다. 그 중 하나는 유교의 수신제가치국평천하(『大學』) 관점을 변용한 것이다. 즉, 소태산은 사회진화의 방법으로서 수행을 강조하면서 "개인·가정·사회·국가"를 자주 언급한다. 전통사회에서 존재하지 않았던 "사회"란 개념을 도입하여 가정과 국가 사이에 삽입한 것이다. 그리고 또 다른 '사회'의 용법은 종교 또는 도량道場과 대비되는 대상으로서 '사회' 개념이다. 여기서 사회는 제도濟度/발전시켜야 할 대상이거나 또는 종교/도량과 구분되는 "세속사회"의 의미로 이해되고 있다. 또 다른 용법은 '모든 사회 또는 일반 사회'처럼 사회를 총체적 집합 개념으로서 추상적 실체로 인식하고 있었다. 이처럼 소태산은 과거 전통사회에서는 존재하지 않았던 개념으로서 사회를 막연하게나마 인식하고 있었던 것으로 보인다. 이런 측면에서 본다면 소태산은 사회 실재론적 관점도 가지고 있었던 것으로 보인다.

그러나 그의 사회에 관한 전반적 관점은 명목론적 관점에 가깝다고 본다. 실재론의 핵심 개념 가운데 하나가 구성부분과 전체 사이에 가정되는 이질성(출현적 속성이라고 부름)/불연속성 문제이다. 소태산은 국가나 사회, 또는 세계의 경영을 수신과 제가의 연장으로 보고 있다. 왜냐하면 국가나 사회는 개인 또는 가정의 단순 집합체라고 보았기 때문이다. 그는 인도품 42장[59]에서 국가를 가정의 단순 집합으로 이해하고 있는 관점을 피력하고 있다. 그리고, 사회발전은 개인에서부터 출발하고, 각자의 운명도 사회구조적 작동의 결과라기 보다 개인적 노력의 결과로 보았다. 소태산은 변의품 9장[60]에서 '너의 조물주는 너 자신이고, 나의 조물주는 나 자신이며, 일체 생령이 각자 자기 자신의 조물주'라고 설파하고 있다. 자신의 운명은 자신이 만든 결과라는 것이다.

---

59 『원불교교전』, 207쪽, 「대종경」 인도품 42장. "한 가정은 한 나라를 축소하여 놓은 것이요, 한 나라는 여러 가정들을 모아 놓은 것이니… 한 가정을 잘 다스리는 사람은 사회 국가에 나가도 그 사회 그 국가를 잘 다스릴 것이며, 또는 각자 각자가 그 가정 가정을 잘 다스리고 보면 국가는 따라서 잘 다스려질 것이니…"

60 『원불교교전』 228쪽, 「대종경」 변의품 9장. "귀하의 조물주는 곧 귀하요, 나의 조물주는 곧 나이며, 일체 생령이 다 각각 자기가 자기의 조물주."

천도품 5장[61]에서도 현재 내 앞에 펼쳐진 나의 상황은 내가 과거에 지은 결과이고 또 현재 내가 어떻게 하느냐에 따라 나의 미래도 결정될 것이라고 강조하고 있다. 행위 주체를 각자 개인에게서 찾고 있음을 알 수 있다. 따라서 사회는 그러한 주체적 개인들의 연장 내지 집합으로 이해를 하고 있는 것이다. 그러므로 사회 진화/개혁의 길도 집합적/제도적 접근이 아니라 개인 행위자들의 의식 및 행동 개혁으로부터 찾고 있었다고 볼 수 있다.

2. 계층론

소태산의 계층론은 자연과 인간계를 나누어 논급할 필요가 있다고 본다. 먼저 자연계에서 생명들 간의 위계적 구조에 대해 소태산은 각자의 업에 따라 차별적 질서가 존재한다고 보았다. 불교의 사생四生과 육도六途의 세계관을 수용하여 생명을 위계구조로 이해한 것이다. 생명들을 그 탄생 방식에 따라 태난습화殆卵濕化의 사생四生으로 구분하였고, 또 생명들의 위계구조를 천도, 인도, 수라, 축생, 아귀, 지옥의 차별적 세계로 이해하였다.[62] 이러한 위계구조 또는 생명의 질서는 각자의 심신작용에 따라 결정된다고 보았다.[63] 그리고 천도를 최상위에 두고 지옥을 최

---

61 『원불교교전』 275쪽, 「대종경」 천도품 제5장. "이 세상에서 네가 선악간 받은 바 그것이 지나간 세상에 지은 바 그것이요, 이 세상에서 지은 바 그것이 미래 세상에 또 다시 받게 될 바 그것이니, 이것이 곧 대자연의 천업이라. … 부처와 조사며 범부와 중생이며 귀천과 화복이며 명지장단命之長短을 다 네가 짓고 짓나니라. 아무야 일체 만사를 다 네가 짓는 줄로 이제 확연히 아느냐. …"

62 『원불교교전』 106쪽, 「대종경」 서품 17장 참조.

63 같은 책 25쪽, 「정전」 제2교의편 제4절 일원상 서원문. 같은 책 287쪽, 「대종경」 천도품 5장. "이 세상에서 네가 선악 간 받은 바 그것이 지나간 세상에 지은 바 그것이요, 이 세상에서 지은 바 그것이 미래 세상에 또 다시 받게 될 바 그것이니, 이것이 곧 대자연의 천업이라. 부처와 조사는 자성의 본래를 각득하여 마음의 자유를 얻

하위에 두고 계층을 따라 상향 이동하는 것을 진급이라 이름하였고, 하향 이동하는 것을 강급이라 하였다. 그래서 소태산은 사람들에게 종교적 신앙과 수행을 통해 노력을 하여 진급이 되고 강급이 되지 않도록 노력하라고 촉구하고 있다.

그리고 생태적 지위에서 "사람은 만물의 주인이요, 만물은 사람의 사용할 바"[64]라 하여 사람을 모든 생명(만물)의 최상위에 두는 세계관을 보이고 있다. 즉, 인간을 "최령崔靈"한 존재로 보았다. 그래서 이러한 생명의 위계구조에서 상층에 계속 머물거나 또는 상층으로 이동(진급)하기 위해 복을 짓고 수양을 할 것을 독려한다. 천도법문에서는 영가靈駕에게 '애탐착을 놓지 못하면 자칫 악도에 떨어지기 쉬운데 한 번 악도(수라, 축생, 아귀, 지옥)에 떨어지면 다시 사람의 몸을 받기나 무량한 혜복을 얻기가 어렵다'고 설득하며 애탐착으로 인한 생태계의 계층 하락을 하지 않도록 당부하고 있다. 인간세계와 다른 생명계를 평등적 네트워크로 보기보다는 계층적 위계구조로 본 것이다.

그러나 다른 각도에서 볼 수 있는 측면도 있다. 은사상, 윤회론, 불성평등론 등은 존재들 간의 질적 차이를 부정한다. 은恩적 세계관에 따르면 이 세상의 모든 존재들은 서로 어울려 '없어서는 살 수 없는 생

었으므로 이 천업을 돌파하고 육도와 사생을 자기 마음대로 수용하나, 범부와 중생을 자성의 본래와 마음의 자유를 얻지 못한 관계로 이 천업에 끌려 무량 고를 받게 되므로, 부처와 조사며 범부와 중생이며 귀천과 화복이며 명지장단命之長短을 다 네가 짓고 짓나니라… 이제 네가 이 육신을 버리고 새 육신을 받을 때에는 너의 평소 짓던 바에 즐겨하여 애착이 많이 있는 데로 좇아 그 육신을 받게 되나니, 그 즐겨하는 바가 불보살 세계가 승勝하면 볼보살 세계에서 그 육신을 받아 무량한 낙을 얻게 될 것이요, 또한 그 반대로 탐·진·치가 승하고 보면 그 곳에서 그 육신을 받아 무량겁無量劫을 통하여 놓고 무수한 고를 얻을 것이니라… 네가 이 때를 당하여 더욱 마음을 견고히 하라. 만일 호리라도 애착 탐착을 여의지 못하고 보면 자연히 악도에 떨어져 가나니, 한 번 이 악도에 떨어져 가고 보면 어느 세월에 또 다시 사람의 몸을 받아 성현의 회상을 찾아 대업大業을 성취하고 무량한 혜복을 얻으리요. 아무야 듣고 들었느냐."

64 같은 책 96쪽.「대종경」5장.

태적 네트워크'를 형성하고 있다. 각자는 그곳에서 주어진 역할을 다함으로써 전체적인 질서가 유지된다고 보았다. 어느 것이라 하여 더 소중하고 다른 것이라 하여 덜 소중한 것은 아닐 것이다.[65] 그리고 윤회론은 생명들 간의 질적 차이를 거부하는 사상이기도 하다. 인간을 포함하여 만물은 그 마음을 어떻게 사용하느냐에 따라 육도사생의 위계적 사다리를 오르내릴 수 있다고 본 것이다. 인간이 강급하여 축생이 될 수도 있고, 동물들이 진급하여 인간이 될 수도 있는 것이다. 종種 간에는 질적 차이가 없이 순환하는 것이다. 또 일체개유불성一切皆有佛性의 세계관은 모든 존재들이 평등하게 불성을 가지고 있는데 다만 무명의 업장에 따라 차등적 결과가 나타날 뿐이라고 한다. 잠재적 완전태로서 불성은 모든 존재들이 갖추고 있는 평등적 요소 가운데 하나일 것이다. 드러난 불평등 속에 불성佛性이라고 하는 평등적 요소가 내재되어 있는 것이다. 그래서 신神과 피조물 사이에 단절을 설정하는 세계관과 달리 부처와 중생 사이에는 단절이 없다. 한 마음 깨달으면 누구나 부처를 이룰 수 있다고 보는 것이다.

그리고 인간 사회에서 과거에는 신분, 연령, 권위, 지위, 서열 등의 차등이 존재하였지만 후천개벽 사회에서는 대부분의 이러한 차별들이 종식되고, 또 차이가 있다고 하더라도 그것들이 조화적 질서를 이룰 것으로 전망하였다. "과거에는 도가道家나 정부나 민간에서 각각 차별 세우는 법을 주로 하여 사람을 다스려왔지만"[66] 미래에는 그러한 차별로는 사람들의 호응을 얻지 못할 것이라 전망하며 이에 대한 사고 전환을 요구하고 있다. 그래서 미래는 정신/도덕적 가치에 중심을 두는 정

---

65 물론 소태산은 그의 은恩사상에서 이러한 평등사상을 주창하지는 않았다. 차라리 인간중심주의적 사상을 견지하였다고 볼 수 있다. 그러나 은사상을 확대 해석하면 생태적 평등론으로 해석될 수 있다고 본다.

66 『원불교교전』 407쪽, 「대종경」 부촉품 17장.

신문명/도덕문명이 주를 이루어 참문명/도덕 세계가 펼쳐질 것으로 예측하였다.[67]

3. 근대사회론, 사회진화론

소태산은 문명을 물질문명과 정신문명, 또는 도학과 과학으로 대비시켰다. 그리고 다가올 미래는 물질 또는 과학문명이 놀라울 정도로 발달하는 시대가 될 것으로 예측하고, 인간들은 화려한 물질/과학문명에 도취되어 그 노예가 될 수도 있음을 경고하였다.[68] 다가올 미래 사회는 "물질문명의 세력이 날로 융성"[69]하여 쇠약해진 정신을 지배할 수도 있는 사회로 본 것이다. 정신문명이 뒷받침되지 않은 발전된 물질문명의 사회는 마치 "철모르는 아이에게 칼을 들려준 것"[70]과 같이 될 수 있다고 보았다. 그래서 이상사회, 또는 참문명사회는 어느 한 쪽만 발달한 사회가 아니라 도학(종교, 정신)과 과학(물질)이 '다같이 증진되고 발전된' 사회이었다.[71] 그는 이것을 병진竝進이라고 불렀다(서품 8장). 그는 개교 표어("물질이 개벽되니 정신을 개벽하자")에서 "되니(물질문명)," "하자(정신문명)"의 술어를 통해 현대문명에 대한 진단과 처방을 내리고 있다. 물질문명의 발달은 누가 뭐라하든 진행되어 나갈 터인데("되니") "정신문명" 개발의 노력이 뒤따르지 않으면 안 된다(그러니

67 『원불교교전』 407, 408쪽, 「대종경」 부촉품 17,18장.

68 『원불교교전』 100쪽, 「대종경」 서품 13장, 같은 책 130쪽, 교의품 30장.

69 『원불교교전』 100쪽, 「대종경」 서품 13장.

70 『원불교교전』 131쪽, 「대종경」 교의품 31장.

71 『원불교교전』 131쪽, 「대종경」 교의품 31장. "현대와 같이 물질문명에만 치우치고 정신문명을 등한시하면 마치 철모르는 아이에게 칼을 들려준 것과 같고… 정신문명만 되고 물질문명이 없는 세상은 정신은 완전하나 육신에 병이 든 불구자와 같다. 그 하나가 충실하지 못하고 어찌 완전한 세상이라 할 수 있으리오…"

"하자")고 본 것이다.

참문명사회는 도학과 과학이 함께 증진(병진)하는 사회이지만, 주종본말主從本末로 구분해 보면 도학/정신문명이 주主요 과학/물질문명은 종從이어야 한다. '도학 공부는 모든 학술의 주인이요, 모든 공부의 근본'[72]이어서, 도학이 주가 되고 과학이 종이 되어야 한다고 보았다. 물질문명 또는 과학은 도구와 같아서 사람에 따라서 선용될 수도 있지만 악용될 수도 있기 때문이다. 또 덕德과 재才를 병행하되 덕에 바탕하여 재를 운용하는 것이 참 재주(요훈품 7장)라고도 하였다.[73] 그리고 학술공부는 삶 속에서 간간히 사용되지만, 마음공부는 끊임없이 활용되기 때문에 마음공부가 모든 공부의 근본.[74]이라고 보았다 따라서 과학과 도학, 물질과 정신은 병진해야 하지만 도학과 정신문명의 주체 위에 과학/물질문명을 세워야 한다고 본 것이다.

그리고 그는 제자들로 하여금 과학/물질문명이 발달하는 미래사회에서 대비할 것을 촉구하였다. "최초 법어"에서 "시대를 따라 학업에 종사하여 모든 학문을 준비할 것"과 "실업과 의식주를 완전히 하고 매일 수입 지출을 대조하여 근검 저축하기"를 당부하고 있다. 능력본위/지자본위의 사회에서 정신적 역량을 물론 경제사회적 역량을 갖추어야만 한다고 역설한 것이다. 또한 스스로 노동을 중시/장려하고 근검절약하며 제자들과 함께 "저축조합"을 설립하기도 하고 후에 농업중심이기는 하지만 경제공동체를 경영하기도 하였다. 자본과 노동이 분화되는 사회를 대비하여 근검, 절약, 성실과 같은 노동윤리를 제시하고 있다. 노동을 신성시하는 생활신조를 가지면서 일하지 아니하면 빚지는 생활이 될 수 있다고 경책한다. 그리고 영육쌍전靈肉雙全과 생활시불법生活是佛法 불법시

72 『원불교교전』 129쪽, 「대종경」 교의품 28장.

73 『원불교교전』 316쪽, 「대종경」 요훈품 7장.

74 같은 책 315쪽, 「대종경」 요훈품 1장.

생활佛法是生活 등의 표어에서 나타난 바와 같이 그는 종교적 진리의 실천과 일상 삶을 별개로 보지 않았다. 양자가 모두 온전하게 경영되어야 함을 역설하였다. 정신만을 주로 주창하는 근대 이전의 종교들과는 사뭇 다른 접근이라 하겠다. 근대사회에 방향을 제시하는 실용적 종교의 태도라 볼 수도 있다.

4. 은적恩的 존재론

종교는 대체로 존재론이나 인식론보다는 가치론에 치중한다. 어떻게 사는 것이 바람직한지에 대한 방향을 주로 제시하는 것이다. 소태산도 다르지 않았다. 그러나 그의 교법과 언행록을 통해 존재론적 관점을 추론해볼 수는 있다고 본다. 불교나 원불교는 공통된 존재론을 가지고 있다. 그것은 모든 존재들이 서로 연결되어 있다(interrelated)는 연계론적 세계관이다. 불교의 연기론(pratityasamutpada)과 소태산의 은恩사상이 그것이다. 연기론에 따르면 '이것이 있음으로 해서 저것이 있고, 저것이 있음으로 해서 이것이 있다.'[75] 뒤집으면 서로의 바탕이 없으면 각자가 존재할 수 없다는 얘기이다. 존재들이 서로 얽혀서 서로에게 존재의 기반이 되어주고 있다는 관점이다. 소태산도 세상의 모든 존재들이 서로 없어서는 안 되는 관계를 맺으며 존재하고 있다고 보았다.

다만 붓다와 소태산은 그 관계의 성격을 다소 다르게 파악하였다. 붓다는 관계의 성격을 고통으로 본 반면, 소태산은 은혜로 보았다. 생노병사와 같은 삶의 실상을 고통으로 파악한 붓다[76]에게 존재의 상호

75 『잡아함경』 제12권, 제301 「迦旃延經」(대정장 2, 85하-86상) 참조.

76 당시 평민들의 삶은 매우 어려웠을 것으로 짐작된다. 그러므로 출생은 축복이라기보다는 고난의 출발로 보여지고, 노병사老病死는 당연히 고통의 과정이라 간주되었다.

얽힘은 업, 고통의 순환고리로 파악되어 수행을 통해 이로부터의 자유(해탈과 열반)를 추구하였다. 반면 소태산은 그 얽힘의 관계를 은혜로 파악하여, 상호 관계를 없어서는 살(존재할) 수 없는 소중한 관계로 본 것이다. 소태산은 모든 존재들이 서로 연결됨으로써 존재가 가능하고, 또 연결됨으로써 서로의 삶의 바탕이 되어주고 있으니 얼마나 고맙고 감사한가 하고 묻는다. 천지, 부모, 동포(금수초목)와 같은 존재들을 없어서는 안 되는 소중한 관계로 인식한 것이다. 그러므로 일상의 삶은 이러한 은혜적 관계의 자각과 보은으로 이어져야 한다고 본 것이다.

이러한 은적 관계는 공리적 판단에 기초하지 않는다. 공리적 은혜 관계란 나에게 이익이 되고 도움이 되니까 고맙게 생각하는 것이다. 반면 존재론적 은혜 관계는 나에 대한 이익과 관계없이 존재 그 자체로서 은혜로 보는 관점이다. 소태산의 은사상은 존재은의 사상이라 할 수 있다. 예를 들어, 모기와 인간 간의 관계를 직접적, 공리적 관점에서 판단하면 모기는 인간에게 은혜일 수는 없다. 그러나 존재론적 관점에서 본다면 모든 존재들은 서로 얽혀서 은혜로운 세계를 이루고 있는데, 모기가 직접적으로 인간에게 도움을 주지는 않지만 생태계의 중요한 한 부분을 차지하여 생명의 고리를 이룸으로써 전체적(간접적 관계 포함)으로 보면 은혜인 것이다. 그러므로 각자의 삶은 다른 누구를 위한 삶은 아니지만 각자의 삶이 얽혀서 전체의 삶이 이루어지니 결국 전체를 위해 소중한 역할을 하고 있다고 보는 것이다. 이렇게 생태계 전체가, 존재 전체가, 인간 사회 전체가 서로 어울려 아름다운 사회, 은혜로운 사회를 이루고 있다고 보고, 각자는 이러한 은혜를 깨닫고 자각하여 보은하는 삶을 살자는 것이 소태산의 존재론적, 가치론적 세계관이다.

이러한 고통의 연쇄적 과정은 피할 수 없는 존재의 과정이고 고苦가 내재돼 있으니 삶은 존재고存在苦였다. 그래서 붓다는 존재고가 집착에서 비롯된다고 보고 이를 넘어설 수 있는 수행들을 제안한 것이다.

5. 사회적 관계: 상호성의 규범(norms of reciprocity)

모든 인간사회에 공통적으로 존재하며, 또 인간사회를 가능하게 하는 가장 기본적인 규범 중 하나가 상호성의 규범(norms of reciprocity)이다. 사람들 간 협동의 기초가 되기 때문이다. 이것은 긍정적 도움(benefits)에 대해 긍정적 보답으로 갚고, 부정적 위해(harms)에 대해 무관심이나 부정적 적의로 되갚는 상호작용의 규칙을 말한다.[77] 일부 사회학자들은 이것을 사회구성원들 간 상호작용에서 가장 기초가 되는 규범적 기대로 보았다. 이를 통해 인간들 간 상호관계가 안정되고 지속적인 틀이 유지되기 때문이다.

소태산은 존재의 근거를 관계성에서 찾았다. 앞에서 살펴본 '은恩적 관계론'[78][79]이 그것이다. 소태산은 각자를 '사은(四恩: 천지, 부모, 동포, 법률의 은혜)의 공물公物'이라 하였다. 즉, 인간은 사은(=森羅萬象, 교

---

77 Wikipedia. 키워드 "norms of reciprocity"로 검색(2017년 7월 20일).

78 석가모니의 연기설(pratityasamutpada)과 기본적으로 유사한 시각이다. 즉, 존재의 근거를 상호연결성(interrelatedness or interconnectedness)에서 찾았다는 점에서 그러하다. 다만, 상호연결의 성격에 대해서 서로 약간 다른 견해를 가지고 있었다. 석가모니는 관계의 본질을 (苦)로 보고, 관계 속에서 (집착을 통해) 업의 악순환이 일어나는데 이것이 고통의 원인으로 작용한다는 것이다. 그래서 그는 해탈과 열반이라는 고통소멸의 목표를 달성하기 위해 관계로부터 벗어나는데 많은 관심을 가졌다. 반면 소태산은 모든 존재들을 '없어서는 살 수 없는 관계'로 파악하였다. 그래서 지금 여기에(now & here) '낙원 건설'을 위해서는(원불교의 개교동기), 다른 존재들로부터의 피은被恩을 자각하고 보은함으로써 낙원을 만들고자 한 것이다. 기본적으로 소태산은 존재들 간 관계의 성격을 "은혜로운 관계"로 파악하였다.

79 소태산이 보는 "관계"는 양자 간의 관계만을 의미하지 않는다. 양자(A&B) 간의 관계에서는 은과 해의 교환이 A와 B 사이에서만 이루어진다. 소태산에게 관계는 구체적인 양자 관계 뿐 아니라 추상적이고 확장된 복합적 관계까지를 포함하였다. 예를 들어, 서로 모르는 두 사람(한 사람은 물건을 팔러, 다른 사람은 물건을 사러)이 시장에 갔는데 두 사람은 서로를 위해 시장에 간 것이 아니라 각자의 필요에 의해 시장에 갔다. 두 사람은 아무런 직접적인 관계를 맺은 것이 아닌데, 시장 속의 수많은 관계를 통해 두 사람은 각자 자기가 원하는 것을 얻고 만족하게 돌아온다(교단품 22장).

의품 4장)이라고 하는 다른 존재들의 도움(=은혜)에 의해 형성된 구성물(construct)이라는 것이다. 그래서 다른 존재를 상정하지 않은 어떤 독립적 존재도 가능하지 않다고 본다. 소태산은 이 관계의 본질(성격)을 궁극적으로 은恩혜로움과 인과보응으로 파악하였다. 존재들이 '서로 없어서는 살 수 없는 관계'를 맺어 존재의 그물망을 이루고 있기 때문에 그 관계의 속성을 '은恩'으로 파악한 것이고, 이 존재들 간의 상호작용은 인과보응으로 작동한다고 본 것이다.

이처럼 소태산은 사람들 간 관계의 작용, 또는 규범적 진리를 '인과보응因果報應'으로 파악하였다. 이것은 사회학자들이 사회에 작동하고 있는 가장 기초적인 규범으로 본 '상호성의 규범'과 연결된다. 선인선과善因善果 악인악과惡因惡果 또는 은생어은恩生於恩 해생어해害生於害의 규범적 기대가 곧 상호성의 규범이다. 그런데 소태산은 이 "인과보응의 이치가 음양상승과 같이 된다"[80]고 보았다. 즉, 인과보응의 원칙이 기계적으로 작동하는 것이 아니라 음양상승과 같이 작동한다는 것이다.

인과보응이 기계적으로 작동하지 않는다는 것은 도교 및 유교의 사상적 전통과 연결된다. 태극설太極說에 따르면 (음양은 이분법적, 배타적[81]이 아니라) 서로를 품어 안고 있고 이것이 우주와 인생의 작동원리가 된다.[82] 음양은 서로 반대되는 요소를 품어 안고 있으면서 밀고 당기기 때문에 상황에 따라 끊임없이 변화한다는 것이다. 은해恩害의 개념으로 바꾸면 '은'은 '은'에서만 나오고(恩生於恩), '해'는 반드시 '해'로 귀결(害生於害)되는 것이 아니라, 은생어해恩生於害 혹은 해생어은害生於恩으로 작용할 수도 있다는 것이다.

---

80 『원불교교전』 26쪽. 「정전」 제2 교의편, 제1장 일원상, 제5절 일원상 법어.

81 이분법적 세계관은 '선은 어디까지나 선이고, 끝까지 선이며, 악은 어디까지나 악이고 끝까지 악이다. 선이 악이 될 수 없고, 또 악이 선이 될 수 없다'고 본다.

82 『원불교교전』 25,26쪽. 「정전」 제2 교의편 제1장 일원상 제5절 일원상 법어.

하나의 예를 들어보자. 제자 중 한 사람이 '이웃에게 도움을 주었더니 그 이웃이 은혜를 되갚는 것을 보면서 인과보응의 이치가 소소영령함을 알았다'고 보고하였다. 이에 소태산은 은생어은, 해생어해는 당연하지만 또한 해생어은도 일어날 수 있다, 즉 복이 복으로 되돌아올 수도 있지만 복이 죄로 되돌아 올 수도 있으니 늘 마음가짐을 조심하라고 가르치고 있다. 소태산은 지어놓은 복(恩, 善)이 죄(害, 惡)가 되는 것이 아니라 복을 지은恩 그 마음이 자칫 죄害를 불러올 수도 있다고 보았다. 그 이유는 '남에게 무언가를 베풀어놓고 그 관념과 상相을 놓지 않기 때문'이라고 보았다.

> 지어놓은 그 복이 죄가 되는 것이 아니라 복을 지은 그 마음이 죄를 짓는 마음으로 변하기도 한다 함이니, 범상한 사람들은 남에게 약간의 은혜를 베풀어 놓고는 그 관념과 상을 놓지 못하므로 저 은혜 입은 사람이 혹 그 은혜를 몰라 주거나 배은망덕을 할 때에는 그 미워하고 원망하는 마음이 몇 배나 더하여 지극히 사랑하는 데에서 오히려 지극한 미움을 일어내고, 작은 은혜로 도리어 큰 원수를 맺으므로, 선을 닦는다는 것이 그 선을 믿을 수 없고 복을 짓는다는 것이 죄를 만드는 수가 허다하나니...[83]

다른 사람에게 도움을 주었다는 관념과 상을 가지고 있으면 혹 상대방이 '은혜를 몰라주거나 배은망덕'할 때 그 미워하고 원망하는 마음이 크게 증폭될 수 있다는 것이다. '은'을 베풀지 않았으면 아예 처음부터 상대방에게 그 어떤 보답恩을 기대하지 않기 때문에 상대방이 무관하게 하여도 서운하지 않다. 그런데 상호성의 규범에 비추어보면 '내가

83 『원불교교전』 191쪽. 「대종경」 인도품 제17장.

무언가를 베풀었다(은, 복, 선)는 생각과 그에 대한 보답의 기대'가 충족되지 않을 때 큰 실망과 함께 미움과 원망(해, 죄, 악)이 나올 수 있다. 그래서 소태산은 베풀고 나서 '베풀었다는 생각을 내려 놓아야만(應用無念)' 그 '은혜가 영원한 은혜'가 될 수 있다고 본 것이다. 또한 은생어해恩生於害도 가능하다. 인간이 세상을 살다보면 어려움도 반드시 겪게 되는데 그런 어려움을 편안하게 수용하면 오히려 마음의 힘을 얻게 되고 성숙의 계기가 된다고 보았다. 이것은 안빈낙도安貧樂道와 수용(acceptance)의 가르침으로 요약될 수 있다.[84]

이처럼 소태산은 인간사회가 상호작용의 관계로 구성되어 있는데, 그 상호작용의 관계는 기계적으로 작동하지 않고 매우 동태적으로 작동한다고 보았다. 그래서 인과보응이 음양상승과 같이 역동적이기 때문에 수행자는 항상 마음가짐을 잘 가져 '은'은 은으로 지속되도록 노력하고, '해'는 은으로 변화시킬 힘을 얻도록 해야한다고 설파하고 있다. 그래서 그는 몸과 마음을 사용할 때 '원만구족하고 지공무사'하게 사용할 것을 권면하고 있는 것이다.

6. 문화지체이론과 정신문명

문화인류학과 사회학은 문화 사이에서 일어나는 문화적 확산(cultural diffusion) 문제를 다루면서 문화지체(cultural lag)라는 개념을 개념화하였다. 문화지체이론은 문화를 물질적 요소와 정신·관념적 요소로 구분하고 이 둘은 그 전파 속도가 달라 문화 간 전파에서 지체(lag) 현상이 일어난다는 것이다. 대체적으로 기술적 혁신(물질

84 『원불교교전』. 「대종경」 제4 인도품 16장, 인도품 28장; 제11 요훈품 33장.

문명)이 먼저 전파·확산되고 이에 연결된 정신문명이 뒤이어 전파된다는 것이다. 거꾸로는 잘 일어나지 않는다고 본다. 예를 들면, 자동차(물질문명)가 전파되고 뒤 이어 자동차와 관련된 다양한 사회적 제도, 자동차 사용관련 문화들(정신문명)이 전파된다는 것이다.[85] 이러한 관점에 대해 기술결정론이라 비판하기도 한다.

소태산은 원불교 개교표어開教標語로 '물질이 개벽되니 정신을 개벽하자'를 선언하였다. 1900년대 전반기를 살았던 그는 '물질'로 대변되는 서구문명이 전파됨에 따라 사회가 혼란함을 직시하면서 '정신개벽精神開闢'을 제창하였다. 그는 '개교開教의 동기'에서 이렇게 주장한다.

> 과학문명이 발달함에 따라 물질을 사용하여야 할 사람의 정신은 점점 쇠약하고, 사람이 사용하여야 할 물질의 세력은 날로 융성하여… 모든 사람이 도리어 저 물질의 노예생활을 면하지 못하게 되었으니…[86]

그는 문명을 과학/물질문명/기술과 도학/정신문명으로 대비시키면서 전자는 자동·지속적으로 발전되어 나갈 것으로 전망한 반면, 후자는 이에 상응하는 발전이 저절로 일어나는 것은 아니라 보고 진지한 노력이 필요하다고 생각하였다. 인간들이 물질문명에 현혹되어 정신문명이 쇠퇴한다고 본 것이다. 앞에서 언급하였듯이 그는 도학(정신문명)과 과학(물질문명)을 주종主從의 관계[87]로 설정하여 도학이 과학을 향도해 나아가야 하는데 현재는 오히려 물질문명이 주主가 된 상황임을 안

---

85 Wikipedia, 키워드 'cultural diffusion'과 'cultural lag'로 검색(2017년 7월 20일).

86 『원불교교전』 21쪽. 「정전」 제1 총서편, 제1장 개교의 동기.

87 『원불교교전』 187쪽. 「대종경」 제4 인도품 제5장.

타까워했다. "이 세상에 아무리 좋은 물질이라도 사용하는 마음이 바르지 못하면 그 물질이 도리어 해독을 주게 되는 것"[88]인데, "현대와 같이 물질문명에만 치우치고 정신문명을 등한시하면 마치 철모르는 아이에게 칼을 들려주는 것과 같다"[89]고 걱정하였다. 소태산은 마음(정신문명)을 바르게 사용해야 물질문명의 가치도 드러나는데 "마음(정신문명)이 바르지 못하면 돈이나 지식이나 권리(물질문명)가… 도리어 죄를 짓게 하는 근본"[90]이 된다고 보았다. 또 "도를 닦는 사람은… 정定 위에 혜慧를 세워 참 지혜를 얻고, 큰 사업을 하는 사람… 덕德위에 재才를 써서 참 재주"를 삼아야 한다고 얘기한다.

이러한 모든 논의에서 물질, 과학, 재, 권력, 기술, 돈, 지식, 권리 등은 물질문명적 요소이고 이것들은 주어져 있거나 혹은 자체 원리에 따라 지속적으로 발전해 나간다고 보았다. 소태산에게 이러한 요소들은 통제 밖에 놓여 있는 현상에 해당한다. 이에 반해 정신, 도학, 덕, 지혜 등은 정신문명적 요소로 저절로 주어져 있거나 혹은 기다리면 발전해 나가는 것은 아니라고 보았다. 어떻게 보면 전자의 향유는 본능적 측면인데 반해 후자는 이성적 요소라 볼 수 있다. 저절로 충동적으로 일어나는 것처럼 과학문명은 인간의 본능을 충족시키기 위해 지속적으로 발전해 나아가는 반면 이를 관리, 감독, 통제해야 할 정신문명/도학은 매우 더디게, 그리고 노력에 의해서 발달하게 된다. 그래서 그는 두 문명(물질문명과 정신문명)간 관계 및 행동 정명을 "…이니 …하자"로 표현하고 있다. 물질문명은 자체 원리와 노력에 따라 (저절로) 발전해 가니 (가만히 있으면 그 물질을 사용하여야 할 인간들이 물질에 도취되어 타락하게 된다고 보고) 정신문명/도학을 열심히 발전시켜 나아가야

---

88 『원불교교전』 131쪽. 「대종경」 제2 교의품 제30장.

89 『원불교교전』 132쪽. 「대종경」 제2 교의품 제31장.

90 『원불교교전』 315쪽. 「대종경」 제11 요훈품 제4장.

한다는 주장이다. 소태산은 당연히 이 두 문명의 전파 사이에는 지체가 일어난다고 진단하였고 정신문명 운동을 통해 그 지체현상을 극복해야 한다고 주창하였다.

Ⅴ. 한국 전통사상의 사회과학적 복원을 위한 과제

이 글에서는 소태산이 인간 마음을 절대적이고 초월적 차원에서 통찰하고 있는 한국의 전통 유·불·선 삼교의 인간관을 계승하고 있음을 밝혔으며 로버트 벨라가 신과 인간의 직접적 관계를 근세 종교의 특징으로 파악하고 그것이 갖는 사회 정치적 함축성을 강조한 것과 비교하여 인간 심층 마음에서 초월성과 절대성을 통찰한 소태산의 인간관이 사회 명목론을 비롯한 기존의 사회학 개념 및 이론과의 습합 가능성을 비교 설명했다.

절대성과 초월성과 같은 한국 종교의 종교성이 사회정의나 사회 변혁과 무관한 것으로 간주하는 학계에 만연된 견해에 반대하여 이 두 가지의 내적 통합성을 간파하고 있는 최근의 연구성과로 이황직의 『군자들의 행진』이 있다.[91] 그는 이 책에서 유교인들의 공공의 정치적 삶을 적극적으로 실천했던 원동력이 바로 유교의 종교성에 있음을 분명히 하고 있다. '파리장서운동', 4·19혁명에 참여했던 유교인들의 사회 정치적 실천성을 다름이 아닌 유교의 종교성에서 찾고 있는 것이다. 그는 「개신 유교의 변동론과 운동론의 이론화 가능성 연구-위당 정인보의 사상

91 이황직. 2017. 『군자들의 행진』. 아카넷. 11쪽.

을 중심으로」에서도 역易 사상의 형이상학적 신정론의 요소와 초월적인 천명에 근거하는 신정론의 두 요소를 언급하면서 이 요소들을 유교 신정론의 핵심요소로 보고 있으며 이 요소가 갖는 정치적 성격을 논한다. 그는 유교의 초월적인 천명의 신정론이 근대 지향적인 유교 개혁주의와 연결시키고 있는 것이다.

이런 맥락에서 한국 전통사상의 사회과학적 복원을 위한 일차적인 과제는 서구의 절대성과 보편성, 그리고 초월성을 비판해온 포스트모더니즘에 편승해서 서구적 형이상학과는 다른 한국 전통 종교의 형이상학도 함께 부정해 온 기존의 담론을 비판하고 한국 철학, 종교, 사상에 나타난 종교성과 형이상학을 복원하는 것이다.

플라톤이 『국가』에서 형이상학적 이데아론이 현실세계와 이념의 세계를 이원화하여 분리시키고 인간 이성에 대한 비판적 검토 없이 이성을 낙관했다는 점에서 그의 정치철학은 분명히 한계가 있다. 따라서 그의 형이상학과 서구 중세의 신학을 비판하는 것은 옳다. 그러나 서양의 형이상학과는 본질적으로 다른 한국 종교와 철학의 형이상학에 대한 정당한 평가를 하기 이전에 우리의 형이상학을 서구 형이상학의 한계 때문에 동일한 선상에서 부정하고 외면한다면, 그것은 단지 이론적 차원의 해석이나 담론의 문제가 아니라 한국 전통 종교의 종교성 안에 내재하는 보다 더 건강한 사회를 만들기 위한 혁명성과 실천성도 함께 부정하게 되는 것이다.

불평등한 사회적 구조 속에서 경직된 위계질서를 새롭게 질서 지을 수 있고 한계 상황을 넘어설 수 있는 한국종교의 종교성, 즉 초월성과 절대성을 부정하는 파란 눈의 선교사의 시선을 무비판적으로 내면화할 때, 우리는 모순된 사회구조를 개혁할 수 있는 우리의 역량 자체를 부정하는 것이고 그로 인해서 사회 변혁을 가능하게 하는 주체적 역량도 상실하여 모순되고 불평등한 사회 정치적 변혁이 필요할 때마다 서양의 사회이론을 부지런히 수입해야만 할 것이다.

서양 종교에 의해서 한국 전통종교가 점차 주변화되어 사회 정치적 영역에서 사적私的 영역으로 전락하고 공공적 역할을 상실하고 있는 상황이다. 사회이론의 복원을 위해서 한국의 유·불·도 삼교, 그리고 그 전통의 맥을 계승하고 있는 동학과 원불교를 비롯한 근대 한국의 자생종교에서 인간의 심층마음에서 절대성과 초월성과 같은 신성을 통찰한 한반도의 형이상학의 귀환이 요청된다.

참고문헌

『원불교교전』

『대승기신론』

『조선불교혁신론』. 1935. 불법연구회 출판.

『장자』

『잡아함경』

『천주실의』

『퇴계선생문집』

『한국민족문화대백과』

『학문명백과』

김낙필. 2000. 『조선시대의 내단사상-권극중의 도교 철학적 사유와 그 전개』. 한길사.

로버트 벨라. 1981. 『사회변동의 상징구조』. 삼영사.

신복룡. 2009.「망국을 바라보는 신흥종교의 시선-강일순(姜一淳), 나철(羅喆), 박중빈(朴重彬)을 중심으로」.『국학연구』13집. 국학연구소.

이황직. 2017.『군자들의 행진』. 아카넷.

______. 2017.「개신 유교의 변동론과 운동론의 이론화 가능성 연구-위당 정인보의 사상을 중심으로」.『한국전통사상의 사회과학적 복원』. 계명대학교 인문학연구단 한국학연구원.

백낙청. 2016,『문명의 대전환과 후천개벽-백낙청의 원불교 공부』, 도서출판 모시는사람들

염승준. 2010.「유·불·선(儒佛仙) 삼교(三敎)의 주체적 수용을 통한 원불교 개체성 확립을 위한 소고」.『원불교사상과 종교문화』46집. 원불교사상연구원.

한자경. 2007.『명상의 철학적 기초』. 이화여자대학교출판부.

______. 2008.『동서양의 인간이해-희랍, 기독교, 불교, 유가의 인간관 비교』. 서광사.

______. 2009.『한국철학의 맥』. 이화여자대학교출판부.

______. 2016.『선종영가집 강해』. 불광출판사.

______. 2019.『실체의 연구-서양형이상학의 역사』. 이화여자대학교출판부.

혜강 최한기

김보경

혜강 최한기

—

김 보 경

Ⅰ. 혜강 최한기의 '기氣적 인식론' 속의 소통학

우리는 4차 산업혁명과 함께 재편되고 있는 세계질서와 예측할 수 없는 불확실성으로 가득 찬 미래사회를 인지하고 있으며, 이러한 미래에 대한 대응을 위해 다방면의 연구와 탐색을 시도하고 있다. '미래학'이라 불리는 학문영역이 앞으로 펼쳐질 새로운 사회에 대한 탐색과 설계를 맡고 있으며, 여러 가설들을 학자들은 제시하고 있다. 미래학자인 짐 데이터(Jim Dator)교수는 네 가지 미래원형을 도입하여 미래사회의 시나리오를 제시하기도 했다.[01] 이러한 미래학의 영역은 다가올 미래 사회에 존재할 모든 것들이 생명력을 토대로 긴밀한 상호관련의 지속가능성을 담보한 비전이 되어야 한다. 비단 미래학뿐만 아니라 학문의 영역들 역시 최첨단 기술 사회 속에서의 생명 존재들의 지속 가능한 공존의 장이 될 수 있는 발전방향을 제시할 수 있어야 한다. 미래사회의 질서와 체계를 파악하며, 그것을 만들어가는 내적 운동성들을 알아차려 바

---

01 미래에 일어날 수 있는 모든 경우의 수가 네 가지라는 의미다. 네 가지 미래원형은 지속 성장(Growth) 미래, 쇠퇴(Collapse) 미래, 자제(Disciplined) 미래, 변혁(Transformation) 미래를 의미한다. 네 가지 미래원형을 통해, 미래의 모든 가능성을 도출하고 경험할 수 있다고 보았다.(이명호의 디지털사회 2017년 2월 25일자 기사)

람직한 미래사회를 구상할 수 있는 의무와 책임이 어느 누구에게도 비켜가지 않는다.

마샬 멕루한(2001)의 '우리는 도구를 만들고, 그 도구는 우리를 형성합니다.'라는 말처럼 현재 인류는 사회학적 상상력을 통해 보편적이며 바람직한 방향의 미래를 위해 도구를 만들어야 한다. 사회학은 미래학이자 도구를 만드는 길 위에 서 있다. 사회학이 한 사회가 변혁기를 맞이하여 변화를 해석하는 새로운 사상들의 출현과 함께 등장한 것처럼, 현재도 생명들의 지속 가능한 도구들에 대한 고민을 해야만 하는 상황이다.

사회학의 창시자인 콩트(Comte Auguste, 179~1857)는 근대 사회로 변화하는 시점에서 과학적 토대의 실증학문을 통해 이전의 신비주의적이고 형이상학적인 학문적 접근을 비판하며 새로운 사회학의 인식론의 틀을 제시하였다. 또한 20세기 중엽 2세대 사회학자들이라고 할 수 있는 하버마스(Jürgen Habermas, 1929~)와 기든스(Anthony Giddens, 1939~), 브르디외(Pierre Bourdieu, 1930~2002) 등은 지적 대통합의 이론들을 제시하기도 했다. 그들의 균형론과 갈등론, 실재론과 명목론, 미시 이론과 거시 이론 등의 '교량화' 작업[02]들은 구조기능주의를 중심으로 지적 대통합을 이루고자 했던 노력들이라 할 수 있다. 이렇듯 구체제에서 신체제로 이행되는 변혁의 시기, 분화된 이론들의 대통합을 이루고자 한 사회학자들의 노력들은 새로운 사회를 대응하고 비전을 제시하고자 한 역사의식에서 도구를 만든 것이라 할 수 있다. 이들과 같이 19세기 동양의 조선에도 주목해볼 만한 학자가 있다. 1,000여 권의 책을 저술했음에도 불구하고 오랫동안 알려지지 않았던

02 위르겐 하버마스의 의사소통 합리성 이론, 앤서니 기든스의 구조화 이론, 피에르 부르디외의 아바투스 개념 등은 이러한 이론적 시도들이라고 할 수 있다.

인물, 혜강 최한기(惠岡 崔漢綺: 1803~ 1877)[03]가 바로 그다.

혜강 최한기의 '기氣적 인식론'은 새로운 문명에 혜안을 제시할 수 있는 소통론을 제시하고 있어 주목할 가치가 있다. 혜강의 저술들 속에서 쉽게 발견할 수 있는 단어가 '기氣'와 '통通'이다. 이는 '기' 개념 통해 만물과 인간, 사회체계들이 소통되기를 바라는 마음이 혜강의 세계관과 학문관의 밑바탕이 되었음을 추측하게 한다. 그는 당시 혼란한 조선말의 정세 속에서 그 시대를 헤쳐 나갈 방법을 '기적 인식론'으로 제시하였다. 기존의 학문이 갖는 비합리적인 요소들에 대한 비판과 성찰, 더하여 서구 학문의 주체적 수용을 통해 그 시대의 난국을 헤쳐 나가고자 한 것이다. 혜강의 학문체계 속에서 제시되는 '기'는 철학, 정치, 사회, 천문, 지리, 수학, 의학, 농학, 공학 등의 분야를 모두 설명하는 중요한 개념이다.

그가 제시한 핵심적인 개념은 '방금운화方今運化', '통민운화統民運化'라고 할 수 있다. 이는 바로 '현 시점의 사회 운동과 변화'를 의미한다. 끊임없이 변화하고 운동하는 사회는 독자적으로 존재하는 것이 아니라 개인과 자연과의 긴밀한 소통을 통해 이뤄지는데, 이 소통의 매개가 '기氣'인 것이다. 세상에 존재하는 모든 것은 기를 통한 상입상즉相入相卽[04]을 통해 운동과 변화를 이룬다. 따라서 세상의 유, 무형의 모든 것들은 개별적이고 독자적으로 존재하는 것이 없다는 관점이다. 이러한 기학의 특징으로 최한기의 사상은 이 세계가 기를 통해 상호소통하여 운동하고 변화하는 거대한 유기체로서의 기일원론 내지 유기론, 유기론적 유물론으로 불린다.

---

03 최한기는 자 '운로芸老', '지노芝老', 호 '혜강' 또는 '패동浿東', 당호로는 기화당氣和堂, 명남루明南樓 등이 있다.

04 상입상즉相入相卽은 불교의 화엄교학에서 제시한 용어이지만, 세상 만물들의 현상적 상호소통뿐만 아니라 내적 소통까지도 포함하는 동양적 세계관에서의 상호관계성을 잘 말해주는 용어이므로 필자가 차용한 개념이다.

혜강의 유기체로서의 기일원론, 유기론적 유물론은 사회생태학적 측면에서도 충분한 가치를 지닌다. 그가 제시한 '기' 또는 '신기'는 인간을 둘러싼 세계를 대기, 통민, 일신운화로 분류를 나누어, 우주 및 자연, 사회, 개인이 상입상즉의 소통관계를 맺고 있다는 것을 체계화시켰다. 따라서 개인적 차원과 사회적 차원에서의 기적 사회생태학으로 살펴볼 수 있다. 혜강의 기적 체계론은 개인적 차원에서의 '일신운화'가 자연영역인 '대기운화'와 긴밀한 소통 관계를 이루고 있음을 이해하게 하며, 사회적 차원의 '통민운화' 가 대기운화와 일신운화와의 소통정도에 따라 그 모습이 다르게 형성한다는 것을 이해하게 한다. 이러한 혜강의 '기일원적 유기체론'은 기존의 이원론적 세계관을 통해 발생한 생태적 문제가 인간의 개인 및 사회적 문제와 밀접한 관련을 맺고 있음을 설명하게 한다. 나아가 불통으로 나타난 생태 및 사회문제를 소통의 상황으로 이끌어갈 인식론을 제시하고 있어 소통의 사회생태학적 함의가 크다고 할 수 있다.

이 글에서는 크게 혜강 최한기의 선행연구 검토 및 '기적 인식론'에서의 '기'와 '인간'이해를 살펴본 후 '기학'의 사회 생태학적 소통론을 개인적 차원과 사회적 차원으로 나누어 살펴보고자 한다. 이를 통해 소통과 통합의 관점을 제공한 최한기의 '기적 인식론'이 사회생태학적 소통론으로서 어떤 함의들을 지니는지 알아보고자 한다.

Ⅱ. 혜강 최한기 사상의 선행 연구 검토

혜강 최한기는 조선후기의 실학자로서 기철학자이자 과학자라고 할 수 있다. 최한기는 학문적으로나 신분적으로나 그가 살던 시대에서는 주류가 되지 못했다.[05] 그는 당시 주류를 이뤘던 성리학자들과의 교류도 없었으며, 무과 집안의 신분으로 1,000권이라는 방대한 저술을 남겼음에도 불구하고 오랫동안 알려지지 못했다. 그의 저술이 번역된 것도 최근의 일로서, 그의 저서 『명남루총서』가 다섯 권의 책으로 영인되어 1971년에서야 일반인에게 공개되었다. 그에 대한 간단한 우리말 소개는 최남선과 문일평의 자료에 남아있으며[06], 혜강에 대한 본격적인 연구는 1960년대 북한에서 나온 『조선철학사』(상)라 할 수 있다. 이후 남한에서도 그에 대한 연구가 차츰 증가하기 시작하였고, 90년대 접어들어서야 최한기 연구에 대한 비약적인 성장을 이뤘다. 이때 비로소 최한기에 대한 전문가들이 배출되었으며, 연구의 양과 질의 측면에서도 크게 성장한다.

연구 분야도 철학 영역뿐만 아니라 교육학, 의학, 수학, 지리학, 농학, 심리학 등 전문적인 분야에서도 활발한 연구가 이뤄졌다.[07] 2000년대에 접어들어 연구된 내용들을 살펴보면 교육학, 사회학, 언론학, 심리학, 의학 등 인문과학의 영역과 자연과학의 영역 모두에서 활발히 진행

05 최한기의 생애와 시대적 배경에 대한 자세한 언급은 이미 선행되어진 연구들에서 다루고 있어서 따로 언급하지 않을 것이다. 예문서원(2005)에서 『혜강 최한기』와 손병욱, 권오영의 저서에게 이미 깊이있게 다루고 있다.

06 김용헌. 2005. 「최한기 연구의 어제와 오늘」. 『혜강 최한기』. 예문서원.

07 이에 대한 연구결과들은 위 책(예문동양사상연구원, 2005)의 '최한기 연구의 어제와 오늘'에서 자세히 다루고 있다. 이 책이 발간 된 이후에도 최한기의 '기적 인식론'을 통해 교육학, 사회학, 언론학, 심리학, 의학 등에서 연구들이 진행되었다.

되었다. 혜강이 다뤘던 광범위한 학문영역만큼이나 그의 '기'적 인식을 통한 연구영역은 매우 다양하게 그 깊이를 더해 왔다. 그 연구들은 혜강의 사상을 과학성, 진보성, 현실성, 세계성 등의 근대적 성격으로 본다.[08]

최한기가 살았던 시대는 조선왕조의 지배체제가 서서히 동요되고 해체되는 시점이었다. 19세기 조선은 민족사적으로 격동의 시대이자 위기의 시대를 겪고 있었다. 안으로는 세도정치로 인해 민생이 도탄에 빠져가고 있었으며, 밖으로는 외세의 침입과 압력으로 개화와 위정척사라는 양 세력의 분열이 심화되고 있었다. 이 때 조선중세까지 유지했던 이념과 제도에 대한 비판과 더불어 새로운 질서를 수립하고자 근대지향적인 개혁을 구상하고 주장했던 실학자들의 활동이 활발해졌다. 실학자들은 정치, 경제, 사회, 문화 분야에서 개혁적인 관점들을 제시했다.[09] 최한기는 정약용보다 40년 후의 실학자로서 최후의 실학자라고도 일컬어지기도 할 만큼 개혁적인 사상을 전개하였다(신해순, 2005).

독특한 인식론을 통한 혜강의 다방면의 현실개혁론은 그가 얼마나 치열하게 사회에 대한 개혁 의지를 담아냈는지를 추측할 수 있다. 조선후기 대변혁 시대에 대한 거시적이고 깊은 통찰 위에서 당시의 위기들을 극복할 미시적인 학문적 저술들이 그의 '기적 인식론'을 통해 드러나고 있기 때문이다. 앞으로 전개될 변혁의 시대를 맞이하기 위한 대비와 혜안이 절박한 오늘날, 혜강의 '기'적 인식론에 담긴 사회문제의식과 독창적인 사회 인식과 실천론 제시는 가치가 크다. 본 글에서 주목한 최한기의 '기'적 인식론을 통한 사회 생태적인 소통론 역시 그 의미가 클 것

---

08 금장태, 『혜강 최한기 철학의 근대적 성격』 참조. 황경숙(2002)는 「혜강 최한기 사상의 근대적 성격」에서 '근대성'을 사상적 의미에서 봉건적인 구습을 탈피하려는 인간적인 자아각성, 진보적인 사회의식, 개방성이라고 규정하고 있다.

09 유형원, 이익, 유수원, 박지원, 박제가, 정약용 등의 인물들로서, 그들은 중세적 신분제에 대한 비판 및 개혁안을 제시한다.

으로 여겨진다.

지금까지 최한기 기적 인식론의 소통론적 함의에 대한 선행연구들은 철학, 교육학과 사회학, 언론학 등에서 진행된 바 있다. 혜강의 인식론과 서양의 인식론을 통한 의사소통(장윤수, 2007), 교육적 소통론(김태오, 2010, 2011), 기학적 인식론에 내포된 소통적 함의(이영찬, 2010), 언론메타 소통적인 관점에서의 최한기(김진웅, 2013) 등이 있으며, 생태학적 관점에서 접근한 연구는 최한기 운화론의 생태학적 해석(최영진·이행훈, 2004)이 있다. 이들의 연구는 최한기의 기적 인식론이 다양한 학문의 영역에 적용될 수 있다는 점에서 가치를 가진다. 본 글은 이러한 논의의 연장선상에서 사회생태학적 소통론 논의를 전개해 나가고자 한다.

Ⅲ. '기적 인식론'에서의 '기'와 '인간'

1. 최한기의 '기氣'이해

혜강의 철학적 근본체계는 '기학'이다. 그는 스스로 자신의 학문을 '기학'이라고 표명했다.[10] 그는 모든 인간문제의 다양성을 자신의 기의 존재론적 근거 위에 체계화시켰다. 이러한 신기와 운화의 근거 위에서 추측推測을 통해 인식기능을 해명하고 변통變通을 통해 삶의 실현과정을

10 『기학』 序 : … 此所以旣揭氣學之標題.

밝혀 주며 통민統民의 사회질서와 대동의 이상사회를 제시한 것이다. 나아가 인도人道의 이념 속에 그의 철학이 지닌 인간학적 관심을 총합하고 있다(금장태, 1985).

혜강이 제시한 '기' 개념은 기존의 성리학에서의 '기' 개념의 연장선상에 있으면서도 리의 개념과 기의 개념을 통일한 새로운 해석이다. "기는 하나인데 그것의 여러 가지 측면을 가리켜 각기 다른 이름을 붙인다. 전체로서의 '기'를 가리켜 '천天'이라 부르고, '기'가 주재하는 측면을 가리켜서 '제帝'라고 부르며, '기'의 운동을 가리켜 '도道'라고 부르며, '기'가 사람과 동물에게 본래부터 주어진다는 측면을 가리켜 '명命'이라고 부르며, 기를 인간과 동물이 선천적으로 타고나는 것을 '성性'이라고 하며, 몸의 주인으로서의 기를 '심心'이라고 하며, 또 기의 운동의 각이한 측면을 가리켜 각이하게 부른다. 펴면 신神이 되고, 굽으면 귀鬼가 되며, 펴지면 양陽이 되고, 가다들면〔收〕 음陰이 되며, 가면 동動이 되고, 오면 정靜이 된다."(최한기, 1996)[11] 이는 그 속성과 작용에 따라 다르게 이름붙여진 기의 다양한 측면을 말하고 있다. 이처럼 혜강에 있어 '기'는 기존의 관념론적 영역의 절대적 주재자와 같은 '리(理)'의 개념과 서구 근대과학의 유물론적 개념을 통일시키고자 한 개념이다. 그는 우주의 법칙을 알기 위해서는 형체가 없는 것은 형체가 있는 것에 기초하여 탐색해야 한다고 주장한다. "진실로 기를 밝혀내기만 한다면 이(理)는 스스로 그 안에 있다."라고 한 것과 같이 기 자체를 깊이 연구하기만 한다면 그것에 내재한 법칙성도 천명될 수 있다고 보고 있다.

원래 '기'라는 개념은 『장자』와 『여씨춘추』에서 철학적 의미보다는 우주의 상태로 설명하는 보통명사로서 사용되어졌다(黑田原次, 1987, 48,56쪽). 기의 개념이 철학적으로 체계화된 것은 북송의 장재張載를 통

11 최한기. 1996. 『신기통』. 김락진 · 강석준 옮김. 여강.

해서이다. 장재는 기氣 개념을 체계화 시키면서 기를 중심으로 인간, 자연, 세계를 이해하고 있다. 장재는 기氣를 역동적力動的·상관적相關的인 관점으로 세계를 이해하는 가장 보편적이고 기본적인 개념으로 보고 있다. 장재의 기론氣論은 이후 기철학의 모범이 되어 중국의 기철학자들뿐만 아니라 서경덕과 같은 조선의 기철학자에게도 영향을 미친다(장윤수, 2007). 장재의 기철학에서의 '기'는 우주 사이의 유일한 실체이므로 '기일원氣一元'에 의하여 천지만물의 실상을 설명하고 나아가 이를 기초로 인륜人倫까지도 설명했다.

혜강의 '기' 역시 장재의 '기일원론'적 관점과 출발은 동일하다. 그러나 스스로가 기존의 기'론자들과는 다르다는 말을 할 만큼[12], 다른 독창적인 기의 개념을 제시한다.[13] 그는 '기'를 인식의 주체로서의 '신기神氣' 또는 운행하고 변화하는 '운화기'로 규정하며, 경험으로 증명될 수 있는 존재로 보고 있다. 이는 물리物理보다 도리(道理, 윤리)를 우위에 두고 강조했던 기존 성리학적 사고를 벗어나, 이 둘의 관계가 긴밀한 연관성은 지니지만 물리가 도리보다 우위에 있다는 관점이다. 이러한 점은 물리와 도리를 별개의 문제로 봤던 기존이 관점인 이분법적 사고를 나름대로 절충한 것으로 보인다(장윤수, 2007, 45쪽). 혜강은 물리와 도리의 유기적 관계성을 인정하여 전통 성리학의 입장을 일정부분 수용하면서도, 도리의 근거를 오히려 물리에 종속시킴으로써 서구 근대과학의 성취 또한 수용하였다(손병욱, 1992, 31-32쪽). 따라서 기존의 성리학적인 관점에서의 존재론, 인식론, 가치론이 아닌 '운화기'를 통해 그것들의 연결고리를 제시한 것이다.

---

12 『氣學』 1권, 35쪽 "古人論氣者 充滿古蹟 惑雜於鬼神 惑蔽於性理" 이는 최한기가 자신의 기설이 고인古人의 기설과는 다름을 말하고 있다.

13 장윤수(2007)는 장재와 최한기의 기철학의 차이를 각각 초월적超越的 기철학과 내재적內在的 기철학으로 구분한다.

혜강은 '기'를 '신기神氣'라고도 표현하고 있는데, 한자 풀이 그대로 풀이하자면 '신기'는 '신령스러운 기운'을 의미한다. 그러나 불가론적不可論的 대상을 통칭하는 개념이 아니라, 춘하추동·생로병사의 순환처럼 기의 정연한 운동원리 또는 부정할 수 없는 필연의 질서들을 총칭하는 구체적이고 경험적인 사실을 설명하는 개념이다(서욱수, 2005, 88쪽). 혜강은 마음의 인식활동과 관련하여 신기의 개념을 많이 사용했다. 이 신기는 물질적인 원질일 뿐 아니라 정신적 원질이며, 사물의 원질이자 인간의 원질이며, 개인의 원질이자 사회의 원질이다. 따라서 세상에 존재하는 모든 것은 대동한 원질인 '신기'를 지니고 있으며 일통의 원리를 갖는다고 보고 있다(이영찬, 2010, 489쪽). 이러한 '신기'로서의 일통과 대동사상은 만물, 만사의 대립적인 경계를 허물고 소통하게 하는 특징을 지닌다.

2. '신기神氣'의 이해

혜강이 제시한 '기'와 기존의 성리학에서 언급한 기가 다르다는 것을 알게 하는 개념은 '운화運化'이다. 기존의 '기'는 그저 한 덩어리의 물질로서 언어로 설명할 수도 분석할 수도 없는 그 무엇인 반면에 혜강이 정의하는 '기'는 '운화'라는 개념을 통해 분석가능하며 제 현상으로 드러는 것이다.

'운화'에서 '운運'은 끊임없이 돌고 돌아 막힘없이 널리까지 두루한다는 의미를 지니며, '화化'는 세상 만물이 변화하는 과정 및 변화의 총체적인 모습을 의미한다. 혜강은 '운運'에 대해서 "대기의 운은 능히 뭇 별들을 실어서 운반하고 위와 아래를 지탱하고 펼칠 수 있어서 무한한 변화가 이 운을 따라 드러나는 것이다."(최한기, 2004, 손병욱 역주,

263쪽)라고 말한다. '화化'에 대해서는 "무릇 고쳐서 바꾸는 것을 말하기를 변화라고 하고 물을 바꾸는 것을 화라고 하고, 종류가 다른 것을 낳는 것을 화라고 한다. 화의 뜻은 움직여 바뀌어 감에 따라 때에 따라서 화가 있는 것이지, 일시에 화하게 하고서 멈추는 것이 아니다."(위의 책, 260쪽)라고 설명한다. "운화 두 글자는 만 가지 일을 관철하고 있은데, 크게는 하늘을 이어받아서 땅을 돌게 하는 기氣 운동을 주관하고, 작게는 사무事務를 다루는 뜻을 모두 종합하고 있다"[14] 따라서 '기'는 '운화'라는 끊임없이 운동하고 변화하는 성질을 통해서 이 세상만물의 원리와 제도에 적용되는 것이라 본 것이다.

한편, 운화의 개념은 '활活·동動·운運·화化'[15]를 통해 자세히 설명된다. 활동운화活動運化는 생명성生氣, 운동성振作, 순환성周旋, 변화성變通의 특성을 지닌다.[16]

> "활동운화 넉 자는 대기大氣의 무궁한 쓰임에 빠짐없이 두루 도달하지 않는 곳이 없으며. … 유형의 사람과 사물事物의 시종始終과 윤상(倫常:人倫과 綱常)의 행하여지는 조짐을 모두 갖추고 있다. 만물을 낳아서 기르는 데 어떤 생각이 없어도 만물은 운화를 따라 낳아 길러지고, 만물은 거두어 저장하는 데 뜻은 없으나 만물은 운화를 따라 거두어 저장된다."[17]

14 『기학』 2-35. 運化二字實徹萬善 大則承順天施地轉之氣 小則儘合應事務物之義 以運化正心修身 則天地人物運轉變化之氣, 皆應於身心, 以運化治國平天下 則天地人物運轉變化之氣, 咸備於國天下.

15 『기학』 2-97. 活動運化, 氣學之宗旨.

16 『기학』 序, …夫氣之性元是活動運化之物….

17 『기학』 2-1. 活動運化四字 洽盛大氣無窮之用 而未有不達 兼總諸曜遲速之轉 而無所妨碍 人物始終 倫常之行 兆眹威備 無过於生育 萬物隨運化 而收藏何以運化 由於本性之活動也.

> "활동운화를 통괄적으로 살펴보면 생생한 기운이 항상 움직여서 두루 운행하여 크게 변화한다는 뜻이다. 이것은 완전무결하니 생장수장, 춘하추동, 인의예지, 원형이정에 억지로 갖다 붙이면 그럴듯하지 않음이 없다. 그러나 이 모두는 사분四分한 말이요, 일관된 성어成語의 의미가 아니다."[18]

위 두 인용문은 각각 활동운화가 세계 만물 어느 것에도 예외 없이 두루 미쳐 작용하고 있음을 설명하고 있으며, 활동운화를 통체적인 관점에서 이해해야 함을 설명한 것이다. 운화는 절대자의 힘이나 리에 의한 피동적인 존재로서가 아니라 신기의 본래 그러한 이치에 의해 존재하기 때문에 세상 만물 어느 것 하나 적용되지 않음이 없다. 또한 '활活·동動·운運·화化'는 각 글자가 지닌 의미들이 종합적인 이해 속에서 파악될 때만이 올바르게 이해될 수 있음을 밝히고 있다. "활活 가운데 동動, 동 가운데 운運, 운 가운데 화化가 있고, 동 가운데 활, 운, 화가 있고, 운 가운데 활, 동, 화가 있고, 화 가운데 활, 동, 운이 있다."[19]와 같이 활, 동, 운, 화는 서로의 유기적인 일체성 속에서 그 특성이 파악되어야 한다.

> "오로지 기라고 말한다면 그것은 한 덩어리의 전체로서, 쪼개고 깨뜨려 형용하여 말할 수 없고 손대어 나눌 수 없다. 그러므로 기의 활동운화하는 본성은 그것을 네 가지 단서로 나누어 배열해야 비로소 형용하여 말할 수 있고, 손대어

18 『기학』 2-13. 活動運化 統而觀之 生氣常動 而週運大化也 斯義完全無缺 若分而附會 生長收藏 春夏秋冬 仁義禮智 元亨利貞 無不近似然 皆四分語也 非活動運化一實成語之義也.

19 『기학』 2-13. 是以分之則 自有次序 合之則 一時咸應 话中有動運化 動中有活運化 運中有活動化 化中有活動運 繹舉則 天地人物大小之性 各有所當 又無差異 實宇宙萬物所同之性也.

> 다루어 볼 수 있다. 그것이 부족하면 또 그것을 해석하기를, 활은 생기요, 동은 진작이요, 운은 주선이요, 화는 변통이라고 할 것이다."[20]
>
> "활동운화를 공부하는 입장에서 보아 그 조리를 분석해보면 활이란 존양하여 추측하는 것이요, 동이란 강건하되 순하여 날로 새로워지는 것이요, 운이란 헤아려서 주선하는 것이고, 화란 변통하여 융화하는 것이다."[21]

'활'은 생기生氣를 본성으로 하는 것으로서 생명성을 의미한다. 만물 생성의 1차적 원인에 해당하며, 이미 그 자체 속에 만물을 낳고 기르는 생양수장의 능력을 갖추고 있다. 이 생명성은 천기天氣와 인기人氣가 서로 일치하는데, 생기는 존재론적 측면에서 하늘과 인간이 공유하는 기통적氣通的 보편 질료인 것이다. 따라서 인간은 천기와 서로 교감하고 내통하고 있다. 한서조습寒暑燥濕과 같은 대기의 기와 사람의 몸이 서로 내통하여 생명을 유지하는 것은 대기의 기와 사람의 기가 서로 같은 류의 성질이기 때문이다.

'동'은 항상 움직이는 운동성振作을 말하는 것으로서 잠시도 그침이 없는 성질을 의미한다. "한 번 숨을 내쉬고 들이쉼에 멈추는 일은 없다. 그렇기 때문에 밤에 심력心力을 소비하더라도 아침에 곧 진작된다."[22]라고 한 것과 같이, 동은 끊임없이 흐르는 움직임으로 파악될 수 있다.

'운'은 기의 순환성을 의미하는 것으로서, "끊임없이 돌고 돌아서

20 『기학』 2-84. 惟言氣 則一團¥全體 不可以磨形言 又不可以着手分開 故以活動運化之性分排四端 始可以形言 又可以着手 猶爲不足 則又釋之 以活生氣也 動振作也 運固旋也 化變通也.

21 『기학』 2-64. ...而活動運化 分析於工夫條理 活乃存養推測 動乃健順日新 運乃量度周旋 化乃變通和融....

22 『기학』 2-81. 一呼一吸未有停息 夜費心力朝乃振作.

막힘이 없이 두루 미치는 모양이다."[23] '운'은 운화의 근본적인 동기를 제공하는 힘의 원천이 세상 만물에 미치지 않는 곳이 없다는 뜻이기도 하다.

'화'는 기의 변화성을 의미하는 것으로서, 활·동·운이 지닌 내용의 종합적인 함의를 지닌다. 생명이 운동을 통해 만물에 두루 미치게 되면 변화 즉 대화大化, 변통變通이 일어나게 됨을 의미한다.

요컨대, 기는 세상에 존재하는 모든 것에 작용하지 않음이 없다. 자연물을 비롯하여 인간의 신체와 정신작용, 사회제도까지 그 어느 하나 기의 특성이 비켜가는 것이 없는 것이다. 따라서 기를 신령스러운 기라고 해서 '신기神氣'라고 표현한 것이다.

3. 기적 존재로서의 인간

혜강은 인간존재 역시 신기 개념을 통해 밝힌다. "사람에게는 이미 통하게 하는 신기가 있고, 또 통할 수 있는 제규制規가 있으며, 몸 밖에는 통하는 것을 증험하는 만물이 있어 각각 그 신기를 드러내고 있다."[24] 이러한 '신기'는 세상 만물에 내재된 것이지만 기의 응축, 합산 정도에 따라 형성된 기의 활동 능력 즉 운화기가 다르다고 본다. 따라서 기의 생명성은 기의 존재형태에 따라 무기체에서 식물, 동물, 인간, 심지어 인간 역시 층차가 있다.

인간은 만물 가운데 가장 신기가 우월한 존재이므로 그 어떤 것보다도 생명성의 강인함과 뛰어난 인식 능력을 갖추고 있다. 인간은 '신

23 『기학』 20-61. 運有施轉不息. 周偏無碍之義.
24 『신기통』「체통」. 通有源委 ~.

명'으로 인해 지각, 기억, 추론의 기능이 뛰어나며, 이러한 신기의 인식능력이 마음이다.[25] 따라서 "추측하게 하는 것은 신기의 작용이다."[26]라는 말과 같이 마음은 신기의 인식능력, 추측능력이라 할 수 있다. 이는 성리학에서 마음을 경험할 수 없는 무형의 존재가 마음이라는 한 측면에 대비된다. 성리학에서의 마음이 무형적, 도덕적 실체성이라고 한 부분을 혜강은 신기라는 개념을 통해 유형적, 실천적 도덕성으로 환원한다. 이는 인신주체의 새로운 정체성을 세운 것이라 할 수 있다.

인간은 태어날 때 4가지 조건 즉 하늘, 땅, 부모, 습염習染에 따라 신기가 결정된다고 보고 있다. "첫째는 하늘이요, 둘째는 토질이요, 셋째는 부모의 정혈이요, 넷째는 듣고 보아서 습염하는 것이다. 위 세 조목은 실로 이미 품수한 바가 있는 것이므로 소급하여 고칠 수 없으나, 아래의 한 조목은 실로 변통하는 공부가 된다."[27] 이와 같이 하늘, 땅, 부모로부터 받은 기질은 선천적인 것이지만 습염된 경험 자료는 후천적인 것이어서 그에 따라 사람의 신기는 차이가 난다.

습염의 능력은 감각적인 것을 받아들이는 '형질지통形質之通'과 보편적이고 객관적인 추리와 판단 능력을 가능하게 하는 추측능력을 통한 '추측지통推測之通'으로 나뉜다. 이 둘의 정상적인 활동을 통해 인간은 기학적 완인完人이 된다. 기학적 완인은 신기의 추측능력이 객관성과 보편성 얻기 위해서는 천기와 완전한 소통이 이루어졌을 때이다(이영찬, 2016). 천기는 대기운화를 말하는 것으로서, 대기운화는 만물을 지배

---

25 『신기통』 서: 하늘이 낸 사람의 형체는 모든 쓰임새를 갖추고 신기에 통하는 기계(귀, 눈 등 신체의 기능)이다. 눈은 색을 알려주는 거울이고, 귀는 소리를 듣는 대롱이며, 코는 냄새를 맡는 筒이고, 입은 내뱉고 거둬들이는 門이고, 손은 잡는 도구이고, 발은 움직이는 바퀴이니, 통틀어 한 몸에 실려 있는 거이요, 신기는 이것들의 주재이다.

26 『신기통』「체통」(理維氣通). 使之推測者 神氣之用也.

27 『신기통』「체통」(四一神氣). 人身神氣生成之由有四. 其一天也, 其二土宜也, 其三父母精血也, 其四聞見習染也.

하는 일반법칙이자 최고의 자연법칙이며 우주의 물리법칙을 말한다. 기학적 인간은 이러한 대기운화에 입각하여 인기운화를 펼치는 것을 이상으로 삼는다.

따라서 혜강의 '기'적 인식론에서의 인간은 자연과 사회와 자신의 삶의 경험과 지식축적을 통한 능력이 종합된 상태에서 이해될 수 있는 존재이다. 이러한 측면은 혜강이 인간을 주체적 존재로 정의하고 있음을 알 수 있다. "사람이 하늘에서 품수한 것은 바로 이 한 덩어리의 신기와, 기를 통한 제규와 사지이니, 수용하는 구비물은 이것뿐이요, 다시 별도로 다른 것에서 얻어온 것이라고는 아무 것도 없다. 어린 시절부터 장성하기까지 얻은 지각과 사용하는 추측은 모두 내 스스로 얻은 것이지 하늘이 나에게 준 것은 아니다. 선하냐 선하지 않느냐 하는 것은 그 사람이 선택하여 취하는 데 달려 있고, 이루고 이루지 못하느냐 하는 것은 그 사람의 힘쓰기에 달려 있다."[28] 이는 '신기'가 이미 내 안에 이미 갖추어진 것이 아니라 자신의 내적, 외적 경험의 축적을 통해 얻는 상태에 따라서 자신의 위상이 결정됨을 말해주는 것이다. 따라서 혜강은 인간이 주체적 인간관을 강조한다.

나아가 자신의 행동원리를 스스로 창조하는 주체적 존재로서의 인간은 이를 바탕으로 한 사회적 실천을 통해서 완전함에 이르게 된다. 이는 주체적 인간관과 함께 사회적 인간관을 강조한 것이다. "사람은 혼자서 삶을 영위할 수 없고, 또 사람을 버리고서 세상을 경영하고 백성을 건질 수 없다. 반드시 사람과 사람이 서로 교접하고 화협해야만 크고 작은 사무를 이룰 수 있고, 세상 사람과 함께 지식과 견해를 합쳐

---

28 『기측제의』「신기통1」(知覺推測皆自得). 人之所稟于天者 乃一團神氣與通氣之諸竅 四肢則須用之具 如斯而 已更無他分得來者矣 自孩嬰至壯盛 所得之知覺 所用之推測 皆自我得之 非天之授我也 善不善 任其人之擇取 成不成 在其人之用力.

야만 우주의 인도를 밝힐 수 있다."[29] 또 인도人道를 "천하의 인민을 통합하여 그 도를 이루는 것"[30], "백성을 운화에 통괄시켜 각자의 분수에 편안케 하는 도"[31]라고 했다. 이는 사회적 실천을 위한 공적인 책임이 인간에게 부여되었음을 알게한다. 개인의 주관적 판단으로는 인간 행위의 정당성을 확보하기 어렵고 사회적 효율성과 공적인 실천이 도덕적 근거가 된다는 점을 강조한다. 이처럼 혜강에게 인간은 다른 만물보다도 뛰어난 '신기'를 지닌 존재로서, 대기운화와 통민운화를 승순하여 인도를 실현해 나가는 주체적 존재이자 사회적 존재이다.

Ⅳ. '기학'의 사회 생태학적 소통론

혜강의 '기학'은 우주의 모든 것이 '기'라는 물질을 통해 하나로 연결되어 있음을 말하고 있다. 단지 그 상황과 특성에 따라 기가 다르게 이름 붙여졌을 뿐이며, 각기의 '기'들은 깊은 상호관련 속에서 움직이며 변화하고 있다. 이러한 관점은 서구의 이원론적 사고를 넘어서고, 관념론과 형이상학적 영역에 치중되어 있던 동양의 사고를 경험에 바탕한 과학적 사고와 소통하게 하는 인식론이라고 할 수 있다.

'기학'은 운화를 3가지의 영역으로 나누고 있다. 대기운화, 통민운화, 일신운화가 그것이다. 이것이 저술 전편에 일률적으로 적용되지는

29 『인정』「측인서」. 人不可獨處而營生 又不可捨人而經濟 必也人與人 相接相和 可以成大小務事 與天下人合知合見 可以明宇宙人道事務.

30 『인정』「측인문6」(人道褒貶). 人生大道 統合天下人民而成其道.

31 『인정』「측인문6」(天下人道). 人道者 統民運化 各安其分之道也.

않지만 대체로 이 세 가지의 분류에 따라 서로의 관계를 말한다.[32] 대기운화와 통민운화를 나눔으로써 자연과 인간의 소통관계를 체계화시켰고, 통민운화와 일신운화를 나눔으로써 사회와 개인의 소통관계를 체계화시켰다. 개인의 삶의 영역과 관련된 것으로서 개인의 생장수장을 일신운화(一身運化 또는 人氣運化, 人身運化)로 규정하였고, 정치와 교화의 영역으로서 인간과 사회의 관계를 통민운화統民運化로 규정하였다. 더불어 기후와 계절의 변화 등 자연계의 변화상을 대기운화大氣運化로 분류하였다. 나아가 이들 세 가지의 운화가 각기 하나의 신기의 운화작용으로서 어떻게 관련을 맺고 소통하고 있는 지에 대해서 저술들을 통해서 밝히고 있다.

이러한 기의 분류체계와 소통의 관계는 오늘날에 발생하는 사회적인 현상과 사회문제의 분석과 해석에서 개인과 자연, 사회영역의 소통적 관점이 필요함을 알게 한다. 따라서 본 장에서는 혜강의 '기'적 인식론이 현대사회에서 개인적 차원과 사회적 차원에서 생태학적 소통론으로서 가지는 함의에 대해 살펴볼 것이다.

1. 개인적 차원의 생태적 소통론

마르틴 부버(2004)의 말처럼 이 세상은 관계로 시작하여 관계로 끝난다. 그의 저서 『나와 너』에서는 '처음에 관계가 있다(Im Anfang ist die Beziehung)'를 전제하고 있는데, 그는 이 세계는 '나-너'라는 소통의 관계와 '나-그것'이라는 불통의 관계로 이뤄져 있다고 지적하고

32 혜강이 '운화'를 사용한 용례는 매우 다양하다. 이에 대한 연구는 김태오(2007, 2010)의 연구에 자세히 제시되어있다. 그러나 그 범주를 간략히 간추려 분류하면 크게 일신운화, 통민운화, 대기운화로 나눌 수 있다.

있다.[33] 지두(2003) 역시 이 세계에서 발생하는 모든 문제의 원인은 다름 아닌 타인과의 관계로부터 확장되어진 것임을 그의 저서들 속에서 거듭 강조한다. 따라서 이 세계의 모든 문제는 각 개인의 불통에서 시작되는 것이다.

근대적 세계관을 통해 강조된 인간관은 인간을 신으로부터 해방시켰지만, 모든 관계로부터 단절되고 분절적이며 고립된 자아를 만들었다. 현대사회의 만연된 개인주의와 이기주의를 통해 드러나는 사회문제들은 이러한 근대적 자아관의 결과물이 아닐 수 없다. 늘어만 가는 자살과 중독, 폭력 사건들 나아가 생태오염 및 자원의 부족, 물질과 계급 불평등의 원인들의 근본적인 문제는 바로 고립된 자아관 또는 불통의 관계관에서 기인된 것임을 알 수 있다. 이러한 문제인식에 혜강의 기적 인식론을 대응해 보면 개인의 기의 운동인 일신운화가 일차적으로는 자연과의 관계인 대기운화의 불통에서 발생하며 더하여 개인과 타인이 관계를 맺는 사회 즉 통민운화와 불통의 상태에서 발생한 것이라 지적할 수 있다.

한 개인의 삶은 알아차리든 알아차리지 못하든 수많은 관계들과 끊임없는 소통의 상태를 이루고 있다. 타자와의 관계가 아니더라도 한 개인은 자연과 한 순간도 격리되어 있지 않으며, 또한 자신의 몸과 마음 역시 끊임없는 관계 속에 있다. 몸과 마음의 관계, 자연과의 관계, 타자와의 관계 즉 사회적 관계가 복잡한 사슬처럼 서로 영향을 미치며 관계를 형성하고 있는 것이다. 이는 혜강의 일신운화, 대기운화, 통민운화와 대응하여 이해할 수 있다. 한 개인의 활동운화인 '일신운화'는 자연의 활동운화인 '대기운화'와 사회의 활동운화인 '통민운화'와 긴밀한

33 마르틴 부버에게 '나-너'의 관계는 내가 '나'의 온 존재(Wesen)를 기울여서 형성되는 관계이며, '나-그것'은 '나'의 온 존재를 기울이지 않는 관계를 말한다.(마르틴부버. 2004)

소통의 상태를 유지해야만 한다. 이때 개인은 자연과 사회의 활동운화를 추측을 통해 민감하게 알아차리고 그것에 조화롭게 합일되는 소통의 상태를 가져야만 한다. "일신운화는 통민운화에 어긋나서 안 되고, 통민운화는 천지운하에 어긋나서는 안 된다......일신운화가 통민운화를 승순하고 통민운화가 천지天地운화를 승순함이 바른 도리이다."[34] 따라서 한 개인이 가장 이상적인 상태인 완인完人이 되기 위해서는 대기운화와 통민운화에 승순承順하여 소통하여야 한다. 이러한 혜강의 인식은 한 개인의 몸과 마음은 하나이며 대기운화 및 통민운화와 긴밀한 관계를 맺고 있음을 설명한다.

인간에게는 대기운화와 통민운화와 소통하게 하는 신기의 추측推測지각능력이 있다. 인간의 마음이 추측으로 드러나는 것은 신기가 자신을 둘러싼 모든 것들과 긴밀한 작용을 함을 의미한다. 몸 역시 각 기관에 알맞은 신기의 능력으로 움직이기 때문에, 신기는 육체와 정신을 하나로 엮는 객관적 실체가 된다.[35] 따라서 기를 통한 소통은 유형의 물질과 무형의 정신을 긴밀하고 연속적으로 넘나드는 것을 말한다.

혜강은 『신기천험神氣踐驗』에서 인간은 신기가 작용하여 형질形質을 이루며 또한 신기의 운화에 따라 질병을 얻기도 한다고 밝힌다. 또 인간의 몸은 신기의 운화를 쫓아 인체의 모든 장기와 조직이 완벽한 기機와 체體를 이루고 지각과 활동도 발생하므로, 운화의 흐름에 발생하기도 하고 낳기도 하는 것임을 덧붙인다.[36] 이를 통해 한 인간은 자연 속의 한 존재로서 대기운화의 순역順逆에 따라 신체의 상태도 달라짐을 추측할 수 있다. 따라서 인간와 '기'라는 물질적 요소를 통해 자연과 사

---

34 『인정』「교인문316」. 人心道理

35 『신기통』 권1. 체통, '自形質通神氣' "惟有神氣, 擔明虛通, 無有疏通, 亦無所不通, 此時氣像, 卽神氣之返本還源也."

36 최한기, 『신기천흠』, 「서」.

회와 소통하고 있는 것이다.

인간이 신기를 통해 인간을 둘러싼 환경과 깊은 소통의 관계가 있다는 점은 오늘날 환경문제를 통해 나타나는 여러 현상을 통해 깊이 알 수 있다. 이 점은 오늘날 생태위기의 출발이 개인으로부터 시작됨을 깨닫게 하는 것으로서, 최한기 사상이 인간과 자연의 생태학적 소통론을 제시함을 알 수 있다.

기학에서는 인간 삶의 근간이 되는 것을 '천인운화'라고 표현한다.[37] 천인운화는 "그 근본을 말한다면 학문의 근본바탕이요, 그 끝을 말한다면 학문의 표준이 된다."[38]라고 한 것과 같이 인간의 가장 이상적인 삶의 방식이 이뤄졌을 때를 의미한다. 따라서 인기운화 즉 일신운화는 천인운화에 승순하여 그 사람됨을 따라야 한다. 이 천인운화는 인간이 도달하고 깨달아야 하는 이상적인 상태이다. 인간이 자신에게 주어진 신기의 작용인 견문추측법見聞推測法에 의거하여 방금운화를 꾸준히 탐구하다 보면, 자연(운화지기)에 대한 객관적이고 검증가능한 정보를 축척해 나가게 된다. 이러한 축적이 오랫동안 지속되어 정점에 달할 때 활동운화하는 대기의 본성을 체인體認하게 되는데 이것이 견득활동운화지성見得活動運化之性'으로서[39] 기학적 깨달음인 견성見性을 통해 '천인운화'를 알

37 최한기의 기학적 사유체계를 좀 더 구체적으로 이해하기 위해서는 사대운화四大運化와 사등운화四等運化에 대한 이해가 우선 되어야 한다. 사대운화는 천인운화를 포함한 방금운화方今運化, 활동운화活動運化, 통민운화統民運化를 가리키는 말이며, 사등운화는 일신운화一身運化, 교접운화交接運化, 통민운화通民運化, 대기운화大氣運化가 그것이다. 혜강은 4대운화를 통해 기학을 총괄적으로 설명한다. 기학은 방금운화를 신기神氣에 의해 견문추측見聞推測함으로써 인간의 내면에 품부된 활동운화의 본성을 발현시키는 깨달음으로 천인운화에 도달한 뒤 '천인운화의 기준〔天人運化之準的〕'을 수립코자 한다. 그리고 이 기준에 의거해 통민운화를 시행함으로써 대동일통大同一統의 유교적 이상사회를 실현하고자 한다. 사등운화는 본문에서 설명하는 3등 운화에 교접운화가 추가된 것을 말한다. 교접운화는 「대학」 8조목 중 제가濟家의 요체로 보면서 천인운화가 가족에서 실현되는 것을 의미한다(한국민족대백과사전, 한국학중앙연구원).

38 『기학』 1-78: 天人運化, 語其源, 則乃學問根本, 語其委, 則爲學問之標準.

39 『기학』 推達於全體大用 見得大氣活動運化之性……見得活動運化之性 的覩天人運化之性.

게 되는 것이다.

이처럼 기학적 깨달음을 얻은 상태인 '천인운화'는 그 출발점이 자연의 대기운화임을 알 수 있다. 개인의 일신운화는 우주 자연의 순환과 변화 가운데에서 살고 있는 존재로서 자연과의 끊임없는 관계 속에 있음을 망각해서는 안 되며, 자연을 이루고 있는 물질과 인간을 이루는 물질이 근원적으로 동일한 것임을 잊어서는 안 된다.

> "천과 인이 본래 둘이 아니나 기를 보지 못하는 자는 사람에게 있는 형체 때문에 곧 천과 간격이 있어서 하나가 되기 힘들다. 비록 이끌어 합하고자 하나 형체를 잊고 욕심을 제거한다는 따위의 말로 천인일치의 방법을 삼는 데에 지나지 않으니 끝내 위태롭다. 대저 천은 곧 대기이다. 대기가 사람의 몸 가운데를 뚫고 피부 사이에 두루 퍼지고, 한서조습이 안팎으로 교감하여 생을 이루니 비록 잠시라도 막힘이 끊어지면 생을 얻지 못한다. 이것이 곧 기로써 명을 삼고 기로써 생을 삼는 까닭이다."[40]

위 구절에서는 천과 인의 근원이 하나이므로 한 순간도 인이 천과 소통하지 않음이 없어서 잠시의 막힘으로도 생명을 유지하지 못함을 말하고 있다. 그래서 인간은 자연과의 소통 관계를 알아차리지 못하면 신기의 활동운화를 알아차릴 수 없으며 불통의 상태가 초래되는 것이다. 인간은 개인의 신기가 지닌 추측의 이치를 통해서 자연과의 끊임없는 관계를 인식하여 '천인운화'의 깨달음으로 나아가야 한다. 기의 활동운화가 인간과 자연의 뗄 수 없는 긴밀한 관계로 연결되어 있어, 자

---

40 『기학』 권2. 天人本無二´而不見氣氯以人有形體, 與天便隔, 睡得卷一也, 雖欲牽合´不過以忘形除欲等語. 爲天人一致之方, 終是觥廰. 夫天卽大氣也、大氣透澈人身之中, 瀆洽皮膚之間, 家暑燥濕, 內外交感, 以爲生, 雖須臾間隔絶, 不得生.是乃以氣爲命 以氧爲生.

연의 순환과 변화는 인간의 순환과 변화와 절대적 상응관계 있는 것이다. 이러한 자연과 인간의 통일적 구조인 기의 운화론은 자연과 인간의 분리를 전제로 나타난 근대적 기계론으로 발생한 생태학의 문제에 큰 함의를 지닌다. 물론 최한기 역시 자연을 기계론적으로 해석하고 있지만 이는 근대적 세계관 속에서의 인간 중심의 기계론과는 차이가 있다. 박병희(2003, 29쪽)는 최한기의 자연관에서 유기체론의 체계가 기계론을 껴안고 있다고 했다. 이와 같이 이 세계가 인간 중심의 기계론이 아니라 기를 통해 온 우주의 모든 것이 상호관계를 맺고 있는 유기체적 기계론이라고 할 수 있다.

생명철학자로 알려진 한스 요나스(Hans Jonas, 1903~1993)는 그의 저서들 속에서 근대의 기계론적 자연관과 독립적인 인간관을 비판하면서 생명의 원리를 정의한다. 그는 생물학적 원리를 철학적 원리로 환원시켜, 지구의 생명체들의 상호관계를 파악했다. 개체들의 생물학적 상호관계를 통해 그는 생명의 특징을 '자기 조직화하는 개방체계'로 봤다. 생명은 폐쇄된 체계가 아니라 개방된 체계로서 환경세계를 향해서 자신의 독자적인 정체성을 보존해 나가는 동시에 환경세계라는 큰 체계에 통합되어 가는 존재인 것이다. 낱낱의 생명체계들은 큰 지구라는 생명체계 속에서 복잡한 생물의 그물망을 역동적으로 형성하고 있다. 미시체계의 생존은 직, 간접적으로 거시체계의 생존과 긴밀한 상호작용에 있는 운명공동체를 형성하고 있는 것이다.(한정선, 1997, 277쪽) 한스 요나스의 이러한 관점과 혜강의 우주에 대한 '기'적 인식론은 크게 닮아 있다. 더욱이 혜강은 한스 요나스보다 한 발 더 나아가 요나스가 생명의 체계를 '지구'로 한정하여 설명하고 있는 반면에 대기운화의 흐름의 공간을 전 우주로 설정함으로써 공간에 대한 인식의 범위가 더 크다고 할 수 있다. 이미 혜강의 이론 속에는 자연과 인간의 소통관계를 기를 매개체로 하여 서구의 생태이론보다 훨씬 앞서고 있다고 할 수 있을 것이다. 따라서 혜강의 '기'를 통해 연결된 각 체계들의 긴밀한 상호작용은 생태학적 소통론으로서 큰 가치를 지닌다.

2. 사회적 차원의 사회 생태학적 소통론

사회학자들이 사회적 현상의 인과론적 분석을 밝히고자 하는 것과 같이, 혜강 역시 당시의 사회적 상황에 대한 비판의식과 바람직한 발전 방향에 대해 '기'의 개념을 통해 인과론적으로 밝히고자 했다. 혜강은 그가 살던 조선말의 혼란한 상황을 극복하고 질서를 바로 세울 수 있는 경학사상으로서의 학문적 체계가 '기학'으로 본 것이다. 그 역시 당시 실학자들이 지향하는 바와 같이 기학이 이용후생, 경세치용, 실사구시의 학문이 되기를 바랐다. 기학 서문[41]에 "모든 진리의 기준은 현재요, 방금운화이다."라는 구절을 통해서 혜강의 학문적 체계의 출발점이 현사회에 방점이 있음을 알게 한다. 혜강이 현재에서 일어나는 사건을 자연적 측면의 운화와 개인적 측면에서의 운화적 상황의 긴밀한 상호소통 관계 속에서 파악하는 거시적 인식론적 체계와 나아가 미시적 상황들에 대한 기적 학문적 체계까지 세운 점은 주목할 만하다. 특히 자연과 인간과 사회를 각각의 체계로서 독립적이며 완전한 실체로 보면서도 이것이 완전성을 유지하지 위해서 서로 상즉상입하는 관계로 작용할 때라고 본 점은 사회 생태학적 소통론에 시사하는 바가 크다. 또한 형이상학과 관념론적인 성격의 인식론에서 벗어나 구체적이고 경험론적 세계를 토대로 융합시키고자 한 측면에서도 사회과학적 의의가 크다. 따라서 그의 기적 인식론은 거시와 미시를 통합하는 일원론적 사고이자,

---

41 『기학』서: 中古之學, 多宗無形之理, 無形之神, 以爲上乘高致.

소통의 인식체계라고 할 수 있다. 이는 지금까지 인간중심주의와 분절적 기계론의 세계관을 중심으로 진행된 근대학문의 방향에 사회 생태학적 소통론의 함의를 준다.

혜강에게 있어 '통민운화'는 인간이 속한 사회의 이상적 모습이라 할 수 있다. 그 강조한 '통민운화'의 개념은 방금운화가 모든 인간들에게 시·공간 안에서 머무는 것으로서, 이에 대한 이해는 한 사회의 바람직한 소통의 운영원리가 무엇인지를 말해준다. 통민운화는 사회의 이상을 이룬 기적 유행流行의 모습으로서, 인도人道와 정교政教가 한 국가 안에 완전하게 시행된 상태이다. 대기운화와 일신운화는 통민운화와 상호관련성을 가질 때 존재의의를 갖게 된다(손병욱, 2004).

> "통민운화는 '기학'의 중심축이 된다. 일신운화가 통민운화에 이르러 미친다면 어긋나 넘치는 일이 없을 것이다. 만약 일신운화가 통민운화를 기준으로 삼지 않으면 인도를 세워서 정치와 교육을 시행할 수 없을 것이요, 또 대기운화가 통민운화에 이르러 미치지 않는다면 표준을 세워서 범위를 정하지 못할 것이다. 따라서 통민운화가 그것을 위한 온갖 방도를 다 얻게 되면 그것이 근원에서 말단까지 통달하게 될 것임을 알 수 있으나, 그 방도를 얻지 못하면 그 운화를 크게 쓸 수 없을 것이다."[42]
>
> "일신운화만 알고 통민운화를 모르면, 아는 바가 일신운화에도 미진한 것이 많다. 통민운화만 알고 대기운화를 모르면, 아는 바 통민운화에도 미진한 것이 많다. 아는 바 대기운화를 본받아 통민운화를 삼으면, 자연 빗나갈 수도 없고 증감할 수도 없게 된다. 또 통민운하에서 추출하여

---

42 『기학』 2-97: 統民運化為氣學之福紐, 一身運化, 準於統民運化, 有所進退, 大藏運化, 達於統民運化, 無所違越.

> 일신운화를 삼으면, 자기만 이롭고 남을 해치는 일이 감히 멋대로 행하여지지 못하여 남을 이루어주고 자기를 이루는 데 저절로 그 방법이 생길 것이다."[43]

이처럼 개인의 삶과 행동은 통민운화를 기준으로 삼고, 통민운화는 자연의 법칙을 표준으로 삼을 때 삼등운화가 일통을 이루는 보편적 인도가 정립될 수 있다.(이영찬, 2016) 여기서 통민운화는 대기운화를 기준準的으로 삼을 때 사회관계 속에서는 오륜의 떳떳한 모습으로 드러나게 된다.

> "대기의 활동운화는 무한한 공능을 갖는바, 그것은 다음의 4가지로 요약된다. 첫째, 대기의 무궁한 공능功用을 두루 다하여 이르지 아니함이 없다. 둘째, 뭇별들의 느리고 빠른 회전을 총괄하되 방해받거나 가로막히지 않았다. 셋째, 인물의 시종始終과 인륜도덕倫常이 행하여지는 조짐을 모두 갖추고 있다. 넷째, 만물은 이 활동운화에 의해 생장生長하고 수장收藏된다."[44]

이는 대기의 활동운화적 측면을 자세히 언급하면서 통민운화가 나타나는 근거를 세 번째로 제시하고 있다. 사람의 생장수장生長收藏과 인륜도덕倫常이 대기운화로부터 시작된다는 것이다. 사회적 차원에서의 통

43 『인정』 권12, 三等不可闕一, 只知一身運化, 而不知統民運化, 所知一身運化、多禾盡矣. 只知統民運化, 而不知大氣運化, 所知之統民運化、多未盡矣, 效則大氣運化, 以爲統民運化, 則自有違越不得增減不得, 抽出於統民運化、以爲一身運化, 則利己害人、不敢肆行立人立已, 自有其道.

44 『기학』 권2: 活動運化四者, 洽盡大氣無窮之用, 而未有不達, 兼總諸曜遲速之轉, 而無所妨碍, 人物始終, 倫常之行, 兆朕咸備, 無意於生養萬物, 萬物從運化, 而生養, 無思於收藏萬物, 萬物收運化, 而收藏.

민운화는 자연이라는 천지운화를 수렴하는 구심적 소통의 영역이다. 이러한 점은 혜강이 기 개념을 물 자체를 의미하는 것에 그치지 않고, 도덕·인식·제도·문화 등의 영역까지 확장하여 설명하고 있음을 알 수 있다. 일신운화와 대기운화가 상호 유기체적 관련 하에서 형성됨을 언급하는 것이다. 더 나아가 혜강은 통민운화가 유학의 본질이라고 파악하고 있다.

> "유술儒術이 곧 통민운화의 도이다. 인도를 밝혀 인의를 강론하며, 기강을 세워 충절을 높이며, 염치와 사양을 귀히 여겨 쟁탈을 피하고, 탐욕과 비루함을 천박하게 여겨 치욕을 멀리하며, 정교의 인도引導와 교화를 열고, 백성의 포폄을 중시한다. 여러 왕들의 손익을 통관하고 연역해 볼 때, 시대는 혹 잘못되거나 융성함이 있었지만, 이 도는 길이 보존되어 왔으나, 수많은 인간들을 이끌어 일통으로 돌아가게 하는 것은 이 유술이 아니면, 어찌 이를 수 있겠는가?"[45]

위 구절은 혜강이 유학의 전통적인 규범체계를 인도로 받아들이고 있음을 알게 한다. 혜강은 인도를 사회적 화합과 대중의 생존을 확보하는 것으로 보았으며, 인간존재의 삶이 사회성을 기초로 하는 만큼 인도는 특히 통민운화의 차원에서 파악되어야 한다(금장태, 2000, 199쪽)고 주장한다. 따라서 유학에서 강조한 규범체계를 대기운화에 따른 인도人道로 파악하여 오륜의 떳떳한 일을 닦아 행하는 것으로 본다. 따라서 천인운화는 인기人氣가 천기天氣의 승순하는 운화이며 통민운화로서, 인도는 천인운화를 사회관계에서 실현하는 것이다.

통민운화는 정치, 교화, 윤리를 통해서 인도의 실현을 목표로 한

45 『인정』「교인문 4」(儒術): 儒術/ 乃統民運化之道也. 明人道而講人義, 立紀講而尙忠節.

다. 『인정』에서는 정치와 교육을 사회소통 방법의 핵심내용으로 제시하고 있다. 여기서 통민운화는 정치와 교육의 범위를 정하고 강령을 세워 본체를 밝히며 조목을 나누어 구체적 기능을 수행하는 것으로 설명한다. 또한 이는 천지운화를 원칙으로 삼아 계승하여 따르고, 일신운화를 미루어 확대하는 가운데 이루어지는 것으로 해석된다. 그렇지 않을 경우 국민의 운화가 분열되어 결국 각각 사익을 추구하게 되며 공정하고 밝은 통민의 준적이 확립되지 못하여 소통이 이루어지지지 않게 되는 것이다(김진웅, 2013).

다만 통민운화는 인간의 의지가 들어가지 않는 우주의 변화와 관찰을 통해 얻는 지식의 앎 외에도 우주 변화에 대응하고자 하는 인간의 의지가 개입하게 된다. 이때 인간 사회를 변화시켜 우주의 변화를 발맞추는 '변통變通'이 일어난다. '변통'은 「주역」에 나오는 변화와 소통疏通을 합쳐서 말한 것으로서, 닥친 상황에 대해서 융통성있게 처리하는 것을 말한다. 이러한 변통은 상항에 따라 맞게 대응하는 것이 중요함을 말하는 것으로서, 혜강은 통민운화에서 인간의 의도적인 '변통'이 중요하다고 주장한다. 이 변통으로 변화하는 세상에 알맞은 새로운 사회 운영 원리를 만들어 내야 한다. 이는 유학의 「중용中庸」의 도道와 같은 맥락이라고 이해할 수 있는데, 어떠한 상황에서 항상 동일한 원리가 적용되는 것이 아니라 주변의 상황에 따라 달라지는 원리를 말한다. 혜강의 이러한 이론의 주장 배경은 아마도 그가 살던 시대의 지배층들에 대해 그들의 지배이념과 '정중지와井中之蛙'의 태도로 새로운 문물에 대해 불통적인 모습을 비판하고자 한 것에서 출발하였을 것이다.

혜강은 변통의 주요한 대상은 인사에 있다고 했다. 구체적으로 살펴보면 윤리도덕, 예제(禮制, 典禮), 형벌(刑罰, 刑事), 법도法道, 풍속風俗, 정사情事, 교화敎化, 기명器皿의 제작과 생산, 통공역사通功易社 등 인사의 거의 모든 것을 말한다. 이러한 변통의 대상은 내가 처한 현재라는 시점의 실상을 정확하게 인식하는 방금운화의 활동운화를 통해서 파악되는데, 인식의 변통을 통해 대동사회인 통민운화가 형성된다.

> "남과 나는 비록 나누었으나 자연히 같은 바가 있는데 곧 천인운화의 기가 그것이다. 이를 들어 사무에 조처하면 남은 나와 같은 것이요, 또한 나도 남과 더불어 같을 수 있을 것이니 그것을 한 나라에 베풀면 한나라의 사람이 가히 더불어 같아질 수 있는 것이요, 그것을 천하에 베풀면 천하의 사람이 가히 더불어 같을 수 있을 것이다. … 반드시 천하인이 품부받은 바와 모름지기 쓰는 바의 천인운화기로써 한다면 곧 그 같은 것을 얻을 것이다. 그것은 천하인에게 묻는다면 운화를 아는 자는 모두 같다고 할 것이요 운화를 알지 못하는 자는 모두 그 같음을 알지 못하게 될 것이나 그 하는 바를 살피건대 같지 아니함을 없을 것이다. 이것을 일러 대동이라고 하는 것이다."[46]

이처럼 모든 인사의 통민운화는 다양성을 극복하고 대동의 이념으로 통합되어 조화를 이룬 것을 말한다. 혜강이 세운 '기학'의 목표는 동서고금과 우주만물에 소통되는 일통철학을 확립하여 이를 토대로 천하가 화평한 대동사회를 건설하는데 있었다. 혜강이 「대학」의 팔조목을 삼등운화로서 설명한 것은 인식이 어떻게 실천으로 나아가, 대동사회를 형성하는지를 말해주고 있는 부분이라고 할 수 있다.

---

46 『기학』 1-100: 人我雖分 自有所同 卽天人運化之氣 擧此而措處事務 人與我同 亦可我與人同 施之於一國一國之人可與同 施之於天下 天下之人可與同...須將天下人所蒙受所須用之天人運化氣 乃得其同 間之於天下之人 知運化者咸日同 不知運化者 以爲不知同觀其所行 無非同也 是爲大同.

> "지구와 달과 해와 별이 순환하는 이치와 차고 덥고 건조하고 습함이 생겨나는 이유와 생장과 쇠로에 승순하는 방향의 세 가지를 합하여 요점을 든 것이 곧 운화이다. 일신운화는 수신의 요체가 되고, 교접운화는 제가의 요체가 되며, 통민운화는 치국의 요체가 되며, 대기운화는 평천하의 요체가 되어, 크고 작은 범위가 각기 해당하는 바가 있다. 대기운하에 따르는 것이 선이 되고 거스르는 것이 악이 되는 것은 세상 사람이 모두 같아 하나도 어긋남이 없다. 이것을 들어서 세상을 평화롭게 하는 가르침을 시행하면 세상을 평화롭게 만들 수 있고 치국 또한 이를 들어서 정령政令을 만백성에게 시행하며, 제가 또한 이를 들어서 은의恩義를 일족에게 밝히고 수신 또한 이를 들어서 언행이 사물에 베풀게 되니, 이것이 바로 일통一統의 교화로 수신·제가·치국·평천하의 본말이 서로 같은 것이다."[47]

이상과 같이 혜강은 개인적 차원, 사회적 차원, 자연적 차원이 일통이 되는 사회를 대동사회로 본 것이다. 김태오(2010)는 그의 논문에서 혜강의 대동사회의 특징을 큰 사랑, 운화승순, 평화로 제시하고 있다. 이는 유학에서 제시했던 큰 사랑과 평화에 자연과 사회, 개인의 운화적인 소통이 덧붙여 해석된 것이라 할 수 있다.

이러한 대동 사회가 이뤄지는데 있어서 한 개인의 일신운화를 이루는 것은 중요한 요소가 되는데, 인간은 자신을 자연과 소통되는 근원적인 동일자임을 알아차리고, 천리와 인욕의 통합체로서 선악이 가능한

---

47 『人政』「敎人門 2」地月日星 循環之理 冷熱乾濕 發作之由 生長衰老 承順之方參合而提要曰運化 一身運化 爲修身之要 交接運化 爲齊家之要 統民運化 爲治國之要 大氣運化爲平宇內之要 大小範圍 各有攸當 大氣運化 承順爲善 逻逆爲惡 宇內人皆同 一無差謬擧比以施予宇內之敎化 則宇內可平矣 治國亦擧此 而行其政令於萬姓 齊家亦舒此 而明其恩義於族黨 修身亦擧此 而敷言行於事物 是乃一統民運化 修齊治平 源委相準矣.

인심人心을 천리에 부합되도록 노력해야만 함을 혜강은 강조한다. 이에 따라 개인마다 차이나는 활동운화의 특성을 견문추측을 통해 변화시켜나가 일신운화를 이루게 되면 동시에 통민운화와 대기운화와 더불어 일통의 관계를 맺어 천인운화의 상태로서 기적 깨달음을 얻게 된다.

제레미 다이아몬드는 『나와 세계』(2014)에서 세계가 당면한 문제를 기후변화와 불평등과 환경자원의 관리문제로 꼽고 있다. 그는 이 세 문제가 유기적 사슬의 관계를 맺으면서 발생함을 자연과학적 관찰방법으로 밝히고 있다. 현재 부의 분배를 주장하면서 소비문화를 재창출로 유지되는 신자유체제 속에서의 자본주의는 선진국들의 삶의 양식을 창출하였다. 이는 결국 세계적인 부의 불평등과 아울러 소비문화를 낳았으며, 그 결과 지구 건너편의 가난한 국가의 기아와 가뭄의 원인을 만들어 내고 있다는 주장이다. 또한 자신들의 소비문화가 결국 자신이 살고 있는 지리적 조건을 더욱 악화시켜 전 세계를 죽음을 내몰고 있다고 본다. 이는 당장 자신에게조차도 생명의 위협을 주는 행위라고 지적한다. 그는 이러한 문제가 발생하는 원인을 각 국가의 제도가 특정집단의 '사적 욕망'을 반영하여 이뤄졌기 때문이라고 보고, 이들이 제도변화를 위한 인식이 하루빨리 전환되지 않는다면 문명의 몰락으로 이어진다고 강한 어조로 언급한다.

사회생태학자인 머레이 북친(1997) 역시 비슷한 주장을 한다. 현재 세계의 생태적 위기로부터 온 인간생명의 위기는 지배구조-경제적 지배, 지배구조가 행하는 기술남용, 지배의 행정기구, 정치적 삶의 피폐화, 문화발전의 중심인 도시의 파괴-로부터 시작되었다고 지적하고 있다. 인간의 인간에 대한 지배는 잘못된 사회구조를 만들면, 그것은 자연에 대한 지배로 귀결되어 현재 우리 삶을 위기로 내몰고 있다고 보고 있다(김보경, 2013).

다이아몬드와 북친의 공통적인 문제의식 중 하나가 사회제도이다.

오늘날의 사회제도는 혜강의 '기'운화론이 말하는 대기운화에 승순하여 만들어진 통민운화로서의 제도가 아니라 인간의 '사적 욕망'이 반영되어 형성된 제도로서, 천지라는 자연의 운행법칙을 거스른 모습이다. 이는 통민운화의 영역인 사회가 자연인 대기운화, 나아가 개인의 일신운화와 불통의 상태를 말한다. 따라서 오늘날의 사회적 문제 해결을 위한 패러다임의 전환에서 혜강의 '기학'은 우주, 자연, 사회, 인간의 모든 영역을 소통하게 하는 인식론이라고 할 수 있을 것이다.

기학의 생태학적 사회 소통론은 세상 만물은 활동운화를 지닌 생명체로서 천天과 연결된 존재라는 전제에서 시작된다. 천의 영역인 대기운화가 문제가 생기면 통민운화와 일신운화 역시 문제가 생길 수밖에 없음을 그의 유기체적인 소통론을 통해 간접적으로 알아챌 수 있다. 따라서 혜강의 기학은 생태학적 인식론이며, 혜강의 '통민운화'와 '변통'의 강조는 사회 생태의 중요성을 언급한 것이다. 현재 세계에서 일어나는 문제점들을 해결하기 위해 제시되는 윤리적 행위에 대한 촉구는 사실은 당장 우리의 생명활동의 보존과 유지를 위한 기적인 변통에서 나온 것이다. 우리의 삶을 위협하는 생태적 문제를 해결하기 위해서는 사회제도의 외재적 변통과 개인의 내재적 변화를 위한 변통이 반드시 함께 시도되어야 함을 혜강의 이론을 통해서 알 수 있다.

Ⅴ. 사회생태학자로서의 '혜강 최한기'

혜강은 인식론에서 형이상학적 영역들인 리理학, 심心학 중심의 성리학과 양명학, 음양학 등을 '췌마학'이라고 하고, 인과론적인 과학적 인식에서 벗어나 있는 신비적 요소를 띤 부적, 주술, 기도 등의 점술과 술수를 '낭유학'으로, 불교, 도교, 기독교, 이슬람교 등은 '외도학'으로 분류하여 이들을 강하게 비판했다. 이들은 경험에 기초하지 않으므로 객관적으로 검증할 수 없다. 반면에 '기학'은 이성과 합리성에 근거한 과학적 지식으로서 객관적인 물리가 지배하는 세계관을 토대로 삼고 있다. 따라서 그가 강조했던 기용학과 역수학, 분류학 등은 기존의 인문학적 요소들을 자연과학적인 인과관계론적 인식론을 통해 설명 가능하도록 장을 열어주었다.

최한기의 현실인식은 기본적으로 19세 당대의 현실은 과거와는 달리 변했다는 것이다. 그리고 그러한 변화를 정확하게 인식하고 제대로 대처하는 것이 중요함을 강조했다. 변화한 현실에 대처하는 방법으로 최한기가 제시한 것은 변한 것을 가지고 변한 것에 대처해야 한다는 것이다. 변화한 세계정세 속에서는 옛것만을 고집할 것이 아니라 무엇인가 관점의 전환이 필요하다는 것이다. 관점의 전환 즉 변통술變痛術을 통해 지금보다 나은 것이 있다면 무엇이든 받아들여야 함을 강조한다. 그의 문제의식과 그 문제의식을 통해 형성된 '기'적 소통론은 근대화로 빚어진 오늘날의 얼룩들을 4차 산업과 함께 재편될 세계의 질서를 바람직하고 지속가능한 미래로 이끌 인식론에 주요한 함의를 제공한다.

"혜강의 기학은 선험적 억압 없이 경험적 사실만으로, 그러면서도 분절된 주체의 구성적 활동이 아니라 타자적 계기와의 소통적 연관 속에서 어떻게 인식을 구성하고, 행동을 정위할 수 있는 지에 대한 하나의 유효한 실험이다. 이 기획은 자연과 인간, 정신과 신체, 자아와 타자를 분열시키거나 소외시키지 않는 지평 위에 서 있다. 그런 점에서 그의 학문은 미래 인문학을 위해 아직도 열려 있는 가능성이다."(한형조, 2000, 8쪽) 이처럼 혜강의 '기' 개념을 통한 유기적唯氣的, 기일원적 인식관은 우주만물에 적용되는 과학적인 보편적 원리와 성리학의 모순들을 넘어선 유학을 소통시킨 인식체계라고 할 수 있다. 그는 '기'개념을 통해 우주만물의 영역을 각기의 기능과 특성에 따라서 분류하고, 소통의 메커니즘이 어떻게 작동되는가에 대한 지적 결과물을 우리에게 주었으며, 미래 인문학을 위한 큰 가치를 남겼다고 할 수 있다.

그 가운데 인간의 생명과 직결된 생태의 문제는 윤리적 촉구를 넘어서 실천으로 이어져야 하는 영역으로서, 혜강의 인간, 사회, 자연의 일통적인 인식론 속에서 제시되는 실천론은 현 시점에서 사회 생태학적인 함의가 크다. 지금 우리 세계가 직면한 가장 시급한 문제인 생태의 문제는 사회생태의 문제와 직결되어 있음을 혜강의 기적 인식론을 통해서도 해석 가능한 것이다. 대기운화의 영역인 천의 문제는 통민운화의 사회와 일신운하의 개인의 문제를 낳는다는 유기적인 '기'적 인식론으로서 우리가 직면한 생태학적 문제를 해결할 인식론과 닿아 있는 것이다.

지금까지의 사회학의 흐름은 사회현상을 분석하고 바람직한 방향을 제시하기 위해 '인간'과 '사회'에 집중하였다. 그러나 새롭게 재편될 미래사회에서는 지금까지의 관점으로는 변화될 사회에 적응하며 살아가게 하는 관점으로는 부족하다. 현 상태로는 인간문명의 존립마저도 불투명하다. 따라서 기존 사회학이 통일체적인 관점으로서의 보지 못했던 개인과 사회, 자연의 영역이 함께 소통될 수 있는 사회 생태학적인 인식론과 그를 토대한 실천론의 제시가 시급하다. 이러한 측면에서 혜강의 자연, 인간, 사회의 통일체적인 사유는 기존 사회학에서 사회의 문제를 해결하기 위해 제시했던 미시와 거시의 교량화 이론을 뛰어넘는 소통의 사회생태학이라 할 수 있다.

참고문헌

『기학』

『인정』

『신기통』

『추측록』

『신기천험』

구자익. 2014.「혜강 최한기 기학에 나타난 깨달음의 의미」.『동양철학』 제41집. pp. 234-261.

권오영. 1999.『최한기의 학문과 사상 연구』. 집문당.

금장태. 1985.「최한기의 인간관 연구」.『철학적 인간관』. 한국정신문화연구원. pp. 81-122.

김보경. 2013.「유교 사회생태론 구성을 위한 시론: 머레이 북친의 사회생태론과의 비교를 중심으로」.『한국학논집』 52집. 계명대학교 한국학연구원.

김진웅. 2013.「최한기의 기(氣)-소통 사상 연구」.『커뮤니케이션학 연구』 제21권 2호. pp. 73-92.

김태오. 2007.「혜강의 사도론에 관한 교육학적 검토」.『교육철학』 제31집. pp. 1-19. 한국교육철학회.

______. 2010.「혜강의 대동론과 소통론 그리고 교육생태학」.『교육철학』 243-268. 한국교육철학회.

______. 2011.「소통의 교육철학: 하버마스와 혜강의 소통론」.『교육철학』 제45집. pp. 31-63.

마르틴부버. 2004.『나와 너』. 문예출판사.

마샬맥루한. 2001.『미디어의 이해: 인간의 확장』. 박정규 역. 서울: 커뮤니케이션북스.

머레이 북친(M. Bookchin). 1997.『사회 생태론의 철학』. 문순홍 옮김. 솔.

박희병. 2003.『운화와 근대』. 돌베개.

서욱수. 2005.『혜강 최한기의 세계인식』. 소강.

예문동양사상연구원. 2005.『혜강 최한기』. 예문서원.

이명호. 2017.「〔이명호의 디지털사회〕 4차산업혁명. 불확실성. 미래학… 혼돈의 시대. 디지털기사」. http://it.chosun.com/news/article.html?no=2831228(2월 25일자)

이영찬. 2010.「최한기 기학이 소통적 인식론」.『한국학논집』40집. 계명대학교 한국학연구원. pp. 487-516.

______. 2016.『인물평가의 한국학. 최한기 측인론 연구』. 계명대학교 출판부.

장윤수. 2007.「최한기 철학과 현상학의 횡단적 의사소통」.『사회사상과 문화』16권. pp. 33-71쪽. 동양사회사상학회.

위당 정인보

권상우

위당 정인보

—

권 상 우

1. '유학의 한국'에서 '한국적 유학'으로

'한국적 유학을 어떻게 정립할 것인가?' 는 한국학 전공자나 유학 전공자들이 늘 관심을 가져 온 물음이다. 유학은 한국의 전통 사상이라고 할 수는 있지만 한국의 고유한 사상이라고 말할 수 없다. 주지하다시피 유학은 한국뿐만 아니라 중국, 일본, 베트남 등 동아시아 전통 사회에서 정치, 경제, 문화, 교육 등 광범위한 영역에서 중요한 영향을 미쳤다. 최근 동아시아 연구에서 유학의 보편성과 특수성에 관해서 활발한 논의가 이루어지고 있다. 한국유학 전공자들은 조선성리학의 심론心論, '사단칠정론四端七情論', '경학敬學' 등을 한국 성리학의 특징으로 규정한다. 하지만 조선성리학의 이러한 이론적 특징을 중국의 성리학 연구자들도 언급한 적이 있다는 사실을 안다면, 이러한 특징은 조선성리학의 고유한 사상이기 보다는 성리학을 더욱 심화시켰다고 평가하는 것이 낫다. 조선 성리학이 이론적으로 더욱 심화시킨 결과일 뿐이다. 그래서, 조선 성리학의 몇몇 이론적 특징만으로 한국 유학의 정체성을 언급할 수는 없다.

물론 위와 같이 '유학儒學' 이론 중심의 접근 방식으로 한국 유학사상의 특징 일부는 규명할 수 있다. 유학 중심의 방식에서는 '한국'은 유학이 연구되고 실현된 장소의 의미에 불과하며, 그 이외의 사상적 특징을 언급하기가 쉽지 않다. 한국인이 칸트철학을 연구한다는 이유만으로 칸트철학을 한국철학의 범주에 포함시킬 수는 없다. 그래서 한국유학의 정체성을 규명하기 위해서는 새로운 접근방법이 필요하다.

최근 학자들과 같이 유학 이론을 중심으로 논하기 보다는 유학을 수용한 '주체'를 중심으로 논의해 볼 필요가 있다. 즉, 한국인이 어떻게 유학을 어떻게 수용했는지를 중심으로 규명해 볼 수 있다. 논자는 이러한 접근 방식을 '한국적 유학'으로 칭하고자 한다. 한국적 유학에서는 '한국'이 중심이 되며, 유학은 한국의 여러 사상 중에 하나의 사상으로 이해해 볼 수 있다. 즉 '한국적 불교', '한국적 기독교', '한국적 이슬람' 등과 같이 한국학의 한 분야로 분류할 수 있다. 이러한 접근 방식에서는 한국을 학문의 보편성으로 간주하고, 유학은 한국학의 한 분야 즉 특수성의 관점에서 접근해 볼 필요가 있다.

위에서 언급한 '한국적 유학'은 일제강점기 민족주의 계열 학자들의 주장에서 찾아볼 수 있다. 단재 신채호 선생은 조선[01]과 외래사상의 관계를 둘로 구분해서 논의한 적이 있다.

> 우리 조선 사람은 매양 이해利害 이외에서 진리를 찾으려 하므로 석가가 들어오면 '조선의 석가'가 되지 않고, '석가의 조선'이 되며, 공자가 들어오면 '조선의 공자'가 되지 않고. '공자의 조선'이 된다. '도덕과 주의를 위하는 조선'이 있고 '조선을 위한 도덕과 주의'는 없다. 이것이 조선의 특색이라면 노예의 특색이다. 나는 조선의 주의를 위하여 哭하려 한다.[02]

---

01 신채호와 정인보는 한국사를 '조선사'라 하면서 한민족의 전체를 조선으로 명명하면서, 이조 조선과 구분한다.

02 丹齋申采浩全集編纂委員會 엮음, 2008, 『丹齋申采浩全集』(제6권), 독립기념관, 536쪽.

신채호는 조선과 외래사상의 관계를 논하면서, '도덕과 주의를 위한 조선'과 '조선의 도덕과 주의'의 두 형태로 구분한다. 전자는 외래사상(도덕과 주의)을 중심으로 접근하면서 조선을 외래사상을 연구하고 실천한 공간적 의미만으로 이해한다면, 후자는 조선을 중심으로 논하면서 외래사상을 조선의 독립과 발전을 위한 수단과 방법으로 논하고 있다. 즉, 전자에서는 외래사상 자체가 목적이 되고 조선은 그 외래사상을 연구하고 실현하는 공간으로만 이해한다면, 후자에서는 조선을 논의의 핵심으로 삼으면서 외래사상을 조선의 발전을 위한 방법과 수단으로 간주한다. 전자를 '유학적 한국'으로, 후자를 '한국적 유학'로 명명할 수 있다. 신채호 선생은 조선의 성리학을 '한국적 유학'이 아닌 '유학적 한국'으로 이해하면서, 조선 멸망의 원인을 '유학적 한국'에서 찾으면서, 조선의 독립과 발전을 위해서는 '유학적 한국'에서 '한국적 유학'으로 전환해야 한다고 주장한다. 신채호 선생이 제기한 '한국적 유학'을 정인보가 더욱 분명하게 논하였다.

정인보는 일제강점기에 조선학 운동을 일으킨 학자로 알려져 있다. 정인보는 일본의 조선 민족 말살 정책, 역사 왜곡에 대한 저항 의식이 증폭될 무렵 조선학 연구의 중요성을 절감하면서, 안재홍과 함께 1930년대 조선학 운동을 이끌면서 양명학을 연구하였다. 양명학은 중국에서 주자학을 비판하면서 등장한 학술사조로 알려져 있다. 정인보 선생은 양명학이 중국 유학이라는 사실을 알면서도 『양명학 연론』을 집필하였다. 하지만 정인보 선생이 『양명학 연론』을 집필한 동기는 조선의 성리학자와 같이 주자학을 맹목적으로 조선에 소개하는데 있지 않고 양명학을 빌려서 조선인의 주체성을 확립하는데 있다. 만약 정인보 선생이 『양명학 연론』의 집필 동기가 위와 같다면 그가 생각한 양명학은 '양명학의 한국'이 아니라 '한국적 양명학'이라고 할 수 있다.

정인보의 양명학 연구는 결코 양명학의 이론 탐색에 머무른 것이 아니라 한국적 상황에서 조선의 얼을 일깨우기 위할 목적으로 진행되었다. 정인보는 『양명학 연론』에서 조선의 주자학을 허학虛學, 가행假行이라고 비판하면서 실심實心에 근거한 학문이 되어야 한다고 강조한다. 그는 조선 유학의 허학과 가행의 연원을 주자학에서, 실심의 연원을 양명학에서 찾는다. 그래서 그는 양명학이야말로 허위와 가식으로 가득 찬 과거의 역사를 청산하고 민족 주체성을 회복하고 조선인의 정신을 함양하는데 기여할 수 있다고 보았다.[03] 그래서 정인보의 양명학 연구는 '유학의 한국'이 아니라 '한국적 유학'으로 이해될 수 있다.

이 글에서는 정인보 선생의 조선의 얼과 양명학의 관계를 중심으로 '한국적 유학'의 가능성을 논의해 보고자 한다. 이를 위해 우선적으로 그의 주자학과 양명학에 대한 이해를 중심으로, 허학과 실심의 의미를 규명해 보고자 한다. 그런 후에 정인보가 어떻게 양명학의 실심實心에 근거해서 조선의 오천년의 얼을 어떻게 해석하는지를 살펴보고자 한다. 그리고 마지막으로 정인보가 양명학을 통해서 제기한 '한국적 유학'을 비판적으로 논의해 보고자 한다.

2. '허학虛學'과 '실심實心'

정인보는 조선이 일제에 국권을 빼앗긴 상황에서 민족 주체성을 일깨우기 위해서 '오천년 간의 얼'을 제시한 민족주의 학자로 또는 강화양명학을 계승한 최후의 양명학자로 알려져 있다. 정인보에 관한 상이

---

03 송석준. 2005. 「한말양명학의 전개와 연구 현황」. 『양명학』 제13호. 355-356쪽.

한 평가는 그가 『양명학 연론』을 저술한 동기에 대한 이해에서도 알 수 있다. 정인보는 어떤 연구자는 집필 동기를 조선에 어떤 정신을 홍기시키려는 것에서 찾아야 한다고 하고,[04] 또 다른 학자 일군에서는 주자학을 반대하면서 양명학을 부흥하려는 학술적 태도의 산물로 보아야 한다고 주장한다고 하였다.[05] 그러나 『양명학 연론』에서 「글을 쓰게 된 까닭」과 「후기」를 읽어보면, 두 입장 중에서 하나만이라고 단정하기는 어렵다. 즉, 그가 조선 정신을 홍기시키고자 한 것만도 아니고, 양명학을 소개하기 위할 목적만도 아님을 알 수 있다.

정인보는 조선이 망한 시대에 학문의 방법을 제시하기 위해서 『양명학 연론』을 출간하였다. 그는 "최근 수백 년 동안 사회적 분위기는 변하여, 이제는 세 살 먹은 어린 아이라도 이런 사람들의 잘못을 지적할 줄 안다. 그러나 이전 사람들을 비판하면서 여전히 그 잘못된 자취를 따르고 있지 않는가"[06]라고 하면서, 당시 지식인의 학문적 방법과 태도가 이전(조선의 주자학)과 다르지 않다고 비판한다. 그는 과거의 잘못된 학문적 방식이 조선을 멸망하게 하였음에도 여전히 그러한 학문적 방법을 버리지 못한 지식인들을 비판하고 있다. 그래서 그는 "과거가 어떠하였든 그 과거가 지금 우리에게 있어 하등의 영향력이 미치지 아니한다면 굳이 과거를 검토할 필요가 없다. 그러나 과거는 항상 지금을 움직이는 숨은 힘을 가지고 있으므로 이를 등한시할 수 없는"[07]일이라고 하였다. 그는 당시 지식인의 학문 태도를 비판하고 이전과는 다른 형태의 학문 태도를 제시하기 위해서 『양명학연론』을 집필하였다. 이러

---

04 홍이섭. 1968. 『한국사의 방법』. 탐구당. 318-319쪽.

05 신현승. 2009. 「정인보의 조선양명학파 연구에 관한 일고찰」. 『인문과학연구』(23). 234쪽.

06 정인보. 2003. 『영명학 연론』. 「글을 쓰게 된 까닭」. 홍원식 해설. 계명대학교출판부. 7쪽.

07 앞의 책. 8쪽.

한 그의 동기를 다음과 같은 언급에서도 알 수 있다.

> 학문을 함에 있어서 책 속에서만 진리를 구하려는 태도는 예전보다 더한층 심해져서, 때로는 영국, 때로는 프랑스, 때로는 독일, 때로는 러시아로 시끌벅적하게 뛰어다니지만 대개 좀 똑똑하다는 자라 할지라도 몇몇 서양학자들의 말과 학설만을 표준으로 삼아 어떻다느니 무엇이라느니 하고 만다. 이것은 무릇 그들의 말과 학설을 그대로 옮겨온 것이지 실심에 비추어 보아 합당한지를 헤아린 것은 아니니. 오늘날의 이러한 모습을 예전과 비교한들 과연 무슨 차이가 있겠는가?[08]

위에서 정인보는 당시 지식인들이 주체의식 없이 외래의 학문을 맹목적으로 수용하는 태도를 비판하고 있다. 그는 외래학문이 당시 조선에서 어떠한 현실적인 의미를 지니는지 생각해 보지 않고 단지 세계적인 대학문이라는 이유로 찬탄하면서 그런 학설들에서만 진리를 구하려고만 한다고 비판하였다. 만약 당시 조선 학자들과 같이 외래사상의 이론만을 탐구하고 현실을 배제한다면 학문은 탁상공론에만 그친다. 그래서 정인보는 이러한 학문적 태도를 '허학虛學'과 '가학假學'일 뿐이며, 참되고 진실한 학문적 태도(實心)는 아니라고 주장한다. 그래서 그는 당시 학문의 병폐의 뿌리를 찾아서 제거하고, 올바른 학문 방법과 표준을 지식인들에게 제시하고자 하였다. 정인보는 허학虛學의 연원을 주자학에서 찾고자 하고, 참된 학문인 실심實心을 양명학에서 찾고자 한다.

정인보는 허학虛學과 가심假心의 학문적 방법을 이기심이나 중화사상에 의거한 학문이라고 한다. 그는 조선 역사 수백 년간 학문은 오직 유

---

08 앞의 책. 11쪽.

학만이 중시되고, 그중에서도 정주학만 신봉하면서, 그 폐단이 자신과 가족의 편의만 도모하는 '사영파私營派'와 그 학설을 배워 중화문화로 이 나라를 덮어버리려는 존화파存華派로 나타났다고 하였다.[09] 그는 이들 사영파와 존화파가 모두 도의를 표방하며 성리학을 이조 조선의 지배 사상으로 삼았지만 결국 자신의 이익만을 위해서 학문을 하였다는 점에서는 동일하다고 평가하였다. 그가 말한 사영파의 이기심은 쉽게 이해할 수 있지만 존화파는 어떻게 해서 자신만을 위한 학문인가? 이에 대해 그는 다음과 같이 말했다.

> 그러므로 수백 년간 조선 사람들의 실심實心과 실행實行은 학문영역 이외에서 간간이 남아 있을 뿐, 온 세상에 가득 찬 것은 오직 가행假行과 허학虛學뿐이다. 텅 비면 텅 빈대로 가만히 있는 것이 아니라 학문이 이미 텅 빈 바에는 이 텅 빈틈을 타 이리 뛰고 저리 뛰면서 온갖 나쁜 것을 낳게 되기 마련이다. 이는 다름 아니라 원래 삶에서 수양이라는 것은 실심의 힘을 빌려 가지고 자기만을 생각하는 편협한 마음을 누르는 것이거늘, 학문이 이미 텅 빈 때문에 자기만을 생각하는 마음이 세월을 만나 날로 융성하게 되며, 그 동안 실심을 떠난 학문이 이 자기만을 생각하는 마음을 돌아보거나 꾸미는 데 있어서 교묘한 효능을 내어 이러한 자기만을 생각하는 마음이 드디어 거짓된 행동을 옮겨가게 된 것이다. 그러므로 살육을 밥 먹듯이 행하고도 경전 속 성인의 말씀을 끌어들이고, 파쟁이 끊이지 않고 일어나도 옛 도덕 교훈을 끌어대지만, 어느 말 어느 행동 하나 거짓에 의탁하지 않는 것이 없고 살육과 파쟁을 이처럼 성인의 말씀과 도덕 교훈에다 근거를 댈 뿐만 아니라 경제적으로

09 앞의 책, 9쪽.

나 도의적으로도 어쩔 수 없이 파쟁과 살육을 계속할 수 밖에 없었다고 떠들어 왔다. 다른 까닭이랴. 학문이 실심과 관계없기 때문에 자신만을 생각하는 마음이 자연히 중심이 되게 되고, 이러한 마음이 중심이 된 즉 학문이 이를 싸고 돌게 된 때문이다.[10]

정인보는 이조 조선 오백 년 동안 학자들은 주체성(自心)없이 맹목적으로 정주학만 존숭하였다고 주장한다. 그는 조선이 중국에서 주자학을 수용하면서도 그것을 외래사상으로 간주하지 않았고, 자심自心이 없었기 때문에 외래 사상을 비판적으로 평가할 수도 없었다.[11] 즉, 주자학이 옳은지 틀린지, 왜 한국적인 상황에서 중요한지에 관해 생각해 보지 않고 맹목적으로 수용하였다. 그래서 누군가가 '주자학이 왜 옳은가' 하고 물으면 '주자께서 옳다고 하셨기 때문'이라고만 답변한다. 다시 '주자께서 왜 옳다고 하셨습니까?'라고 묻는다면, 아무런 대답도 하지 못한다.[12] 이와 같이 유학을 단지 중국의 大학설이라는 이유만으로 수용하면서 그 학설을 수용하는 주체성은 배제되었다. 그래서 정인보가 비판한 바와 같이 학문의 주체성은 찾아볼 수 없고 단지 학술만 존재하였다. 이를 정인보는 텅 빈 학문(虛學)이라고 비판하였다. 학문이 허하게 되면, 헛된 학문으로 끝나는 것만은 아니다. 학자 자신들의 문제의식에 근거해서 외래 사상을 선택해 취하지 않고 맹목적으로 따르는 학문은 학자 자신과 괴리되면서 구체적인 일에서도 사상적 기반이나 판단 기준이 될 수 없는 허虛한 학문에 불과하게 된다. 그래서 정인보는 자기와 괴리된 틈 속에서 자신의 이익만을 생각하면서 이를 정당화하기

10 앞의 책. 10쪽.
11 앞의 책. 41쪽.
12 정인보. 『양명학 연론』. 「후기」. 178쪽.

위한 수단으로 외래 학문을 이용하거나 스스로를 지식인 체하기 위한 수단으로 사용할 뿐이다.

정인보는 조선성리학은 외래사상을 절대적인 진리로 간주한 채 맹목적으로 수용하면서 신채호가 말한 '교조와 주의의 한국'이 되어버린다. 실제로 조선은 주자학을 절대적인 이념체계로 삼으면서 주자학과는 다른 사상을 이단으로 취급하면서 배척하기도 하였다. 우리가 현실인식에서 외래사상을 주체적으로 수용할 경우에 특정한 사상에 경도되기보다는 현실적 상황에서 필요한 사상을 여러 사상 중에서 취사선택할 수 있고, 때로는 여러 사상을 동시에 수용할 수도 있다. 하지만 조선 성리학은 성리학 자체에 절대적인 지위를 부여하였기 때문에 성리학 이외의 사상을 이단으로 취급하였다.

정인보는 조선에서 학문은 학자의 마음을 떠난 허하면서도 거짓된 학문으로 전개되었다고 보았다. 조선 성리학자는 텅 빈 것을 텅 빈 것으로 보지 않고 실제 그런 것이 있다고 합리화하는 거짓이 개입되면서 자기 이로움만 추구하는 위선이 고질적인 병이 되었다고 보았다. 정인보는 그 대표적인 경우를 당쟁에서 찾고 있다. 그들은 겉으로는 경전이나 성인의 말씀을 가지고 정쟁政爭을 이끌어가지만, 결국 자기 당 또한 자기의 이익만을 위해 제시한 것에 지나지 않았다. 실제로 조선유학사에서 '주리주기主理主氣논쟁', '인물동이성人物同異性'논쟁, '예송禮訟논쟁'이 있었지만, 이러한 논쟁은 조선사회를 멸망시킨 원인 중에 하나로 간주되고 있다. 그래서 정인보는 "세상이 골골하여 이 지경에 이르게 된 그 근원을 학술이 근본을 버려서 누가 남인지 누구 나인지도 모르게 되어, 허虛가 위僞를 낳고 위僞가 허虛를 이끌어내게 되어, 이래서 실심과 실정은 바랄 수도 없게 되었다"고 말한다.

정인보는 허학虛學과 실심實心을 주자학과 양명학의 공부 방법의 차이를 통해서 설명한다. 그는 주자학과 양명학은 공부의 시작점이 다르다고 보면서, 주자학은 학문의 출발점인 격물을 궁리로 보아 마음 밖의 사물공부을 중시하면서 외물을 판단의 기준으로 삼았다고 본다.

> 주자학에서처럼 갖가지 사물의 원리를 궁구하고 또 종합한다는 것을 한번 보자. 분석을 통해 개별적인 사물의 원리를 관찰할 수는 있을지언정 각 사물에 있어서 원리의 총합을 어디에서 한계를 삼을 것인지가 모호하려니와, 이것은 분석적 탐구라 바깥 사물에 대해 두루 공부하는 박학博學의 분류이지, 옳지 아니하면 견딜 수 없는 그 뜻을 만드는 마음 속 공부인 것은 아니다. 우주라는 큰 몸체〔大體〕에서 보면, 각각으로 나누어진 사물들도 궁극적으로는 모두 하나라고 말할 수 있다. 그러므로 풀 한 포기 돌맹이 하나가 가지고 있는 원리가 바로 대우주의 원리이다. 우주가 흩어져서 각각의 사물이 된 것이므로 그 흩어진 사물을 연구하다 보면 우주라는 큰 근본과 통할 수 있다. 주희가 훌륭한 것은 바로 이것을 홀로 깨달았다는 점이다. 그러나 학자로서 우주의 생성에 대해서 토론하고 연구하는 학구적 방법은 수행하는 사람으로서 홀로 마음 공부를 해 나가는 것과는 다르다.[13]

정인보는 조선 성리학이 실심의 학문이 될 수 없었던 이유가 주자학 자체에 내재한다고 보았다. 앞에서 언급한 바와 같이 외래사상을 맹목적으로 수용한 것은 외래사상 자체의 문제이기보다는 그것을 수용하는 주체성 결여에 있다. 주자학은 모든 사물의 이理를 궁구해서 우주만물의 보편적 이理를 파악하려는 격물치지를 강조하면서 외부대상을 관

13 앞의 책, 19쪽.

찰하고 파악하는 것을 중시하면서, 자기 마음을 등한시하게 된다.[14] 그래서 그는 주자학에서는 경전의 문자에만 집착하면서 재앙과 분란이 발생하게 되었는데, 자기 마음과 관계없이 말과 글만 가지고 합당한가 합당하지 않는지를 따지게 되면 허학虛學에 빠질 수 있다고 보았다. 그래서 주자학적 방법에 따르면 외래사상을 수용할 경우에 외국 지식인이 한번 옳다고 하면 우리 실정을 고려하지 않고 따라서 옳다고 수용하면서 그 외국 학설을[15] 절대적인 진리로 간주한다.

하지만 양명학은 주자학과는 달리 내 마음을 바르게 하는 것에서 시작하여 내심內心의 판단 기준을 중시한다. 주자학이 밖에서 나를 알고자 하는 공부이라면, 양명학은 나를 알고 밖을 파악하는 공부이다. 즉, 자신의 본심을 먼저 파악하고 외물을 주체적으로 수용하고자 한다. 정인보는 자신을 떠나지 않는 마음을 실심으로 보았다. 그리고 그 실심을 양명학에서 말한 도덕본심, 즉 선천적으로 선악을 판단할 수 있는 마음의 능력에서 찾고 있다. 정인보는 또한 다음과 같이 말한다.

> 내가 하려는 것을 하고, 내가 부끄러워하는 것을 하지 않으려는 단순한 법문일 뿐이다. 또 여기에 무슨 실증이 필요하겠는가? 누구에게나 비록 학문은 없어도 '나'야 있지 아니한가? 내가 내 속을 속이지 못한다는 사실로 이것을 스스로 증명하고도 남음이 있다.[16]

정인보는 학문하기 이전에 '나'는 존재하며, 그 '나'가 학문보다 더 근본적임을 강조하고 있다. 그러나 조선 성리학에서는 그 나를 배제한

---

14 앞의 책. 25쪽.
15 앞의 책. 26쪽.
16 앞의 책. 29쪽.

채 학문만을 논하면서 공허한 학문으로 전락하였다. 이러한 입장에 대해서 정인보는 “자신이 본심에서 일어나는 정성스러운 생각은 늘 시원하게 뚫려서 통한다고” 라고 하면서 학문의 주체성을 강조한다. 그는 수용주체인 ‘나’는 양명이 양지와 같이 외래 학문이 합당한지 아닌지를 판단하는 표준으로 삼아야 하며, 나 자신을 모든 학문의 중심이자 출발점이 되어야 한다고 강조하였다.

정인보는 자심自心의 기준 없이 외래사상을 수용하는 것을 비판한다. 그는 주체성 없는 학문으로는 사회와 민중의 복리를 달성할 수 없으며, 오직 실학만이 주체적인 시각에서 외부를 탐색하여 국가와 민중사회의 복리에 기여할 수 있다고 본다. 이러한 그의 생각은 『대학』 1장의 ‘친민親民’에 대한 해석에서도 알 수 있다.

주자는 고본 「대학」의 ‘친민親民’을 ‘신민新民’으로 해석하였지만, 양명은 고본 「대학大學」의 ‘친민親民’을 그대로 사용해야 한다고 주장하였다. 정인보 또한 양명의 해석을 따른다. 그는 신新이라는 글자는 교훈과 관련된 말로 이미 마음 밖의 일에 속하게 되지만 친親은 마음이 감응感應하여 서로 통하는 것이어서 그대로 ‘명덕明德’ 그 자체를 의미한다고 보았다. 따라서 그는 ‘친민親民’은 마음 안에서 구하는 것이고, ‘신민新民’은 마음 밖에서 찾는 것으로 보았다.

정인보는 주자학이 백성을 위한 학문이기는 하지만 이 신민新民에는 마음을 밝히는 일과 백성을 가르치는 일을 따로 언급하고 있다고 비판한다. 이에 반해 “백성을 친애한다(親民)는 것은 바로 마음 안의 일이므로 백성을 친애함이 지극하지 못하고서는 명덕의 존재까지도 의심을 받게 되어 백성과 나와의 관계에 조금의 간격도 용납할 수 없도록 서로 감응하여 통하게 된다.”[17]라고 하였다.

---

17 앞의 책. 22-23쪽.

> 본심은 감통에 의해 살고, 간격이 있음으로 인해 죽는다. 만약 백성들의 아픔과 고통이 곧 나의 아픔과 고통이 되고 백성들의 힘겨움이 곧 나의 힘겨움이 되는 그러한 감통이 나의 몸 속에 있다면 스스로 분주하게 남을 돕는 것을 막지 못하게 될지니, 이렇게 되면, 그 몸은 거꾸러졌을지라도 본심은 산 것이다.[18]

정인보는 본심인 양지는 타인과의 감통을 통해 실현되며, 양심에 근거해서 백성의 아픔과 고통을 자신의 고통과 아픔으로 삼으면서 남을 도와야 한다고 주장한다. 그는 타인과 하나가 됨이 바로 실심의 실현이라고 본다. 그래서 마음의 진실한 곳을 향하게 되면 우리 민족의 복리를 도모할 수 있고, 옛 것을 정돈하여 우리 민중의 복리를 꾀할 수 있다고 보았다. 이와 같이 그는 민중의 복리를 위해 노력하는 것에 우리의 참된 실심이 있다는 사실을 알아야 한다고 강조한다. 이와 같이 그는 민족의 주체성을 회복하고 그 주체성은 바로 민중의 복리를 꾀하는 순수하고 한결같은 마음임을 밝히고자 『양명학 연론』을 집필하였다.[19] 그는 이러한 실심을 밝혀서 민족의 어려움을 해소하고자 함을 당시 학문의 목적이 되어야 한다고 본다.

위에서와 같이 정인보는 당시 지식인이 어떻게 학문해야 하는지를 양명학을 중심으로 논의하였다. 그는 당시 도학파 학자들이 성리학의

---

18 앞의 책. 114쪽.

19 앞의 책. 27-28쪽. "한 번만이라도 마음 속 진실한 곳을 향하게 되면 비로소 새로운 것을 깨달아 우리 민족의 복리를 도모할 수 있을 것이고, 또한 비로소 옛 것을 정돈하여 우리 민중의 복리를 꾀할 수 있을 것이다. 이렇듯 우리 민중의 복리를 꾀하는 데에 우리의 참된 마음의 실재 모습이 있다는 사실을 모름지기 알라. 그렇다면, 이를 도모하려 함에 어떻게 하여야 내 속에서 순수하고도 한결같은 마음이 일어날 수 있을까? 바로 이 물음에 답하기 위해 양명의 학술을 한 번 연론演論해 보고자 하는 것이다."라고 하였다.

보편성을 강조하면서 위도의식을 실천한 것과는 달리 철저히 민족 주체 의식을 기반으로 한 실천철학을 위해서 양명학을 강조하였다.[20] 즉 그는 본심에 근거해 민중의 복리를 위해서 노력해야 하는 것이 학문의 목적이며 태도로 보았다. 그는 양명학을 일제강점이라는 시대적 상황에서 조선인의 주체성을 확립하기 위해 수용하였다.

3. 조선의 얼

정인보는 동아일보에 『양명학 연론』(1933)을 발표한 후에 이어서 『오천년간의 조선의 얼』(1935-1936)을 발표하였다. 그는 『양명학 연론』을 통해 자기 본심에 근거해서 외래 사상을 주체적으로 수용해야 함을 언급한 후에, 『오천 년 간의 조선의 얼』에서 우리 민족 고유의 주체 정신과 그것이 반영된 역사적 사실을 제시하고자 하였다.

그는 양명학의 '양지' 개념을 빌려서 개인과 민족의 주체성인 '얼'을 드러내고자 하였다.

> 얼이 없으면 곧 사람이 아니다. 내 이제 삼가 고하노니 제가 남이 아닌 것과 남이 제가 어닌 것을 아는가? 이것이 곧 얼이다. 무엇을 한다 하면, 저로서 하고 무엇을 아니한다 하면 저로서 아니하고 무엇을 향하고 나간다 하면 저로서 나가고 무엇을 버린다 하면 저로서 버려야 저를 제가

20 김교빈. 1996. 「실심으로 살아간 양명학자들」. 『조선유학의 학파들』. 예문서원. 458-459쪽.

가지고 사는 것이 아닌가? 저는 저로서 이른바 얼이니, 여기 무슨 심오함이 있으면 무슨 미묘함이 있으랴.[21]

정인보는 사람의 존재 가치를 정신에서 찾고 있다. 정인보는 정신을 한국 고유어인 얼로 표현하였다. 조선은 중국 사상을 받아들이면서 일상생활에서 사용되던 고유어마저도 한자로 대체되었다. 이런 학문적 분위기에서 정인보가 '얼'이라는 우리 순수 고유어로 표기했다는 것에서도 그의 학문적 태도를 엿볼 수 있다. 그는 개인은 자신의 얼에 의해서 외부 사물을 수용하고 판단하고 실천하는데, 이러한 주체적인 자발성 없이 외부 사물을 수용하는 태도를 노예의식이라고 비판하였다. 그는 얼을 단순히 몸을 움직이는 정신만이 아니라 타인과 구분시켜주는 정체성으로 이해한다. 즉 모든 판단과 실천을 주체의식에 따라서 해야 한다. 이는 실제로 양명이 말한 양심과 일맥상통한다.

정인보는 외래(타인)에 의해 지배 또는 조정당하지 않고 자신의 판단이나 행동을 모두 자신에 의해서 이루어져야 한다고 강조하였다. 단재 신채호는 이를 아我와 비아非我의 관계로 논하였다. 신채호가 나와 타인 간의 투쟁을 강조하였다면, 정인보는 아我의 주체성을 부각시키고자 하였다. 정인보는 얼이 인간의 존재 가치를 결정하지만 그렇다고 서양의 관념철학에서 말한 바와 같이 심오하고 어려운 것이 결코 아니라 조선인이 일상생활에서 조선인으로서의 살아가는 태도라고 강조한다. 그는 다음과 같이 말하였다.

저로서의 판별判別함은 이른바 양지라 본디 가진 자연한 앎이로되 저로서 시是타함을 구차히 남 따라서 비非타하고,

21 정인보, 『양명학 연론』, 서론, 8쪽.

> 저로서 불당不當타함을 구차苟且히 남 따라서 당當타 하므로 마침내 제 일을 자수하지 못하는 것이니, 알라, 창광망행猖光妄行이 저로서가 아님에 있다. 저로서에 있는 것이 아니다.[22]

정인보는 자신이 스스로 판별하는 것을 양지이며, 이를 얼로 표현하면서 양지와 얼을 연결시킨다. 그는 이 얼이 없을 경우에는 그 사람은 '꺼풀사람'[23]에 불과하다고 말한다. 그는 "일생 동안 지식탐구에 몰두하여서 동양과 서양을 관통했다고 하더라도 스스로 판단하지 못하면 자신의 머릿속에는 창피스러운 겉껍데기 생각만을 가지게 되며, 이런 유형의 사람은 스스로 판단하지 않고 외부에서 유입된 학문에만 따를 뿐[24]이라 말한다. 그는 얼을 양지와 동일한 의미로 사용하고 있지만, 개인의 도덕적 주체성보다는 조선인의 민족적 주체성을 강조하고자 하였다. 그래서 그는 얼을 조선인이 조선인이 되는 정신으로 설명하고 있다. 하지만 그는 조선의 얼을 찾아내기란 쉽지 않다고 하면서도 "그러나 어렵다고 하여 마냥 앉아서 기다릴 수는 없는 것이다. 극히 외람된 줄을 알면 서로 5천년 역사를 오가면서 그 척추가 무엇인지를 찾고 우리 역사가 왜 비바람을 맞았는가 그 까닭을 알아보고, 왜 이 나라가 성하고 쇠하였지를 그 이유를 알아보려고 한다. 언제나 진眞은 살아남고 가假는 사라지는 법이니 행여나 한 사람이라도 포기하지 말라고"[25]말한다. 그래서 정인보는 외래사상을 수용해서 그 말이 이치에 맞는지 틀리는지를 논하는 겉껍데기 학문보다는 한국인에 대한 진실하고도 참된 앎을

22 정인보. 1983.『담원 정인보 전집』(3). 연세대학교출판부. 9쪽.
23 정인보. 1983.『담원 정인보 전집』(4). 연세대학교출판부. 3쪽.
24 정인보.『양명학 연론』. 176쪽.
25 박성수 편역. 2000.『정인보의 조선사연구』. 서원. 179쪽.

추구해야 한다고 강조한다.

정인보는 조선의 얼을 『조선고대사』 연구를 통해서 규명하고자 하였다. 그는 조선의 얼을 반영하고 있지 않는 역사적 자료는 한국사로 간주할 수 없다고 하였다. 하지만 정인보 당시 조선사 관련 자료는 대부분 중국적 역사관과 사상의 영향을 받은 역사적 기록일 뿐이며, 조선의 고유한 정신을 알 수 있는 역사적 자료는 부족하였다. 그래서 일본 관학 역사학자들은 실증사학에 근거해서 조선 역사를 왜곡하면서 주체성이 없는 타율적인 민족으로 간주하면서 조선 통치의 이론적 근거를 만들고자 하였다. 그는 당시의 실증적 자료를 통해 조선의 외형적인 형태를 해명할 수는 있겠지만 얼과 같은 추상적인 정신을 드러낼 수는 없다고 보았다. 그는 다음과 같이 말한다.

> 우리가 우리의 역사를 귀하다 함은 그 가지나 잎 그리고 그 행목을 가지고 하는 말은 아니다. 더 나아가 역사의 사적에 가치가 없는 것은 아니로되, 단지 그것만으로 귀하다 할 수 없을 것이다. 이 사적의 줄기와 가지가 뻗어 나가다가 얼의 섬광이 번쩍이는 것을 볼 수 있으며, 그것이 또 역사의 속으로 계속 이어지는 것을 알 수 있을 것이다. 이것이야말로 역사 속에 이어져 오던 얼이 역사의 겉인 사적에 투영된 것이다. 그러므로 사적의 줄기를 규명하려면 얼의 큰 줄기를 찾아야 하는 것이다. 얼을 제쳐두고 사적의 규명에만 열중하는 것은 무위無爲의 규명이다.[26]

정인보는 일본 학자의 실증사학이 지닌 한계를 비판하면서 한국사에는 얼의 역사가 있음을 강조하면서 얼이 한국사의 핵심이 되어야 한

26 앞의 책. 176쪽.

다고 본다. 그래서 우리는 정인보의 역사관을 '얼역사관'으로 칭할 수 있다. 왜냐하면 앞에서 언급한 바와 같이 한 개인의 역사는 바로 정신에 근거해야 하며, 한국사 또한 조선인의 얼의 역사가 되어야 한다.

그래서 정인보는 역사란 그 얼의 외면적 표현일 뿐이고, 얼은 조선사를 통해서 드러난다고 보았다. 즉 얼은 조선사의 뿌리이며, 조선사는 얼의 말단에 불과하다고 보았다. 그는 "조선인의 잔재가 아니라 역사의 물줄기로서 조선인의 머리와 심성에 면면히 흘러오면서"[27] 다양한 방식과 형태를 통해 조선민족의 정신을 드러내고자 하였다. 그래서 그의 조선역사는 조선 문화와 동일하다. 그는 역사의 실체, 역사의 원동력, 역사의 역동성을 결정하는 힘으로서의 문화를 상정하고 그것을 얼이라 칭하였다.[28] 그래서 정인보가 제시한 얼은 일종의 민족성(ethos)으로 이해할 수 있으며, 조선사를 조선 민족성의 전개과정이라고 할 수 있다.

정인보는 역사 연구를 통해 얼을 밝히고자 하면서, "옛것을 돌아봄으로써 본래의 나(本我)를 스스로 증명하고 회복하는 것"[29]이라고 밝혔다. 그는 당대 불행의 근본적인 원인이 오랫동안 자기 마음에 스스로 의존하지 않고 일체를 밖에서 구하는 데서[30] 비롯된다고 보았다. 따라서 우리의 정신을 찾는 것이 모든 것의 우선이 되어야 한다고 주장한다. 그는 한국인은 중국이나 일본과는 다른 역사와 정신을 가지고 있으며, 우리는 이를 개인과 공동체 전체의 마음 즉 민족성을 의미한다고 볼 수 있다. 이러한 얼은 단재 신채호 선생의 언급에 따르면 조선성리학이 한국에 유입되기 이전의 주류문화이었다. 신채호 선생은 이러한 한

---

27 김광억. 1998.「일제시기 토착지식인의 민족문화 인식의 틀」.『비교문화연구』. 서울대학교 비교문화연구소. 100쪽.

28 김광억. 앞의 책. 100쪽.

29 정인보.『담원정인보전집』(권2).「논설, 수필, 한시, 조선고적간행의 의의」. 312쪽.

30 정인보.『담원정인보전집』(권3)『조선사연구』(상). 29쪽.

국의 고유한 주류문화가 있었지만, 중국문화를 가학으로 받아들이면서 중국판이 주류문화가 되었다고 비판한다. 그러나 정인보는 민족정신을 역사를 통해서 드러낼 수 있다고 보았다.

> 우리를 몸뚱이에서만 찾는지라 고인古人이 우리가 아니요 우리가 고인古人이 아니지 한번 그 '얼'에 들어가 생각해 보면, 우리의 고인이니 곧 우리다. 그러므로 우리 고인古人의 지난 자취를 좇아 그 골수를 접한다면 이 일단의 혈맥이 곧 내 혈맥임을 깨닫는 것이요, 과거의 탁월함, 위대함, 기개, 올곧음을 볼 때 내 속에 어느 곳에든지 스며내린 무엇이 있음을 스스로 확신하여 우리 여러 선열은 운기雲旗 우개羽蓋가 발닥발닥하는 이 혈맥 속을 따라 때때로 오르고 내리는 것을 몸서리치도록 해득할 것이다.[31]

정인보는 조선인의 정신을 조상을 통해서 찾고자 하였다. 실제로 한국인의 정신은 우연히 생긴 것이 아니라 과거 선조의 정신을 계승한 것이다. 그는 현재의 나와 고인은 동일한 인물은 아니지만, 동일한 문화적 유전자를 지니고 있다고 본다. 그래서 우리가 고인의 삶을 통해서 우리 자신의 모습을 살펴볼 수 있으며, 고인의 위대함, 기개, 올곧음을 통해서 내 마음에서 그 정신을 찾아볼 수 있다. 그는 이런 마음이 곧 얼이 과거와 현재에 유통하는 혈맥으로 표현하고 있다. 시대가 변하고 사람이 변하더라도 그 속의 진정한 주체의식인 얼은 변하지 않고 역사의 척추가 된다. 조선이라는 공동체에서 발현된 현재의 얼과 과거의 얼이 감통하여 하나 되는 것을 조선 얼이라고 할 수 있다. 즉 개인들의 주체의식이 역사 속에서 감통을 통해 공동체의 주체의식으로 확장된다

31 정인보. 『조선사연구』(상). 서론 28쪽.

는 것이다.

정인보는 한민족의 공동체의 일체감과 단결성을 양지의 감통을 통해서 설명하고 있다. 이와 같이 그는 내면의 주체성 회복을 통해 타인과의 감응할 수 있는 실심을 강조하고 있다. 그리고 그는 민족의 일체감 뿐만 아니라 전 인류와 세계만물의 번영을 강조하기도 하였다. 정인보는 이러한 공동체 의식을 홍익인간에서 찾고 있다.

그는 조선 얼의 원류를 단군조선에서 찾는다. 그는 단군조선을 고대종교요 우리 민족의 고유의 종교문화로 보고 있으며, 단군 교의를 홍익인간으로 보고 있다.

> 옛날 조선이 조선되는 그 근본 연원이 있으니, 삼위태백에서 인간을 홍익弘益할 수 있음을 생각한 그 진점신眞精神이 주축으로 박히어 그 진建함이 있음이 이로써요, 그 입立함이 있음이 이로써요, 그 분발하이 있음이 또한 이로써 우선 인간의 홍익弘益을 주로 할진대 일심一心의 이해나 一家의 보전쯤은 저 홍의弘益의 대의大義 앞에 단연 부셔졌을 것을 알지라.[32]

정인보는 조선 얼의 기원을 단군신화의 이념인 홍익인간에서 찾는다. 그는 조선의 홍성과 열기가 모두 홍익에 의해 가능했다고 보면서, 홍익인간을 조선의 주체성에 근거한 이념으로 이해한다. 이러한 홍익인간 정신은 단군신화와 함께 조선인의 생활방식이나 습관 언어 등으로 전해지고 있으며, 이 또한 살아있는 조선의 얼이라고 말한다.[33] 그는 이

32 정인보. 『담원정인보전집』 권2. 「논설. 수필 한시」. 〈병자와 조선〉 266쪽.

33 정인보는 "삼국유사가 현존한 문헌으로는 가장 오랜 것이라 하여 이를 가지고 단군에 관한 전거를 삼으나, 이 기록이 없다 할지라도 우리의 시조가 단군이 실은 父詔母戒之, 輿輿相承함이 조선인으로서는 뉘집에나 누구나 다 그런 것이매, 언제나 뚜

러한 홍익인간을 민족적인 개념이 아니라 보편적인 개념으로 설명하기 위해서 홍익을 '도道', '진정신眞精神', '풍류도'로 표현하기도 하였다.

정인보는 조선의 얼에 관한 학문을 '조선학'으로 본다. 하지만 그가 외래학문을 부정한 것은 아니다. 실제로 이러한 그의 학문관은 신채호와도 다르다. 신채호가 외래사상과 투쟁으로 간주하였다면 정인보는 양명학의 수용에서도 알 수 있듯이, 우리 민족의 문제를 해결하기 위해서 외래사상을 주체적으로 수용할 경우에는 외래사상 또한 조선학이 될 수 있다. 그래서 그는 "학문은 얼이 아니면 헛것이 되고 예교가 얼이 아니면 빈 탈이 되고 문장이 얼이 아니면 달達할 것이 없고 역사가 얼이 아니면 박힐 데가 없다. 무엇이나 아니 그런 것이 없다."[34] 라고 하면서, 한국의 얼에 근거한 문화가 바로 조선 문화가 되지만 얼빠진 상태에서 수용된 외래사상은 단지 가학假學일 뿐이며, 조선의 진정한 학문이 될 수 없다. 그래서 조선의 얼을 다양한 학문 영역에서 표현할 경우에는 조선의 역사, 조선의 문학, 조선의 철학, 조선의 종교가 될 수 있다. 그래서 정인보는 이조 조선에서의 주자학은 이 얼에 근거하지 않는 텅 빈 학문이며 가짜 학문이라고 비판한다. 정인보는 한국인의 얼을 담고 있는 학문이어야 실심에 근거한 학문이 될 수 있다고 보았다.

렷한 일이다."라고 하였다. 정인보. 1947.「조선사연구」(상). 서울신문사. 47쪽.

34 정인보.「오천년간 조선의 얼-序」.『韓國近代名著論說集』.『新東亞』. 1966 1월호 별책부록. 158쪽.

4. 정인보의 '한국적 유학'

위에서 정인보가 유학 연구의 목적을 개인과 민족의 주체성을 확립하기 위함에 있음을 논의하였다. 이를 위해 그는 주자학적 학문 방법을 비판하면서 양명학적 방법의 중요성을 제기하였다. 그러나 그는 스스로 양명학자로 불리는 것에 반대하였다. 정인보가 양명학을 강조한 것은 앞에서 언급한 바와 같이 양명학 학통을 세우기 위한 것이 아니다. 그리고 양명학자가 아니라는 것에도 거부감을 드러낸다. 그가 양명학자가 아니라고 한다면 마치 조선성리학자들이 양명학을 이단시하는 것과 같이 비쳐질 수 있기 때문이다.[35] 그는 "지금 양명의 학설을 연론함에 있어서도 양명의 학설을 표준으로 삼아 우리 민중에게 호소하려는 것이 아니라 우리의 본심이 가진 밝음에 이 학설을 비추어 그것의 옳고 그름을 스스로 깨닫도록 하자는 것이다"[36]라고 하였다. 즉, 정인보가 『양명학 연론』을 집필한 것은 당시 지식인들이 서구 학문을 맹목적으로 수용하고 있는 태도를 비판하고 사심을 버리고 주체적인 태도로 취사선택해야 함을 강조하고자 하였다. 그가 양명학에 대한 태도는 조선성리학이 주자학 그 자체를 학문의 목적으로 한 것과는 분명히 다르다. 그리고 단재 신채호가 아我와 비아非我의 계급투쟁을 주장하면서 조선만을 강조하면서 유학에 대해 부정적인 태도를 취한 것과도 다르다. 정인보는 신채호 선생이 제시한 아我의 주체성을 확립하기 위해서 양명학을 수용하고자 하였다. 그래서 이 장에서는 정인보의 조선학과 외래사상의 관계를 중심으로 '한국적 유학'에 관해 논의하고자 한다.

---

35 정인보. 위의 책. 홍원식 해설. 76쪽.

36 정인보. 앞의 책. 홍원식 해설. 30-31쪽.

정인보는 조선학 연구의 중요성을 인식하고 조선적 정신을 대중들에게 알리고자 하였다. 정인보는 부친에게서 조선 역사의 중요성을 들은 바 있고 강화양명학을 통해 민족주체성의 중요성을 알게 되었으며, 단재 신채호와 같은 민족주의자에게서 민족 사관의 중요성을 접하기도 하였다. 그래서 그는 '다산서세백주년기념'茶山逝世百周年紀念사업에 참여하면서 안재홍과 함께 조선학 운동을 이끌었다. 그는 역사를 통해서 조선의 얼을 밝히고 민족 주체의식의 향상과 자립을 추구하고자 하였다.

정인보는 조선의 얼은 결코 사라지지 않았다고 말한다. 그는 "태초에 단군문화라는 민족 고유의 문화가 있었다. 뒤에 불교, 도교, 유교 등 외래문화가 밖으로부터 들어왔으나 단군문화는 죽지 않고 살아남았다. 단군문화가 흥하면 나라가 흥한다. 그러므로 모름지기 우리는 외래문화에 빠지지 말고 5천 년간 우리를 지켜 준 얼 단군문화로 돌아가야 한다."[37] 라고 하였다. 조선에 비록 유교, 불교, 도교 등의 외래문화가 유입되었지만 조선의 얼, 또는 정신이 사라지지 않았다고 보았다. 하지만 정인보는 "단군문화가 고유한 문화이었지만 4세기에 외래문화의 도전을 받게 되었다고 한다. 그러면서 고유문화와 외래문화는 상호간에 적지 않는 변화가 있었다. 그 변화는 크게 두 가지로 해석할 수 있다고 본다. 그 하나는 외래문화의 침투도가 격증할수록 우리 고유문화가 휩쓸려 넘어지는 경우이고, 다른 하나는 우리 고유문화가 도리어 외래문화를 소화해 버리는 경우"[38]라고 하였다. 그는 한국사에서 고유문화와 외래문화 간의 관계를 논의하면서, 전자를 '외래문화의 한국' 이라면 후자의 경우에는 한국적 외래문화라고 볼 수 있다. 정인보는 조선성리학이 들어오기 전까지는 한국적 외래문화가 주류를 이루었지만 조

37 정인보. 2000. 『정인보의 조선사 연구』. 박성수 편역. 서원. 183쪽.

38 정인보. 위의 책. 박성수 편역. 82쪽.

선성리학 이후에는 외래문화가 판을 치게 되었다고 본다. 전자의 경우를 최치원의 「난랑비서문」과 한국불교를 통해서 논의해 볼 수 있다.

정인보는 최치원이 말한 현묘지도를 홍익인간으로 해석하면서 풍류라고 해석한다. 정인보는 '풍류'를 중국문화가 유입되기 이전의 조선 고유한 문화로 이해하고 있다. 이를 최치원의 「난랑비서문」에서 알 수 있다. 「난랑비서문」에는 다음과 기록되어 있다.

> 우리나라에는 현묘한 도(玄妙之道)가 있으니 풍류라고 한다. 실로 유불도 삼교를 포함한 것으로 많은 사람을 접하여 교화한다. 예를 들어, 들어오면 집에서 효도하고 나가면 나라에 충성하는 것은 공자의 뜻이며, 무위에 처하여 말없는 가르침을 행하는 것은 노자의 종지이며, 여러 악을 짓지 않고 여러 가지 선을 봉행하는 것은 석가의 교화이다.[39]

위와 같이 최치원이 언급한 풍류지도 또는 현묘지도는 단군신화의 정신이며, 이러한 현묘한 도 안에는 유불도 삼교사상을 포함하고 있다고 말한다. 그렇다고, 최치원이 삼교를 부정한 것은 아니다. 최치원은 현묘지도를 삼교의 용어로서 해석했다고 볼 수 있다. 정인보 또한 "외래문화의 조류를 무시하거나 우리 고유문화만 강조할 수도 없는 것이다"[40]라고 하면서 외래문화와 고유문화 간의 교류를 중시여기고 있다. 그래서 풍류를 외래사상을 수용할 수 있는 소지와 그 가능성을 확인해 주는 우리의 고유사상으로 이해할 수 있다.[41] 이와 같이 최치원은 고유

---

39 『삼국사기』권4, 진흥왕 37년(576)조 "國有玄妙之道, 曰風流, 設敎之源, 備詳仙史, 實乃包含三敎, 接化群生, 且如入則孝於家, 出則忠於國, 魯司寇之旨也 處無爲之事, 行不言之敎, 周柱史之宗也, 諸惡莫作, 諸善奉行, 竺乾太子之化也.

40 정인보. 위의 책. 박성수 편역. 83쪽

41 고운국제교류사업회 편찬. 2010.『고운 최치원의 철학. 종교사상』. 도서출판 문사

사상인 풍류를 유교, 불교, 도교의 상이한 외래문화를 융합할 수 있는 주체의식으로 볼 수 있다고 하였다.[42]

정인보의 이러한 사상은 『조선고대사』에서 한국사의 외래문명을 수용한 역사적인 사례를 소개하고 있는 것에서도 알 수 있다. 특히 정인보는 불교의 주체적인 수용을 중시하였다.

> 불교가 처음 이 땅에 들어올 때는 바로 삼국의 전성기라 이쪽의 자기에게 의지하는 기개와 중국이 전적으로 높이는 진리의 깨달음이 서로 응합함에 그 꽃은 비록 보리로 되었으나 환웅의 옛 뿌리가 의연히 깊이 박히었으니 불교가 본디 자신을 버리고 남을 이롭게 하는 것을 종지로 하는 것이지만 종국宗國의 홍익弘益을 도모한 것이 조선불교에 있어서는 더 한층 뛰어나다 할 수 있다. 만나는 바와 지향하는 바를 따라서 은현오묵의 차이가 없지 않되 태평하면 적막한 것을 스스로 달게 여겨 진리를 깨닫는 목적을 추구하고 재앙이 있으면 위난에 용감하게 뛰어들어 사람들을 구제하는 풍개風槩를 일으키니 조용히 참선하는 것과 위난에 뛰어드는 것이 모두 다 '대심大心의 중생'으로써 하는 것이요, 이 대심은 곧 조선에 말미암아 근원하는 것이니, 이것이 곧 조선불교의 핵심이다.[43]

철. 42쪽.

42 신채호는 김춘추, 최치원, 김부식을 사대모화의 화신으로 비판하였다. (신채호.『조선상고사』;『단재 신채호 전집』(개정판 상권. 형설출판사. 1995. 73쪽) 신채호 자신도 화랑, 풍류는 모두 단군문화에서 전개되어진 문화임을 강조하고 있다. 하지만 신채호는 최치원이 풍류도에 근거해서 외래문화(유불도)를 수용하는 태도가 한민족의 혈종주의문화를 훼손하는 것으로 이해하고 있는 듯하다.

43 정인보.『담원 정인보 전집』(2).『논어, 수필, 한시』.「조선불교의 정신문제」. 315쪽.

위의 인용문에서 정인보가 조선불교의 특징을 논의하고 있다. 그는 삼국시대에는 주체적 기상이 왕성하였기 때문에 중국불교를 주체적으로 수용하면서, 조선의 홍익적 가치관과 중국 불교의 진리 증득을 추구하는 경향이 결합한 특징이 있다고 보았다.[44] 그는 불교가 상구보리 하화중생을 가치로 안으로는 보리의 증득과 밖으로 이타를 추구하지만 조선불교는 홍익의 뿌리 때문에 초월적 깨달음보다 중생구제나 백성의 이익 추구에 더 뛰어나다고 보면서, 조선 얼에 근거한 불교를 '조선불교'의 핵심이라고 하였다. 그는 「조선불교의 정신문제」라는 논설에서 "누구나 조선의 고古문화를 생각할 때 조선불교의 공적을 잊지 못할 것이다. 그러나 조선의 불교는 중국의 불교와 달리 조선의 참다운 정신에서 우러나오는 불교라야 할 것이다."[45]라고 하면서, 얼의 정신을 포함하고 있는 불교만이 '한국적 불교'가 될 수 있다고 본다.

하지만 정인보는 한국유학사에서는 조선불교와 같은 유교를 찾아볼 수 없음에 관해 언급한 적이 있다. 그는 조선 양명학파에서 계곡鷄谷 장유張維의 견해를 조선유학자의 총론으로 평가하기도 하였다.

> 조선학풍에 대해 남모르는 차상嗟傷을 품어 중국은 학술이 갈래가 많아 정학자正學者도 있고, 선학자禪學者도 있고 정주程朱를 배우는 자도 있고, 육씨陸氏를 배우는 자도 있어 문경門徑이 불일不一하나… (중략)… 중국에는 학자가 있으되 우리나라에는 학자가 없다. 대개 중국은 인재人才, 지취

44 단재 신채호 또한 〈朝鮮歷史上 一天年來 第一大事件〉에서 고려 중엽까지는 孺, 佛 양교에 출입하는 동시에 또한 화랑도의 대요를 섭렵함이 있었다고 보면서 화랑의 지위를 유교나 불교보다 상위에 두었지만, 妙淸의 西京戰役의 역사적 대사건에서 國風派가 유학파에게 패하면서 조선의 역사는 사대적, 보수적, 속박적 사상인 유가사상에 몰락하게 되었다고 본다. 그런 이후에 유학 특히 성리학이 한국에 유입되면서 한민족의 주체성을 상실하고 존화주의의 늪에 빠지게 되었다고 말한다.

45 박성수 편역. 앞의 책. 172-173쪽.

> 脂趣가 자못 녹록碌碌하지 아니하여 때때로 뜻있는 선비 있어 실심實心으로 학學에 향하므로 그 좋아하는 따라 공부한 배 서로 같지 아니하나. 그러나 가다가다 각각 실득實得이 있다…(중략)… 오직 정주程朱의 학이 세상에서 귀중貴重히 여기는 바임을 들어 입으로 말하고 외양으로 높일 뿐이니 다른 학만이 없을 뿐이 아니다. 정학正學에 있어서도 언제 무슨 얻음이 있은 적이 있었던가?…(중략)… 호호라이 수행數行 만필漫筆이 실로 조선 유학사의 총론總論이라 하여도 거의 과언이 아니다.[46]

정인보는 『계곡만필鷄谷漫筆』에 실린 글을 인용하면서 조선유학사를 평가하고 있다. 계곡은 중국유학과 조선유학을 비교하면서 중국의 지식인은 주체적으로 학문하면서 다양한 학파가 존재하며, 학문적 다양성으로 인해 실득을 얻었다고 본다. 반면 조선에서는 정주학만 따르면서 다른 학문을 이단으로 취급하였고, 정주학에서도 실제 이득이 없다고 보았다. 계곡이 언급한 바와 같이 중국에서는 정주학도 실제로 실학이라고 할 수 있다. 정주학자도 불교와 도교가 유행하고 있는 상황에서 중국문화의 핵심(공맹의 학문)을 계승하면서 새로운 형이상학적인 체계를 구축하였다. 그러나 조선유학자들은 성리학이 발생한 배경이나 정주학의 실심에 대해서는 관심이 없었고, 단지 그 이론제계와 수행론에만 관심을 가졌다.

정인보는 조선사 연구를 통해 조선의 얼을 다시 회복하고자 한다. 그렇다고 그가 유학을 부정한 것은 아니다. 정인보는 오히려 조선의 얼과 양명학의 관계를 내용과 형식의 관계로 이해하고 있다. 그의 『양명학연론』의 구성과 내용만으로 보면 양명학으로 분류할 수 있지만, 그

46 정인보. 『담원 정인보 전집』(2). 『조선 양명학파』. 219-220쪽.

정신은 민족혼에 두고 있다. 민족혼의 표현으로 이해한다. 즉, 조선의 얼이 양명의 옷을 입고 드러났을 뿐이다.[47] 정인보의 이러한 유학에 대한 접근방법은 분명히 조선성리학자와 상반된다. 조선 성리학자들은 성리학을 '중심'으로 이해하면서 조선을 등한시하였다면, 정인보는 조선의 민족 주체성을 '목적' 또는 '근본'으로 보고, 양명학을 조선인의 주체성을 회복시키기 위한 '방법' 또는 '말단'으로 이해하고 있다. 그의 이러한 접근방식은 유학에서 조선을 이해하는 방식(유학의 한국)이 아니라 조선에서 유학을 이해하는 방식(한국적 유학)으로 전환시키고 있다는 데서 중요한 의의가 있다.

5. '한국적 유학'의 비판적 계승

일제강점기 정인보의 유학과 얼의 관계를 통해 '한국적 유교'의 의미와 의의를 논의하였다. 정인보는 조선 성리학자들의 유학 접근 방식에서 벗어나 새로운 접근 방식을 제시하였다. 조선성리학자들은 유학 그 자체에 매몰되어서 유학을 수용하는 주체에 대해서는 등한시 한 경향이 있다. 하지만 정인보는 오히려 수용 주체의 관점에서 유학에 접근하였다. 우리는 전자의 방법을 '유학의 한국'이라고 칭할 수 있다면, 후자의 방법을 '한국적 유학'으로 칭할 수 있다. 그래서 논문에서는 정인보가 양명학 연구를 통해서 '유학의 한국'에서 '한국적 유학'으로 새로

47 권상우. 2011. 「일제강점기 '민족성과 儒學의 관계성' 담론을 통한 '한국적 儒學'(얼儒學) 試論: 다카하시 도루, 신채호, 정인보의 담론을 중심으로」. 『퇴계학과 한국문화』(48호). 경북대학교 퇴계연구소. 31쪽.

운 패러다임을 제시했음을 논의하였다.

정인보가 유학 연구에서 한국적 유학을 제시할 수 있었던 배경에는 신채호의 영향이 있었기 때문이라는 것이 학술계의 정설이다. 신채호는 我와 非我의 투쟁을 주장하면서 민족 주체성을 강조하였다. 하지만 그가 외국인의 물건을 훔치는 행위도 정당하다고 말한 것에서도 알 수 있듯이, 그는 민족성과 외래문화의 관계를 대립적이고 투쟁적으로 파악하고 있다. 그의 이런 주장은 이조 조선의 성리학자의 학문 태도에 대한 극단적 반감에서 나온 것으로 볼 수 있다. 신채호는 조선성리학자들은 유학 자체만을 강조하면서 조선 민족성을 배제시켰기 때문에 조선이 일제의 지배를 받게 되었다고 하였다. 신채호는 국권을 회복하기 위해서는 민족 주체성을 강조할 수밖에 없었다. 이에 반해 정인보는 신채호의 입장을 계승하면서 양명학을 수용하고 있다. 즉 그는 민족주체성을 양명학을 통해서 회복하고자 하였다. 그래서 정인보의 학문적 태도는 조선 성리학자와도 다를 뿐만 아니라 신채호도 다르다.

정인보가 민족성과 조선의 현실문제에서 유학에 접근했다는 점을 긍정적으로 평가할 수 있다. 그러나 정인보의 한국적 유학에서는 외래사상을 민족성에 근거해 해석하면서 외래사상의 본래 의미를 왜곡시킬 수 있다. 신채호나 정인보와 같이 민족의 주체성의 관점도 중요하지만 외래사상의 본래 의미 또한 중요하다. 그래서 필자는 민족 주체성과 외래사상의 관계를 상호문화철학의 관점에서 논의할 필요가 있다. 즉, 양자 간에 차이성을 인정하면서 융합할 수 있는 해석학적 이해방식으로 접근할 필요가 있다. 이러한 접근방식으로 민족성과 유학이 상호작용하면서 이전과 다른 새로운 한국유학을 창출할 수 있을 것이다.

참고문헌

권상우. 2011. 「일제강점기 '민족성과 儒學의 관계성' 담론을 통한 '한국적 儒學'(얼儒學) 試論: 다카하시 도루. 신채호. 정인보의 담론을 중심으로」. 『퇴계학과 한국문화』(48호). 경북대학교 퇴계연구소.

김교빈. 1996. 「실심으로 살아간 양명학자들」. 『조선유학의 학파들』. 예문서원.

신채호. 1995. 『단재 신채호 전집』(상권) 개정판). 형설출판사.

일연. 1997. 『삼국유사』. 노중국 역. 계명대학교출판부.

정인보. 1983. 『담원 정인보 전집』(2). 연세대학교출판부.

______. 2000. 『정인보의 조선사 연구』. 박성수 편역. 서원.

______. 1966. 「오천년간 조선의 얼-序」. 『韓國近代名著論說集』. 『新東亞』. 1966 1월호 별책부록.

______. 1997. 『조선사연구』(상). 서울신문사.

______. 2003. 『영명학 연론』. 홍원식 해설. 계명대학교출판부.

고운국제교류사업회 편찬. 2010. 『고운 최치원의 철학. 종교사상』. 도서출판 문사철.

송석준. 2005. 「한말양명학의 전개와 연구 현황」. 『양명학』 제13호. 한국양명학회.

신현승. 2009. 「정인보의 조선양명학파 연구에 관한 일고찰」. 『인문과학연구』(23). 강원대학교 인문과학연구소.

최영성. 2000. 「日帝時期 反植民史學의 展開」. 『한국사상과 문화』 9집. 한국사상문화학회.

일부 김항

정승안

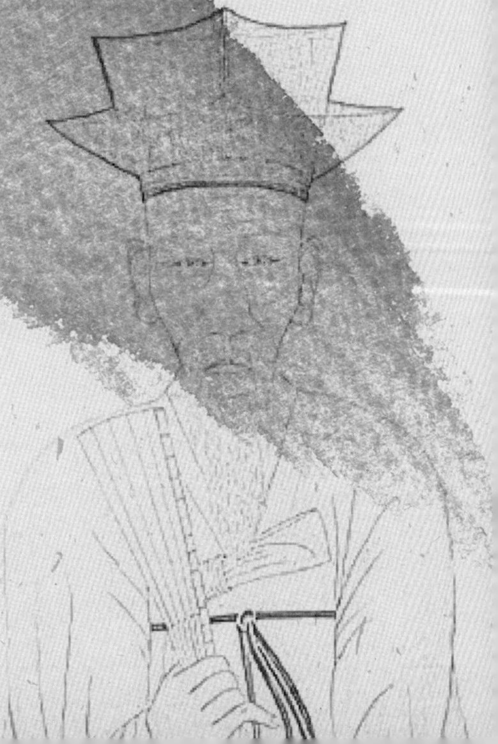

일부 김항

—

정 승 안

Ⅰ. 들어가며

한국 전근대시기의 사회사상사에서 중요한 인식론적 단초는 어디에서 찾을 수 있을 것인가? 대부분의 논자들은 이에 대한 해답을 물질적 생산력의 변화에 주목해서 찾으려 한다. 사회사적으로 전근대시기에 일어났던 광범위한 사회경제적 조건의 변화나 생산력증대에 주목하고 있는 것이다. 그렇지 않으면 삼정의 왜곡과 수탈에 맞섰던 동학농민들의 저항이나, 봉건적 전제적 왕 중심주의, 지방사림이나 세도정치에서 해결의 실마리를 구하고자 한다. 그러나 논쟁만을 일삼으며 세계변화에 주목하지 않았던 보수적 성리학자들에 대한 비판이나 이용후생과 실사구시를 목표로 표출되었던 실학자들의 주장이 오늘날의 많은 연구자들의 관심을 끌고 있다는 것 또한 익히 알려진 사실이다.

그러나 급격한 사회변동과 새로운 질서의 형성이 이루어지던 조선조말, 체제변동 시기의 복잡한 사회사상들 중에서 독보적인 영향력과 위치를 차지했던 한 가지를 선택하라고 한다면 일부一夫 김항金恒의 정역正易을 손꼽는데 주저함이 없을 것이다. 전근대시기의 사회사상에 있어서 성리학을 비롯한 동학이나 증산도와 같이 시대변화를 둘러싼 다양한 신종교들의 형성과정에는 대부분 예외 없이, 일부 김항의 정역의 논리가 그 사상적 기초로 자리잡고 있기 때문이다.

정역正易은 일반적으로 중국역학을 대표하는 주역周易과의 관계에서 설명된다. '주역이 군자를 중심으로 인도人道를 표상'하고 있다면 정역은 '인도의 근거가 되는 천도天道 그 자체를 드러내어 밝히고 있다'는 등의 평가가 그것이다. 그러나 천리와 천도를 설명하기 위한 성학聖學이 유학이라고 한다면 역易에 대한 논의는 하늘의 운행원리 즉, 천도天道의 항상함과 이를 법法삼은 인간 삶의 원리, 즉 인도人道의 보편적 원리에 대한 설명으로 이어진다. 이렇듯 조선조 시기 전체의 지배이데올로기로 작용했던 유학의 사상적 심원에는 복희伏羲와 문왕文王이 만들었던 팔괘八卦에서 시작해 공자孔子의 계사전繫辭傳으로 마무리되었다는 역易에 대한 성인작역聖人作易의 논의의 흐름이 주자학과 성리학 그리고 모든 이기론적 논의의 기초에 자리잡고 있다. 결과적으로 유교사상사에서 역易에 대한 논의는 거의 대부분의 사회사상의 인식론적 기초로 작동하고 있는 것이다. 이는 또한 동북아시아의 사회사상의 흐름이 형태는 달리하지만 대부분 역易의 논리와 관련되어 있다는 것을 의미하기도 한다.

근현대시기의 수많은 신종교들의 교리와 운영원리에도 주역의 논리가 반영되고 있었기에 기존의 정역에 대한 논의들도 이러한 신흥종교들과의 관련성속에서 많이 해석되어 왔다. 그러므로 정역을 연구했던 기존의 연구경향이나 흐름들을 살펴보면, 주로 종교적 차원에서 진행된 연구가 대부분을 차지하고 있음을 알 수 있다. 이는 유사종교활동에 종사하고 있는 사람들에 의한 교리 정당화를 위한 목적적인 연구이거나 신종교의 성격을 강화하기 위한 경향성에서 벗어나지 않고 있다는 것도 이런 맥락에서 살펴볼 수 있을 것이다.

여기서 근현대시기의 사회변동과 역易의 사회사상적 의미를 살펴보고자 하는 것은 유교를 중심으로 하는 한국사상사에 있어서 사실상의 지배적인 인식원리의 중심에는 역易에 대한 이해와 해석에 있었다는 사실에 주목하기 때문이다. 일부의 정역과 그 인식론적 근거가 사실상 한국고유사상과 한 치의 괴리도 찾아보기 어렵다는 사실도 눈길을 끈다. 일반적인 인식에서처럼 주역=중국사상이 아니라 삼역(복희-문왕, 공자, 정역)이라는 평가와 더불어 새로운 성인의 학문을 지향하고 있다는 김일부의 정역에 대한 자부심 역시, 전통적인 역易에 대한 논리적 전제위에서 기술되고 있다. 한국사상의 인식론적 기초를 확장시키고 있는 전근대의 르네상스의 진원지가 바로 일부 김항의 정역으로부터 시작되고 있기에 그 사회사상적 의미를 살펴보는 것은 충분한 의의성을 지닌다고 본다.

Ⅱ. 일부一夫 김항金恒의 생애와 정역正易

1. 정역正易에 대한 왜곡된 이해

일부 김항의 정역과 학문적 성과와 의의를 평가하는 데 있어 '3천년 역학사에서 한국역학의 신기원을 열었다'는 언급이나, 종교인 또는 교주 정도로 치부되는 논의들이 많았다. 이는 김일부에 대한 연구들이 그의 학문자체에 대한 사상적 논의나 맥락에서 평가된 것이 아니라, 대부분 일부의 제자나 선생에 영향 받았다는 사람들의 논저나 기록들 속에서 등장하고 있다는 사실에 기인하는 것으로 보인다. 일부의 학문적 논의에 대한 업적들에도 불구하고 과잉된 평가들은 또, 오늘날까지 영향력을 행사하고 있는 증산도나 대순진리회 등의 많은 신종교들이 정역을 주요한 교리적 근거로 활용하고 있다는 사실들과도 덧붙여진다.

이러한 요소들이 맞물리며 일부 정역에 대한 해석에 있어서 객관적이지 못한 장애요소로 작용하고 있는 것이다.

이와 더불어 일부와 정역을 이해하는 데 있어서 또 하나의 문제점으로 등장하고 있다는 점에 대해서도 주목할 필요가 있다. 일부의 정역正易에 대한 이해를 위해서는 전통적인 주역에 대한 이해가 선행되어야 한다는 사실이다. 정역의 인식체계나 논리는 전통적인 역, 주역에 대한 이해없이는 도대체가 접근하기 어렵다. 이는 일부 정역의 중요성과 엄청난 학문적 성과에도 불구하고 기존의 연구들이 편협하게 유지되었던 이유라고 할 수 있을 것이다. 이전의 대부분의 사대부가에서도 특출난 인재가 아니고서는 천자문과 논어, 맹자정도야 쉽게 읽고 시경의 중요성을 강조하면서도 주역만큼은 강의하기 어려웠다고 한다. 이러한 사실을 고려한다면 매우 복합적이면서도 정치한 논리적 틀 속에서 설명되고 있는 정역을 이해하기에는 나름대로의 진입장벽이 버티고 있다는 사실을 인정하지 않을 수 없는 것이다.

그러므로 정역에서 제시하고자 하는 근본적인 인식원리에 대한 논의는 배제되고, 도참이나 예언적인 내용처럼, 두드러지게 표출되고 귀에 쉽게 들어오는 술수적인 측면의 내용들만이 부각될 여지가 많았다는 것을 알 수 있다. 이러한 사실들도 일부 김항의 정역사상에 대한 왜곡된 평가의 한 측면을 차지하고 있다 하겠다. 오늘날에도 일부의 주된 활동권역에 있었던 대전·충청지역의 연구자들에 의해서만 정역의 논의가 주로 계승되고 있는 것도 같은 맥락에서 이해될 수 있을 것이다.

2. 일부一夫 김항金恒의 생애

일부는 광산김씨경력공파光山金氏經歷公派이다. 본관은 광산光山이요 명

名은 항恒(초명은 在一)이다. 자字는 도심道心이요 호號는 일부一夫이다. 신라 삼십칠왕손의 후예이며 조선조 광산부원군의 13세손으로 경력공파이며 6대조가 희철希哲(字는 子明)이고, 부친 인로麟魯와 모친 대구서씨 사이에 맏이로 태어났다고 한다. 논산군 양촌면 남산리 오도산五道山아래에서 출생했는데, 1826년 순조26년 병술십월 28일에 탄생한 것으로 되어있다.

일부의 생애 중 전반기 자료들은 알려진 바가 별로 없다. 생애의 기록들도 거의 남아있지 않다. 그의 제자들과 후손들 역시 종교적 분야에서 왕성하게 자신의 활동들을 펼쳤다. 이 과정에서 선대의 기록이나 학문적 측면보다는 교조화를 위해 필요한 종교적 영역과 활동에 더 주목한 것으로 보인다. 종교적 카리스마를 위해 두드러진 측면만 부각시키고자 했던 것으로 추측해볼 수 있는 지점이다.

일부는 서전書傳의 정독과 다독을, 또 하나는 영가永可와 무도舞蹈로 인한 정신의 개발을 추구했다. 연담 이수증蓮潭 李守曾을 만나 감동받고 난 후부터는 종래의 예학과 사문에 힘쓰던 태도를 바꾸어 오로지 서전 읽기와 주역연구에 정력을 다했다고 한다. 그때 받았던 문구가 "觀淡은 莫如水요 好德은 宜行仁을 影動天心月하니 勸君尋此眞하소"이었다 한다. 용바위라 불리는 바위위에서 항상 영가무도하였기에, 선생이 뛰던 자리에는 풀 한포기도 없었다고 한다. 연담선생에게 받은 '영동천심월影動天心月'을 화두로 노력과 정진을 거듭하여 36세부터 전후, 19년 만에 영동천심월의 진리를 찾았다고 한다. 이후 54세, 1979년(기묘)에 정역을 지었다. 이는 정역의 입도시入道詩에서도 밝히고 있는데, "靜觀萬變一蒼空하니 六九之年始見工을 *妙妙玄玄玄妙理*는 无无有有有无中을"[01]이 그것이다. 이렇듯 연담 선생에 의해 화두처럼 물려받은 영동천심월의 비

---

01 이정호. 1976. 『정역연구』. 국제대학출판부. 201쪽.

밀을 풀게 됨으로써 정역팔괘도가 출현할 수 있었고 제3의 역易이라고 할 수 있는 정역을 저술할 수 있었다는 것이다.

일부의 모든 사상과 내용은 『정역』에 담겨있다고 해도 과언이 아닐 것이다. 정역을 마무리하고 난 후에 자신의 나머지 기록들은 모두 불태워버렸다는 기록도 나온다.

일부는 54세에 정역팔괘도를 그렸다. 54세 이후부터는 눈에 이상한 괘획卦劃이 나타나기 시작하여 점점 커지고 확대되어 나중에 천지가 모두 이 낮모르는 팔괘의 획으로 뒤덮여 보였다고 한다. 이상한 괘도를 본 선생은 주역에서 그런 괘도를 찾아보았지만 찾지 못하다가 주역 설괘전의 "神也者 妙萬物而爲言者也"의 아래 글에 "… 故水火相逮 雷風不相悖 山澤通氣 然後能變化 氣成萬物也"라는 대목에서 괘도의 질서와 부합하는 것을 보고 "성인이 이미 주역에 말씀하신 것이니 그릴 수밖에 없다"고 하여 그리기 시작한 것이 정역팔괘도라고 한다.

정역팔괘도를 그리고 난 뒤에 홀연히 공자의 영상이 나타나 일부에게 "내가 일찍이 하고자 하였으나 이루지 못한 것을 그대가 이뤘으니 이런 장할데가 있나!"하고 무한히 찬양한 후 "一夫"라하고 또 "己甲夜半生癸亥"라 하며 더욱 추수하기를 권장하므로 선생은 감극하여 그저 부복하여 절했다한다.[02] 그리고 59세(1884년)에 『정역』 상편에 해당하는 「십오일언十五一言」을 지었고, 60세(1885년)에 정역 하편에 해당하는 「십일일언十一一言」을 저작하게 되었다는 것이다.

일부는 자신의 학문의 연원을 도道(화무옹, 화무상제)에 두고 있다고 밝히고 있는데, 스스로의 생애를 육십년의 솔성率性의 과정이었다고 기술하고 있는 것을 고려해본다면, 그의 생애는 36세까지의 수성修性의 시기, 54세까지의 18년 동안을 천지의 무형지경, 73세까지 22년을 천

02 이정호, 같은 책, 203쪽.

명자각과 실천의 시기로 나누어볼 수 있다. 이후 일부 김항은 1826년(병술) 10월 28일에 나서 1898(무술)년 11월 25일에 만72세를 일기로 졸하신 것으로 알려져 있다.

Ⅲ. 일부 정역사상 등장의 사회사적 배경

1. 민초들의 위기의식과 광범위한 저항

일부一夫 김항金恒이 활동하던 시기였던 조선말기의 사회사적 상황과 여건은 국내외적으로 매우 어수선했다. 조선후기의 지배적 사유구조였던 성리학적 지배질서와 가치관위에 뿌리박고 있던 전통적 질서가 혼란상으로 접어들던 때였다. 뿐만 아니라 매관매직과 삼정의 혼란은 경제적 궁핍과 더불어 사회적으로도 많은 갈등양상을 초래하고 있었다. 대내외적인 혼란과 더불어 국내적으로 피폐한 민초들의 생활은 앞날을 예측하기 어려울 정도의 혼란한 전환기적 상황이었다. 이러한 민초들의 곤궁함은 일부의 정역이 등장한 시기에 소태산의 '원불교'나 수운水雲 최제우崔濟愚(1824-1864)의 후천개벽을 기치로 한 '동학'의 활동시기와도 맞물리게 하였다. 이러한 민초들의 곤궁함이 극에 달한 시대사적 배경에서는 현실에서의 고통을 벗어나고 새로운 시대를 열어가기 위한 사회적 기대와 갈망과 같은 요구가 있었다는 것은 자연스럽다. 르네상스와 더불어 중세유럽에서의 부르조아적 질서의 등장과 같은 시대적 흐름의 변화와 비견되어 설명될 수 있을 것이다. 이 시기에 일부는 천지변화도수의 변화에 따라 정역팔괘의 세계상을 정립하고, 음을 누르고 양을 높인다는 억음존양抑陰尊陽의 질서에서 음을 고르고 양을 맞추는調陽律陰의 사회질서로 나아가야 한다고 주장했던 것이다. 이는 초기 사회학의 등장에 있어서 콩트가 인류교라는 종교를 통해서 새로운 도덕적인 사회질서를 수립하고자 시도했던 것과 같은 맥락에서 설명될 수 있다. 부패타락한 구지배층의 봉건적인 잔존질서와 피폐한 민초들의 생활상에 대한 비판을 통해 제시하고자 했던 신세계에 대한 민초들의 갈망은 우리 한반도에서도 보편적인 흐름이었던 것이다. 이러한 시대적 배경에 대한 흐름과 요구는 한국사상사의 흐름과 맥락을 파악하기 위해서도 일부와 정역에 대한 사회사상사적 이해를 필요로 한다는 것을 알 수 있다.

2. 새로운 사상에 대한 시대적 요구

한국사상을 한 가지의 단일차원만으로 설명하고자 한다면 분명한 해답을 제시할 수 있겠지만 어떤 내용도 설명하지 못한다는 한계에 직면하게 된다. 한국사상의 고유한 사상적 맥락을 고려한 위에서 사회사상적 측면에서의 이해를 시도해야하는 이유이다. 한국전통사상은 기본적으로 유불선이 복합적으로 혼융된 위에서 구성되고 있다. 최치원의 난랑비서문에서 표기되고 있는 "국유현묘지도왈 풍류, 유불선포함삼교"의 논의는 한국사상사를 관통하고 있는 일대종지라고 할 수 있을 것이다. 역에서 등장하는 다양한 삼역론(주역, 연산역, 귀장역) 역시 이와 같은 맥락에서 설명될 수 있다. 사서삼경이 조선조를 유지했던 이데올로기적 기능을 담당했다고 한다면 삼경으로 분류되었던 역경은 그 자체만으로서도 전통적 권위를 부여받았던 것이다.

그럼에도 불구하고 진시황의 분서경유당시에도 점서로 분류되어 분서를 면했다는 역에 대한 논의는 주역이 주나라의 역이었으며, 역성

혁명을 통해 천명을 부여받았다는 하늘로부터의 정당성을 부여하기 위한 과정에서 만들어졌다는 주장이자 점서였다는 사실에 자연스레 주목하게 된다. 새로운 사회질서와 지도자에 대한 사회적인 갈망과 요구를 감당할 수 있는 최고의 술수이자 이데올로기적 근거를 역易의 사상에서 찾게 만들었던 것이다.

동양적 사유구조에서 극도의 사회적 혼란과 경제적 위기에 대한 동양사상적 대안은 황하강의 범람을 다스렸던 봉건제의 시작을 알리는 주나라 문왕文王의 고사와 연결된다. 문왕이 9년 홍수에 대한 다스림을 통해 천자로서의 자격을 부여받았던 것처럼, 사회적 혼란기에 있어서 천명을 부여받은 뛰어난 지도자의 능력을 통한 위기타파의 카리스마적 지도력에 대한 기대는 시대적인 요구였다는 것을 주역의 논리를 통해서 제시하고자 시도하고 있는 것이다.

조선말, 전근대시기에 등장했던 수많은 참위설에 근거한 종말론적 메시아니즘의 등장은 정감록鄭鑑錄에서 기대하는 진인眞人출현에 대한 기대감으로도 표출되었다. 불교에서는 미륵불이 현세화한다는 기대감등이 맞물려 등장하던 시대였다는 점을 고려해 본다면 '운도론적 시운관'이라고 불리는 역학적 관점에서의 하늘의 변화에 대한 인식원리에 대한 요청은 당시의 조선이 직면하고 있던 현실세계에 대한 대안적 해석에 대한 갈망이자, 새로운 시대를 열어가기 위한 '코페르니쿠스적 인식의 대전환'에 해당하는 사상전환의 사회적 요구였다. 이에 대한 역학易學계의 응답이 일부의 정역이었다고 할 수 있을 것이다. 그러므로 김일부라는 한 개인의 뛰어난 역학자의 개인적 능력이 아니라 '참위설에 바탕한 종말론적 메시아니즘', '진인 출현에 대한 사회적 기대감', '미륵불 출현에 대한 갈망'과 같은 사회적 요구에 대한 인식론적 틀의 전환과 광범위한 사회사상적 요구가 있었다는 것을 알 수 있다. 이러한 시대적 요청에 대한 조선시대의 경세가이자 사회사상가로서의 유학자들의 시대위기타파를 위한 노력들과 주역에 대한 이해를 지니고 있던 지식인들의 시대적 요청들에 대한 답을 찾으려는 노력들이 김일부의 정역으로 표출되었다고 이해하는 것이 타당할 것이다.

3. 새로운 사회질서에 대한 사회적 갈망

16-18세기의 조선은 발달한 생산력에 기초한 사회정치적 질서가 나름의 안정된 틀을 갖추었지만 사회적으로는 발달한 생산력에 조응하는 새로운 형태의 사회적 요구들이 터져 나오기 시작하였다. 경상, 충청, 전라의 삼도를 중심으로 하는 농업중심주의와 이에 근거한 지방 사림들의 지역사회에 대한 지배력의 강화는 다양한 갈등상을 불러오고 있었다. 이와 더불어 세도가들의 지배력이 강화되면서 성장하던 농업중심주의에 반해, 매관매직을 통한 사대부들의 부패타락한 모습은 민초들의 지지를 잃어가기 시작했다. 일상생활에서도 중요성이 점증하고 있던 상공업에 대한 시대적 요구만큼이나 상공업종사들에 대한 천시는 성장하기 시작하는 상인들의 역할과 비중의 강화와 더불어 새로운 갈등요소로 부상하기 시작하였다. 소위 일용사물에 대한 실사구시의 학문이라고 불리우는 '실학'의 등장은 새로운 시대와 사상적 흐름들이 표출되는 것과 궤를 같이하기 시작한 것이다. 이는 천도의 항상함과 하늘에 대한 고정불변함에 대한 새로운 모색이자 사회적 요구였다고 할 수 있을 것이다.

더구나 실사구시를 중심으로 하는 학문의 풍조와 사조의 변화는 한글의 대중적인 보급을 통해 새로운 전기를 맞이하기 시작한다. 한글보급을 중심으로 하는 문자해독능력의 확산과 더불어 종이의 확산을 통한 광범위한 서적보급이 이루어지기 시작하면서 새로운 지적 흐름들이 등장하기 시작한 것이다. 전통적 지식인에 대한 신랄한 비판과 인식론적 전환을 촉구하는 흐름들이 자신의 발언권을 획득하기 시작한 것이다.[03]

이러한 시대에 또 다른 형태로 등장한 흐름들 중에 눈길을 끄는 것이 토정비결, 정감록과 같은 비결서, 예언서들이 봇물 터지듯 보급되기 시작하였다는 사실이다. 17-8세기에 광범위하게 보급되기 시작한 예언의 논리들은 대부분 주역과 정역의 원리에 근거하고 있었기 때문이다. 토정비결의 판본이 오늘날에만 전해지는 것만 하더라도 50여 가지에 이른다. 물론 토정 이지함에 가탁되기도 하지만 토정이 작성한 것이 아니라는 것은 분명한 사실이다. 이들 내용에 등장하는 무수한 예언적인 내용들은 정역의 논리와 오히려 부합하고 있다는 사실은 사회적 위기에 대한 담론의 확산과 더불어 위기탈출의 수단으로서의 참위설을 활용하였다는 것을 충분히 짐작해 볼 수 있게 한다. 문제는 이러한 논의를 넘어 다가오는 전쟁이나 혼란의 위험을 넘어 병화를 피해가기 위해 십승지나 청학동, 우복동을 찾아 가야한다는 실천적 흐름들까지 나타나기 시작하였다는 사실이다. 하늘의 원리, 천도의 변화에 대한 기술이라는 정역에 대한 이해가 새로운 질서를 창출하고 위기탈출과 더불어 새로운 기회를 만들어 갈 수 있다는 시대적 요구와 맞물리는 현실에서의 인식원리로 작동하고 있었다는 것을 알 수 있는 것이다.

03 연암 박지원을 필두로 한 대부분의 실학자들은 성리학적 전통을 지니고 있으면서도 전통적인 양반중심주의의 이면을 다양한 방면에서 비판하는 저술을 하기 시작하였다. 소설, 물산, 지리, 생활 등의 다양한 방면에서의 기록과 방대한 저술들이 시작되었다.

Ⅳ. 일부 김항의 정역사상과 의미

1. 일부 정역사상의 주된 흐름과 논리

일부의 정역의 핵심은 「十五一言」과 「十一一言」을 통하여 살펴볼 수 있다. 여기서 10은 무극無極으로 하늘을 가리키고, 5는 황극皇極으로 땅을, 그리고 1은 태극太極으로 사람을 가리킨다. 결과적으로 정역은 무극과 태극 그리고 황극을 합일시키고자 시도한다. 이것이 하늘과 땅, 사람의 조화이며 천인합덕이라는 것이다. 또, 일부는 '성인이 말씀하지지 않은 천도를 일부가 어찌 말할 수 있겠는가? 천시가 말할 때이며 천명이 있기 때문이다'고 말한다. 천지인 삼재를 일관하는 역도를 밝히고자 하며 주역에서는 천도의 본래적 의미를 밝히지 않고 있음에 대해 비판적으로 접근하고 있다. 일부는 자신의 역학의 가장 중요한 요지를 다음의 한 문장으로 표현하고 있다.

> "易者는 曆也이니 無曆이면 無聖이며 無聖이면 無易이다"(『大易緖』)

일부는 이 문장을 통해 역학의 3측면을 제시하고 있다. 역易의 핵심이 시간의 변화인 역曆이라는 것이다. 역자易者는 역야曆也라는 것은 역학의 핵심적인 내용이 바로 천지역수의 변화원리라는 것을 언급하고 있는 것으로 보인다. 두 번째로 무력無曆이면 무성無聖이라는 것은 성인의 존재근거가 역수의 변화원리 즉 역도에 있음을 밝히고자 하는 것이라고 볼 수 있을 것이다. 세 번째로 무성無聖이면 무력無易이다는 역은 성인에 의해서 만들어졌다는 것을 드러낸다. 성인의 도통의 연원에서 도학의 형성과 근원을 밝히고 있는 것이다.

선천역이 만물의 공간에 위치하고 있는 것에 대한 언급이라면, 정역에서는 만물의 존재와 시간적인 변화로서의 역曆에 주목하고 있다. 역은 역曆이다는 표현이나, '천지가 일월이 없다면 빈껍질에 불과하다'는 언급들이 이에 해당한다 할 수 있을 것이다.

김일부의 역학 사상의 전체적 흐름은 순환적 운도론으로 꿰어져 있다. 원래의 역이 선천 윤역의 과정을 거쳐 후천 일월정도 운행의 정역에 이르러 이상세계가 도래한다는 우주자연의 역학적 원시반본사상을 제시하고 있다는 것이다. 그는 복희역을 선천, 문왕역은 후천으로 보던 종래의 입장을 넘어 문왕역을 선천, 정역을 후천으로 규정하고 있다. 복희선천 문왕후천이던 것이 선후천관이 뒤집혀서 문왕 선천, 일부 후천으로 바뀌게(이정호, 1976:20) 되었다는 것이다.

> "하늘과 땅의 이치는 三원이다. 원에서 성인을 내려 보내시고 신물로 보이시니 곧 하도와 낙서이다. 하도와 낙서의 이치는 후천과 선천이요, 하늘과 땅의 길은 기제와 미제이다."(「십오일언」국역)

이는 또한 주역은 선천에 해당하고 일부의 정역은 후천에 해당한다는 논리와도 상통한다고 본다. 복희역을 우주창조의 설계도로 보고 정역은 그 설계도의 완성된 모습으로 보려한다는 것이다. 이러한 선후천의 논의는 후천 개벽의 논리로 자연스럽게 이어진다.

일부의 후천개벽사상은 크게 두 가지로 구분된다. '일월개벽'과 '신명개벽'이 그것이다. 일월개벽은 우주의 환경변화를 말한 내용이다. 우주의 운행질서 자체의 변화를 말한다. 선천의 잘못된 건곤이 후천에는 정위치를 잡게 된다는 것이다. 이와 같이 일월운행이 크게 변화됨에 따라 윤변위정으로 종래의 윤역이 미래에는 정역으로 바뀌게 된다고 본다. 일부의 신명개벽, 이는 인간의 정신세계의 개벽을 의미한다. 그가 말하는 신명이란 인간의 내적 정신세계를 말한다. 일월개벽이 이루어짐과 아울러 인간의 신명개벽이 이루어져야 완전한 개벽이 이루어진다고 그는 보고 있는 것이다.

정역에서는 천지자연의 이기원리와 인간정신의 신명원리를 병칭하여 우주의 역수원리와 인간의 신명원리는 서로 상통한다고 보고 있다. 그리고 한걸음 더 나아가 외적 세계의 일월개벽원리도 단순한 과학적인 경험만으로 인식되어지는 것이 아니라 내적인 심성수련으로 인간주체의 정신적인 차원이 전환되고 인간 본래성인 신명성이 개시된 완전한 신인일여의 경지에서 주체적 자각에 의하여 통찰되어진다고 주장하는 것으로 나아간다. 우주생성원리가 표현되는 일월의 역수원리를 인간이 내적으로 주체화시켜 자각한 것이 신명원리라고 말하고 있다. 선천시대에는 천도가 운행함에 건곤과 음양이 어긋남에 따라 인륜도 패륜시대였으나, 후천시대에는 우주운행의 변화에 다라 새로운 윤리가 열린다는 것이다. 아울러 선천시대에는 초인적 성자들의 수가 제한되어 있었으나 후천에는 사람들이 성인이 될 가능성이 크게 열려있다는 것이 주된 논리구조이다.

선-후천론과 연결된 일부역학의 주된 특징은 '금화교역'의 논리에서 두드러지게 나타난다. 일부 정역에서 매우 중요하게 강조되고 있는데, 금화교역론에서는 선천과 후천의 변화가 실질적으로 일어나는 과정과 원리를 기술하고 있다. 금화사송金火四頌에 그 주된 내용이 나타나있다. 선천에서 후천으로 가는 변화의 현상이 오행에서 금金과 화火사이의 변화에 주목해야한다는 것이다. 화火에서 금金으로 가면 선천의 도수에 따른 것이고 금金에서 화火로 가면 후천의 도수변화에 따른 것이라는 논리이다. 전통적인 주역에서와는 달리 금과 화가 서로 바뀌는 것은 바뀌지 않는 정역이 되는 것이니 '화삭현망晦朔弦望'과 '진퇴굴신進退屈伸'과 '율려도수律呂度數'와 '조화공용造化功用'(『금화5송』중에서)이 바로 서게 된다는 논리도 이와 관련해서 언급되고 있다. 이때가 되면 우주사는 완성의 단계에 이르게 된다는 것이다. 주역에서 구별하였던 복희역 선천, 문왕역 후천이라는 개념의 변화와 더불어 천지음양이 전혀 새로운 질서로 개편된다는 것이다.

결국 정역에서 제시하는 후천개벽 사상은 정음정양으로서 음양이 조화롭게 이루어지고, 건곤정위로 천하의 기강이 바로 세워지고, 물질과 정신의 요소를 균등하게 발전시키며, 덕으로써 예와 악을 통하여 교화함으로써, 보편성과 개성을 동시에 발양시키자는 논리이다. 이는 덕으로써 천지와 성인이 합력하여 만물과 인간을 감화시키는 유리세상瑜璃世上이 건설되게 하자는 것으로 나아간다. 물론 이러한 신명개벽을 이루기 위해서는 우주자연의 변화법칙에 따른 인간의 당위적 노력이 동시에 수반되어야 한다는 의미도 내포되어 있다하겠다.

2. 영가무도 영동천심월詠歌舞蹈 影動天心月의 실천적 의미

연담 이선생에게 받은 '영동천심월影動天心月'을 화두로 19년 동안 찾았다는 영동천심월의 진리를 얻고난 후 54세 되던 1979년(기묘)에 정역을 지었다고 한다. 화두처럼 물려받은 영동천심월의 비밀을 풀게 된 것이 제3의 역易이라고 할 수 있는 정역을 저술하는 계기가 되었다는 것이다.

> 한 번은 일부선생의 고종제격인 권중하가 찾아와서 선생에게 노래 들려주기를 청하므로 선생이 이목의 번거로움을

> 피하여 당골 뒷산 으슥한 숲속으로 가서 청아한 음성으로 五音을 발하고 아울러 그 곡조에 맞추어 춤을 추니 그 율려의 정연함과 그 절조의 완전함이 마치 선인이 옥저를 희롱하는 듯하고 백학이 고중에서 춤추는 듯하여 권중하가 한 번 보고 황홀한 가운데 크게 감동하여 노래를 「詠歌」라 하고 춤을 『舞蹈』라 하여, '이것은 고인이 영가로 심성을 기르고 무도로 혈맥을 길러서 … 중고이래 독서학례와 사장지학으로 인하여 전폐하였던 것을 주자가 소학제사에서 권장하였을 뿐 이래 시행되지 않았던 것이다'(이정호, 1976: 198 재인용).

연담 이선생이라는 분과 교우하다가 하루는 이선생이 최제우와 김광화 그리고 김일부를 차례로 불러놓고 제우와 광화에 대하여는 떨어져가는 선도와 불도를 대표하여 이 세상에 나온 것이니 주문을 외이고 깊이 근신하라는 경계를 하고, 일부에 대하여는 그대는 "쇠하여가는 공부자의 도를 이어 장차 크게 천시를 받들 것이니 이런 장할데가 있나. 이제까지는 '너'라 하고 '해라'를 했으니 이제부터는 '자네'라 하기도 과만한 터인즉 '하소'를 할 것이니 그리 알고 예서만 자꾸 볼 것이 아니라 서전을 많이 읽으소. 그러하노라면 자연감동이 되어 크게 깨닫는 바가 있을 것이고, 후일 정녕코 책을 지을 터이니 그 속에 나의 이 글 한 수만 넣어주소…"하고 내어 준 것이 바로 저 유명한 "觀淡은 莫如水요 好德은 宜行仁을 影動天心月하니 觀君辱此眞하소"[04]라는 글이었다 한다. 이 글을 남기고 연담은 떠나갔지만 일부는 이 말에 감동하여 정진하고 노력하여 영동천심월의 진리를 깨달을 수 있었다는 것이다. 사실

---

04 맑음을 봄은 물과 같음이 없고, 덕을 좋아함은 마땅히 인을 행하여야 한다. 天心月의 그림자가 움직였으니 그대에게 권하노니 이 진리를 찾으라.

상 영동천심월의 오의는 서전의 제요帝堯 제순帝舜의 도를 알아야 했고, 주역의 선갑후갑先甲後甲 선경후경先庚後庚과 진술축미辰戌丑未의 전환과정에 대한 이해가 필요했다는 것이다. 이를 통해 천기天氣는 갑기甲己의 질서로부터 기갑己甲의 질서로 바뀌는 동시에 일월은 삭망의 전도로 인하여 십육일이 초하루로 전환되고 년초는 삼백육십일의 무윤력으로 변화됨을 예견(이정호, 1976: 201)했다는 것이다. 이러한 천지도수가 일월과 만물에까지 미치는 영향에 대한 변화를 영가무도를 통해 몸소 체험해야하고 이는 영적인 각성을 통해서 얻을 수 있어야 한다는 것이다. 여기서는 감통感通에 대한 논의는 신명과의 일치를 전제로 얘기되고 있다. 능엄경, 원각경에도 나타나고 있는데 '천심월天心月'은 물리적 세계가 아닌 곳에서 만나는 하늘을 지칭한다고 봐야 할 것이다. 본원적 존재로서의 하늘과의 만남인 것이다. 이는 자연스럽게 율려律呂의 세계로 이어진다. 이는 본래적인 억음존양의 논리이자 조양율음의 원리이다. 이는 천인합일과 신인합일, 후천세계로 들어가는 주요한 수단으로 받아들여지고 있다고 할 수 있는 것이다.

"천진에 일월이 없으면 빈껍데기와 같고, 일월에 사람이 없으면 헛된 그림자와 같다"는 언급은 오늘날의 위험사회와 위기의 시대에서 우리에게 시급히 요청되는 것은 본성에 대한 자각과 도덕 그리고 성찰적 지성에 의한 실천적 모델을 제시하고 있다고 할 수 있다. 결국 정역에서 나타나고 있는 영가와 무도의 형태는 몸과 마음 그리고 자연의 대립상을 넘어선 인식을 향한 실천적 수행법을 제시하고 있다하겠다.

3. 정역의 개벽사상과 간도중간艮道重艮

1) 한국 신종교와 개벽의 의미

정역팔괘도는 선천역이라고 불리우는 복희팔괘와 문왕팔괘를 전제로 해서 성립한 괘도이다. 논자에 따라서는 복희(선천), 문왕(후천)으로 구분하지만 복희와 문왕의 팔괘도를 선천역으로 이해하게 된다면 일부의 정역은 후천역이자 역괘도를 완성한 역이라고 할 수 있다.[05] 기본적으로 선천과 함께 제시되고 있는 후천의 개념은 역易의 논리에서 우주적 시간구조를 설명하고 있는 개념이라고 할 수 있다. 개벽의 사상은 동양사회사상에서의 종교, 우주, 시대상황과 관련되어 설명되고 있다. 그러므로 이는 오로지 독창적인 것이 아니라 민중의 시대의식과 일상생활에 대한 전통적 인식의 반영이라는 전통적인 사유체계와 관련하여 살펴볼 필요가 있다. 하늘에 대한 전통적인 고유한 사상체계가 반영되어 만들어진 완성태라고 볼 수 있는 지점이기도 하다.

물극필반, 억양존음, 원시반본, 참위, 순환, 운도, 종말론까지 집결된 사상들은 모두 전통적인 역易과 관련되어 나타나고 있는 음양순환론의 논리체계들이다. 수운의 동학 천도교, 김일부의 정역사상, 증산의 후천개벽, 소태산의 원불교 등의 4대 신종교에서 주로 나타나고 있는 개벽사상들은 모두 이러한 개념적인 도구들을 활용하여 공히 보편적인 지점을 공유하고 있다. 이뿐만 아니라 대종교, 갱정유도, 개신교에서도 후천개벽과 유사한 내용들은 등장하고 있다.

신종교의 후천개벽 사상에는 운도론과 참위론적 혁명사상이 그대

---

05 복희팔괘가 만물의 시작과 태어남의 순서에 따른 원리를 밝히고 있다면, 문왕팔괘는 만물의 성장과정을 그리고 있기에 선천의 역이고, 정역팔괘는 만물의 완성의 원리를 상징적으로 표상하고 있다. 복희-문왕팔괘가 안에서 밖으로 괘상을 그려나가고 있다면 정역에서는 밖에서 중심을 향하는 방향으로 그리고 있다. 또 선천역에서는 정위치의 정응의 위치에 있지 못하다는 점도 지적한다.

로 반영되고 있다. 우주자연의 순환법칙과 흥망성쇠의 운도가 선천의 끝이자 후천의 시작이라는 순환론적 관점에서는 고정불변함과 단일차원에 의한 사회변화의 논리가 성립될 여지가 없다. 더구나 이러한 선후천의 변화는 기후변화와 우주환경의 변화에까지 관철되고 있다. 과학기술의 발달과 물질문명이 다시 돌아온다는 물극필반物極必反의 논리가 이를 단적으로 설명해준다. 지금의 물질중심의 현세는 그 끝을 보았으며, 앞으로는 도덕세상이 도래한다는 논리이다. 오늘날의 한국 신종교에서의 후천개벽은 공히 선천은 지나가고 후천시대운이 도래하고 전개될 것이라는 의미를 지니고 있다. 간도중간艮道重艮의 의미는 이와 관련하여 주요하게 논의되고 있는 내용이다.

간도중간은 문명의 처음 시작을 열었던 간방艮方 즉, 동북방에서 시작되었던 문명이 시작과 끝을 의미하고 있기에 후천개벽의 시작은 다시 간방(우리나라)을 기점으로 해서 펼쳐진다는 것이다. 문명의 시작과 끝의 기준축이 동북-서남이라는 논리이다. 정역의 논리에서도 결국 선천과 후천의 변화의 기점을 동북방 간방에 위치한 한국에서 찾아야 한다는 것이다. 천개지벽, 천지조판의 논리들도 마찬가지이다. 대부분의 신종교의 교조들이 일부의 계승자를 자처하는 이유는 바로 여기에 있다. 수운의 동학창시로 선천과 후천에 대한 관념은 나름대로 마무리된다. 그러나 한국 신종교의 분기점에 김일부의 정역이 자리하고 있다는 것은 회피할 수 없는 사실이라고 할 수 있을 것이다.

2) 개벽사상의 이론적 근거

정역 「십오일언」에서, "하늘과 땅의 도는 수가 10에서 그치는 것이다. 열은 紀이고, 둘은 經이고, 다섯은 綱이고, 칠은 衛이다"라고 언급하고 있다. 천도가 변화하면 360일 완전한 천지도수가 구현되고 이는 음양합덕의 세계이자 신명경지의 세계라는 것이다. 천도는 역수의 원리라고 본다. 이것이 인간 삶을 규정하고 있으며 360일을 구성하는 역의 원리라는 것이다. 이로써 천심월이 황중월皇中月이라는 것을 밝히고 있다는 것이다. 이러한 논리를 통해 천심월의 의미를 찾기 위해서 결과적으로 요구되는 솔성의 원리가 정일精一집중이라는 심법에 있다는 것을 강조하고 있다. 서경을 읽을 것을 강조하는 것도 이러한 논리의 연장선상에서 설명될 수 있다.

일부가 제시하는 학문의 방법에서 강조하는 것이 바로 서경읽기였다. 요임금이 순임금에게 전했던 전수심법의 원리가 바로 '윤집궐중允執厥中'이었고, 순임금역시 우임금에게 전했던 것도 똑같은 내용이었기에 바로 이러한 윤집궐중의 핵심이 바로 황중월皇中月 즉, 황극皇極에 있다는 것이다. 공자가 무극을 뜻으로만 밝히고 드러내지 않은 이유도 서경에 있다는 것이다. 공자가 가죽끈이 세 번이나 끊어질 정도로 읽었던 근거도 여기서 찾아봐야 한다는 것이다.

역도易道의 내용이 역수曆數원리라는 것은 주역에서 역도를 괘상의 원리로 규정한 것과 대비된다. 이는 정역과 주역의 특성과 차이를 드러내준다. 일부는 천지일월 사상의 기본체위도수를 159로 규정하고 여기에 일원추연수 216을 가한 375도를 원역수로 규정하고 있다. 여기에 바탕하여 요의 시대 366일과 순의 시대 365 1/4일 시대를 거쳐 윤력시대에는 1년이 365일인데 정력시대에는 360일이 된다. 후천 정역시대가 되면 영구히 월의 회삭현망과 영허소장과 이십사절후의 도수가 호리의 차이도 없이 완전히 고정일치 되므로 화화춘풍을 빚어내어 겨울에도 북창청풍 여름에도 나요백선 삼십육궁도시춘三十六宮都是春이 된다는 것이다.

이는 소강절의 논의에서 주역에서의 선천도 후천도를 잘 정리하고 있는데, '원회운세'의 논리와 상통한다. 송나라 때의 상수역학자 소강절은 지구와 인류의 역사를 원회운세로 나누어 일원을 십이회, 일회를 삼십운, 일운을 십이세, 일세를 삼십년으로 보았다. 따라서 1세는 30년, 1운은 30년×12세=360년, 1회는 360년×30운=10,800년, 1원은 10,800×12회=129,000년이 된다. 이 일원기간 동안에 우주는 크게 한 번씩 개벽된다고 주장했다. 불교에서의 성주괴공의 대겁설은 이 우주가 성주괴공이라고 하는 일대겁을 주기로 영원히 순환반복한다는 이론과 같은 맥락에서 살펴볼 수 있다. 한국전통천문학에서는 천문현상에 대한 기록에서 상원, 중원, 하원갑자로 나누어 설명하고 있다. 정감록에서도 이러한 내용은 수용되고 있다.

역도변화의 기본원리에서 정역에서는 일월을 중요한 축이라고 보고 있다. 선천세계는 27개월마다 윤달이 들고 후천세계는 360일로 맞아 떨어지게 되므로 역曆의 변화가 나타나 정역正曆이 된다는 것이다. 천지 변화가 360일이 되면 기후가 변해 혹한이나 혹서가 없어지고, 늘 봄과 같은 날씨가 계속된다는 것이다. 그러므로 간도중간의 논리에서는 천지도의 수가 중수이며 근원적 이수라고 본다. 여기서 시중時中의 원리, 요순의 윤집궐중의 논리가 도출된다는 것이다. 역학사에서는 송대에 선후천론이 수용되고 있고, 신명을 이와 기로 구분하는 논리도 이때에 형성된다는 점을 고려하면, 이러한 논의가, 윤선거의 선후천론, 퇴계의 역학설에서도 나타나고 있지만 이를 일부 김항에 이르러 전체를 아울러 집대성했다고 볼 수 있는 대목이다.

> "문학의 종장은 공구이며, 치정의 종장은 맹가이니, 아 두 선생은 만고의 성인이다."
> "선천은 후천을 향하여 작용하고 후천은 선천을 향하여 작용한다."

선천은 과거세계, 후천은 미래세계라고 한다. 하지만 이 역시 고정적으로 인식되고 있지는 않는다. 성인의 마음이 변하면 우주가 변하고 십오성인에 의하여 천지역수원리가 밝혀진다는 것이다. 이러한 우주만물과 인간의 천인합덕의 논리가 전제되고 있는 것이다.

4. 일부정역의 이상적 사회상으로서의 유리세계琉璃世界

일부의 도통기원론을 살펴보면, 일부는 자신의 도통을 유소, 수인-공자-일부의 흐름을 상정하고 있다. 도통의 기원에 대해서도 도道(화무옹)에 연원을 두고 있다고 언급한다. 이는 동북아지역의 사회사상의 기원론과도 연계된다. 유불선이라는 삼교의 근원을 도에서 찾아야 한다는 논리로 이어지기 때문이다. 이러한 논리는 단군신화에서 나타나고 있는 환인, 환웅, 단군의 논리나 천부인, 기삼칠일 등의 원리의 기원들과 마찬가지로, 하늘원리의 재조명과 재정립에서 찾아야 한다는 논리와 맞닿는다. 그러므로 이상세계를 열었던 성인이 만들었다는 역에 대한 논의를 성인작역의 기준에 부합시키고 있다.

그러나 선천시대는 성인이 주도해서 작역하는 시대였다면 후천의 시대는 평범한 일부가 성인의 도통을 이을 수 있다는 논리를 통해 범부로서의 일부가 그러한 이상사회의 비밀에 성큼 다가갈 수 있다는 새로운 사회에 대한 이상적 모델(개벽)을 제시하는 것으로 나아가고 있다. 정역 「십일일언」에서 하늘과 땅 그리고 사람의 조화를 통해 이뤄지는 천인합덕의 사회를 묘사하고 있는데, 유리세계가 그것이다.

> "불이 밝고 금이 맑으니 하늘과 땅이 맑고 밝구나. 하늘과 땅이 맑고 밝으니 해와 달이 빛나고 빛나니 유리세계가 되는 구나. 유리세계가 되는구나 상제께서 조림하시네. 상제

께서 조림하시니 기쁘고 즐겁구나. 기쁘고 즐거우니 정정 하고 방방하네."(『십일일언』「십일음」)

V. 일부 정역의 사회사상적 함의

일부 정역에 대한 비판적 논의들에도 귀기울일 필요가 있다. 먼저, 정역의 제작과정이 일반적이지 않다는 점과 더불어 왜곡의 가능성이 있다는 지적이 그것이다. 둘째, 역의 논의의 방향과 내용에 있어서, 점복의 예언적 측면이 지나치게 부각되고 있다는 비판이 그것이다. 이는 후천개벽론에 대한 사회사상적 수용에 있어서 그 의미의 왜곡된 이해가 될 수 있다는 것을 의미한다.

이러한 비판적 논의들에도 불구하고 결과적으로 한국의 사회사상이 정역을 통해서 새로이 자극될 수 있는 여지가 있다는 것은 분명한 사실이라고 본다. 주역-연산역-귀장역이라는 삼역과 복희-문왕, 공자, 정역이라는 삼역의 정립을 통해 동아시아 역학사상의 인식론적 원천인 삼재론의 논리적 완결을 기하고 있다는 측면을 주목해 본다면, 일부의 정역에서 한국 易사상의 완성이 되고 있다는 평가는 지나치지 않다고 본다.

정역이 유가사상의 존재론적 근거인 천도를 밝히고 있는 역학서라는 주장도 있다. 정역은 역학의 학문적 과정인 역도를 천명한 철학이라는 것이다. 주역이 군자를 위하여 인도를 중심으로 역도를 표상했다면 정역은 인도의 근거가 되는 천도 그 자체를 드러내어 밝히고 있다는 것이 일부 김항의 정역사상의 핵심이라고 할 수 있다.

이러한 전근대시기의 사회사상에 상고시대의 한국사상에 영향받은 한국선도사상이 역을 중심으로 일관되게 시대에 따라 달리 표현되고 있다는 논리도 역易사상의 견지에서 천경天經이라 불리어지는 천부경의 논리와 관련하여 삼재론적 일관성이 부여되고 있다. 이러한 다양한 논의들에도 불구하고 김일부의 정역에 대한 논의를 사회사상적인 측면에서 살펴봐야하는 의미를 다음과 같이 정리해 볼 수 있을 것이다.

첫째, 세계관의 기초로서의 하늘, 시공간개념의 재정립을 하고 있다는 사실이다.

이는 종교사회학적인 측면에서도 많은 의미를 지닌다. 우주와 하늘에 대한 관념의 정립은 신개념과 관련한 핵심적인 논의의 대상이다. 시공간개념의 정립을 통해 하늘에 대한 구조적 설명을 시도하고 있는 역학은 천문역법을 통한 과학적인 설명을 시도하고 있다. 천상열차분야지도와 같은 고천문학에서의 탁월한 성과는 이를 증명하고도 남음이 있다. 서구의 중세의 하늘에 대한 관념이 유일신개념과 과학으로 이분화되는 기점에서부터, 성속의 분리의 과정이 시작되는 것에 비해 역의 원리를 중심으로 하는 동양의 사회사상에서는 통일체적 기술이자 과학적인 역曆의 원리에 따른 통체론적 기술이 이루어지고 있다는 점에 주목할 필요가 있다. 황중월, 천심월의 논리에서는 인간의 본성이 우주의 본성과 맞닿아 있음을 반증하고자 한다. 이렇듯 감응의 성찰성을 통해 이상사회로서의 도덕사회로 나아가자는 것이 하늘관념에 대한 일부의 논의라고 할 수 있을 것이다.

둘째, 인간중심주의의 재발견이다.

김일부의 논리에 따른다면, 서구지성사에서 제시되는 '에고'에 대한 관념과 '주체'에 대한 관념등과 같이 데카르트적인 인식주체로서의 자아의 관념에 대한 극복과 주체의 재구성작업이 끊임없이 요구되고 있다. 정신과 육체의 분리에 대한 재고찰을 요구하고 있는 것이다. 영가

무도나 황중월의 논리에서처럼, 세계의 본질이 하나라고 보는 논리, 일체성에 대한 체험적 이해의 세계는 시간의 경계를 넘어서 신명의 세계와도 맞닿는다고 보고 있다. "천지는 일부의 말을 하고 일부는 천지의 말을 한다"라는 언급이 대표적이다. 서구의 르네상스가 신의 창조에 대한 부정을 통한 인간의 재발견과 인간에 의한 새로운 질서의 수립을 사회적인 혁명으로 만들어가고자 시도했다면, 천인합일에 의한 천지운행 도수의 변화와 개벽을 중심으로 하는 역曆의 원리변화와 우주와 인간의 통합적인 존재로서의 인간과 삶에 대한 기술을 통한 일부 김항의 논의에서는 이원론적인 인간과 자연과의 대립적인 존재로서의 인간이 설정되지 않는다. 유기체적 통합과 전체론적 세계관의 전형을 보여주고 있기 때문이다. 이러한 인간 삶의 원천을 설명하는 기제로서의 삼재론적 논의는 하늘-땅-사람에 대한 천지인 삼재론과, 선천역과 후천역 그리고 정역의 삼원역으로 나타나고 있는 진정한 인간의 이해에 바탕하고 있기 때문이다.

셋째, 성찰적 존재로서의 인간에 대한 이해이다.

천인합일로서의 인간이해는 정신과 육체의 통합적 인식과 이해로 나타난다. 이는 하늘의 흐름에 대한 자연스러운 조화상이자 어울림으로서의 '영가무도'에서 단적으로 나타난다. 인간과 자연, 하늘과 인간에 대한 이원적 대립의 극복과 해소는 인간의 삶의 주요요건으로서의 호모루덴스적인 속성을 넘어서는 논의로 나아갈 수 있는 중요한 인식론적 장치이다. 음악, 예술, 춤을 아우르는 율려의 논의에서 사회적 성찰성을 지닌 존재로서의 인간관은 인간이해에 있어서도 성찰성에 주목하게 된다. 이는 마음과 육체의 수성, 성명의 모델을 통해 창조적으로 발전해 나갈 수 있는 존재로서의 인간을 이해하기 위한 중요한 바탕이 될 수 있을 것이다. 결과적으로 춤과 깨달음은 민심=천심이다는 공통의 울림에 대한 논의로 이어진다. 이를 통해 심학에 대한 구조적 설명과 더불어 하늘에 대한 구조화된 이론으로 나아갈 수 있는 것이다.

넷째, 새로운 이상적인 사회질서의 방향을 제시하고 있다.

서구의 급격한 사회변화의 시기에 등장하였던 콩트의 인류교나, 진화론적 관점이 기술했던 사회상은 인간과 자연 그리고 인간과 동물의 분리를 통한 인간우월주의적인 관점이었다. 이는 하늘에 대한 인식에서도 대립적 존재론적 인식으로 나아갔다. 김일부는 천지도수의 변화와 더불어 후천개벽세계에 대한 지향을 통해 이상적인 사회의 방향을 제시하고 있다. 유리세계와 같은 이상향이 서구의 유토피아적 이원론적인 질서와 다르다는 것은 분명하겠지만, 이를 지향하며 실현하려는 신종교운동의 주요한 바탕인식이라고 하는 것은 분명한 사실이다. 김일부가 서경의 역사적 모델을 통해 제시하고자 하는 방향은 홍익인간의 이상사회와도 부합한다. 이러한 사회에 대한 성찰적 논의는 이상적인 질서로서의 유리세계를 대안 공동체이자 새로운 모델로 상정할 수 있는 근거가 될 수도 있을 것이라고 본다. 여기서 우리는 정역에서 지향하는 이상적인 사회상을 읽어볼 수 있다. 회통, 합일, 일체로 감응하는 사회, 조화옹이 조림하는 기쁘고 즐거운 세상이다.

참고문헌

『書經』

『正易』

『周易傳義大全』

고회민저 정병석역. 1995.『주역철학의 이해』. 문예출판사.

권영달. 2013.『정역과 천문역』. 상생출판.
박상화. 1978.『박상화』. 경인문화사.
송재국. 2002.「주역의 선천·후천의 철학적 이해」『동서철학연구』 제23호. 한국동서철학회.
유영준. 2012.「율려로서의 영가무도의 심신치료에 관한 연구」.『선도문화』13. 국제뇌교육종합대학원대학교 국학연구원.
이정호. 1976.『정역연구』. 국제대학출판부.
______. 1987.『주역정의』. 아세아출판사.
이현중. 1999.「정역의 한국사상사적 위상」.『범한철학』 20. 범한철학회.
______. 2015.「천부경의 세계관과 인간관」.『동아시아고대학』 제39집. 동아시아고대학회.
______. 2015.『정역철학』. 학고방.
차선근. 2010.「정역사상과 대순사상의 비교연구」.『종교연구』60. 한국종교학회.
한국주역학회. 1992.『주역의 현대적 조명』. 1992.

저자소개

저자소개

김보경 : 고운 최치원 / 혜강 최한기

계명대학교 목요철학원에서 연구전담 교수로 재직중이다. 계명대학교 대학원 사회학과에서 「유교 소외론의 이념형적 구성과 그 적용」으로 박사 학위를 취득하였으며, 현재는 동양경전과 유·불사상을 통한 자생적 한국 사회사상 정립과 사회현상 분석에 관심을 가지고 연구하고 있다.

E-mail: kbk@kmu.ac.kr

유문무 : 원효

고려대학교에서 사회학 박사학위를, 서울시립대에서 사회복지학 박사 학위를 받고 인천대학교에 재직 중이다. 주요 관심분야는 사회사상사, 복지국가론, 문화사회학 등이다. 저서로는 『현대자본주의와 한국의 사회복지』, 『사랑 다이얼로그』(공저), 『인천학의 원근법』(공저), 『한국사회의 구조와 변동』(공저), 『사회문제론』(공저) 등이 있으며, 논문으로는 「복지국가위기 대안론에 대한 비판적 연구」, 「학교폭력과 인권 그리고 인권교육: Holism을 중심으로」, 「복지공동체 회복원리로서의 공감론에 관한 탐색적 연구」, 「〈아바타〉와 동양사상 그리고 생태복지」 등이 있다.

E-mail: kayle@naver.com.

유승무 : 득통 / 성호 이익 / 퇴계 이황

한양대학교에서 사회학 박사학위를 취득하고, 중앙승가대학교 불교사회학부 교수로 재직중이다. 종교사회학 및 사회이론에 대한 관심이 크고, 마음사회학 및 연기사회론에 관한 연구에 몰두하고 있다. 대표 저서로는 『불교사회학』이 있으며, 『현대사회의 위기와 동양사회사상』, 『사회학적 관심의 동양사상적 지평』, 『현대사회와 베버 패러다임』 등 다수의 책을 기획하고, 공동 집필에 참여하였다. 최근에는 동료들과 공저한 "만남과 마음의 연기와 연기사회론 시론", "공감·소통·배려의 사회와 그 적들: '사이의 사회학'을 위한 탐색적 연구" 등을 통해 한국적 사회학이론 구축을 위해 노력하고 있다.

E-mail: smlew691@hanmail.net

박수호 : 퇴계 이황

고려대학교에서 사회학 박사학위를 취득하고, 중앙승가대학교 불교사회학부 교수로 재직중이다. 종교사회학, 정보사회 및 문화변동, 사회운동 등의 분야에서 불교와 관련된 사회학적 연구 주제 발굴을 통해 불교사회학의 지평을 확장하는데 관심을 가지고 있다. 대표 논문으로는 "행복 요인으로서의 사회적 인정", "종교정책을 통해 본 국가-종교간 관계: 한국 불교를 중심으로" 등이 있고, 『오늘의 사회이론가들』, 『한국의 종교와 사회운동』 등의 기획과 집필에 참여하였으며, 『민주주의, 종교성, 그리고 공화적 공존』, 『21세기 종교사회학』 등을 공저하였다. 최근에는 포스트휴먼 사회와 불교, 불교의 사회적 책임 등으로 연구 관심을 넓히고 있다.

E-mail: foramita@naver.com

신종화 : 퇴계 이황

고려대학교를 졸업하고, 영국 워릭대학교(University of Warwick)에서 사회이론과 사회정치사상으로 박사학위를 취득하였다. 서울과학종합대학원대학교 교수를 역임하고, 현재는 소상공인연구소 소장으로 활발한 정책 활동을 펼치고 있다. 개념사적 고찰을 통해 모더니티에 관한 사회사상과 사회이론의 한국적 재구성에 관심을 가지고 있다. 대표적인 논저로 "현대성과 기업가: 슘페터의 '기업가'에 대한 경제적 주체의 자기-혁신적 토대관을 중심으로"와 『상생을 위한 경제민주화』, 『아시아의 민주주의와 인권』, 『한국전통사상과 새로운 노동관』 등의 공저가 있다.

E-mail: shin.jonghwa@modernity.or.kr

이현지 : 율곡 이이

계명대학교에서 사회학박사를 받고 중국 사회과학원에서 박사 후 연수를 하였다. 현재 계명대학교 Tabula Rasa College에 재직하고 있다. 주요 관심분야는 마음공부, 음양론, 한의철학 등이다. 저서로 『동양사상과 탈현대의 발견』, 『동아시아 전통의학의 현대화』, 『성, 가족, 문화: 다르게 읽기』가 있고, 공저로 『공자혁명』, 『유교의 마음공부』, 『동양사상에게 인공지능 시대를 묻다』 등이 있다.

E-mail: leehj@kmu.ac.kr

양선진 : 하곡 정제두

충남대학교 외래교수로 활동하며 충남대학교 대학원 철학과에서 왕양명과 베르그손의 생명론과 철학상담 적용에 관한 연구로 박사학위를 취득하였으며, 현재는 동서사상의 비교연구에 관심을 가지고 생명, 행복, 철학상담, 한국학 등 다양한 방면에서 연구하고 있다.

E-mail: sunjinyang@hanmail.net

이명호 : 다산 정약용

한양대 사회학과를 졸업하고 같은 학교 대학원에서 박사학위를 취득했다. 한양대와 중앙승가대에서 동양사상과 불교인성을 주제로 강의를 하였다. 한국사회를 '종교'와 '공동체', '관계'를 키워드로 설명하고자 한다. 보다 좋은 공동체와 관계 탐구를 위해 얼마 전부터 동신대에서 사회복지학을 공부하고 있다. 저서로는 『현대사회와 베버 패러다임』(공저), 『현대사회의 위기와 동양사회사상』(공저), 『동양사상의 시대진단과 비전』(공저) 등이 있고, 논문으로는 「공동체 모델로서 승가공동체의 적용 가능성에 대한 탐색적 고찰」, 「관계지향적 삶의 실천으로서 관계에서의 나눔과 어울림」 등이 있다.

E-mail: dubiouslife@hanmail.net

박세준 : 수운 최제우

고려대학교 사회학과를 졸업하고, 같은 대학원에서 석사와 박사 학위를 취득했다. 현재 덕성여자대학교 지식문화연구소 연구교수로 재직하고 있다. 천도교와 동학은 물론 국가와 종교의 관계, 북한, 통일에 관심이 있다. 논문으로는 “천도교에 대한 역사사회학적 연구”, “종교정당에 관한 한·일 비교”, “한국과 대만에서 반공과 종교의 상관관계”가 있다.

E-mail: estran@hanmail.net

한내창 : 소태산 박중빈

원광대학교 원불교학과 교수. 미국 아이오와대(University of Iowa)에서 조직론으로 박사학위를 받았고 종교사회학에 관심을 가지고 연구를 진행하여 왔다. 관심 주제들은 종교가 개인 및 사회 현상에 미치는 영향(예, 정신건강, 삶의 질, 섹슈얼리티, 갈등, 친사회적 행동, 편견 등)으로, 이를 경험적으로 검증하는 데 노력을 기울여 왔다. 현재는 마음챙김 및 마음챙김 명상(mindfulness meditation)에 관심을 가지고 있다.

E-mail: naechang@wku.ac.kr

염승준 : 소태산 박중빈

원광대학교 학부 및 대학원에서 원불교학을 전공하였으며 독일 베를린 훔볼트대학교(Die Humboldt-Universität zu Berlin)에서 철학박사 학위를 받았다. 현재 원광대학교 교학대학 원불교학과에서 재직하면서 원불교학의 학문적 방법론에 관한 연구 및 서양 근세철학과 한국유교, 불교, 도교 철학에 대한 비교 연구를 진행하고 있다. 연구논문으로는 「‘지혜론’으로서의 칸트 ‘형이상학’에 대한 고찰 — 칸트 『형이상학의 진보』에서 ‘자유’, ‘신’, ‘영혼불멸’의 “실천적 실재성” 증명을 중심으로」(2017), 「현대 병적 현상의 치유와 통합을 위한 원불교적 접근-삼학(三學)의 정신수양과 사요(四要)의 활용」(2017)이 있으며, 저역서로는 『고전, 현대를 걷다』(공저, 2017), 『이마누엘 칸트, 프롤레고메나』(2013) 등이 있다.

E-mail: kant@wku.ac.kr

권상우 : 위당 정인보

계명대학교 철학과를 졸업하고, 中國社會科學院 哲學研究所에서 「朱熹理一分殊思想研究」로 박사학위를 취득하였으며, 계명대학교 Tabula Rasa College 조교수로 재직중이다. 주요 저서로는 『유학의 소통과 융합』(문사철), 『전통과 현대의 대화를 위한 동양의 지혜』(계명대학교 출판부) 등이 있으며, 주요 논문으로는 「유학과 이슬람의 상호문화철학적 접근」, 「안동지역의 선비-기독교인 연구」 등이 있다.

E-mail: woo111@gw.kmu.ac.kr

정승안 : 일부 김항

동명대 자율전공학부에서 교수로 재직중이다. 부산대에서 일상생활의 사회학과 비판적 사회과학을 중심으로 공부했다. 한국단학회연정원에서 전통단학을 접했다. 허곡서당에서는 사서삼경을 배웠다. 호흡수련과 주역의 맛을 알고부터, 사회학과 동양사회사상과의 이론적 결합을 화두로 한 한국 사회사상의 길을 찾아가는 노력과 수행자의 눈으로 학문과 실천이 하나되는 길을 모색하고 있다.

E-mail: sovong@nate.com

한국 사상사의 사회학적 조명

초판1쇄 인쇄 2020년 1월 21일
초판1쇄 발행 2020년 1월 31일

지 은 이 계명대학교 한국학연구원 편
펴 낸 이 신일희
펴 낸 곳 계명대학교 출판부
출판등록 제347-1998-1호(1970. 9. 1)
주 소 대구광역시 달서구 달구벌대로 1095
대표전화 053-580-6233
팩 스 053-580-6235
홈페이지 www.kmupress.com

ISBN 979-11-6516-031-9 93150 정가 35,000원

이 도서의 국립중앙도서관 출판예정도서목록(CIP)은 서지정보유통지원시스템 홈페이지(http://seoji.nl.go.kr)와 국가자료종합목록 구축시스템(http://kolis-net.nl.go.kr)에서 이용하실 수 있습니다. (CIP제어번호 : CIP2020001988)